超级版图

全球供应链、超级城市与新商业文明的崛起

CONNECTOGRAPHY

Mapping the Future of Global Civilization

[美] 帕拉格·康纳（Parag Khanna）◎著
崔传刚、周大昕◎译

中信出版集团 · CHINACITICPRESS · 北京

图书在版编目（CIP）数据

超级版图：全球供应链、超级城市与新商业文明的崛起 /（美）康纳著；崔传刚，周大昕译 . -- 北京：中信出版社，2016.7（2026.1 重印）

书名原文：Connectography: Mapping the Future of Global Civilization

ISBN 978-7-5086-6143-8

I. ①超… II. ①康… ②崔… ③周… III. ①供应链管理—研究 IV. ①F252

中国版本图书馆 CIP 数据核字（2016）第 083777 号

CONNECTOGRAPHY by Parag Khanna
This translation published by arrangement with Random House, a division of Random House, LLC.

超级版图：全球供应链、超级城市与新商业文明的崛起

著　　者：[美] 帕拉格·康纳
译　　者：崔传刚　周大昕
策划推广：中信出版社（China CITIC Press）
出版发行：中信出版集团股份有限公司
（北京市朝阳区东三环北路 27 号嘉铭中心　邮编　100020）
承 印 者：北京通州皇家印刷厂

开　　本：880mm × 1230mm　1/32　　印　　张：12.25　　字　　数：397 千字
版　　次：2016 年 7 月第 1 版　　印　　次：2026 年1月第 19 次印刷
京权图字：01-2015-7452
书　　号：ISBN 978-7-5086-6143-8
定　　价：69.00 元

献给阿耶莎

我生命中唯一的指南针

目 录

CONNECTOGRAPHY

Mapping the Future of Global Civilization

中文版序

CONNECTOGRAPHY

Mapping the Future of Global Civilization

在“冷战”时期和“冷战”结束之初，全球安全被普遍认为是最重要的“公共品”，其主要提供者是美国。但在21世纪，最为重要的公共品却是：基础设施。而中国是基础设施的主要贡献者。中国的国内基础设施建设规模引领全球，现在中国又创设了亚洲基础设施投资银行，由此中国将成为全世界基础设施项目的最大投资者。

在《超级版图》中，我设想了在能源、交通和通信等方面实现互联互通后的世界图景，并分析了在基础设施重要程度超过国境线的世界中，地缘政治又将如何演化。中国是世界上邻国最多的国家，因此自然是探讨这一主题的最佳起点。

在互联世界中，世界各国国力的强弱不仅取决于军事力量和人口规模等国内因素，也取决于其国际互联程度。例如目前中国是世界上124个国家的最大贸易伙伴国，而以美国为最大贸易伙伴国的国家只有56个。这就使得中国可以在世界范围发挥更加重要的作用。如果说前些年中国的贸易特征还是主要从亚非拉国家进口大宗商品，那么现在中国已经成为这些国家的重要投资者。中国不仅在并购亚非拉的矿产、金融、电信等其他行业资产，也直接投资了经济特区的生产设施。通过建设基础设施项目和工业园，中国已成为欧亚大陆丝绸之路经济带以及印度洋区域海上丝绸之路沿线的现代化推动者。

从互联互通的角度看，也可将今日中国的崛起与昔日荷兰相比。我发现 17 世纪的荷兰帝国与 21 世纪的中国颇为相似。荷兰当年也是强调供应链而不是殖民地，也强调资源而不是领土。当年荷兰的商船规模要远远超过其海军舰队，今天中国也拥有着世界上最庞大的商船队伍。

随着互联互通对地缘政治影响的重新塑造，传统的国家间战争也慢慢被我所称的“拔河博弈”所取代。中国古代的唐玄宗据说十分热衷用拔河游戏来训练士卒，而现代拔河博弈取胜的关键不仅要看军事力量，更要看经济规划。中国目前正在建设二十多个超级城市群，每个城市群都有望成为电子、建筑、能源、金融、电信等其他行业的供应链枢纽。中国正在这些行业领域开展全球化竞争。中国在这些行业价值链中的地位越高，在全球拔河博弈中所向披靡的可能性就越大。

前 言

CONNECTOGRAPHY

Mapping the Future of Global Civilization

人对某种事物的迷恋，自然会传给下一代。我从小就喜欢收集地球仪、地图和其他各种地理物件。因此，即便是在写作本书的过程中，我还抽空与自己的女儿一起拼一副 1000 片的世界地图拼图。这幅拼图是用墨卡托投影法绘制的，是 16 世纪荷兰地理学家墨卡托的杰作，他当时希望为航海绘制出更加精确的地图，但图中南北极高纬度地区严重变形。因此我的女儿在看了地图之后不由惊呼："格陵兰岛怎么那么大！"（同时也对用橘色标注格陵兰岛感到不解。）非洲是最容易拼的：一共有 54 个国家，每张拼图上都可找到线索，例如不同国家的颜色以及城市名称。地球海洋部分是最难拼的，因此留到了最后，组成大海的各小块拼图基本没有任何线索，只是蓝色深浅有细微差别。为此我就和女儿讨论，海洋最深的地方在哪里，哪里有最大的海底山脉，以及在偏远岛屿上人类是如何生存的。

当完成拼图时，我们小心翼翼地用很宽的透明带将其包起来，挂在女儿房间的墙上。从稍远处打量这幅地图，我可以清楚看到，现在地球表面分离的各个大洲，在遥远的盘古大陆时代是如何结合在一起的。我也可以想象，或许再经过 5000 万到 1 亿年的时间，现在分离的大洲会重新连成一片（围绕着北冰洋），变成科学家所称的阿美西亚大陆。

但假如说，我们今天就已经将各大洲连接在一起了呢？如果说我们能通过交通、能源和通信基础设施将世界上所有人类和资源连接在一起，世界上的每一处都被连接起来，那么我们的地球会是什么样的呢？或许这个世界应该被称为“互联互通”世界。

本书就是要讲述互联互通对人类生活各个方面所造成的影响。这也是未来世界秩序三部曲中的最后一部。三部曲中的第一部是《第二世界》（*The Second World*），该书描述了全球各大国在重要地区的地缘政治争斗过程，这些争斗如何造成了动荡与分裂,并最终形成新的地缘政治环境。我提出“殖民地是被征服的，而国家是被收买的”。聪明的国家会小心翼翼地与各大国都保持友好关系，在不结盟的条件下来获得最大的好处。第二部是《运转世界》（*How to Run the World*），该书分析了日渐清晰的“新传统”全球政治版图，其中政府、企业、社团和其他力量为了应对全球挑战，纷纷竞争主导权，又通过合作的方式构建起“大外交”的格局。该书最后呼吁要“通过超速扩张和自愿连接来实现普遍解放”，以此实现全球复兴。《超级版图》（*Connectography*）则具体阐述了实际与理念层面的复兴路径。

本书的脉络由如下几个相互联系的关键论述组成。首先，互联互通已经取代区隔成为全球组织新的范式。人类社会正在发生根本性的变革，功能性基础设施，而不是国界，将主导世界的运转。因此客观反映世界的地图不应仅仅强调国家，也应该反映超级都市、高速公路、铁路线、油气管道、通信光缆以及其他象征着全球网络文明的标志。

其次，权力下放是我们所处时代最强大的政治力量。在全球各地，传统帝国都在分解，权威正从国家首都向追求金融和对外交往独立的省市分化。但权力下放的过程也会伴随另一面：聚合。政治实体的规模越小，就越是需要组成大的联盟来共享资源以求生存。这种趋势在东非、东南亚都有所体现，这些地区的国家正以共同的基础设施和机构为依托形成新型地区国家联盟。北美也在慢慢朝着统一超级大陆的方向发展。

最后，地缘政治的较量正从领土之争转向互联互通之争，主要表现为全球供应链、能源市场、工业生产以及金融、技术、知识和人才流动的拔河博弈。拔河博弈意味着从体系内之争（资本主义对共产主义）过渡到了供应链体系内的较量。尽管军事战争依然是常规威胁，但拔河博弈却会永远存在——各国需要用经济策略而不是军事教条去争取胜利。在全球范围内，各国兴建了数以万计的城市和经济特区，希望借此参与全球拔河博弈。

这种竞争互联的另一实现途径是基础设施联盟：跨越国境线和海洋去构筑更加紧密的供应链伙伴关系。中国就在不遗余力地推行这样的策略，也因此基础设施的重要性几乎可与美国提供的“公共品”全球安全比肩。互联世界的地缘政治更多会体现在实体和数字基础设施矩阵中，而不是关于领土征服的政治风险分析图中。

互联互通是推动世界朝着更加复杂的全球体系演变的重要力量。各国经济会更加融合，全球人口流动性将更大，网络世界与现实结合更加紧密，全球气候变化也将使得人们的生活方式发生翻天覆地的变化。这些现象交互产生的各种重大和突发影响现在还难以预测。但尽管互联互通让世界变得更加复杂和难以预测，它也是增强世界韧性的必然途径。

正是在充满变局的世界中，人们渴望知道未来将发生什么。但我们所能做的，也仅仅是设想不同的情景。在“冷战”时期，人们经常假设不同情景，由此来判断稳定何时会打破，何时会升级为对抗，和平会如何被战争所取代。如今我们则通过不同的假设来推测未来世界的图景，例如全球能源实现充分供给或是全球能源竞争加剧；全球移民不断增长或是移民壁垒增加；金融资本大量流入新兴市场或是资本因政治导向从新兴市场急速撤退；全球不平等造成普遍政治动荡或是各国政府采取有效措施来保障就业和福利。无论是何种预测，几乎都可找到许多证据。

因此好的情景设置不关乎预测，而是关乎推理过程：视角越是多元，情景设置就越是丰富。现在有人高呼“全球化已死”，也有人信心满满地欢呼“超级全球化时代”的到来，因此，精准构建未来的图景不应是简单的“悲观或乐观”二元选择，而是要综合各种视角。如今我们的世界不再是简单的大国纷争的世界、各国相互依赖的世界或是私人网络兴起的世界，而是这些世界的叠加。

在本书中，我综合了上千种这样的情景设置，也结合了我过去二十年间在全球各地旅行的经历以及对全球事件的分析。由于数据可视化技术的发展，许多研究成果能用形象的地图和图像表达出来，具体可在互联互通地图网站（https://atlas.developmentseed.org/）上查看。不管未来世界如何演变，地图将依然不可替代。

关于地图的说明

古巴比伦的《理想国度》（*Imago Mundi*）和古希腊哲学家阿那克西曼德（Anaximander）绘制的以地中海地区为中心的圆形地图是世界上已知最早的地图，其制作年代大概是公元前 6 世纪。古希腊天文学家托勒密后来发明了经纬线网格来确定坐标。但在随后的数百年里，拜占庭和伊斯兰地图的绘制都围绕着宗教圣地，这些地图更像是神学作品。随着十字军东征以及欧亚丝绸之路的发展，欧洲的学者开始探求有关地理和气候的更加精确的知识，绘制出了上千幅关于城市、村镇以及动物种类的地图，当然这些地图也包含了《圣经》上描述的许多内容。15 世纪意大利天才人物达·芬奇在地图上添加了现代地图的内容，开始用不同色彩和阴影来表示海拔和地形。

但即便地图绘制技术发展了，人类却依然缺乏填满地图所需的知识。500 年前麦哲伦完成了环球航行，但在这之后的几十年里，地图上东亚部分依然充斥着海怪形象，以及用拉丁语标注的“bic sunt dracones”

（此处有恶龙）的警告。17 世纪中叶欧洲绘制的非洲地图上到处都是关于猴子和大象的模糊的素描，这显示出西方世界在殖民前时代对南半球了解的匮乏。在 18 世纪中叶库克船长的冒险航行之前，西方世界对于夏威夷和南太平洋诸岛几乎一无所知。当时地图上最重要的信息似乎就是洋流方向，因为这对航海有着至关重要的影响。

如今的地图已经基本消除了先前地图的偏差。例如，高尔–彼得斯投影法和奥博–戴尔投影法就采用了相同的地域按比例缩放方法来测绘各大洲的面积，由此格陵兰岛的面积就不会显得跟非洲一样大，因为实际上格陵兰岛的面积只有非洲的 1/14。但除了大小和位置方面更精确之外，这些地图实际上也无法反映当今世界的现实情况。

尤其是当今的政治地图。颇具讽刺意味的是，尽管我们将这些地图视为权威，但其实它们是历史上最蛊惑人心的宣传工具。地图不仅具有迷惑性，而且也很危险。地图绘制领域的争斗延续了数百年，因为各国地图制作者会通过地图来推广自己的民族主义视角。地图上的内容可能会影响人们的思维方式。以色列的地图上显示其国境线是合法固定的，但以色列邻国的地图上却要么完全不标注出以色列，要么将巴勒斯坦标注为“被占领土”。2014 年，为了迎合阿拉伯市场，哈珀柯林斯出版社甚至出版了完全没有标注以色列的《中东地图册》（*Middle East Atlas*）。谷歌地球（Google Earth）选择不偏不倚的立场，将争议区域标示出来。但当 2010 年谷歌地图不慎将圣胡安河有争议的一部分划给哥斯达黎加时，尼加拉瓜甚至扬言要为此发动战争，然而哥斯达黎加恰好是这个世界上没有军队的国家之一！

可笑的是，国境线的变动是如此频繁，它的存在本身就说明了地图的多变性。实际上，随着时间的推移，某些最基本的地理词汇的含义也会发生变化。例如在 25 年前，“东方”是指苏联；“冷战”常常被称为“东西冲突”。但如今不会有人用“东方”这个标签来形容俄罗斯。真正的“东方”是以中国为中心的亚洲，这一地区占了全球一半的人口和 1/3 的经济总量。与此类似，“西方”以前是指欧洲的犹太教和基督教国家，更广义地，是指跨大西洋的北约。但如今，当谈到“西方”时，我们所指的可能是将近30个欧盟成员国、北美甚至南美——南美现在被视为西方世界的第三大支柱。[1]现在，印度等此前属于“南方阵营”（第三世界）的国家发展速度已经超过了西方，南半球国家联盟开始解体。“旧世界”曾经专指欧洲，“新世界”专指美洲，但现在整个西方都变成了“旧世界”，而亚洲则成了“新世界”。亚洲高速发展的一个例证是，最近刚到新加坡的一名西方记者开玩笑说，“现代化现在是东风西渐”。在未来一代人当中可能还会出现“北方”这一全新概念，这是指纬度在66°以上的北极圈地区，随着气温升高，冰雪融化，这个地区将会有越来越多的人类活动。

地图是最原始，也是迄今最常用的信息图。但无视基础设施的传统地图越来越与当今的世界脱节。日本企业战略家大前研一就认为地图是“幻象”，因为地图完全没有显示人类可以通过技术来克服地理距离的能力。英国历史学家杰里·布罗顿对地图绘制历史有着广泛而深入的研究，他曾睿智地指出，“我们永远无法脱离地图去理解世界，也无法绘制出完全反映现实的地图”。但我们还是要去尝试。一个复杂的世界比以往任何时候都需要地图，而且是质量更高的地图。[2]地图已经从艺术和神学中走出来，转而服务于商业和政治；现在地图应该更多地反映人口、经济、生态和工程。

在“冷战”初期，美国第64地形侦察营曾调查从利比里亚到利比亚，从埃塞俄比亚到伊朗等地的包括雨林和雷区在内的复杂地形，旨在为美军的军事行动和火力打击提供更加精确的指引。但到了越战时期，侦察地形这种方式就过时了，美国开始采用卫星地图。现在的制图技术正在发生革命性的变化，我们可以将地图变成动态反映世界面貌的生动图像。现在不仅有静态二维地图，还可在数字屏幕或全息图像中用动态和数字三维地图来反映世界的变动趋势和各种相互关系。绘图技术正从X射线技术跃升至核磁共振。

最好的地图会充分反映实际地理状况与人造互联设施。这些地图会时时更新，反映地面实际状况以及虚拟存在的影响关系。每次我们“刷新”这些地图，这些地图应能显示出最近的自然资源新发现、基础设施、人口移动以及其他变化。乘坐英国航空公司航班的旅客在座椅显示屏上可看到GeoFusion飞行追踪系统，这套系统使用了WorldSat的实时卫星数据来精确显示黄绿相间的农田、起伏的山脉以及城市的灰色网格等地表信息，旅客也可通过触摸屏查看飞行距离和高度等信息。孩子们的平板电脑上都应安装这样一套系统，这样他们至少能正确地认识到，地球是圆的而不是平的。

通过GeoFusion看地球也不难发现，将世界分成各个政治实体实际上是不重要的，现在的人类社会已经成为聚集于沿海城市的文明。到2030年，全球超过70%的人口都会居住在城市，大部分人与海岸线的直线距离会在50英里之内。虽然从远古时期开始，人类就选择在土壤肥沃的冲积平原和沿海地区定居，但如今沿海超级城市的人口聚居状况、经济实力以及政治力量使得这些城市——而非民族国家，成为人类组织的基本形态。

如果人类是城市物种，那么就应该制作由数据驱动的城市图景，即要从城市内部制作地图，其重要性应该不亚于测量城市的面积。在20世纪80年代，GPS（全球定位系统）技术公司用了很大的精力对全世界的公路进行实地测量和地理编码，由此才建立起了数据库，如今每辆新车上的导航仪借助的都是这个基础数据库系统。谷歌也很快采取类似行动，在地图中添加了卫星图像和街景。如今，人人都能用数码技术来绘图。地图从高高在上的大不列颠百科全书变成了人人可查可用的维基百科。例如OpenStreetMap（一个网上地图协作计划）就允许数百万的用户上传街景，任何建筑的外观都可上传，同时用户也可添加标注和本地知识介绍，这样的系统可用于日常交通导航、人道主义救援等多种场景。[①]我们现在甚至可以使用由卫星图像公司Planet Labs的24个卫星

① Maptitude、StatPlanet和iMapper这三个应用程序也允许用户在地图中插入文化和经济信息。通过谷歌的Tango项目，我们的手机可变成3D绘图工具，随时随地对周边环境进行扫描，甚至可以“看穿”墙壁。

（每个如鞋盒大小）所拍摄的最新图像，将其插入 3D 地图，来自如查看自然或城市环境。

所有这些都能在手机上实现。如今谷歌地图已经是世界上下载量最大的应用程序，其客观清晰程度要远远胜过老牌地图出版商兰德·麦克奈利的出版物。随着由感应设备网络组成的所谓全球“万联网”（Internet of Everything）的兴起（物联网+互联网），我们的地图将最终实现自我更新，给我们提供完全反映世界真实状况的地图，包括在天上飞的 5000 架商业飞机以及在大洋中穿梭的上万艘船舶。[①] 世界基础设施系统最终会变得像人体的血液循环系统那样，有动脉和静脉，有毛细血管和细胞，支撑起全球化的经济体系。

制图技术的发展会扼杀想象空间。现在的海底摄像机已经能提供海岭和海沟、矿藏和礁石的高清影像，尽管到目前为止，人类探测到的海床面积仅占全球海床的 0.05%，但人类的探测范围正在急剧扩大。激光雷达使用激光技术来探测大气中的变化以及地下的矿藏，这项技术可使我们编制出精确的矿藏地图。

当我们把人口分布、气候预测和地震图等信息综合起来的时候，就会发现，现在全世界一半以上的人口都聚集在环太平洋火山带的亚洲部分，在全球发生的有记载的 450 次火山喷发中，3/4 都发生在这个地带，此外全世界 80% 的大地震也发生在这个地带，另外，这里也是全球海平面上升最快的地带。这就像是看好莱坞的灾难片，我们在构建未来的同时也可能埋下自我毁灭的种子。

如今有三股力量在塑造着我们的星球，即人类、自然和技术，要想在地图上反映这三股力量的动态关系就需要全新的地理视野。从亚马孙雨林深处到中国塔克拉玛干沙漠腹地，在这些地区，最好的当地导游都是“活地图”：通常是上了年纪的族长或经验丰富的游牧民，他们可敏

---

① 最终，或许人类完全不需要用卫星来进行定位和导航，因为量子感应技术能通过测量地球磁场对原子的影响来确定方位，这项技术不仅成本较低而且极度精确，很有可能会在未来取代卫星。

锐地感知雨林生长或沙丘形状的变化。但随着这些传统技能的逐渐消失，他们也必须更多地依靠技术。因此新一代的地图和模型不是零碎数字指南的集合。相反，新一代的地图应该是环境科学、政治学、经济学、文化、技术和社会学的集合点[3]，是关于互联互通而不是对立分割的新地理学。当我们有了语音识别、手势界面以及实时视频对话等工具时，键盘就不再是必需品；同理，当我们有了新一代地图时，传统静态的政治地图也会慢慢退出历史舞台。

如今的数码原住民，也叫千禧一代或Y一代（或Z一代），他们需要这种新的工具箱。如今世界上的年轻人数量超过历史上任何一个时期：全球人口中有40%都在25岁以下，这意味着大部分人都未经历过殖民主义或“冷战”。佐格比分析公司研究认为，这些“全球化新生代”最认同的价值观就是互联互通和可持续发展。这些人不再自动效忠本国体系，也不会因为躲在国境线后面就感到心安。在美国，拉丁裔年轻人就曾积极主张与古巴实现关系正常化；韩裔年轻一代希望朝鲜和韩国统一。在他们看来，自己不仅仅属于政治意义上的国家，而应该去追求国家的相互连接。到2025年，估计全世界所有人口都会通过手机接入互联网。随着人类生活互联程度日益加深，地图也应相应调整。

CONNECTOGRAPHY：
MAPPING THE FUTURE OF GLOBAL CIVILIZATION

第一部
互联互通的超级版图

第一章　从割离到连接

环球之旅

现在开始环球旅行，但别乘飞机。清晨从苏格兰首府爱丁堡出发，当日中午抵达伦敦的尤斯顿火车站。立刻出站，快速走过大英图书馆，来到充满维多利亚时代风情的圣潘克拉斯火车站。在车站吃顿简餐，然后登上“欧洲之星”专列，穿过多佛海峡的海底隧道来到巴黎，换乘法国高速列车前往慕尼黑，再换乘德国城际高速列车到布达佩斯。从那里乘坐多瑙河沿线的夜班火车去往罗马尼亚的布加勒斯特，再乘一趟夜班火车就可顺着黑海沿岸抵达伊斯坦布尔。以前，穿行欧亚的最快方法就是乘坐老式渡船横渡博斯普鲁斯海峡，现在则多了几座跨海大桥可选，或继续乘坐火车经新开通的马尔马拉海海底隧道抵达伊朗。当然也可乘坐横越土耳其东南部的汉志铁路南下，经大马士革和安曼后抵达麦地那，或穿过以色列和西奈半岛抵达开罗，从那里可以经英国殖民者在 19 世纪末修建的坚固耐用的“非洲红色铁路线”（Red Line）一路南下至开普敦。从德黑兰出发则可沿着由中国修建的横穿中亚腹地的铁路线，经土库曼斯坦和乌兹别克斯坦来到哈萨克斯坦的商业之都阿拉木图。那里每周有几班火车通往中国新疆首府乌鲁木齐，从乌鲁木齐出发则可很方便地经由西安抵达北京。

在巴黎时也可搭乘卧铺直抵莫斯科，然后乘坐举世闻名的西伯利亚铁路前往符拉迪沃斯托克，并继续前往平壤或首尔。当然也可提前南下，经中国东北或穿过蒙古国抵达北京。如果想要南下前往热带地区，可以乘坐中国四通八达的高铁抵达云南昆明，从那里可由陆路抵达老挝，在万象过河之后就到了泰国并直奔曼谷。当然也可乘坐沿着中国南海的海岸铁路线，经越南河内和胡志明市到柬埔寨金边，然后再到曼谷。此后的选择相对较少，受地理之限，只能沿着马来半岛南下抵吉隆坡和新加坡，这里也是亚洲大陆的最南端。

但海水从来不是不可逾越的天堑，可通过战略要地马六甲海峡的海底隧道抵达印尼最大岛屿苏门答腊，然后经巽他海峡大桥前往爪哇岛上的雅加达，爪哇岛人口逾 1.5 亿，是世界上人口最多的岛屿。从此地再往东就可抵达巴厘岛，由此可搭乘游轮前往澳大利亚。如果一路选择最快的路线，衔接得当，那么就可在短短一周时间内完成从苏格兰到新加坡外加若干岛屿的横跨欧亚大陆之旅。

当然这并非全部路线。在北京也可选择北上，穿过符拉迪沃斯托克和东西伯利亚。如果对寿司感兴趣，可以通过大桥来到库页岛，然后经 45 公里长的隧道抵达日本最北端的北海道，从那里就可一路乘坐新干线南下至日本本岛。从日本九州可穿过长达 120 公里的海底隧道抵达釜山，再由此北上穿过朝鲜半岛回到西伯利亚。至此可开启另一段 13000 公里的行程，先沿着火山云集的堪察加半岛继续往北，然后横穿白令海峡长达 200 公里的隧道来到美国阿拉斯加州的费尔班克斯。从那里就可直下阿拉斯加州首府朱诺，然后依次经过温哥华、西雅图、波特兰、旧金山和洛杉矶。现在加利福尼亚州、得克萨斯州、伊利诺伊州和纽约州等地都希望建设更多的阿西乐快速铁路线（Acela Express，尽管其时速只有 200 公里，大概是新干线的 1/2），但无论如何，现在两天之内可横穿美国 48 个州，从太平洋沿岸抵达大西洋沿岸。从大西洋沿岸找艘船就能回到伦敦，而伦敦每天有 20 多趟车去爱丁堡。环球旅行至此大功告成。

当然环球旅行也可搭乘飞机，除水路外也可自驾，最理想的还是传统的搭乘火车完成环球之旅。[①]上面提到的大部分线路都已建成，有部分线路正在规划中，但最终会如期完工。路线越是通达，我们的选择就越多。

“地理决定命运”，这曾是形容这个世界的最著名的格言之一，但现在却已经有些过时。那些几百年间盛行不衰的说法，例如气候和文化注定让某些社会衰败，或小国只能永远在大国的夹缝中求生存，统统被推翻。随着全球交通、通信和能源基础设施的发展，高速公路、铁路、机场、油气管道、电网和光缆等正在重塑未来：互联互通决定命运。

如果从互联互通的角度观察世界，就会看到人类如何组织的新图景。全球基础设施的发展正使得世界从割离走向互联，从民族分隔走向融合。基础设施就像是将地球上一切组织联系在一起的神经系统，资本和代码就是流经神经系统的血细胞。互联程度的加深弱化了国家概念，形成了整体大于部分之和的全球化社会。正如世界曾从垂直整合的帝国体系走向扁平的独立民族国家体系，现在世界正慢慢步入全球网络文明体系，在这样的世界体系中，地图上连通线的重要性要远远超过传统地图上的国界线。现在每个大洲都变成了内部充分整合的超级区域（北美、南美、欧洲、非洲、阿拉伯世界、南亚以及东亚），区域内自由贸易不断发展，各个城市之间连通程度也在不断加深。

与此同时，互联地图也能更好地反应超级大国、城市国家、跨国公司以及各类虚拟社区之间的地缘动态，这些组织都在争夺资源、市场和关注度。在即将到来的时代，城市的重要性将超过国家，连接供应链的能力比军事力量更重要，而军队的主要任务会转变成守卫供应链而非传统国界线。在 21 世纪，互联能力是军备竞赛的新焦点。

互联互通也是实现人类整体救赎之路。相比传统国界线的冲突，关

---

① 如果白令海峡隧道可以建成，那么从南非出发就可经中东，横穿欧亚，然后沿着北美大陆南下直抵好望角。有些人称之为“新欧亚大陆桥”。

于互联互通的竞争的暴力程度要轻微许多，由此人类可避免重蹈过去大国争斗的覆辙。此外，互联互通也让此前不可想象的进步成为可能，因为资源和技术可以迅速转移到最需要的地方去。人类也可迁徙，以躲避自然灾害或进入城市寻求发展机会。更好的互联互通条件还有助于各国实现进口来源国和出口目的国的多元化。因此互联互通就是我们充分利用地理条件的途径。人类文明的历史不仅仅是战争与和平、经济枯荣的交替。历史的曲线足够绵长，但其走向是互联互通。

桥梁接四方

> 我们所生活时代的最核心事实就是，每个国家、每个市场、每类通信媒介以及每种自然资源都相互联系。
>
> ——《优良国家党》（*The Good Country Party*），西蒙·安霍特

互联互通是当今时代的元模式。正如自由或资本主义那样，它是一个世界历史范畴的观点，这样的观点会在历史发展中酝酿、传播和演化，并给世界带来划时代的变化。尽管现今世界充满各种不确定性，某些大趋势却确定无疑，例如城镇化的迅速发展以及科学技术的普遍应用。每天都有无数人第一次使用手机，第一次登录互联网，第一次走入城市，第一次乘坐飞机。人类追逐机会，追逐技术的可能性。因此，互联互通不仅是手段，也是人类的内在需求。

不管用什么方式互联，都必须要通过基础设施。尽管“基础设施”一词问世尚不足百年，却可用来指代人类进行全球互动的全部物理设施。工程技术的发展使得前人梦寐以求的新型基础设施得以问世。数百年前，苏伊士运河和巴拿马运河等伟大的地理工程改变了全球航运和贸易版图。自 19 世纪以来，奥斯曼帝国的苏丹就梦想能在伊斯坦布尔建

成隧道以连通欧亚。2013 年，土耳其横穿马尔马拉海的隧道正式建成，此外还修建了连接欧洲和中国的货运铁路和石油及天然气管道，这些设施进一步夯实了土耳其作为欧亚要冲的地位。此前土耳其曾被称为欧亚碰撞之地，现在则变成了欧亚互联之所。20 世纪初，日本大正天皇就希望能将本州与北海道相连，但直到 20 世纪 80 年代，日本才建成了 54 公里长的青函隧道（其中有 23 公里在海底）。[①]如果日本通往库页岛和韩国的隧道可以修通，那么从某种意义上说，日本将不再是岛国。

现在我们还仅仅处于地球工程再造的初期，世界需要更多的设施来服务于飞速增长的人口、商品、货物、数据和资金流动。实际上，设想中的未来洲际间的大型基础设施会越发宏伟：以巴西圣保罗为起点，穿越亚马孙地区，通往秘鲁圣胡安·德·马尔科纳港的连通大西洋和太平洋的高速公路；连通阿拉伯和非洲的桥梁；由西伯利亚通往阿拉斯加的隧道；伦敦至东京的北冰洋海底光缆；将撒哈拉太阳能发电输送至欧洲的地中海海底电缆。英属直布罗陀将修建海底隧道，由地中海海底通往摩洛哥的丹吉尔，在那里可新建高铁通向卡萨布兰卡。尽管从地理上看，各大洲并不直接相连，但港口和机场正不断扩建以应对日益增长的洲际货物或人员流动。

这些大型基础设施绝非大而无当。现有的基础设施为全球经济创造了数万亿美元的价值。在工业革命时期，生产效率的提高和贸易的发展，在超过百年的漫长时间内，将英美两国的年均经济增速提升了 1~2 个百分点。正如诺贝尔经济学奖获得者迈克尔·斯彭斯（Michael Spence）所指出的，如果没有资源、资本和技术的跨境流动，那么各经济体的内部增速都无法达到今天的程度。由于全球贸易中仅有 1/4 是发生在邻国之间，因此互联互通是各国自身经济增长和国家间贸易增长的

---

① 与此类似，在经过 20 年的爆破钻孔作业之后，瑞士横穿阿尔卑斯山圣哥达隧道的第三条通道，也是迄今为止最复杂的通道，即将在 2016 年开通，由此可大大缩短德国和意大利之间铁路货运时间，并缩短苏黎世和米兰之间的客运旅程。这条新的通道也将有助于减少重型卡车公路运输，减少碳排放。

必要条件。基础设施的连接程度就跟人口结构、资本市场、劳动效率和技术水平一样是全球经济发展的源泉。可以将全世界想象成靠动能运转的钟表：运动量越大，能量就越充足。因此，如果说过去我们花费了大量精力研究各国国内经济发展的价值，那么现在就到了充分考虑连通各国经济所能创造的价值的时刻。

建设互联互通是最好的投资。政府对道路、桥梁等物质基础设施的投入，即所谓的固定资本形成，以及政府对医疗和教育等社会基础设施的投入，都被看成投资（而不是消费），因为这些投入有助于减少长期成本并为社会带来普遍福利。19 世纪时，各国对基础设施的大规模投资还相对较少，在英格兰，基础设施投资一般占其 GDP（国内生产总值）的 5%~7%，并在第一次世界大战前夕达到 10%的峰值。[1]19 世纪末，美国的基础设施投资占到其 GDP 的 20%，第一次世界大战使得美国实现了两倍于英国的经济增长速度，并迅速崛起成为全球第一大经济体。尽管到了 20 世纪末，美国和加拿大的主要水运和铁路公司都已破产，但这些公司给北美留下了庞大的交通网络，一些设施直到今天依然在发挥着推动商业发展的作用。

英国著名经济学家凯恩斯极力主张政府应扩大公共设施投资，以创造就业和增加总需求，美国罗斯福总统在"大萧条"时期就采纳了这一政策主张。第二次世界大战之后，从西到东，固定资本形成掀起了阵阵高潮，从占 GDP 的 20%上涨到了 30%。德国在 50 年代的经济复苏奇迹，日本在 60 年代年均 9%的增速，以及七八十年代亚洲四小龙（韩国、中国台湾、新加坡和中国香港）的崛起莫不受惠于此。中国大陆从 90 年代初开始发起大规模投资，固定资产投资占其 GDP 比重更是达到 40%，由此在过去 30 年也创造出年均增长近 10%的奇迹。中国对凯恩斯主义的实践程度超越了世界上其他任何一个国家。

过去几十年的发展经验充分证明，互联互通是让地区经济从数十亿美元规模跃升到数万亿美元规模的必由之路。此外，基础设施也是社会流动性和经济韧性的基石：有着完善交通系统的城镇化地区（例如中国南方）率先从2008年金融危机中复苏，因为劳动力可以迅速流动。西班牙是欧元区中受金融危机冲击最严重的国家，但得益于高质量的基础设施条件，现在西班牙是欧元区中经济增长最快的国家。目前全球债务水平达到历史峰值，而各国利率水平则处在历史低位，更多的资本应该投向有助于提高生产效率的互联设施，而不是去炒作与实体经济脱节的金融衍生品。

对于像美国这样的大国，若想实现持久的繁荣，就必须对互联互通加大投资。从历史数据看，美国对基础设施每投入1美元就能获得2美元的回报，但在过去数十年，美国基础设施投资却出现了严重滞后与不足。[2] 如今美国的公路和隧道拥挤不堪，造成交通不畅，桥梁老化严重，频频引发事故和延误，陈旧港口和炼化设施无论从承载能力还是运转效率看都无法满足全球需求。自金融危机以来，包括耶鲁大学罗伯特·席勒在内的几十位著名经济学家都倡导美国加大基础设施投资力度，以此来扩大就业和提振信心。美国土木工程师学会呼吁投资1.6万亿美元对全美运输系统进行全面检查和升级。但直到最近，美国才开始将全国基础设施评估摆上日程，并开始讨论筹建基础设施投资银行，只能说，亡羊而补牢，未为迟也。

全球基础设施状况也大抵如此：基础设施的供需矛盾从未如此突出。全球人口数量已经突破70亿，但现有的基础设施仅能满足30亿人的需求。①随着全球人口的增长和城镇化进程的加快，未来20年，世界需要创造3亿新的就业岗位，唯有基础设施投资和相关产业能创造数量如此之大的岗位。世界银行指出，基础设施是实现联合国减贫、医疗、教育和其他千年发展目标的“缺失环节”，现已被正式纳入联合国2015年发布的可持续发展目标体系中。要想实现由出口驱动的增长转向更高附加值的服务业和消费驱动增长，基础设施必须先行。[3]

---

① 美洲人口约为10亿，欧洲、中东和非洲人口约20亿，全球半数以上人口都在亚太地区，人口数量为40亿。

现在总算看到了全球各国对基础设施投资的重视。当前全世界每年对城市设施和高速公路、管道和港口、桥梁和隧道、电信设施和通信光缆、电网和污水处理设施等固定资产的投资总额为 3 万亿美元，远远超过每年 1.75 万亿美元的国防支出[4]，而且两者之间的差距还在不断拉大。预计全球基础设施年总投资将在 2025 年达到 9 万亿美元的规模（亚洲是主力）。[5]

全球互联互通的革命已经开启。现在各国建成的让人们相互连接的设施要远远超过将人们分隔的设施。今天基础设施的全幅图景中有长约 6400 万公里的高速公路、200 万公里的油气管道、120 万公里的铁路以及 75 万公里的海底电缆，这些设施将全球主要人口聚居区和经济中心联系在一起。与此相对，全球国境线仅有 25 万公里。据测算，人类在未来 40 年里要建设的基础设施将超过此前 4000 年的总和。世界不再是国与国的拼图，而是由基础设施连成的电路图。世界越来越像互联网。

眼见为实

在地球近地轨道（距地表约 215 公里）上的宇航员拍到了许多绝美的地球照片。从这些照片中可看到大洋、高山、冰冠和冰川等自然景观，也能看到人造景观。中国的长城和埃及吉萨金字塔要用高倍镜头才能拍摄到，但超级大都市、超大桥梁以及笔直的沙漠高速公路却很容易捕捉到。此外，美国犹他州肯尼科特铜矿以及俄罗斯西伯利亚和平钻石矿都绵延数公里，其阶梯状地形也很醒目。西班牙南部阿尔梅里亚有着占地超 200 平方公里的蔬果温室，全欧洲一半的新鲜水果和蔬菜都在此地种植，这些蔬果大棚从太空也很容易看到，尤其是棚顶反射阳光时。

那么能看到国境线吗？可以看到多少国境线？许多国境线都是根据自然条件划分的，这些国境线提醒着我们自然在塑造人类群体和文化差异中的基础性作用。朝鲜和韩国的国境线在太阳落山之后会格外清晰——韩国灯光璀璨，而朝鲜则漆黑一团。大国之间最明显的国境线要数印度和巴基斯坦的边境。印巴边境线从阿拉伯海到克什米尔绵延 2900 公里，呈一条大大的对角线。在晚上，从太空看印巴边境线则是一道清晰的橘黄色光线，因为两国沿着边境安装了 15 万盏泛光灯。

教室里或办公室里悬挂的世界地图总是给我们这样的印象，仿佛世界上所有国境线都像印巴边境那样明晰。北美洲的两条主要边境线却显示出国家间的互联互通程度正在日益加深。美国和墨西哥的边境线长达 3000 公里，沿线不只是海滩、沙漠和里奥格兰德河，也将诺加莱斯、纳科和特卡特等城镇一分为二。尽管美国方面巡查甚紧，美墨边境依然是世界上人口往来最频繁的边境地区。每年合法出入美墨边境的人次高达 3.5 亿，超过美国人口总数。美国和加拿大的边境线更是从太平洋一直延伸 9000 公里直抵大西洋，这是世界上最长的国境线，国境线上的 20 个边境通道每天都有 30 万人次出入，来往货物价值超过 10 亿美元。

世界上确实有许多国家在强化对边境地区的管控：以色列正在修建隔离墙，希腊在埃福罗斯河岸边修了 15 公里长的隔离网，保加利亚也修了 200 公里长的隔离网来阻挡非法移民涌入，类似的例子还能找到许多。[①] 但所有这些边境地区，即便是管控极为严苛的地区，依然无法完全阻挡交流渗透。而且几乎所有这些高墙和隔离网都耗资不菲，但对于解决问题却收效甚微。

如果边境的意义在于分隔领土和社会，那么为何越来越多的人愿意在边境地区居住？具有讽刺意味的是，大部分的地图只标有政治意义上的边境线，并不能反映这一地区的人口和经济活动，许多边境地区都有“消除边界”的内在倾向。例如加拿大大部分人口都集中在美加边境附近，

① 在 2008 年俄罗斯格鲁吉亚战争之后，俄罗斯在南奥塞梯边境修起了铁丝隔离网。印度正在其东北边境与缅甸交界处修建 1600 公里长的隔离网，旨在减少毒品走私、人口贩卖以及其他非法交易。突尼斯在与利比亚的边境修建隔离网来控制移民潮，沙特也在跟也门交界处开展类似隔离工程。

这些人也充分享受到了贴近美国市场的便利性。自 2010 年以来，美墨边境地区人口均增长了 20%。[6]

更加具有反讽意味的是，最能显示互联互通如何将人类从相互敌视转为相互合作的地方也是边境地区。印度和巴基斯坦边境贸易的兴盛以及其他相互仇视国家之间的贸易都表明，地图上的国境线并不是隔离现实的实线，而是到处孕育交易机会的孔道集合。在全球许许多多的地方，人们都在想方设法开发边境地区，而不是在国境线前畏首畏尾。[7] 归根到底，无论是中国的长城、英国的哈德良长城还是柏林墙，或者是塞浦路斯绿线、朝韩非军事区，这些都无法完全阻隔两边人民的交流。正如亚历山德拉 · 诺沃赛洛夫（Alexandra Novosseloff）所言，所有高墙的最终命运都是变成旅游景点。[8]

在当今世界，国境线甚至算不上真正的地理边界：机场可能地处内陆，但也有明确的边界，网络安全监控的疆界更是远远超出了国境线范畴。即便现在的政治国境线依然有土地边界的作用，世界上的其他边界却在不断消融：签证要求简化，各国货币可在自动柜员机上实时兑取，通过互联网可以了解世界上发生的一切，Skype 和 Viber 等通信软件的推广使得通话费降至零。各国贸易和交流越是紧密，食品、淡水和能源供应越是国际化，人类就越是不能将地图上的国境线当成分隔线。

由于在地图上无法完全显示各类人造基础设施，就会产生一种印象，边境线的重要程度要超过其他地理表现方式。但如今的真实情况恰恰相反。边境线对国家命运的重要性要低于跨越边境线的设施。我们正在建设世界新秩序，这绝非空话。

从政治地理到功能地理

地理至关重要，但地理并非要以国境线为依托。我们绝对不能混淆地理和政治地理的概念，地理始终重要，但政治地理却易变。不幸的是，如今的地图都假定自然或政治地理概况恒定不变。但这种自证式的逻辑是经不起推敲的：因为这样，所以必然是这样。看地图并不是看手相，不必以为每条纹路都指向不可更改的命运。我对地理的重要影响作用深信不疑，但我从不认为地理分隔线是不可更改的终极决定力量。地理条件或许是我们可观察到的最基本形态，但要想理解人类发展的前因后果，还需要对人口、政治、生态和技术进行全方面综合考量。正如一百多年前伟大的地理学家哈尔福德·麦金德爵士（Sir Halford Mackinder）所言，政治家应该重视地理并在其战略中充分考虑地理因素，但政治家不应成为地理的奴隶。地理决定论者之肤浅程度近于对宗教的盲目崇拜。

要想深入了解人类在改造地理方面的各种途径，首先就要承认人类影响已经遍及世界每个角落：每一处空间都经过人类勘探，地表上每一平方公里的土地都被调查过并绘入地图。天空中到处都是飞机、人造卫星和现在越来越多的无人机，当然还有二氧化碳排放和污染，以及雷达和通信信号。人类不仅居住在地球，更是在改造地球。环境科学家瓦克拉夫·斯米尔（Vaclav Smil）就曾慨叹“19世纪中期以来人类现代文明设施之恢宏广博，以及运转维系这些设施所需物资供给之源源不绝”。①

大型基础设施超越了自然和政治地理边界，对这些大型基础设施的测绘显示出，世界正从政治空间构成（如何合法分隔地球）转向功能空间构成（如何有效利用地球）。在这个新时代，名义上的政治国境线正在被发挥实际效用的功能连接线所取代。国境线表示按政治地理角度，谁和谁应该分开。基础设施从功能地理的角度，说明谁和谁连在一起。互联互通线的重要性超越了分隔线，因此功能地理的重要性也在不断超越政治地理。

① 斯米尔还对“资源”和“储备”这两个概念做了重要区分，资源是不可测量的，而储备则是资源中可测量、可确定的部分，通过供应链可从此处运送至彼处。

如今许多现存或规划中的交通走廊都可追溯到因地理、气候和文化因素而形成的古代通道。本章开篇所言的铁路路线基本上还原了 20 世纪 60 年代从伦敦到印度的“嬉皮之路”（Hippie Trail），这条线路本身传承了横穿欧亚的古代丝绸之路。美国充满历史感的 66 号公路（也被称为“威尔 · 罗杰斯公路”）从芝加哥一路通往洛杉矶，这条公路也延续了美洲原住民的迁徙路线（至今依然穿过亚利桑那州的印第安人保留区），在“大萧条”之后，无数美国人离开中西部沙尘肆虐之地，沿着这条公路向西南行进。

当然古代的丝绸之路道路崎岖、黄沙漫漫，如今则是沥青高速公路、铁轨、钢管以及凯芙拉纤维包裹的通信光缆，现代设施的强度、密度、宽度和速度都远胜古代。这些基础设施形成了全球体系的基础。这些设施将两端以及沿途的实体连接在一起，无论是帝国、城邦还是主权国家——国家有兴衰，但通道长存。

因此，互联互通和地理并不对立。相反，两者还常常相互促进。美国和墨西哥同处美洲，但随着两国设施互联程度的加深，美墨两国从政治分离慢慢转向市场融合。互联互通并不是要抛开地理，而是要尽可能地充分利用地理条件。这会在很大程度上改变我们对“自然”区域的观念。①欧洲通常被认定为独立的大洲，因为欧洲文化与占欧亚大陆 2/3 区域的乌拉尔山以东的文化有着明显的差别。但随着欧亚大陆连接程度的加深，这种认为欧洲在地理上处于孤立状态的看法将逐渐消失。互联互通让欧洲真正成为欧亚大陆的组成部分。实际上，中国现在所打造的丝绸之路经济带是世界历史上规模最大的基础设施投资倡议。[9]

如下两个例子也可说明功能地理的重要性要超过政治地理。丹麦首都哥本哈根与瑞典第三大城市马尔默之间经厄勒海峡大桥相连，这两座城市的联系是如此紧密，现在许多人干脆就认为已形成“哥马”单一城

① 地理学家哈姆 · 德 · 布利耶（Harm de Blij）将地表分成包含若干次区域的十二大区域，分别是：欧洲、俄罗斯、北美洲、中美洲、南美洲、撒哈拉以南非洲、北非/亚洲西南部、南亚、东亚、大洋洲和太平洋诸岛。

市。哥本哈根机场距离马尔默市区更近，而瑞典的出租车也在哥本哈根机场设立接客站。在第一次世界大战后不久，波罗的海国家就希望能联合起来，但这一进程被苏联的扩张主义打断。百年之后，更大规模的波罗的海联盟已然成形，北至挪威，南至立陶宛的波罗的海国家都可通过厄勒海峡大桥前往西欧。在中国的珠江三角洲，正在建设港珠澳大桥（同时建有人工岛和一段6公里长的隧道），大桥计划在2017年建成，成为沟通三地（香港、澳门、珠海）的交通主干，届时穿过珠三角南部所需时间将从现在的4小时降为一小时，将珠三角各大城市连成一片。

搞清楚究竟是国境线重要还是连接线重要，这将从根本上改变我们对世界组织方式的判断。如果国家能从功能角度而非政治角度去看待地理，那么其关注重点必然是如何有效利用土地、劳动力和资本，以及如何将资源有机结合并与全球市场对接。[10] 跨越国境线的互联互通基础设施是特殊性质的财产，具有自身的生命周期，而不仅仅是一条高速公路或一根输油管。连接工程可成为跨境共治共管的公用设施。因此这些基础设施有着自身的特性和源自共批共建的合法性，这些实实在在的工程比法律或外交更具说服力。耶鲁大学教授凯勒·伊斯特林（Keller Easterling）将基础设施这种天然的权威性称为“额外治国才能”（extra-statecraft）。

基础设施也会超越其原来的所有者。当今世界不仅在掀起大型基础设施的建设浪潮，也在发生着基础设施私有化浪潮，各国政府都希望能通过私有化产生更多现金流，由此来实现财政预算平衡并为新投资项目筹集资金。因此世界各国政府都在忙着将基础设施委托给私营企业或第三方机构,用市场化方式管理这些设施。在此过程中，有时东道国会宣布没收或接管由外国政府（或外国企业）投资建成的设施。俄罗斯国有企业在修建油气管道和铁路时，尽管有边界纠纷，他们也希望可以保持基础设施的开放性。道理很简单：如果基础设施无法顺畅运行，那么就不会给任何人带来价值。有关基础设施的收入分成、维护成本或是非法走私等问题的纠纷，归根到底都是在争谁应该从互联互通中获得最大的收益。

因此，尽管互联工程改变着国境线的作用，但也跟地缘政治高度相关。评估功能地理——交通路线、能源网络、货运港口、金融体系以及互联网服务路径，其实也是在分析一国实力的传递和施展途径。美国的政府官员说起如何应对中国崛起时，总好像默认全球体系的领导必须由美国担纲。但其实全球体系只需要一样东西：互联互通。具体哪个国家的连接程度最高并不重要，但连接程度最高的国家一定最具优势。中国在非洲和拉美就颇受欢迎，因为中国在这些地区推广（通常也承建）基础设施，作为地区连接程度改善的基础。与互联互通的硬实力相比，缥缈的软实力则略显苍白。

基础设施的连接线并不是主权国家之间的边境线，但其真实性和重要性毫不逊色。而且这些线条代表的是“现在”，不像现有地图上的线条那样代表着过去。正如著名建筑师圣地亚哥·卡拉特拉瓦（Santiago Calatrava）所言：“今天建成的建筑在未来数百年内依然屹立。”这应该超过了许多国家的存在时间。然而如今大部分学者依然将政治疆界视为地图上最重要的人为线条，其背后的偏见就是视领土为国力的基础，视国家为基本政治组织形式，假定只有政府可完全控制国家内部的活动，以及认定民族认同是忠诚感的最重要来源。随着全球互联设施的发展，这些观念将统统被推翻。分权（权威从中心下沉至各地）、城镇化（城市规模和实力的增长）、人口稀释（大规模移民带来的人口融合）、大型基础设施（改变地图的新的油气管道、铁路以及运河）和数字互联（可形成新的社区）等趋势，要求我们绘制出更加复杂的地图。

供应链世界

现在到了重新思考人类生活组织方式的时候了。

人类社会发展有着这样一条规律，这条规律从原始社会开始就始终被证明是正确的，并经过了各帝国和国家的验证，那就是：供给和需求。这也是指引人们走向未来的最佳向导。

供求规律并不仅仅是确定商品价格的市场原则。在人类生活的方方面面，供求规律都在发挥着作用，驱使人们去找到平衡。当我们进入全球基础设施和数字互联时代，任何需求都会有相应的供给，任何人无论何时何地都可获得实物或虚拟供给。物理学家加来道雄认为人类正在走向“完美资本主义”[11]，这种状态还有另外一个名字：供应链世界。

供应链是由生产者、中间商和销售方组成的完整生态体系，原材料（无论是自然资源还是观点）得以变成商品和服务并提供给各地的人们。①无论你是醒着还是在梦乡，日常生活中的每个点滴，例如早上喝咖啡、驾驶汽车、打电话、发邮件、用餐以及看电影，都离不开全球供应链。

然而尽管供应链无处不在，供应链本身却看不见摸不着。供应链是各种交易组成的体系。我们无法看到供应链，我们看到的是参与者和基础设施，即将供给和需求相连的东西。但如果仔细观察供应链上的每根链条，就可看到这些细小的交易如何组合起来，影响全球发展趋势。亚当·斯密所称的自由市场、大卫·李嘉图所言的比较优势以及爱米尔·涂尔干的劳动分工理论都得以体现：资本、劳动力和生产在全球范围流动，流向最能有效连接供给和需求的地方。如果“市场”是世界上最强大的力量，那么是供应链将市场与人们的生活结合起来。

随着全球化在世界各个角落的推进，供应链所涉范围变得更宽，程度在不断加深，连接力越来越强，现在人们不得不追问，相比国家本身，供应链是不是代表着一种更深层次的组织力量。[12]供应链是原始的

① 供应链更加正式的定义是将产品和服务从生产方转移到涉及消费者的组织、人、技术活动、信息和资源系统。全球供应链和全球价值链往往交替使用，全球价值链更加侧重表达产生附加值的过程，而简单的供求术语通常没有这样的含义。也有人用价值网或者价值互联来突出供应链所涉各方的广度以及各方相互关联和互利互惠的性质。

全球网络，如同裹毛线球般将世界包裹在一起。它是连接全世界的管线，是人和物移动的通道。还具有自组合和有机连接的功能。供应链会随着人类活动扩展收缩。供应链可以被打断一时，但很快就会找到新的途径来完成其使命。供应链似乎本身就具有生命力。这一切听上去是否有些耳熟？应当如此：互联网就是最新形态的基础设施，在此基础设施上可形成更多的供应链。

万维网是在 1989 年问世的，也就是柏林墙倒塌那年，这似乎是从大国均势世界转向供应链世界的恰当转折点。[①]17 世纪的三十年战争代表着世界从中世纪的无序纷争过渡到了近现代民族国家体系。在《威斯特伐利亚和约》中，欧洲各国王室表示相互尊重各自领土主权。如今我们回顾 1648 年签署的《威斯特伐利亚和约》，不是为了去争论谁胜谁负（其实没有赢家），而是因为这份合约开启了此后近 400 年以主权国家为主导的国际关系格局。

但这套体系并非是不可更改的，而且这套体系下的国际现实也并不符合其最初设想（理论上的）。相反，驱动人类社会组织演进的始终是供求动态变化。自上一冰期结束以来的 15000 年时间里，人类群体自发组成了无数形态规模各异的政治团体，面积不等，集权程度不一，包括帝国、哈里发王国、公国以及酋长国等。城市和帝国，而不是国家，是历史的主要构成。此外，如果将《威斯特伐利亚和约》视为平等主权国家体系诞生的标志，那么这显然既不符合西方历史也不符合非西方的历史。在欧洲，各国国王建起坚固的城堡来控制人口与农业资源，抵御外来侵略，由此民族国家慢慢替代了中世纪的教会。但直到 20 世纪，欧洲各帝国在欧洲大陆和全球其他地区继续存在。殖民主义将海外领土纳入了世界体系，但并未让这些海外领土变成主权国家。在第二次世界大战结束之后，全球各地才掀起了民族独立的高潮，但直到现在，各国平

① 在本书中，“供应链世界”、“供求关系世界”、“供求体系”等词汇交替使用，不做严格区分。

等也依然只是幻想。

过去的 25 年间，大国关系稳定，基础设施、资本市场和通信技术的发展，以及监管的放松，加速了全球供应链体系的崛起。全球化自上而下削弱了主权国家，因为现在各国政府越来越多地在执行国际规则而不是自我制定规则，而分权、资本主义和互联互通的发展增强了主要城市和企业的自主性和影响力，城市和企业越来越倾向于穿越国界去追寻自身利益，由此自下而上削弱了国家主权。随着行政机构的分解和私有化，供应链成为新的服务提供者。供应链并不是要消除政治，也不代表着“国家的终结”。只是市场监管和政府共治，重构了国家的功能；城市和省份纷纷自主开展国内外竞争，也重塑了国家的规模。[13]

国家疆界让世界看起来很有秩序，但疆界并不能推动世界运转。相反，基础设施和供应链才是世界运转的依托，尽管政治地理问题不断。正如经济学家罗伯特 · 斯基德尔斯基（Robert Skidelsky）所提醒的，战争和疆界会造成资本的短缺，只有稳定和开放才能让资本源源不绝。

疏通供应链可给世界带来超乎想象的好处。按历史学家马克 · 莱文森（Marc Levinson）的说法，50 年代集装箱的普遍使用使得“世界变小，但经济变大”。只是简单将货物箱子标准化就大大改进了全球供应链。世界经济论坛的研究表明，如果现在能把通关条件减少一半，全球贸易将提升 15%，全球 GDP 将提升 5%。与此对照，即便是把全世界的进口关税都取消，也只能将 GDP 提高不到 1%。DHL（敦豪航空货运公司）等企业将其专业经验传授给发展中国家的海关，加速通关；仅航空货运行业单据电子化一项就可每年节约 120 亿美元，并可杜绝几乎所有因单据差错而造成的航空货运延误。如果通关顺畅，那么货物就可迅速投放至市场，而不用考虑大量备货。在供应链世界，低效是最致命的敌人。

供应链是要将相隔遥远的各方联系在一起，这些人之间可能缺乏相互信任，因此供应链上的各方就需要管理人士所称的“唯一真相”，即真实信息的实时共享，这样在供应网中的所有人都能随时把握事态的进展。[14] 沃尔玛首席执行官董明伦（Douglas McMillon）称自己是在管理一家“科技公司”，其工作的主要内容就是与宝洁这样的供货商沟通销售和库存等数据。联合利华会不断研究本地市场需求情况，据此来调整其全球生产体系，更加灵活地安排各地市场的产品投放。现在MBA（工商管理硕士）课程中，供应链管理能力已被视为核心的竞争力，因为零售、国防、IT（信息技术）等其他行业都对供应链管理人才求贤若渴。[15]

在企业董事会之外，普罗大众也在为了追求更好的生活不断迁徙，这也充分表明，现在我们进入了以供应链为人类新型组织方式的时代。1960年，全球只有7300万人旅居他国；如今这个数字是3亿，自金融危机以来，该数字还在快速增长。全球移民的经济背景覆盖所有阶层，其中既有跨国企业的高层管理人员，也有来自第三世界的劳工，这些人都为了生活选择离开故土。而且以前移民的方向大致是由南向北，现在国际移民中有半数流向经济发展良好和就业机会较多的发展中国家。非洲和印度的大量年轻劳工流向了后殖民时代的全球各地，他们直接参与了某些失败国家的重建，海湾国家从亚洲劳动力流入中获益最多。当某处需要建筑工人、佣人、护工或其他劳务人员时，自然就会有劳动力供给来满足这些需求，国境线也难以阻挡。

美国也是人口流出的重要国家。现在有超过600万美国人在海外生活，这也是有记载以来的最高数字。相关调查显示，在美国18~24岁的年轻人中，有计划移居海外的比例从以前的12%上涨到了现在的40%。现在，不仅是投资银行家、交换学生、记者以及和平护卫队的志愿者到海外，来自美国社会不同阶层的越来越多的人都成了经济移民，尤其是在金融危机爆发之后。

如果供应链无法贴近人们，那么人们就会主动贴近供应链。从旧金山到约翰内斯堡，19世纪的掘金者将寂静的村庄变成了繁华的城镇。在过去10年，有5万加拿大人迁入了阿尔伯塔省新兴石油小镇麦克默里堡，并在当地荒芜的焦油矿上作业。在非洲的采掘工业中，数十万工人不舍昼夜开挖用于制作手机的钨和钽等金属原料，尽管有时他们必须像奴隶那样劳作。当非洲大国刚果和其周边国家崩溃时，全球供应链的存在让民众有了谋生的渠道。或许在未来几十年，人类依然生活在各国国境线内，但更为重要的是，全球几乎所有人口都会集中到基础设施走廊和供应链周边，无论是现实的还是虚拟的。

城镇化也印证了世界正朝着供应链体系而去。哈佛大学的尼尔·布伦纳（Neil Brenner）和纽约大学的索利·安杰尔（Solly Angel）的研究表明，城市土地面积预计会在21世纪增加两倍。全世界绝大多数人口居住在城镇，目前全球每天都有15万人涌入城市，也就是说全球每个月增加的城市人口相当于整个洛杉矶，这种情况在发展中国家尤为明显，预计到2030年至少还有20亿人会搬入城市。观察城市化所得出的结论要比观察国际移民更为震撼，这些人不用穿越国境，可迅速融入工业和服务供应链上的数十亿就业大军。

虽然世界上大部分人从未离开自己的祖国，但城市化却将这群人的连通程度大大提升，不论他们身处何方。在跨欧亚城市中生活的人的共同点可能要超过他们与本国农民的共同点。从其享受的城市基本服务看，雅加达居民可能更接近于伦敦居民，而不是马鲁古群岛上的印尼渔民。即便是那些生活在孟买或内罗毕贫民窟的人，他们的收入也远远超过本国农村那些失去土地的农民。

远在天边的人的生活方式相近，同一国家不同地区的居民却恍若生活在两个世界，这也表明了供应链世界的存在。哥伦比亚大学教授萨斯基娅·扎森（Saskia Sassen）研究发现，全球化推动了各种网络的盛行，她将这些网络称为“闭环电路”，因为这些网络仿佛都有自己的生命。纽约和伦敦的金融投资者以及他们设在亚洲的资金池，瑞士和新加坡的大宗商品经纪人和他们在非洲和拉美控制的储备资源，美国硅谷和印度班加罗尔的程序员以及他们所服务的全球客户，德国和美国汽车制造商以及他们设在墨西哥和印尼的加工厂，这些都是由供应链构成的闭环电路。并不是国家在价值链上的地位提升了，而是这些闭环电路攀上了全球化的节点。达卡和亚的斯亚贝巴等地的服装生产基地好像慢慢跟本国其他地方脱节了，尽管这些制造基地是本国经济增长的重要引擎；这些基地属于本国，也属于全球供应链。

现在的全球供应链已经是高度整合，这些供应链成了全球互联程度的测量仪。正如主震之后会有余震那样，2008 年的全球金融危机对全球贸易的冲击力五倍于其对全球GDP的冲击。首先是信用收缩造成了需求冲击，这意味着耐用消费品采购的直线下降。随后存货调整开始横向蔓延，大部分货物的贸易开始收缩，并引发德国、韩国和中国等国家工业生产下降。2014 年全球石油价格下跌时也出现了类似情况。当油价暴跌时，从加拿大麦克默里堡到马来西亚，石油开采投资都相应下降。目前即便是有着丰富石油储量的文莱也宣称要实行财政紧缩。供应链也是传导链：链条上每个环节都会受到影响，但痛苦会在系统中消散。[①]

对文明而言，供应链既是福祉，也是祸害。供应链是摆脱地理限制的抓手，能创造此前无法创造的经济发展机会，并将观念、技术和业务实践带到气候恶劣、土壤贫瘠和条件艰苦的地方。

普林斯顿大学经济学家、诺贝尔经济学奖获得者安格斯·迪顿（Angus Deaton）在其著作《逃离不平等》（*The Great Escape*）中敏锐地观察到，尽管地理环境和机构条件“糟糕”，但全世界还是有数十亿人通过构建互联互通参与进全球市场。有些宿命已经被打破：热带国家不一定农业生产力和劳动力效率低下，内陆国家也不一定经济发展落后。赤道附近的新加坡和马来西亚是发展势头良好的经济体，卢旺达、博茨瓦纳、哈萨克斯坦和蒙古国等内陆国家也表现出强劲的经济增长势头。一个国家无法改变其地理位置，但互联互通给了各国打破地理宿命论的工具。

因此，对于发展中国家的数十亿底层民众而言，供应链提供了救赎的机会，现在发展中国家政府都在拼命吸引全球供应链的落地。正是在

① 纳西姆·塔勒布在其著作《反脆弱》中，利用凸性效应说明，降解效果（危害）会在系列小单元中慢慢减弱，整体单位不必承受小单位危害之和。

此背景之下，经济特区雨后春笋般涌现，这些经济特区是专门划分出来用以吸引某种产业集群的区域或城市群，现在遍布几十个国家的经济特区也是自现代国家诞生以来对国家治理方式最重大的创新。这些经济特区不仅是本地发展之锚，也是融入全球体系的节点。这是世界从政治地理转向供应链地理的又一表现，现在越来越多的城镇不是像杰斐逊城或海景城那样以人名或景观命名，而是通过其在全球经济中的定位来命名，例如迪拜互联网城、巴格达出口加工区、开曼创业城、广州知识城以及马来西亚多媒体超级走廊等，全球这样的区域有4000多个。

如果按传统的地图，那么我过去五年去了许多根本不存在的地方。无论是工业园还是“智能城市”，这些区域的兴起和发展是如此之快，大部分都来不及在地图上标注。这些区域过去仅仅是人们上班的地方，但现在越来越多的人选择居住在这些区域。对于数亿工人和他们的家人而言，供应链已经成为一种生活方式，他们不仅为全球经济做出贡献，也满足了自身连接世界的梦想。世界上发展最快的城市是那些人口在百万左右的城市，这些城市通常都围绕某个大型企业形成。这些是供应链世界中的新型“工厂城镇”，这些新生的城市是让世界民众参与全球经济的最大动力，其对增长的促进作用也远远超过任何援助项目。

当然也有弊端：供应链也是市场掠夺世界的途径。正是借助供应链，地球的雨林被肆意砍伐，污染气体直接排入大气。从北极的天然气到南极的石油，从玻利维亚到阿富汗的锂矿，从亚马孙到中非的原始森林，从南非到西伯利亚的金矿，在供应链世界中，每处矿藏几乎都有人开发。各国政府根本没有尽责保护自然资源，相反政府很愿意与资本联手糟蹋自然。海洋也出现了过度开发的问题，过度捕捞和海底矿藏开发让海洋不堪其扰，另外还有石油泄漏和工业废水的严重污染。供应链也是毒品、军火走私和人口贩卖的渠道，目前人口贩卖的数量超过历史上任何一个时期。世界五大黑社会组织——日本山口组、俄罗斯兄弟会、意大利克莫拉和光荣会以及墨西哥锡纳罗亚集团，都已实现国际化经营，其非法经营犀牛角、伪钞、新型毒品和色情产业的收入高达每年

1 万亿美元。如果没有附在供应链上的全球化的市场、基础设施和中间商，很难在全球层面开展剥削和掠夺。因此人类社会的命运也与供应链管理方式紧紧联系在一起。

全球供应链体系现在已经替代国家成为全球化文明的基石。无论是美国还是中国都无法单凭自身力量来创建这套体系，当然中美两国也都不具备将其关闭的最终权威。相反，各国之间只能在 21 世纪开展“供应链大战”，正如 17 世纪欧洲各国的三十年战争。

供应链大战的目的不在于征服，而是要与世界上最重要的原材料、高科技和新兴市场建立起物理和经济上的联系。供应链大战也不是阶段性的。它是当今世界接近永恒的存在，当前全球大国都在避免成本极高的军事冲突，因为军事冲突会干扰供应链，严重损害自身利益。在供应链大战中，基础设施、供应链以及市场就像是领土、军队和防御阵地。最强盛的国家不一定能赢，互联互通程度最高的国家才能取得胜利。

那么美国是否理解供应链大战中的新地理呢？美国地理学会前任会长杰里 · 多布森（Jerry Dobson）曾提出过尖锐批评：美国自“二战”之后就放弃了地理教学，在此之后美国没有真正打赢过任何战争。[16] 现在美国不是要掌握传统地理学意义上的领土框架，而是要掌握地缘经济学的商业视角，因为这一领域的斗争更加微妙和复杂。

给政府提的那些传统问题，例如大国之间的关系、公共和私营部门的平衡发展、经济增长前景和社会不平等状况以及生态系统的命运等，要回答这些问题的最好方法就是观察分析世界的供应链。经过分析可发现，20 世纪的地缘政治学是基于麦金德的名言：谁统治了世界心脏地带，谁就统治了世界。在 21 世纪，这句话就应该改成：谁统治了供应链，谁就统治了世界。

在供应链世界中，谁拥有（或宣称拥有）领土并不重要，重要的是谁在使用（或管理）。目前中国就在远离其国土的许多地方开采矿物，但中国对这些地方毫无领土野心。因此，中国实际上是在遵循事实地图，而不是名义地图，即可以进行利益重构，并不拘泥于全球政治版图。名义地图上的世界信奉这样的格言：我的领土就是我的。但在事实地图层面，供应链世界的规则变成了：不用则废。

流动与摩擦的平衡

17 世纪的哲学家托马斯 · 霍布斯（Thomas Hobbes）被誉为现代国际关系学之父，他认为世界运转有着相当简单的机械式规律。所有现象都不过是运动体之间相互关系的表现。从此地缘政治学说就成了世界秩序不可更改的基础理论，所有人类活动的最终逻辑都归为：对领土的控制至高无上。当大国产生冲突时，一方必须屈服。

但这种地缘政治学说背后的物理理论遭到了后来发展的物理理论的挑战。大约百年之前，量子物理学说的问世从根本上动摇了牛顿的经典力学体系和其发现：物质不易被量化且处于永恒运动的状态；看不到的物体也可以占据空间；引力比位置更加重要；世界上不存在绝对的因果关系，只有概率；意义源于相对而不是绝对。

现在则到了根据发展的物理理论对地缘政治学说进行重构的时候。要想理解现存世界，就需要同时综合考虑 17 世纪的主权论、18 世纪的启蒙论、19 世纪的帝国主义、20 世纪的资本主义以及 21 世纪的技术发展。一个年轻化、城市化、高度移动和技术发达的世界更应该用不确定性、引力、相对性和影响力等概念来理解，而不是过去数百年间占据主导的王室、主权、领土、民族主义和军事至上的概念。

量子物理最重大的启示之一就是，变化本身也会发生变化。我们就生活在“变化之变化”这样的过程中：世界不仅仅是从超级大国主导到多元化格局的转变，还有更深层次的从国家主导体系向多角色体系的转变。中世纪的混乱世界曾取代古代世界的帝国版图，现代主权国家体系取代了中世纪的体系，现在的世界在朝着全球化互联文明的方向演变。

结构性变革每几十年就会发生一次，但体系性的变化却要数百年才会发生一次。结构性的变化使得世界变得更加复杂,而体系性的变化会使世界变得更加丰富多元。国际关系是复杂的，但今天的全球化互联文明是丰富多元的。金融界对利益的追逐会造成市场动荡，跨国企业可能要比国家更具影响力。伊斯兰国、占领华尔街运动以及维基泄密等事件本身都是“量子物理化”的：无处不在又无迹可寻，无时无刻不在变化，并可能突发阶段性变迁。如果我们的地球在Facebook（脸谱网）上也有账户，那么其状态一定显示为“丰富多元”。

互联互通是这种丰富多元状态的主要原因。全球化似乎是现有秩序框架内的全球化，但其实全球化也在创造着新的秩序。互联互通是从体系内部产生的变化，但最终会改变系统本身。网络并不是现有连接的简单结合，相反随着节点的增加，网络本身具有不断外延的特征（梅特卡夫定律）。

现在没有超级大国可以独立于这个体系之外。根据美国国家情报委员会（NIC）发布的报告《全球趋势2030》，美国现在已经不再是可预期的稳定力量，而是世界的一个变量。美国到2030年时还拥有多少力量？美国的国内形势会稳定吗？美国还可以在世界范围内发挥主导作用吗？所有这些问题的答案都属未知，因为美国也无法完全掌控其自身的命运。在丰富多元的世界中，美国也只能顺势而行。

在此还要提到另一个物理学概念：流动和摩擦。[①]在互联的全球体系中存在许多类型的流动：资源、货物、资本、技术、人、数据和观念。当然也存在类型的摩擦：边境、冲突、制裁、距离以及监管。人类生态系统和文明通过各种流动将能量传遍全球，无论是原材料、技术、人力还是知识，而摩擦会阻碍和干扰流动，例如战争、灾难以及经济萧条等。从长期看，流动不可阻挡。供给最终会与需求对接，变化最终会

① 固体、液体和气体在开放或密闭空间中移动时都会产生流动和摩擦现象。在流体物理学，摩擦的表现形式是黏性，即物质拒绝变化。

战胜惰性。

这样的过程是渐变的而不是突变的。正如杜克大学数学家亚德里安·贝扬（Adrian Bejan）在其著作《设计的本质》（*Design in Nature*）中所言，所有体系的基本属性就是要使得流动最大化，即要让系统中所有部分都能彼此连接。这个简洁的物理论点几乎可以解释一切，从树木生长到生物进化，从机场设计到全球化演进。现在全球化互联文明的发展就是流动和摩擦在不断膨胀的维度上对立统一的产物。

流动和摩擦正如阴阳两极：两者相辅相成又相互牵制。两者处于永恒的互动状态，在战略目标下归于统一。要想吸引外资来振兴其基础设施，美国就必须放松某些管制，中国的投资就因为美国方面的设限而无法进入相关领域。对于中国来说，如果想让人民币国际化，就必须进一步开放自己的资本项目。这表明，摩擦越少，流动就越多。

但越来越大的流动也会放大风险：新移民可能会是恐怖分子；哈瓦拉支付系统方便了对穷人的资金汇兑，但也可能为资助有组织犯罪打开方便之门；旅客和外来牲畜可能会携带疾病；电子邮件也会传播病毒；金融投资会酿成资产泡沫。而且问题在于，人们永远无法知道会损毁系统流动程度的临界点，正如人们无法预料下一次雷电的发生位置。①

这些都是现实问题，但解决之道绝非是设置边境。如果走得太远，设置的摩擦就会走向初衷的对立面。例如，美国严格的移民准入政策就使得硅谷的许多企业无法从海外招聘到高水平的程序员。与此类似，墨西哥在2013年决定提高采矿业的企业税，这导致几家全球大型采矿企业宣布不再对墨西哥开展矿业投资，缺少了外国资本和技术的墨西哥采矿业立刻陷入困境。

国家只有勇于开放才能避免败亡的命运，当然各国还是应该设定相应的摩擦限制来趋利避害，例如对投机性投资的资本管制、为保护国内

① 实际上，影响闪电路径的空气电离速率（负电离子破坏空气的分子结构）只能通过量子力学计算。

产业免受冲击的有限开放政策、港口的安全检查、对移民数量的限制以避免移民潮、与国际刑警组织联网的边境护照检查、对电脑软件的反病毒扫描等措施。各国政府应将边境和管控措施视为交通信号灯，需要协调运用来有效管理出入国家的人流物流情况。中国希望从缅甸获得能源供给，但显然不希望毒品流入；中国希望能买到阿富汗的铜矿和锂矿，但不希望伊斯兰极端分子进入国境；欧洲希望能将货物出口到中东和非洲，但无意让一贫如洗铤而走险的非法移民涌入。奥克兰机场入境检查时，训练有素的警犬会将所有包裹闻上四遍，这主要是为了防止将病原体带入新西兰，危及其农业经济。新加坡对毒品的检查也尤其严格，因为新加坡是泰国和朝鲜毒贩的觊觎之地。

人类对于管控某些最危险的传播和流动已经有了不少经验。在14世纪，黑死病曾沿着丝绸之路由东向西蔓延，欧洲一半人口因此丧生，而1917—1918年间的流感瘟疫则让5000万人丧命。与此对照，2003年爆发的“非典”疫情在散播到24个国家后迅速得到控制，2014年，埃博拉病毒通过航空路径迅速从西非传播到欧美，但疫情也很快得到有效遏制。医学检查、检疫以及对传染源管治等“摩擦”措施迅速使疫情得到控制。同理，我们也在世界经济的高风险领域采取宏观审慎措施，例如将商业银行和投资银行业务分开、限制对抵押品的再证券化和相关衍生交易、要求银行在进行代客交易时投入自有资金等。尽管金融业务高度整合，但这些措施阻止了金融体系系统性风险的发生，当然这也优于允许所有金融业务，之后再进行微观监管的做法。

人类世界还将继续充满摩擦，但未来的摩擦主要是为了控制流动。人类将更多地为了连接线而不是分隔线争斗。原因在于，全球绝大多数的国境线都已确定，无论是通过和平谈判还是武装冲突，因此未来的冲突可能不会是设置更多的国境线，而是如何控制这些连接线。这就是为何如今全球各国或多或少都在实行“国家资本主义”，这些措施包括对战略产业进行补贴、对关键行业实行准入限制以及要求金融机构将更多资金用于服务本国的实体经济。这样的产业政策代表着各国的审慎尝试，其目的是在本国需求和全球连接之间找到平衡。例如巴西现在就要求外国汽车制造商对其可再生能源研究进行投资，另外巴西也采取了资本管制措施来限制“热钱”出逃。印度尼西亚等国虽然提高了企业税费，但外资依然在涌入这些国家，因为这些国家最终控制了地理资源。印度在软件服务领域实行自由贸易政策，因为印度在软件行业有着成本和人才优势，但其对开放农产品进口就显得极为谨慎，因为这可能会冲击印度的农民。

或许全球化的完全自由市场永远都只能是梦想，但毫无疑问，全球化经济会日益增长，这也成为各国竞争的战略舞台。实际上，各国都在开放自己的经济，但具体开放形式各不相同。似乎各国有这样的共识，出于理性甚至私心的设限是必要的，这有助于维持本国优势或保护本国的产业和就业，尽管这些产业在国际上并不一定最具成本效率优势。

当然自由市场的倡导者常常批评这些限制措施，说它们是“贸易保护主义”，但对于各国来说，必须要采取措施提升活力才有可能从参与世界中获益。例如巴西的许多电子企业都搬迁到了亚马孙雨林深处的玛瑙斯自由贸易区，为什么呢？因为这有助于带动本地就业，如果没有这些电子企业，当地人可能会加入砍伐森林的队伍。这样做，巴西不仅实现了产业提升，而且也遏制了森林采伐。非洲各国也在采取措施保护国内脆弱的产业，常常限制外商独资企业对资源的占有，避免本国资源成为外国资本的囊中之物，这些都是明智的主动设置“摩擦”的举措，不应被视为反对全球化。正如俗话说的：凡事都有个度。

第二章　新世界的新地图

从全球化到超全球化

反对全球化就像是反对地心引力。

——前联合国秘书长科菲·安南

从过去5000年的人类文明发展来看，人类的未来必然是全球互联文明。全球化其实从公元前3000年就开始了，美索不达米亚王朝的城邦开始管理内部贸易，以及与埃及和波斯之间的贸易。在公元前500年前后，阿契美尼德王朝达到巅峰，波斯国王居鲁士大帝将帝国势力范围从欧洲扩张至中国边境，古希腊和古罗马的商队则沿着欧亚丝绸之路留下了许多连接点。在互联互通的道路上，财富和宗教朝着四周传播。正如社会学家克里斯托弗·蔡司–邓恩（Christopher Chase-Dunn）的研究所表明的，当今世界的文明体系正是曾经孤立的地区和文化体系相互激荡的结果，新技术、资本和地缘政治野心不断驱动并深化世界的联通。无论是公元500年前后的阿拉伯对外征服还是13世纪蒙古地区的崛起，都充分利用了自身有序的流动性来组建庞大的帝国。中世纪后期的十字军东征和商业革命使得海洋贸易得到长足发展，由此将欧洲引入了延续数百年的殖民时代，当今世界的版图许多就是在殖民时代敲定的。

随着帝国不断拓展其互联范围，全球化也在不断升级：15 世纪和 16 世纪的伊比利亚（西班牙和葡萄牙）航海，17 世纪的荷兰和 18 世纪的英国东印度公司都是时代的产物。19 世纪英国工业革命后，现代化的工厂需要更多来自远方殖民地的棉花和原材料供应。全球纺织品和农业贸易的发展产生了全球供应链，也催生了奴隶贩卖交易。19 世纪后期美国和德国钢铁产量飙升，欧洲殖民地的铁路和码头也在同期建设，这些都使得经济全球化达到了前所未有的高度。

凯恩斯在 1919 年出版的著作《和平的经济后果》（*The Economic Consequences of the Peace*）中对这些繁荣年代是这样描述的："伦敦居民早上可以一边在床上喝茶，一边电话订购世界各地的商品，这些产品质量优异,并且一大早就会被送到顾客的家门口……（他）对这种生活状态习以为常，这样的状态可以不断改善，但任何偏离都会被视为离经叛道，必须阻止。"[1]

第一次世界大战前的和平时期确实是全球化的黄金年代，但这仅仅是对于能享受这种全球化的人而言。在这种重商主义的帝国主义经济秩序下，殖民国家以极低成本甚至零成本从拉美、非洲和亚洲攫取了大量的资源运往欧洲。来自非洲的奴隶和亚洲的苦力被转卖到古巴以及南太平洋诸岛的种植园和煤矿进行劳作。各大洲都依附于这种全球殖民体系，即一个由大国势力范围构成的世界。这种西方主导的全球化被证明是很脆弱的：随后"一战"爆发，贸易壁垒、移民限制、金融危机和政治上极端民族主义兴起，这些深刻改变了 20 世纪 30 年代的地缘政治版图并最终引发了第二次世界大战。

然而尽管战争确实是全球化遭遇的最大苦果，但这也仅仅是延缓，而不是阻止全球化的进程。尽管 14 世纪黑死病流行，20 世纪爆发了两次世界大战，21 世纪早期经历了金融危机，人类无止境的探索欲望、资本主义扩张本能以及科学技术的创新仍在继续推动全球化，这一次规模更大（真正的全球范围）、速度更快（实时交流）、弹性更强（可迅速恢复）。如今全球化的影响范围更加细密，动力十足，参与人数在不断增加，也更加强劲和富有包容性，因此较以往更加稳定。

“全球化”一词一直到20世纪80年代后期才流行开来，那时正好是“冷战”结束的前夜。尽管从那时起，全球互联互通就有了迅猛的发展，但在过去10年，至少有三波怀疑全球化已经终结的浪潮。首先是2001年发生在纽约和华盛顿的“9·11”恐怖袭击，有人认为这次恐怖袭击摧毁了西方世界和阿拉伯世界的信任并导致边境管控加强，后来美国发动的伊拉克战争和阿富汗战争更有可能让全球经济陷于停滞。其次是2006年世界贸易组织多哈回合谈判破裂，当时有人认为，如果没有统一的全球规则，全球贸易就会消减或萎缩。最近一波则发生在2007~2008年全球金融危机时期，当时各国出口下降、国际信贷收缩，新美国模式的资本主义备受指责，这些都被某些人拿来作为“去全球化”的证据。现在随着美联储加息、中国经济增长放缓以及廉价能源和技术发展导致的制造业回流和自动化生产，又开始出现第四波认为“全球化终结”的声音。

但我认为，全球化正在进入新的黄金年代。由于各国的战略推动、新型科技、廉价资本和全球移民等因素的发展，全球化几乎在各个领域都呈现出深化和扩大化的趋势。自2002年以来，整体出口（包括货物和服务出口）占全球GDP的比重已经从20%上升到30%，一些分析人士预计该比例可能会在未来若干年达到50%。美国出口占GDP的比重也在提升：美国的硬件、软件、汽车、医药等产业的出口依存度都在提升；目前，标准普尔500指数公司中40%的收入都来源于国际市场。

非洲、阿拉伯、波斯、印度、中国和东南亚文明在古代的贸易路线也重新焕发出生机。如今新兴市场国家之间的货物、服务贸易和金融交易占了全球的1/4，而且其增速要远远超过其他类型的贸易。[①]在过去十年间，中国与非洲、南美与中东、印度与非洲、东南亚与南美之间的贸

---

① 自2000年以来，利用SWIFT银行间系统的金融交易每年都在以20%的速度增长，主要原因就是新兴市场之间交易的迅猛增长。

易都有了500%~1800%的增长（是的，是4位数）。尽管起点不高，但现在中国和非洲之间的贸易额已经超过2500亿美元，差不多是美国与非洲贸易额的两倍，中非之间的贸易额预计会很快追上欧洲与非洲之间的贸易额。

国际航空业的发展以及互联网技术的普及降低了国际旅行的成本，互联互通达到新的高度，这使得南美、非洲和亚洲的大量中小企业可获得产业链服务。现在，无论何时何地，世界上任何地方的商业伙伴都可开展交易。

外国投资数量也超过全球GDP的1/3。美国的海外投资继续保持增长势头，并在2013年超过了5万亿美元，当年流入美国的外商直接投资（FDI）也达到了3万亿美元。截至2012年，全世界流入发展中国家的外商直接投资占了全球总额的一半以上，即流入发展中国家的外商直接投资额超过了流入发达国家的投资额。如果参照外汇储备、金融投资和外商直接投资总和，中国正迅速崛起成为全世界最大的海外投资国家，中国的海外资产预计将在2020年达到20万亿美元。剑桥大学学者彼得·诺兰（Peter Nolan）曾撰文指出，现在依然是“西方投资中国”而非“中国投资世界”[2]，但这样的趋势很快就会扭转。其实现在从中国流出的资本数量已经超过流入中国的资本数量。[3]

全球化就像是海啸，横扫一切水域和低地，汇成势不可当的洪流。中国的金融机构在拉美放贷，支持本国企业的跨太平洋出口；印度拖拉机出口到非洲，帮助把非洲的大宗商品卖到亚洲；欧洲的银行支持本地企业在东南亚扩大机械制造规模，然后将产品卖到中国；美国的软件企业在日本开发针对亚洲市场的程序；另外世界各大洲的任何两个主要城市之间都有往来不断的航班。

如今的多极化和多元文明秩序，规模、深度和强度前所未有，所有地区都很重要，所有地区都在不断加深与其他地区的交往。在西方主导全球地缘政治和经济500年之后，后殖民时代的地区有了机会平等参与世界治理并在国际市场上自主销售本国产品，而不是在炮舰的胁迫下将本国资源拱手相让。拉美和中国在讨论农业合作，非洲和阿拉伯在开展基础设施合作，欧洲和东南亚正在打造自由贸易，美国和非洲在联合修建电厂，中国和欧洲准备合作开发北极——这种互惠互补的合作比比皆是。如果说这也算是“文明的冲突”，那么这样的冲突应该多多益善。

现在可能有人还是认为全球化程度已经到了顶点，但其实自2008年以来全球资本流动中唯一出现明显下降的是跨境银行信贷，主要原因是欧洲金融危机。[4]全球化也不再是美国化。相反，现在美国经济对全球经济的依赖日渐加深，美国需要外来人才和投资，也需要向国际市场出口商品和服务，并把资金投向亚洲等高增长地区。全球化也不再是华尔街或美联储的天下。随着亚洲市场的发展、管理资产的膨胀和外汇交易的激增，中国香港和新加坡正崛起成为新的金融中心，撼动纽约和伦敦的地位。其实从任何指标看，无论是国际旅客和移民、跨境企业并购还是跨境数据交换等，全球化都方兴未艾。

在互联的世界里，如果一种流向下降，那么另一种规模更大和更加稳定的流向就会出现。例如，随着美国国内利率的抬升，金融资本投向新兴市场的数量在减少，但随着亚洲债券市场的发展，美国养老基金对亚洲的投资却在不断增加。美国的能源革命使得美国的原油进口量出现下降，但也吸引了大量来自欧洲和亚洲的资本，这些资本投向美国的高科技水力压裂项目、炼油厂和化学加工厂，由此更加彰显了全球化。中国的外商直接投资流入开始放缓，但随着人民币的升值，中国海外投资开始出现暴涨（甚至在2014年一度超过了外商直接投资流入）。明智的国际投资者绝不会孤立看待问题，相反他们总是统揽全局并能预判到后续的发展。

美国希望制造业回流能在其国内新增100万~200万个就业岗位，但这与中国的制造业外迁相比规模很小。预计有差不多1亿个中国制造业岗位流向缅甸、孟加拉国、埃塞俄比亚等低工资和低发展水平国家。到2020年，全球所有新增劳动力差不多都将来自亚洲和非洲的发展中国家。随着这些前缘市场基础设施条件的改善，制造商可迅速转移生产地，这也会让制造业的竞争越发激烈。世界迟早会有“下一个中国”来承接劳动密集型的低端制造。中国制鞋企业华坚集团就开始在埃塞俄比亚设厂，将中国的产能转移到非洲。[5]全球各种流向正在发生转换，但毫无疑问，流向的势头还在增长。

贸易学者、金融投资者和高科技公司都把这个时代称为“超全球化”时代。如果把全球化比作气球，那么现在气球才刚刚开始充气，还远远没有充满。西方主流观点往往混淆了国际化和全球化的区别，国际化的程度因产业和周期可能产生很大差别，但全球化却是永无止息的不断发展。全球化的丰富程度不能用任何简单的数据来形容。外汇交易、货物吞吐和贸易金额等指标或有变动，要想观察全球化的发展方向，还是要看这个世界体系容纳全球活动的能力。因此讨论全球化的未来其实有些空泛，最好还是看互联互通的程度。

新的衡量标准

十年之前，印度和非洲各国呼吁说“不能忽略十亿人的声音”，言外之意，其庞大的人口规模就决定了其天然重要性，因此印度应该在联合国安理会占据一席之地。但如果这十亿人口深陷贫困且如同一盘散沙，那么即便忽略了这些人的声音，世界也照样运转。只有当十亿非洲人民和十亿印度人民加入全球经济体系，他们的声音才会获得重视。

传统上，一个国家的战略重要性往往用领土面积和军事实力来衡量，但如今一国的实力更要看这个国家通过连接所能发挥的作用。因此一个国家重要性的根本决定因素不是其地理位置或人口规模，而是其互联互通程度，即在地理互联、经济互联、数字互联层面上是否深度参与全球资源、资本、数据、人才和其他有价值的资产流。假设中国和印度的人口都是15亿，但中国占了全球进口额的10%，而印度只占了

2.5%。中国是世界上100多个国家的最大贸易伙伴国（超过美国），但印度仅仅是肯尼亚和尼泊尔的最大贸易伙伴国。按摩根大通的测算，中国GDP增速下降一个百分点，意味着石油价格要下降10%。因此从世界上其他国家的角度看，即便印度人口规模能超过中国，印度的贸易影响力却无法媲美中国。

中国也是如此。即便中国的GDP超过了美国，美国依然有着全球互联程度最高的金融体系，占了全球3000万亿金融资产的近一半。美元依然是全世界最主要的储备货币，美国的国债市场规模为12万亿美元，也是全球第一，美国的股票市场市值占全球股市总值（近70万亿美元的）一半，此外美国还拥有世界上最有深度的公司债市场（也是欧元公司债发行的主要场所）。世界各地的政府、银行、公司和个人对美国金融市场的投资远远超过对其他国家金融市场的投资。

衡量互联互通程度能让我们清晰地看到，地理规模和国际影响之间并不能画等号。俄罗斯是世界上领土面积最大的国家，但其跟世界体系的连接程度却是所有主要经济体中最低的。[6]如果经济主要依靠大宗商品出口，那么随着全球油气供应的增加，俄罗斯在苏联传统势力范围之外的影响势必会日渐减弱。

俄罗斯也是很好的例证，说明一个国家跟全球体系的连接越是薄弱，这个国家就越是容易出现危机和动荡。伊朗、朝鲜、也门以及尼日尔和中非共和国等国家在国际上陷于孤立，国内暴力冲突不断，这些国家的互联程度很低，但危险程度都很高。这意味着，我们不应该继续孤立这些国家，而是应该通过更加积极正面的互联形式将这些国家纳入全球体系。例如现在的阿富汗是毒品和恐怖分子的输出地，但如果能建立良好的互联互通关系，阿富汗就有望成为中亚和阿拉伯海沿岸国家以及中国与中东贸易线上的重要节点，成为重要的铜矿和锂矿出口国。

传统上连接程度最高的国家都是西方国家，因为这些国家在过去数百年形成了殖民地关系、紧密的地区关系（通过欧盟和跨大西洋组织）、良好的资本市场以及科技发展积累。根据麦肯锡全球研究院发布的用以衡量经济活动中跨境货物、金融、人力和数据流强度的“互联互通指数”，贸易大国德国是跨境流强度（经济互联互通的价值占GDP比重）最高的国家，数值高达110%，这充分显示了与全球经济的连接程度对世界上发展最好的经济体的重要性。（中美两国国内市场庞大，因此跨境流强度稍低，但也相当可观，美国的数值是36%，中国是62%。）国家与世界相连，会获得尊敬。德国高居麦肯锡“互联互通指数”的榜首，皮尤、GlobeScan两大智库合作的民意调查结果显示，德国也是全世界最受敬仰的国家。

互联互通可以让小国家获得远远超过其国土规模的影响力。新加坡和荷兰的跨境流强度都很高，因为这两个国家比许多大国更依赖于货物、服务、金融、人才和数据的流动。挪威国土面积相对较小，地理位置靠近偏远的北极，但挪威通过开采石油积累的主权财富基金却是世界上最大的主权基金之一，控制着全球股票市值的1%和欧洲股票市值的3%。现在挪威主权财富基金计划将新兴市场投资占比提高到10%，这毫无疑问将提升该基金在上千家大型跨国公司中的话语权。[7]

互联互通程度越高，增长动力和跨境流动就越强。现在全球GDP的40%（以及全球经济增长的25%）都依赖于商品、服务和资本的跨境流动[8]，而像数据服务这样知识密集型流动的年交易额已经达到13万亿美元（约为全部跨境流总额的一半），并且还在继续迅猛增长，这也提醒我们，在观察全球化时不能将目光停留在制造业上，而应该看得更加全面。[①]在标准的“引力模型”中，贸易与社区的规模成正相关，而与社区间距离成负相关。但随着数字互联时代的到来，现在的供应链已经实现虚拟化：互联网的硬接线完成，网上提供服务的边际成本就无限趋近于零。在数字互联的社会中，唯一的距离就是政治和文化的隔阂。

因此，用来显示超越地理关系的地图软件就成了有用的工具。“世

① 知识密集型的跨境流是指高科技产品（例如半导体、计算机以及软件）、医药、汽车、机械和商业服务（例如会计、法律和工程）的跨境贸易，以及有关先进管理经验和技术转移、许可和专利费用支付、商旅支出和国际电信费用的外国投资和支付。

界地图绘制者”（Worldmapper）研究团队和潘卡吉·盖马沃特（Pankaj Ghemawat）的CAGE项目就联合绘制了世界经济地图，根据各国的经济规模、贸易关系和其他经济指标来描绘世界版图，在地图上强调了全球化的深度、广度和结构。通过这些地图，人们就可看到，尽管非洲大陆土地广袤，在世界经济版图中却非常弱小，当然如果看自然资源禀赋程度，非洲大陆就会占据很重要的位置。在该地图中也可以看到，德国对欧元区的出口在出口总额中的比重从超过50%下降到不足35%，但德国对亚洲的出口却在飙升。现在一个国家最紧密的经贸伙伴往往不是其地理上的邻国，地理距离和功能贴近可以互换，从具体行业的供应链角度看，印度班加罗尔的软件产业与美国紧密相连。距离当然不是完全没有影响，但影响显然没有以前那样大。

新的地图图例

所有地图的一角都标有图例，显示着各种符号、颜色、箭头、线条、节点以及其他标识的含义，由此来帮助我们看懂地图。为了给供应链世界绘制地图，我们需要制定更加精细的图例。

首先要强调实力和连接，而不是国家和分隔线。我们要在地图上突出最稳定的单元、最牢固的连接以及最强大的影响力来源。在地图上就用五个C来表示，分别是国家（countries）、城市（cities）、国家联盟（commonwealths）、社区（communities）和企业（companies）。

国家

传统地图最大的错误就是将国家视为统一整体，将政治地理和主权权威混为一谈，仿佛存在一个国家，这个国家就必然能控制其一切。在绘制地图时，我们不是要强调名义上的主权，而是要突出事实上的权威。

某些国家内部的文化和政治版图如此多元，其实只在地理意义上是“一个国家”。例如印度就主要是地理上而不是民主意义上的统一国家：因为印度是半岛，所以只能选择共存。在印控克什米尔和东北部的曼尼普尔邦和纳迦兰邦，分裂主义运动始终不断。有些国家的地理分布如此分散，只是名义上的统一国家。像印尼这样的群岛国家，某些岛屿完全缺乏必要的交通和通信设施来与外界相连，因此虽然印尼版图上有14000多个岛屿，许多岛屿受新加坡或马来西亚的影响更大，而不是雅加达。国家间的自然边界可变成国境线，但国家内部的自然障碍则增加了统一管理的难度。

在物理条件上不统一的国家很难保持政治上的统一性。例如刚果民主共和国是非洲最大的国家，但整个国家却连1000公里的平整道路都没有。无怪乎某些学者尖锐指出，刚果虽然从法理上说是一个国家，但实际上这样的国家“并不存在”。刚果境内的7500万居民还在使用原始的各式驳船，载着商贩、家庭、难民、牲畜、棕榈油罐、汽车和服装在金沙萨到吉桑加尼绵延上千公里的刚果河上穿梭。地形上相互连接的国家容易结成亲密关系，而无法连接的空间则充满变数。

距离也是把双刃剑：虽然广袤国土可让国家有充分的缓冲地带保护核心居住区，但同时也增加了保卫国家所需的投资。1924年列宁去世之后，斯大林掌握了苏联的大权，当时他最担忧的就是苏联落后的基础设施条件，为此他启动了大规模的现代化建设，包括从西伯利亚的新西伯利亚市到乌兹别克斯坦塔什干的铁路线。但就跟历史上的奥斯曼帝国一样，国家内部的复杂族群分布和地区不平等最终导致苏联解体。如今的俄罗斯依然是世界上最大的国家，但俄罗斯基本上没有再启动大型投资项目来整合国家，因此俄罗斯的边缘地区难免会与经济繁荣和人口稠密的欧洲与中国交流融合。我曾驾车穿行俄罗斯，公路状况往往要比政治地图更能反映现实。

按瓦克拉夫·斯米尔的研究，中国在2010~2013年间的水泥消耗量超过了美国在整个20世纪的水泥消耗总量。但其他一些大型发展中国家则因为缺乏基础设施，其内部的实际割裂程度要远远超过地图上所显示的样子。巴西、印尼、尼日利亚和印度四个国家的人口总数为20亿，但每个国家的整体表现都小于其部分之和，因为这些国家的许多地方都未能有效互联。在这些国家，越是远离重要城市的地带，政府治理就越是困难。

如果只是从地图表面上看，似乎刚果、索马里、利比亚、叙利亚和伊拉克都是真正意义上的国家，但实际上这些地方是地缘政治的黑洞。那为什么不将这些国家在地图上的位置慢慢漂白，由此来说明其疲弱呢？某些类似国家的实体，例如库尔德斯坦，并未显示在现有的地图上，但其实这些地方已经具备了国家特征，其地缘政治影响力也已形成。此外还有“国中之国”，例如黎巴嫩的真主党占领区、尼日利亚的“博科圣地”、阿富汗和巴基斯坦的塔利班活跃区，这些地方已然不受所在地区国家政府的控制，而是相对独立的区域。“伊斯兰国”的国家身份在国际上未获承认，但“伊斯兰国”正极力在叙利亚和伊拉克扩张。蒙特雷国际研究院的伊塔玛拉·洛查德（Itamara Lochard）研究发现，世界上有13000支地方武装，其数量是主权国家的65倍。那么，难道我们不应该去了解这些地方武装的实际控制区域吗？

尽管某些国家政府的权力只能辐射至首都周边的地区，但有些国家的影响力却可远远超越其名义上的国境线。华盛顿、布鲁塞尔和北京在全球有着广泛的影响力。因此我们不能仅仅将这些地方看作其本国的首都。如果将跨境基础设施投资绘入地图，我们就会发现，中国是世界上邻国最多的国家，中国正凭借这些深入邻国的落脚点加强自身影响力。

但即便是美国这样的大国，在垂直体系和中央权威的表象之下也隐藏着分裂的现实。大国要通过规模化的统治来实现稳定，但美国、中国、印度、巴西、俄罗斯、土耳其、尼日利亚、印尼、孟加拉国和巴基斯坦这10个世界上人口最多的国家（除现代日本之外），也是贫富差距最大的国家。许多可以从根源上消除不平等的措施，例如全民接受高质量教育和医疗、灵活的劳动力市场、严格的劳动保护制度以及获得资金的机会，反而在许多大国中缺失，许多大国居民无法享受到这些好处。太多的国民财富集中在一两个城市，而国家大部分人民难以获益。这些城市所代表的狭窄经济基础往往就是所谓的“国民”经济基础。有时候相邻之地也会有云泥之别。中国和哥伦比亚等新兴市场的特点是加大对基础设施和社会流动性的投资，这与巴西和土耳其依靠低廉消费信贷增长的新兴市场有很大不同。除雅加达之外，印尼其他地区的生产效率低到几乎可以忽略不计。“开罗即埃及”这样的话听上去或许浪漫，但却不是国民经济健康的象征。每个国家都面临这种地区不平等的困扰，因此我们需要更加精细的地图来区分国家内部的连接地带和未连接地带。

我们应该用更加详尽的方法来描绘所有国家的经济差异，要按各城市和各省份的财富情况为其标注颜色。分级统计地图（将主题数据标在地图上）能显示出纽约和硅谷的财富和人才集中度，这会更加精确地反映美国经济的现状。分级统计地图对中国也同样适用，从中可以看出中国沿海地区的富裕程度已经追上韩国，但某些内陆省份的经济发展水平却只相当于危地马拉。极端的不平等会损害国家的内部统一。在当今世界，收入中位数要比收入平均数更能说明情况，而美国的收入中位数自20世纪80年代以来就始终停滞不前。

城市

世界上最贫穷的100多个国家的GDP加在一起只相当于全球GDP的3%，其中大部分是相对贫穷的小国，国土就是围绕着落后城市的或大或小的一片区域。这些国家就像是原子，其原子核（首都）仅在原子（国家）中占很小一部分，但几乎所有的重量（物质）都集中在原子核。在当今世界，互联互通的重要性要超过规模，因此城市在地图上的标注要更加详细，而不能再用千篇一律的黑点来表示。

城市是人类最长久和最稳定的社会组织节点，帝国和民族有兴衰，但许多城市却始终存在。例如，尽管拜占庭帝国和奥斯曼帝国都已经烟消云散，但其首都君士坦丁堡，即现在的伊斯坦布尔，依然是欧亚商贸和文化交流中心，伊斯坦布尔的影响半径甚至超越了此前帝国的疆界，尽管土耳其的首都不是伊斯坦布尔。城市是超越时光的全球化存在。

21 世纪的城市是人类最具深度的基础设施，也是从太空中可以看到的最明显的人类成果。最早的村落变成了城镇，然后又慢慢变成了超级城市和绵延数百公里的城市带。1950 年，全世界人口超 1000 万的超级大城市只有两个：东京和纽约。到 2025 年，至少有 40 个城市人口超过千万。墨西哥城的人口规模超过澳大利亚全国，而中国重庆的面积已经超过了奥地利。曾经相隔数百公里的城市现在正连成庞大的城市群落，世界上最大的城市群落就是日本的东京–名古屋–大阪超级城市带，日本人口中有 2/3 位于这个城市带。中国的珠三角地区、巴西的大圣保罗区以及印度的孟买–浦那地区也在通过基础设施建设变得日益紧密。现在已经出现了至少 12 处超级城市带。中国正规划建设 24 个超级城市群，每个城市群的人口规模都将在 1 亿以上。[①]但到 2030 年，世界第二大城市（第一大城市是东京）预计不在中国，而是菲律宾的马尼拉。

尽管从人口规模看，美国的城市群略小，但美国正在兴起的城市群也非常重要。主要有三个。第一个是东海岸城市带，从波士顿到纽约，再到华盛顿，这是美国学术、金融和政治的核心地带（现在这个城市带只缺少一条高速铁路）。第二个是从旧金山到圣何塞，在美国 280 号州际公路和 101 公路之间的硅谷地区集中了 6000 多家高科技企业，GDP 总额超过 2000 亿美元（如果能在旧金山–洛杉矶–圣迭戈之间建起高速铁路，那么加州太平洋沿岸就可真正成为媲美东北部城市带的西部地区。埃隆 · 马斯克的特斯拉公司建议在这一路线上建起超级隧道系统）。第三个就是达拉斯–沃斯堡大都会区，这是美国南部最大的城市群，埃

① 其中有包括重庆和成都在内的川渝城市群，包括北京、天津和河北部分城市的首都经济圈（也叫环渤海经济带），还有包括上海、南京、杭州和苏州在内的长三角城市群，这些城市群总的人口规模会达到 8800 万。

克森美孚、美国电信以及美国航空公司等著名企业坐落在此，其经济规模超过南非，而且这个地区正在建设一条号称“跨得州走廊”的铁路（但时速只有120公里），按得克萨斯中央铁路局和动车运营公司日本中部铁路公司在2014年发布的规划，最终这条铁路可能会延伸至石油重镇休斯敦。

随着人口、财富和人才逐渐向全球最重要的城市集中，这些城市也慢慢超越国家成为世界上主要的影响力之源。在全球网络中，城市按照其影响力排名，而不是土地面积大小。全球化城市能吸引资金和技术，城市内部多元开放，此外这些城市也可实现与其他重要城市的无缝连接。正如克里斯托弗·蔡司–邓恩所指出的，世界级城市的地位并不取决于人口和面积，而是取决于经济实力、对主要增长区域的贴近性、政治稳定和对外资的吸引力。换言之，互联互通的重要性要超过规模，甚至要超过主权。纽约、迪拜和香港都不是国家首都，但这些城市从物质和资金的吞吐量来看都排名全世界前五。

人口和经济实力会赋予城市更大的决策影响力，也可让城市有更高的自主性，并增加与其他城市之间的交流（我将其形容为“城市外交”）。萨斯基娅·扎森指出，伟大和连接的城市不仅属于本国，更属于全球。城市是文明体系集合中的突出成分，城市越是归属于世界，就越是可按全球模式重新配置基础设施和分配资源。如今，世界上排名前20的富裕城市已经打造出基于资本、人才和服务的超级体系：全世界75%的大企业都位于这些城市，这些大企业反过来会加大对城市的投资并增强城市间的互联程度。确实，世界级的城市已经打造了自身的联盟，从许多角度看就像是F1赛车队伍，这些城市吸引了来自五湖四海的人才，吸引了全球的资金，在同一体系中开展竞争。

新兴市场国家也涌现出一批超级城市，这些城市成为地区财富和人才的集中地，这是全球经济活动焦点转换的最重要推动因素。麦肯锡全球研究院的研究表明，从现在开始到2025年，全球1/3的经济增长将来自西方主要城市和新兴市场的超级城市，另有1/3会来自新兴市场的中等规模城市，剩下的 1/3 会来自发展中国家的小城镇和农村地区。一般而言，人均GDP超过 8000 美元之后，消费型社会才会形成。但由于中国和印度二三线城市的物价较低，在人均GDP尚未达到 8000 美元（按购买力平价测算）时，中印两国已经有数亿居民成为可观的消费群体。这就不难理解为何大量的企业会把生产转移到高增长的城市，而投资者也会观察市政债务情况来判断一国的经济健康程度。

当前世界的功能型城市数量要远远超过运作良好的国家数量。实际上在弱小国家，城市往往不受国家管理和秩序的影响，城市从邻国不断攫取，但又对整个国家无动于衷。这就是拉各斯对尼日利亚的态度、卡拉奇对巴基斯坦的态度、孟买对印度的态度：来自首都的干预越少，越好。首都通常都位于地理核心区域，来行使管理全国的职权，例如巴西利亚和阿布贾，但这些城市其实也在无意间使得自己被边缘化，因为世界经济发展总是青睐那些人口稠密和互联设施程度高的沿海城市。

当然要想完全区分城市和国家之间的领地、人口、经济、生态和社会关系是非常困难的。当然这也不是关键。从全世界范围看，城市的领导层和本地的大企业都在建立经济特区，直接吸引投资者参与本地经济，就业和财富积累都发生在本地，而不是向全国铺开。这就是城市所要的全部。目前，全球各地的机场周围出现了越来越多的新区（有时也被称为航空城），这些新区是为了摆脱城区的拥堵，同时能更加便捷地连接全球市场和供应链。从芝加哥奥黑尔机场到华盛顿杜勒斯机场再到韩国仁川国际机场，这些地区正变成高速增长的经济区，这也充分显示了互联互通的内在价值。对于那些搬入机场新区的企业来说，机场就是通往世界市场的大门，而附近的城市，不管其规模多么庞大，也仅仅是销售市场。

国家联盟

城市与本地区的其他主要枢纽相连的程度越高，就越有可能成为有机集合体而不是机械式的构成。如美国国家情报委员会在《全球趋势

2030》中指出的，超级城市和地区联盟（例如欧盟、北美联盟以及大中华区等）的力量将越来越强，而国家政府和全球多边机构将不得不面对权力的日益消解。[9]地区性的联合体是分享设施和组织共同行动的更加现实的选择，而不是要依靠远在天边的集权式全球机构。这些联盟会帮助较弱的成员发展，例如欧盟每年就投入3000亿美元用于基础设施升级、人力资本投资、数字升级等其他领域，这极大促进了东欧和巴尔干地区的发展。一旦成为欧盟成员，就要遵循清晰和可靠的规则，国家的投资等级和对供应链的吸引力就会提升。现在东南亚的东盟经济共同体和泛亚区域全面经济伙伴协议也是如此，这些联盟内的经济体自主掌握开放节奏，由此来保护其相对优势和国内就业。如今各地区的基础设施和市场融合使得地区联盟，而不是民族国家成为全球秩序的基础。值得指出的是，地处缺乏区域联合地区的国家，例如在近东和中亚地区，一般来说更容易出现衰败。

超大地区联盟并不是单一的地域，而是学者所谓的"综合国度"，是非正式的和互利性的，而不是正式的机构化组织。这些联盟有着名义上的领导机构，但成员依然有着实质的自主权。罗马帝国、拜占庭帝国和奥斯曼帝国都是地域广大、军事强盛和经济繁荣的帝国，但这些帝国内部高度不平等，政治对立，充满碎片式文化。然而即便是最初级的地区主义也是对帝国主义的纠正。如果说战争爆发的一个重要原因是大国代理人纷争的不确定性（第一次世界大战爆发前就是如此），那么防止外部干预的强大的地区联合就有利于维护和平。

这些地区国家联盟比哈佛大学教授萨缪尔·亨廷顿在《文明的冲突与世界秩序重建》（*The Clash of Civilizations and the Remaking of World Order*）一书中提到的抽象"文明体"要更加庞大、一致和有力。天主教徒以罗马为圣地，东正教徒向往莫斯科，但这些教徒无法联合起来成为地缘政治代理。极端组织越是以伊斯兰之名采取暴力手段，伊斯兰世界的分裂程度就越严重；看看伊斯兰国的行径以及其对逊尼派的攻击就能明白，伊斯兰国的内斗远比其对外杀伐血腥。

以经济为基础组成地区国家联盟也更有说服力。北美联盟跨越了西方和拉美的文化界限，欧盟的版图则覆盖了部分阿拉伯、东正教和土耳其文明，而中国的影响力正不断深入东南亚本地文化，激荡日韩古代文明，并触及东正教和土耳其文化。法国历史学家费尔南·布罗代尔在其广博的研究中指出，大地中海区域不是被海洋切割的区域，而是围绕海洋联合在一起的区域。任何一位来自贝鲁特的黎巴嫩逊尼派或来自的黎波里的商人身上都会带有明显的腓尼基历史和地中海文明印记，这些印记会超越其伊斯兰的身份标签。文明确有冲突，但更多的是融合。

社区

个人的身份认知和跨地域认同也十分重要。最好的例子就是少数族裔移民社区。移民社区与来源国在历史上就是简单的双向关系：从来源国到移民社区的文化传递，以及移民社区文化传回来源国。2013 年全球移民汇款总额高达 4300 亿美元，这充分说明，即便某些移民已经离开来源国几十年，在改变来源国方面依然是重要的力量。但现在移民社区受到了多方向的资金、通信和政治国际网络影响，移民可能会穿越数十个国家的边境线：华裔、印度裔以及巴西裔等。

为移民网络绘图可以显示出是什么力量决定了这些移民社区的现状。北美、中东、东非和东南亚的印度移民社区是有着自我调节功能的商业王国（我将其称为“宝利斯坦”），这个王国投资于以前大英帝国势力范围内的房地产、学校、工厂和金矿，但从来没有来自印度本国的指令。现在各国政府越来越喜欢利用本国移民社区的联系，为本国发展带来稳定和长期的资金。印度、以色列和菲律宾会将基础设施债券等金融产品卖给移民社区，融到的资金会用于具体的项目并有着透明的运作过程。与此同时，之前几十年，留学生在毕业后都选择留在国外，现在随着来源国生活条件的改善，回到自己祖国的移民数量屡创新高，由此给移民来源国带来了“人才红利”。这些回国人员推动了本国的创新，因为他们带来了西方先进的思想，为自己国家的严格社会体系和传统文化构架吹入了新风。实际上，许多回国人员都在自己国家成为政界以及其他各领域的精英。

目前海外华人华侨预计超过5000万，在亚洲各地乃至世界各个角落都可看到华人的身影，海外华人世界反过来又影响了中国的发展。20世纪80年代，邓小平打开国门，让港澳台地区以及马来西亚和泰国的华人实业家建设中国经济特区。如果中国政府愿意对海外4000万华人实行双重国籍政策，或许会有更多的海外华人愿意回到祖国，由此带来优秀人才并缓解中国国内老龄化问题。现在的海外华人更愿意发挥全球中华文明布局中重要节点的作用。

移民社区是世界从垂直型权威向扁平型权威转变的先导，社区统治的不是国土，是人心。在社区中，不存在“民族国家”，但存在“关系国家”。社区最重要的不是地理分布或数量规模，而是其跨越虚拟和真实世界的能力。随着20世纪90年代互联网的兴起，社会学家曼纽尔·卡斯泰尔（Manuel Castells）对“位置空间”和“流动空间”进行了区分。[10] 现在这两个概念已经高度融合。人口和技术的交互流动为Facebook和其他云社区的出现提供了可能，这些虚拟社区形成的速度更快、范围更广、规模更大，社区成员往往就某一话题达成高度共识，这迫使我们不得不去思考超越国家的政治概念。通过成员之间的相互鼓励、众筹融资和组织政治行动，社交网络为人们改善福祉提供了新的工具。维基泄密的创始人朱利安·阿桑奇（Julian Assange）就指出，互联网使得联网群体能共同采取符合其个人原则的强大集体行动。现在具有影响力的行动者社区包括恐怖组织网络、黑客组织以及宗教极端主义集团，这些社区是根据其共同“行动”而不是共同“位置”来组建的。

全球互联互通也逐渐削弱了民族国家的根基，一系列的跨国关系和认知慢慢取代了以前的传统民族国家认同。想象一下，或许会有那么一天，世界上的人都是对城市或供应链，而不是对国家保持忠诚，人们会更重视信用卡和数字货币，而不是自己的国籍，人们会在网络上，而不是自己生活的国家寻求结社。美国海军研究生院的未来战争专家约翰·阿奎拉（John Arquilla）就曾观察说，现在这些虚拟组织正在消解国家，正如当初民族国家消解帝国。这些社区通过强大的宣传和高科技来打造向心力。一个社交媒体账号不仅仅是沟通媒介，更有可能成为聚合人群的虚拟社区，从而挑战政府权威和国家认同感。

企业

超级跨国公司正成为供应链世界的自主力量。如果说“冷战”时期的跨国公司还深深根植于自己的本国市场，那么如今越来越多的企业经营都开始超越国境线，由此避免过度依赖于任何单一市场、投资者群体、总部或办事处。在金融危机之后出现了公司救助计划和一系列旨在规制华尔街的金融监管新政。但按金融稳定理事会发布的年度“系统性相关”金融机构名单（根据其规模和风险暴露程度），超过30家银行的平均资产超过了500亿美元，这意味着银行机构的金融实力（也就是全球影响力）要超过世界上2/3的国家。即便这些金融机构的业务出现了收缩，而且面临更加严格的监管，它们依然在通过海外兼并和税制套利来调整自身业务：汇丰银行考虑要将总部从伦敦迁到香港。大宗商品领域的嘉能可、物流业的DHL、专业服务领域的埃森哲以及私人保安领域的Academi（前身是黑水公司）都代表着另外一种类型的公司，这些公司尽管在交易所挂牌上市，但却通过世界各地的合资企业组成了全球伙伴网络。在这些公司眼里，主权国家不再是需要臣服的主宰，而是要通过谈判去争取的对象。

互联程度越高，这些公司就越是能把对互联设施的掌控当成自己的竞争优势。现在硅谷的高科技公司也越来越多地将自己的产品甚至资金放在云端。全世界只有5个国家的GDP超过苹果公司的市值，苹果公司手中持有的现金就高达2000亿美元，这意味着苹果公司可轻松买下许多国家的全部产出（减去债务）。现在苹果公司卖了大概20亿台设备给

10亿消费者，所获得的人心也应该远远超过许多国家。

供应链上的国家、自我管理的城市、没有边界的社区和拥有的权力超过政府的企业，这些都是迈向全新的多元世界体系的证据。这些属于互联地图的全球权威序列还在不断拉长，也提醒着我们，在不断变化的世界里，地图绘制永无止境。

专栏：从国家外交到城市外交

学者研究全球连接性地图时，会从城市开始。历史学家彼得·斯普福德（Peter Spufford）曾言，13世纪和14世纪欧洲的城市化推动了商人在国际贸易中信贷和保险的运用，由此推动了资本主义的扩张。欧洲的商业革命也将欧洲的主要城市与康斯坦丁堡和卡利卡特等亚洲贸易中心相连。正是因为全球化削弱了各国边境的重要性，城市才能更加自由地开展国际合作。

城市活动的影响力今非昔比。自1953年纽约率先设立海外办事处以来，超过200个美国州级和市级政府机构在世界各地开设了办事处。马萨诸塞州在1983年首次与中国广东省签订了国际合作协议，目前该州已经通过国际贸易和投资办公室与外国政府签订了30多项合作协议。圣保罗和迪拜等城市虽然不是首都，但也有着大量的国际业务，这些城市与美国、英国和德国等国家签订了正式的双边合作协议。弗吉尼亚州费尔法克斯县的经济发展委员会在班加罗尔、首尔和特拉维夫设立了办事处，来吸引更多企业到华盛顿郊区投资。

任何帝国都无法提供直接接入全球体系的好处。中国的城市也在积极寻求国际经济合作，这些合作都是基于比较优势，而很少考虑地缘政治因素。四川省的三大贸易伙伴就是美国、欧洲和东盟，四川与这三个贸易伙伴的交易额大概是每年100亿美元，因此四川希望能保持与这些主要贸易伙伴的密切联系。城市间的商业外交活动代表着一种更加宏大的转变，即以政治为基础的世界将变成以功能为基础的世界。

即便是伦敦这样的首都城市也可发挥类似独立国家的作用。13世纪初，为了保持英格兰的统一，约翰国王签署了《大宪章》，其中就规定占地一平方英里的伦敦城的特殊权利（现在是伦敦城有限公司）。如今伦敦城里的24000家公司会选举管理人员和市长，这位市长像政治家一样每天飞来飞去，从巴西到中国，到处签署金融合作协议，当然他的行动得到了英国外交部和大伦敦区市长的全力支持。尽管英国有些政客正在利用部分民众反欧盟的情绪，获得某些不明真相的选民的选票，但伦敦城的领导层深深意识到，经济要发展，必须要与欧元区开展贸易和投资，而且还要接受美元、日元和人民币等多币种的交易，这样伦敦城才能有未来，英国经济才能有未来。

现在越来越多的国家领导人都有市政管理经验，这并不是巧合。对于我们所处时代的宏大议题，比如气候变化，现在城市的作为并不比各国政府的作为少。全球最大的40座城市将推行自己的温室气体减排项目（称为C40），因为国际政府间关于气候变化的谈判屡屡陷入僵局。中国一些城市的市长和地方领导频频出访哥本哈根、东京和新加坡等地，学习如何创新城市管理、提高城市宜居性，由此在中国的城市竞争中脱颖而出。（现在中欧外交很重要的内容就是重要城市商业团体之间的直接交流以及商业化技术的转让，这些技术可帮助中国提高效率和经济发展可持续性。）如果想观察怎样才能实现可持续的城市化，可以去看看新加坡的世界城市高峰论坛或巴塞罗那的智慧城市世界大会，或去网上看看来自全球数百个城市的专家和管理者的说法，总之，不是去联合国大会。现在“联合城市”和“本地政府”等组织已经在践行“城市外交”，类似这样的组织现在全世界有200多个，超过了国际政府间组织数量。[11] 由于城市是通过连接性而不是主权来定位，所以不难想象，未来全球社会的形成将更多受城市间关系而不是国际关系的影响。

CONNECTOGRAPHY：MAPPING THE FUTURE OF GLOBAL CIVILIZATION

第二部
国家的放权

第三章　权力大下放

让部落赢

这是热力学第二定律：迟早所有东西都会变成屎。这是我说的，不是来自《大不列颠百科全书》。

——伍迪·艾伦

《丈夫、太太与情人》中萨利的台词（1992 年）

让我们朝着互联世界迈进的最强大的政治动因恰恰指向相反的方向：权力下放。权力下放是将管辖领域分解成更小单位的永恒过程，从帝国下放到国家，再由国家到省，由省到城市。权力下放代表着部落、地区和狭小区域掌控自身地域的终极渴望，这就是为何权力下放会驱使我们走向互联的世界。

地缘政治上权力下放的理论参照了热力学第二定律，即所有系统的运行都旨在实现熵的最大化。大规模的权力下放其实已经持续了数百年：美国摆脱英国统治，实现独立就是对欧洲帝国的打击，在 19 世纪的拉丁美洲，墨西哥和哥伦比亚等国纷纷摆脱西班牙统治，成为独立国家。历史上，征服战争总是会催生出庞大的帝国社会，但“二战”以来的去殖民化运动的主要形式却是亚非地区风起云涌的民族独立战争。苏联的解体是人类20世纪最后一次大的权力消解，解体后出现了十多个独立国家，大部分西方民众在1991年之前对这些国家都闻所未闻。正是由于这些权力消解运动，联合国的成员国数量从1945年的50个左右增加到了现在将近200个。预计到21世纪中叶，世界上将会有250个独立国家。如果说政治上真的有什么趋势，那就是权力消解，而不是民主。

国际关系的主要议题通常是主权国家如何应对外部威胁，但国家主权最容易从内部消解。实际上，21世纪各省市实力的增长和互联程度的提升正在极大推动权力下放，这可媲美20世纪的去殖民化运动。权力下放依托于不可更改的趋势：资本主义和市场的散播，交通和通信范围的扩大，信息的普及以及自主统治大众运动的兴起。城市现在不再需要通过中央政府，就可与世界直接联系，每个地方都可作为投资目的地参与竞争，中央政府也不再完全掌控资金流向。权力下放的目标不是主权而是威权，不是法律上的独立而是自由追求利益的权利。无论是市政官员还是叛乱集团，现在有许多方法可规避强加于自己头上的民族国家桎梏。因此反映主权国家构成的地图脱离了由成百上千个自治节点组成的混沌现实。[1]

在过去的200年时间里，想要在文化背景相近但种族语言存在差异的族群中建立国家，需要付出很大的努力。1861年意大利统一时，全国只有10%的人会说意大利语（意大利统一后的第一任国王维克多·伊曼纽尔二世只会说法语方言）。20世纪中叶，西班牙独裁统治者弗朗西斯科·佛朗哥也曾希望通过语言来重塑单一的“民族性”，但这种“令人厌恶的同质化”做法（哈佛大学经济学家艾伯特·阿莱斯纳的原话）不可避免地引发了少数族裔的反抗（甚至某些多数族裔对此也表示反对）。[2] 从苏格兰人到巴斯克人、从加泰罗尼亚人到威尼斯人，看似弱小的民族在庞大政权威压之下依然保持着自身的风格。

每天关于中东地区的报道也在提醒着人们，30 年前殖民主义的终结以及草草划下的国境线到今天依然在酿造流血冲突。伊拉克和叙利亚已经有成千上万的人死去，或许对这些死者唯一的告慰就是，他们代表着世界历史上一个重要阶段的尾声，在这个阶段，人类发生大规模冲突的原因常常是国家和民族的边界。权力下放则能逐渐减少这种传统的国家间的冲突。国际冲突数量（以及因此而丧生的人数）下降的时期也正好是“二战”后国家数量翻倍的时期，这并非巧合。如果殖民时代宣告结束，那么反殖民战争就无从开打。自“冷战”以来，几乎没有发生重大国际冲突。几乎所有的国际边境纠纷都得到了解决或搁置，而目前存在冲突的几条边境线也不具备战略意义。因此，与其异想天开去维持多民族的和谐，不如直接采用族群分离这样更加现实的方法，由此来防止纷争和冲突。解决边境冲突并非意味着绥靖，相反这是为了改变充满敌意的边境线的现状，让相关国家可以把精力放在国内建设上。新成立的尚处在襁褓期的国家缺乏参与国际冲突的资本，尤其是当国内问题尚未得到有效解决的时候。[3] 与此同时，密集外交和维和行动能将冲突控制在可控范围，中美洲、巴尔干和非洲地区的情况就是如此。让每个部落或族群建立自己的国家，这是实现国际和平最可靠的方法。

权力下放也被证明是全球稳定的重要推动力量，其作用要超过民主。民主把重点放在选举上，但权力下放是在为政治稳定设立边界。如果没有边界，选举就会被极端化的种族政治和冲突所绑架，现在伊拉克面对的就是这样的情况。在忙着实现民主化的时候，我们忘了前提是要有合适的政治维度。但民主化确实推动了权力下放。民主化给了人民机会，让人民说出自己的不满和对自治的渴望。无论是波斯尼亚还是乌克兰、尼日利亚还是苏丹、印度还是巴基斯坦，冲突的根源总是国土上部分人群要求独立或加入邻邦。国家选举、地区公投以及其他政治运动让这些国家不得不承受权力下放的压力。在乌克兰，权力下放可能是基辅的唯一武器，用来应对东部地区俄罗斯支持下的分裂势力，只有把权力彻底下放，这些地区才有可能继续留在乌克兰。

权力下放可能不会立刻就生发出民主，因为许多像南苏丹这样的新生小国的首要任务是维持国内稳定。但这确实提醒我们，要更多关注个体的感受，而不是笼统视之。正如耶鲁大学教授詹姆斯·司考特（James Scott）所指出的，这有助于纠正国家忽略地区状况而强行推行国家意志的做法。因此，跟民主一样，权力下放也有助于制衡威权。

权力下放也是阻止当前许多国家内战的重要举措，尼日利亚、苏丹、叙利亚和伊拉克的内战每年要夺走30万人的生命。研究战争的人类学家约翰·基根（John Keegan）曾提醒我们，冲突是根植于人性深处的一种社会活动。在百年前的第一次世界大战中，伤亡人数中平民只占10%，但在“冷战”时期，90%都是平民伤亡，只有10%的伤亡是真正发生在战场上。[4]此外，战争还导致目前近5000万人逃离家园或成为国际难民，这也是第二次世界大战以来的新纪录。备受争议的战略学家爱德华·勒特韦克（Edward Luttwak）在大概20年前讲过，我们应该积极支持族群分隔来减少暴力冲突，加速和解进程。[5]1947年印度和巴基斯坦分家，当时是从外部强加的族群分隔，但对南斯拉夫和伊拉克而言，族群分隔是通过谈判的方式实现的，尽管其理想场景可能是西方国家各种族和谐共存、共享民主，现实情况却是各部族为了捍卫所谓的种族纯粹而相互屠戮。

百年之前，美国总统威尔逊提出了“十四点计划”，如今世界比以往任何时候都需要权力下放。传统的军事干涉的方法常常会让情况变得更加糟糕：对自治或邦联的真实渴望往往被忽略或扼杀，之后就是族群间的血腥屠杀。分离主义者其实愿意放弃在某一特定国家的声音，只要能让世界听到他们真实的声音；分离主义者确实有寻求自治的合法权利。总之，民族自决应该视为反映人民意志的“先决合法”条件，而不应屈从于针对现有国家的国际法律。但由于新建国家总是会牵涉复杂的政治和物质安排，因此许多外交人员和学者似乎更愿意信赖现有的国家，而忽视了现有的国家也是在民族自决的基础上形成的。这绝对是错误的。如果因为过去的错误而拒绝修订现有的世界政治版图，这不仅是反动的，也是虚伪的。现在全世界冲突最尖锐的两条边境线，巴勒斯坦和印控克什米尔地区，就是当年英国管治失当留下的恶果。当我们回首往昔，怎么会看不到，如果在20世纪40年代让所有能独立的地方都独立，那么我们就可避免接下来这几十年的流血冲突和苦难。无论是拥抱还是厌恶民族主义，只有当更多的国家诞生时，民族主义在政治中的作用才会减少。

由民族国家构成的世界地图看上去整洁有序，但如果地图能更好地反映现实中各地人民的合法诉求，那将更为人性化。苏丹和印尼常年来都在冷酷镇压各省的少数族裔，为此南苏丹和东帝汶独立。尽管南苏丹从2011年独立开始就族群冲突不断，但这不意味着南苏丹应该回归苏丹去承受奥马尔·巴希尔的种族灭绝政策。同理，尽管东帝汶目前依然贫穷，但这也不意味着东帝汶应该回归雅加达的统治。此外，库尔德人长期以来都饱受萨达姆·侯赛因的欺压和摧残，但自1990年海湾战争以来，库尔德人一直在努力建设自己的自治区域。毫无疑问，库尔德人应该有他们自己的国家。

民族自决不是落后的部落主义，而是成熟进化的结果：要记住现在所有的领土国家都不是“自然”单位，人和社会才是。我们不应将分离主义看作道德上的沉沦，哪怕分离主义具有天生的部落倾向。一个基于本地民主化的分权世界要远远好于由伪善民主大国组成的世界。请让部落赢！

当然随着国家数量的增加，国家个体就会变小。现在大概有150个国家的人口在1000万以下，这些国家更像是城邦，而不是国家。那么如果没有跟世界的连接，这些国家该如何生存呢？这些国家虽然自治，但无法自给自足：基础农业和并不强大的军事力量无法让其融入21世纪。如果在地图上把成百上千的自治城市和省份都标注出来，就会给人这样的印象：群雄纷争，天下大乱。但实际情况恰恰相反。这就是为什么我们要把世界上存在的连接关系都画出来，由此才能真正看到互联世界的成形。因此民族分化不是全球化的死敌，而是全球化的推手。

在边界日益模糊的世界中也存在着一个核心悖论：世界的边境线数量达到历史峰值。其实，供应链世界的出现并不需要消除任何一段边境线。相反，正是由于政治边界的不断增加，功能性的互联互通就显得尤为迫切。①

权力下放可让我们更加接近最合理的国家规模，而不是现在政治地图上所显示的。在理想的世界中，每个政治实体在地理上都是一体的（避免管理飞地所产生的额外交通成本）；其人口规模在500万~2000万之间（表示有相当的内部市场规模）；内部有若干建设良好、人口稠密的城市，这些城市之间和其他邻国之间有很好的互联互通设施；有不同的渠道可获得自然资源，并且有廉洁高效的政府来保障产权和法治。像新加坡这样的单一城市国家以及像瑞士、以色列和阿联酋这样的城邦国家就满足这些标准。爱沙尼亚、斯洛文尼亚和乌拉圭等国家也出现了良好的发展态势，尽管这些国家人口及规模较小，但族群单一、管治良好而且与国际市场充分连接。而像黎巴嫩和波斯尼亚这样的国家规模小，但各宗教充分融合，因此分化概率不大，尽管这两个国家绝非民族和谐共存的标兵，但其主要城市贝鲁特和萨拉热窝还是很好的小型国家中心城市独立化的范例。因此互联世界有着这样自我否定式的准则：边境线越多越好！

① 新英格兰复杂系统研究所（NECSI）的研究也支持这种“篱笆扎得越好，邻里关系越好”的理论，即按语言和种族划分的族群如果能设置清晰的边界，那么就更有利于稳定相处。例如瑞士各州的文化不尽相同，河流、高山和湖泊形成天然分隔。但只有汝拉州是例外，这个州内的法语天主教族群觉得被占主导的德语清教徒族群忽略，于是温和的政治纷争经常发生，直到1979年将该州一分为二才得到解决。但瑞士内部优越的基础设施条件可让瑞士各州人民轻松交流，有人预测，经过数十年的内部同化之后，瑞士境内的州的数量可能会从现在的二十多个减少至几个。

分化是为了融合

看似自相矛盾的是，当今世界的某些土地或人口大国要通过权力不断下放才能维持统一。无论是印度、尼日利亚、巴基斯坦还是缅甸，其内部冲突看似漫无头绪，也无法化解，常见的诱因有恐怖主义、暗杀、外部入侵以及种族隔离，但归根到底，全部症结就是如何在后殖民时代确定的国境线内重新安排各族的地理分布。除“9 · 11”事件之外，世界上绝大多数的恐怖袭击伤亡都是源于本地族群或部族冲突以及领土纠纷。①世界上遭受恐怖袭击最多的国家也恰好是存在部族边界纠纷的国家：尼日利亚的欧加登和奥干尼族、巴基斯坦的俾路支人和信德人、印控克什米尔、缅甸的赫蒙和罗兴亚人以及其他希望能发出自己声音的部族。[6]这些部族分裂势力无法自给自足。同时这些部族所在的大国也不会成为多种族民主国家。因此权力下放是唯一让这些部族分裂势力达成目的的方法：自治权换稳定。

伊拉克的库尔德人、沙特的什叶派以及伊朗胡齐斯坦省的阿拉伯人作为少数族裔受到的压迫尤为严重，他们脚下的丰富自然资源使得情况更加复杂化。牛津大学经济学家保罗 · 科利尔（Paul Collier）就曾指出，这些地方之争常常是身份、资源和领土的多重争执。简而言之，地图之争。在那些以一方胜利的形式结束了数十年内战的国家，例如哥伦比亚、安哥拉和斯里兰卡，现在急需建立基础设施来实现社会稳定和经济增长（可能还无法达到普遍公平的增长）。数十年来，哥伦比亚一直在跟贩毒势力哥伦比亚革命武装力量进行斗争，直到哥伦比亚军队在高山雨林中扫荡并修通了能够机动运送军警的公路网后，局面才得以稳定。阿富汗也要通过建设基础设施才能恢复稳定。这就是为何阿富汗总统阿

---

① 世界上长期遭受恐怖袭击最多的国家包括印度、巴基斯坦、巴勒斯坦、伊拉克、尼日利亚、也门和索马里。

什拉夫·加尼说要在巴基斯坦边境新开15个边境通道，同时还要建设能“连接南亚和中亚”的公路网。

管理着脆弱多民族社会的政府常常担心，如果在少数族裔聚集区兴建基础设施，会强化少数族裔的离心力，鼓励他们采取自主行动。当时菲律宾和印尼两个亚洲大国就面临这样的选择，但两国的经验表明，权力下放和地区发展两者结合可以实现地区和解，并迅速改善脆弱国家的处境。

菲律宾政府无法彻底击败南部棉兰岛上的摩洛伊斯兰武装力量，于是就在2012年给予各南部地区自治权并将这一地区统称为“摩洛地区”，许多投资者对这一地区丰富的煤矿、铁矿等矿藏都很有兴趣。这样的联邦式的管理使得菲律宾的少数族裔在当地成了多数族裔，摩洛族对菲律宾这个国家的安全感得到了提升，同时也鼓励他们放下武器，因为现在摩洛族也可从本地的自然资源中获益，而且税赋也减轻了。现在轮到摩洛地区的政府来负责地区稳定，由此才能吸引投资并减少对国家政府的依赖，目前摩洛地区的预算还是基本依靠国家拨款。与此类似，20世纪90年代末东帝汶脱离印尼独立，这也给印尼敲响了警钟，印尼政府意识到，如果不能给亚齐省更多的伐木和采掘业利润分成，那么苏门答腊岛上的亚齐省也可能会独立出去。印尼当前的现代化水平可能还不足以将所有群岛都纳入紧密的管理，将各岛变成相互连接的供应链上的节点。①

如果能通过有效利用资源、关注共同利益并分享经济成果以减轻少数族裔分裂倾向，那么像印度、巴基斯坦和缅甸这样的多民族国家也可能取得长足发展。印度东部的纳萨尔组织、巴基斯坦的俾路支和普什图部落以及缅甸的克钦和克伦族地方武装，这些地方力量时不时要给远方

① 该地区的另一场内战发生在巴布亚新几内亚的布干维尔岛上，这次内战的解决也采取了类似的途径。20世纪70年代时，布干维尔岛上有世界上最大的铜矿（当时的矿主是澳大利亚力拓集团），但随后却陷入了长达20年的内战。直到21世纪，双方才签署了停火协议并赋予该岛更大的自治权。

的中央政府制造麻烦，尽管从名义上说这些地方应该归中央政府统治。这些地方发生了无数次有关资源的叛乱和起义，因此这些地方其实也需要分权式的妥协和基础设施建设。印度应该深知这一点：自 1947 年以来印度邦的数量增长了一倍多，从独立时的 14 个邦增长到现在的 49 个邦。从中可获得的经验就是，要想保持国家的统一，就必须有政治分权、基础设施投资以及互惠互利的资源开发。

对于像俄罗斯这样处于转型期的国家也是如此。当 20 世纪 90 年代初苏联解体时，某些区域就开始自主签发护照。拥有丰富石油储量的穆斯林聚集区鞑靼斯坦成了大家关注的焦点，因为在历史上，鞑靼斯坦曾激烈对抗俄罗斯的统治长达数百年。某些主张纯粹种族的俄罗斯人也希望能建设单一民族的国家，他们也主张将这些少数族裔的共和国分离出去。但由于俄罗斯正处于人口下降时期，而俄罗斯穆斯林人口数量又占了将近 1/5，所以俄罗斯既无法承受类似于车臣这样的分裂主义，也无法容忍让人口稠密的地区独立出去。最终的解决方式就是鞑靼斯坦可以选举自己的地区领导人，但必须获得莫斯科的认可，此外鞑靼斯坦也获得了充分的经济自治权。鞑靼斯坦的第一位地区领导人就是鲁斯坦 · 米尼卡诺夫（Rustam Minnikhanove），他就像独立国家的总统一样到处访问，走到哪里都带着庞大的保镖、翻译和工商团队，其中包括鞑靼斯坦内部投资特区的领导人，这些特区已经成功吸引西方的汽车公司去那里投资建设工厂和分销中心。

鞑靼斯坦距离莫斯科很近，因此鞑靼斯坦可能永远无法独立。鞑靼斯坦的首府喀山出现在俄罗斯所有宗教故事中，但现在喀山要成为欧亚钢铁丝路上的重要节点。2014 年 10 月，俄罗斯和中国签署修建喀山到莫斯科的高铁，这条高铁最终将延伸至北京。不应忘记，世界上领土最大的国家的官方名称：俄罗斯联邦。

从国家到联邦

在政治强人约瑟普·布罗兹·铁托（Josip Broz Tito）的统治下，南斯拉夫是稳定的多民族的联邦国家，也是“冷战”时期在两大阵营间摇摆的重要中间力量。但在铁托去世之后，民族宗教的矛盾就开始爆发，随后发生了种族灭绝式的内战，南斯拉夫彻底分裂。但这并不是故事的终点。民族主义情绪异常强烈的塞尔维亚人和克罗地亚人慢慢意识到无法独自生存。于是在血腥的分裂战争过去整整20年后，从前的南斯拉夫似乎又回来了，这次的名字是“巴尔干自由贸易区”，这是包含6个国家2000万人口的区域。新修的高速公路和铁路将中欧与南部巴尔干半岛国家联系在一起。南斯拉夫联盟共和国前成员国一个接一个加入了欧元区和欧盟。从最理想的状态说，早知要联合，这些国家又何必打仗，但历史就是这样残酷，政治逻辑要先发挥其作用，让大家相互争斗，然后功能逻辑才开始登场，让大家重新联合。

但任务并未彻底终结。如今的波斯尼亚依然处于微妙的多种族联邦状态；波斯尼亚在行政上按族群分为三个实体，这种令人疑惑的制度安排好像一方面在提醒过去的血腥内战，一方面又要极力摆脱这种内战。如果基本的民族和领土争端都无法解决，那么稳定和民主就无从谈起。对波斯尼亚来说，不妨将倾向于塞尔维亚的塞族共和国剥离出去，把一心要归入克罗地亚的西部地区也剥离出去，这样会有利于波斯尼亚加入欧盟（如克罗地亚），或至少为加入欧盟提供了一条捷径（如塞尔维亚），而剩下的波斯尼亚穆斯林族群可自己讨论如何建设国家，再也不用像过去十年那样让种族纷争占据国家议程。通常，边界协议双方没有一方会对边界完全满意，但边界协议的好处是，双方都至少同意保持稳定，从而让基础设施和商业活动可以穿越边境。[①]

过去解决冲突的方案总倾向于，最终要在单一国家内保持多民族的民主团结。但现在有了新的视野，那就是放手让各民族独立：国境线数量虽然增加了，但开放程度也更深了。

自“冷战”结束以来，欧洲的分化基本是在和平状态下进行（乌克兰和俄罗斯的战争属于例外）。捷克斯洛伐克在1993年发生了所谓的“天鹅绒革命”，分裂出来的两个国家都加入了欧盟。在西班牙的巴斯克地区和英国的北爱尔兰地区，权力下放跟当地放弃武装斗争几乎同步，这样就形成了社会和解与政治稳定的良好局面。现在比利时算不上严格意义上的统一国家，因为比利时正在按语言区不断分化，说荷兰语的地区向着荷兰，说法语的地区向着法国，佛兰德人正在忙着形成自己的身份认同和外交策略，而布鲁塞尔则是欧盟总部所在地。

传统的西方多民族自由民主主权国家的理念日渐式微，因为现在的城市和省份在跟中央政府打交道时，会自行计算成本收益。国家正变成强大地方自治实体的联邦。近年来，加泰罗尼亚和苏格兰也在不断要求增加自治权，现在除了独立国家的名义之外，这些地方已经获得了实质性的独立。这些地方享受到了“充分放权”，即权力的充分下放。传统的权力中心不断退缩。中央政府让出一寸，例如1997年托尼·布莱尔允许苏格兰有自己的议会，地方就会要求再进一尺。当中央政府违背人民意愿时，例如马德里拒绝给加泰罗尼亚与巴斯克相等的自治权，就会发生连续不断的抗争。在2014年全民公决之前，英国首相卡梅伦和他的内阁十分担心苏格兰会选择正式独立，于是卡梅伦向爱丁堡做出了大量的承诺（同样适用于威尔士和北爱尔兰），例如自主设定税率的权力，这些让步甚至比苏格拉议会所要求的还要多。因此苏格兰人虽然最终选择留在英国，但获得了实质性的权利。在半年之后的英国大选中，苏格

---

① 塞尔维亚和科索沃的边境依然很不稳定，但现在有了很好的解决之道：科索沃可以对进口征税，这些进口常常是通过塞族控制的北部区域走私进来，但征收的税款要放在致力于发展塞族社区的特殊发展基金，该基金处于两国财政部长和欧盟的共同监管之下。

兰民族党获得了当地议会中的绝大多数席位，这就确保了苏格兰会在后续政策中继续争取独立权力，同时苏格兰也会自主开展国际经济交往来吸引投资。对于伦敦而言，现在最好的状态就是相互合作，英格兰和苏格兰能友好协商，分担责任，交流思想。

伦敦人常常有一种舍我其谁的使命感，觉得自己应该去管理整个国家。但现在伦敦人不这么想了。伦敦对英国经济的贡献是每年人均15万英镑，这是第二名爱丁堡的三倍。苏格兰从英国索取的越多，伦敦承担的责任就越大，来帮扶经济困顿、人口稀少的区域，因为自金融危机以来英国80%的新增岗位都在伦敦，伦敦的人口每十年就会增加100万。英国大学生有一半会在毕业之后去伦敦。对于伦敦人而言（无论是新伦敦人还是土生土长的伦敦人），这真的有些不堪重负。数年之前，我曾参加一场有英国记者、外交官和知识分子参加的晚宴，让我吃惊的是，当晚有不少人都在抱怨英国其他地区的经济拖累了伦敦，伦敦之外的英国地区不是战略资产，而是负担。当晚达成一致意见的非正式公告的标题是："解决之道：伦敦独立。"

外围地区能看到中心城市的成功，但又无法受享之，那么这些外围地区要求自治的呼声就会越来越大。自20世纪80年代以来，保守的英国政府将国有工业资产卖掉，这对苏格兰经济造成了极大的伤害。在金融危机爆发前的十年，英国最大的五家银行所发放的贷款中，有84%流入了伦敦的地产和金融行业，这些金融机构几乎都忽略了英国的其他地区。在所谓"大社会"的口号之下，伦敦推行了新的权力下放计划，开始为曼彻斯特和谢菲尔德这样的城市提供基础设施贷款，这些贷款可用于城市改善建设或技能培训，但这些毕竟是贷款，不是拨款或投资，这些钱是需要归还的。前高盛经济学家吉姆·奥尼尔（Jim O'Neill）呼吁设立"曼彻斯特–谢菲尔德–利兹"超级区域，这些贷款可用来修建连接这些城市的铁道，同时赋予这个超级区域类似苏格兰的自治权。

人口结构的变化也显示出英国的分化还将继续，即便是政府在过去几十年都在努力掌控的地区。北爱尔兰在20世纪后期的"麻烦"（爱尔兰共和军对抗英国的反恐部队）达到顶峰时，恰好是清教徒人数占优势时。但如今天主教徒开始成为多数。这意味着北爱尔兰将会要求更大的自治权，即便北爱尔兰暂时不会正式独立或彻底并入爱尔兰。所以即便能保持表面上的统一，英国此时也会变成分权王国。

国家治理中透明度的提升，尤其是税款收入的使用和分配透明度的提升，也在强化分权斗争。自16世纪西班牙菲利普二世将王庭迁到马德里之后，马德里就自视为宇宙的中心，所有帝国的利润都要先归集到马德里，然后再考虑如何分配。如果用现代的案例来比喻，那就是所有的国际航班都先要抵达马德里，然后再飞往巴塞罗那或毕尔巴鄂。但由于这两个城市都拥有悠久的历史，都不愿被视为二线城市。于是这些城市就利用权力下放来为自己争取经济利益：从马德里获得了最大化的收益，毕尔巴鄂和加泰罗尼亚地区也成为西班牙最富庶的地方。由于旅游业发达，加泰罗尼亚对联邦收入的贡献是其从联邦获得的转移支付的两倍。2014年，加泰罗尼亚举行非正式公投，结果显示80%的居民都支持独立，在2015年的加泰罗尼亚议会选举中，支持独立的党派赢得了半数席位。毕业于哈佛大学和麻省理工学院的加泰罗尼亚裔经济学家致力于推动该地区的独立，他们将这一运动称为“威尔逊倡议”。分权的另一个后现代途径就是推广本地互联网域名的使用，例如加泰罗尼亚地区的域名后缀是dot.cat，而巴斯克地区则是dot.eus。

西班牙和意大利的宪法都明确反对国家分裂，即便是地区公投也不具备合法性。但权力下放过程和互联互通还是可以让这些互联的城市找回其独立的传统。在中世纪，威尼斯就掌管着亚德里亚海沿岸的商贸帝国，并与拜占庭帝国结成了紧密的经济往来，威尼斯甚至派出了200艘船去占领叙利亚的海岸。正如欧洲历史上的许多城邦国家一样，威尼斯后来也被纳入了民族国家的国境线。但如今，意大利的国民经济呈现颓势，威尼斯则朝着自主的方向不断前行。2014年，意大利的威内托大区就曾宣布独立，因为按其测算，每上交给中央政府7欧元税金，只有5欧元会返回给威内托。

意大利的北方联盟也厌倦了罗马的混乱政局，而在寻求更高程度的自治，作为首都的罗马别无他法，只有对地方继续放权。2014年，意大利开始承认14个新的“大都市”行政区，每个行政区实际上都是自治省，负责罗马给其划分的范围内的征税和管理事务。（法国也从2015年开始根据地区经济状况而不是历史和文化传统来重新划分行政区划。）意大利的自治岛屿撒丁岛更是对国家经济状况感到不满，为此撒丁岛内现在开始了一项行动，旨在从意大利独立出去，然后成为瑞士的“海洋州”，这第27个州将使阿尔卑斯山脚下的瑞士获得宝贵的地中海海岸和战略性海洋位置资源。[7]

致力于获得更高自治权或完全独立的分权行动都希望，本地的税收和收入能更多用于本地人口，而不是通过腐败的中央政府官员转移给落后地区。但同时这些地区也在采取策略性的安全结盟措施，由此来分担国防开支。在20世纪90年代和21世纪的头十年，魁北克是否独立的问题似乎困扰着每个加拿大人：许多人大声疾呼，希望能保持世界第二大国家的领土完整。但到了2012年，50%的加拿大人对魁北克是否独立“根本不在乎”。魁北克为了独立曾举行过数次全民公决，每次都因微弱的票数差没有通过，现在越来越多的魁北克人对法式生活状态挺满意，对完全独立的兴趣却在消退。加拿大西部和澳大利亚西部则根本不会独立：因为钱。石油储量丰富的阿尔伯塔省以及有着丰富天然气储备的西澳大利亚州（澳大利亚最大的州，占全澳出口总额的一半）都成立了自己的财富基金，资源收入“上缴国库”之前，就把钱放入基金进行自主管理。

在经历数百年的流血冲突后，欧洲的分权行动开始演变成一种商业地理套利。欧盟设立了庞大的机构体制来应对新成员的加入，权力下放的目的就是让欧盟变得更强大。欧盟从这个意义上说就是扩大化的德国：有着不同权力中心的松散联盟。欧盟的议会设在斯特拉斯堡，由此来强调成员国的各州各省的作用，但欧盟的行政权力集中在布鲁塞尔，由此削弱各主权国家首都的地位。但欧洲之所以能重新组合成超大的多国社会，就是因为欧洲基本上已经分化到无可再分的地步，这些独立出来的欧洲国家别无他法，只有选择与自己的邻国和平共处。毫无疑问，如果苏格兰脱离英国独立，加泰罗尼亚脱离西班牙独立，那么这“两国”也势必加入欧盟。因此欧盟的整个发展过程表明，本地独立运动并不会危害超主权全球化，相反这是走向超主权全球化的必经之路。

第四章 从分权到聚合

地缘辩证法

由于认知需求、城镇化、财政透明等其他原因，权力下放成了普遍的现象。鉴于基础设施的互联、经济整合、人口迁徙、政治和解等趋势，聚合也在不断深化。分权在短期内会激发当地的民族主义情绪，但从长期看会带来聚合的效果。因此分化-聚合的动态变化印证了德国哲学家黑格尔所说的辩证法：发展通过对立实现超越。分化-聚合就是世界通过对立的方式实现统一。

聚合是超越政治分隔的历史新阶段。世界上每个地区都在经历分分合合的过程。18 世纪的欧洲只有 4 个帝国，统治着无数小的附属国。19 世纪的欧洲在拿破仑之后形成了 5 个均势大国，这 5 个国家相互制衡，维持相对稳定，直到第一次世界大战爆发。在第二次世界大战之后，帝国分崩离析，今天的欧洲有 40 多个主权国家，但同时这些国家也在聚合成一个超国家组织——欧洲联盟。

非洲的历史轨迹也显示了这种分分合合的周期。在欧洲殖民者到来之前，非洲大概有 20 多个部落王国。但到了 19 世纪，整个非洲大陆都被欧洲五大强国瓜分殆尽。自去殖民化运动兴起以来，非洲地图上出现了 54 个主权国家。但许多非洲国家又在重新抱团。如果看功能性地图，今天的非洲有 4 个次区域集团。非洲各国首脑也宣布，计划在 2017 年建成统一的非洲自由贸易区。

在成为殖民地之前，东南亚也处在若干本地帝国的统治之下，包括苏门答腊三佛齐王国、泰国大城王朝以及高棉帝国，随后英国殖民者控制了南亚，而法国和荷兰殖民者则在印度支那和印度尼西亚建立了殖民地。今天东南亚有十多个独立国家，在东盟框架内，这些国家在基础设施和政治框架上的合作日益加深，东盟发展的榜样就是欧盟。

在分权和聚合的辩证发展中，现在世界上各个地区都处在从血腥的后殖民地分化转向集体合作的功能性融合的阶段。其地缘政治演化成熟度应该以聚合的进展情况来衡量：如今的欧洲是分化最彻底的区域，但同时又是超主权融合最深的区域；非洲的某些地方还在继续分化，但某些地区已经开始聚合。最终世界上每个地区都可能会进入相似的最终状态，即功能化理超过政治地理，尽管每个地区抵达最终状态的路径可能不尽相同。

当前世界上的地图重绘有两种类型：排他和包容。我们对排他性重绘相当熟悉，即重新确定边境线或新增边境线。当分离主义者成功拥有自己的领土时，例如科索沃、东帝汶和南苏丹，新国家的所得就是此前母国的所失。当一个国家单方面攫取另一个国家领土时，例如俄罗斯从乌克兰手里吞并克里米亚或从格鲁吉亚手中夺走南奥塞梯，这样的做法也属于排他性的地图重绘。

俄罗斯吞并乌克兰领土的行径给世界敲响了警钟，许多人担心这世界会不会回到过去领土争端的零和游戏中。苏联地区确实有许多这样的案例：从爱沙尼亚到摩尔多瓦，从高加索山地区到中亚，俄罗斯常常通过护照和宣传等手段利用那些地方的俄罗斯裔。在高加索山地区，亚美尼亚和阿塞拜疆的领土争端还在继续，因为亚美尼亚的飞地纳戈尔诺-卡拉巴赫地区位于阿塞拜疆境内。但即使是在充满争斗的原苏联地区，与之相反的案例也比比皆是：格鲁吉亚和阿塞拜疆就搁置了文化上的对立而追求共同的增长，两国共同建设了巴库-第比利斯-杰伊汉（BTC）

输油管道。[①]

尽管乌克兰事件表明，原苏联地区的空间重构可能还要几十年才能完成，但包容性重绘才是世界的主流，这对于未来地缘政治秩序也更加重要。包容性重绘正发生在那些有着共用基础设施、海关协议、银行网络以及能源网络的国家，政治性空间慢慢被功能性空间替代。

欧洲是包容性重绘的典范。在19世纪中叶，德国用了将近30年的时间才将关税同盟煤矿工业区发展成现代的统一德国，而在战后欧洲的焦土上诞生欧共体也用了差不多同样的时间。尤其是在“冷战”结束之后，欧洲的主要精力就是铺路架桥而不是修筑高墙战壕。德法边境再也没有军事检查站点。当你在高速公路上疾驰时，根本不会想到这里曾经是历史上最血腥的战场，唯有欧盟标志和路边写着“Bienvenue”（法语，意为“欢迎”）的标牌提醒着你已经跨越国界。与此类似，现在的多佛海峡也看不到英法军舰的游弋，相反海峡底部修通了高铁隧道，每小时就有一班列车从伦敦通向巴黎，然后是阿姆斯特丹和布鲁塞尔。

欧洲国家从功能上看已然无法分割，欧洲已经融为一体。欧洲的货币体系、交通网络、能源电网、金融体系以及制造业供应链都处于高度融合的状态。每个国家都在超主权的共同框架规则下管理事务，而每个国家都能从推进联盟的整合中获益。希腊或许怨恨德国不能干脆利落地拯救其经济，但希腊公民却可以移民到德国去找工作。最近欧洲国家发生了关于如何分担地中海沿岸国家施救成本的政治纠纷，但这些争论者其实忽略了这样的长期事实，互联和整合使得欧洲取得了强劲的整体增长，而这样的增长靠各个国家单打独斗断然是无法实现的。欧洲确实还依然处于加深整合的阶段。欧洲现在得到的教训是，仅有货币政策的整合，没有统一的财政政策，会导致结构性的经济停滞，目前正在讨论的银行联盟、资本市场联盟和数字统一市场将有助于提升欧洲整体的流动

① 正是由于亚美尼亚不在这条重要的输油管道上，所以暂时还没有互联基础设施来淡化亚美尼亚和阿塞拜疆关于纳戈尔诺-卡拉巴赫地区的领土冲突。

性、市场深度和全球影响力。

世界上的地区集合，欧洲联盟之父、伟大的外交战略家让·莫奈（Jean Monnet）的影响力仍在发挥作用：所有地区都在努力弥合内部分歧并成立合作机构来推动跨境基础设施合作；所有地区都在选择流动而不是摩擦。国家相互连接的程度越高，就越不会因为边境问题而产生冲突。因此即便是充分显示了政治分化的地图也是有很大误导性的，因为这些地图忽略了地区国家联盟的建立，这些联盟可以让国家像原子一样组合起来。

从主权空间到管理空间的转变其实也是世界分化成不可分割的政治区域的必然结果。国境线一旦确定，国家就会开始寻求最优的设施支持，包括电力和供水、电信和互联网光缆，以及道路和铁路设施。通过创建跨越国境的功能区域，各经济体可获得超越其地理限制的规模效应。

在所谓的冷冻冲突领域，排他性重绘仍然是威胁，但包容性的策略有助于减少风险：通过共同的基础设施，使得双方都从互联互通中获益。例如，生活在塞浦路斯的希腊和土耳其，双方都希望能打破设在首都尼科西亚的用于族群分隔的“绿线”，这样双方就可以更加自由地活动。即使是势力强大的土耳其族群不放弃对塞浦路斯岛北部的占领（虽然无人承认），但如果双方能打破分隔，共同将塞浦路斯建设成地中海上重要的转运港口，成为亚洲货物通往欧洲和北非的重要节点，那么双方族群都会获益。与此类似，克什米尔也分成了印度实际控制区和巴基斯坦实际控制区，但实际控制分隔线上的贸易却在逐年增长。即便最凶险的边境线也无法彻底阻挡人类的交往。

最后，即便是排他性的重绘最终也会走向包容。有时甚至必须要经历排他阶段才能实现包容。悬而未决的领土纠纷、强迫性的国境线划分以及种族仇恨这些问题依然困扰着中东、远东和其他地区。有些问题甚至已经积累了上百年。但随着某些国家的分裂，新的国家也在出现。积怨越快消除、边境越快确定，这些地区就越能像欧洲那样从排他性重绘进入到包容性重绘，在新阶段，重点将不再是领土争端，而是更多的连接性的流动。两条路径其实是殊途同归。

包容性聚合在后殖民地区表现得尤为明显，全世界大部分国家和人口都分布在这些地区。在第二次世界大战之后，去殖民化带来了自由，同时也带来了极大的不安全感，所以新独立的国家纷纷表示要自力更生。[①]自那时开始，新独立地区就有了这样的趋势，分布在东南亚、南亚、东非甚至中东地区的英国前殖民地尤其明显：新独立国家的第一代领导人通常是传统的民族主义者，他们对以前的宗主国充满敌意，一心要保卫领土并惧怕任何形式的渗透；第二代领导人则开始变得平和，愿意解决纠纷并在必要时开展跨境交流；到了第三代领导人，历史仇恨已经逐渐从记忆中淡去，那些经历过独立抗争年代的人也已经老去。尽管还是会指责英国殖民者造成了分隔，但领导人会积极推动跨境基础设施项目、跨境贸易和投资协议等其他合作项目。领导人的代际更替使得这种从敌对到友好的转变成为必然。现代的领导人不是想着将问题留给后代去解决，而是秉持着不要给后代留下冲突威胁的新态度。一旦政治地理上的纠纷得到解决，功能地理马上就可发挥作用。摩擦无法解决的问题，通过流动来解决。

从修建新大干道开始，建设和平印度

亚洲大干道不再是世界上最神奇的公路。喀布尔到贾拉拉巴德的路段现在是阿富汗新修的高速公路网的一部分，但在过去十年，自杀袭击者总是在这条路上放置炸弹攻击北约军队。从贾拉拉巴德往东就可穿越风景壮阔的开伯尔山口，然后就进入了巴基斯坦凶险的部族地带。虽然

① 耶鲁大学政治学教授布鲁斯·拉西特曾研究指出，中东和中亚等地区的冲突最严重，因为这些地区的内部贸易较少且独裁暴政较普遍。

巴基斯坦政府想要在这一带修建公路、电线和灌溉水渠，但这里依然是部落首领和塔利班武装力量的天下。再开一天就会经过巴基斯坦首都伊斯兰堡，由此向南400公里就到了文化重镇拉合尔，此处距重兵把守的印巴边境口岸瓦格赫不远，每天印巴两国士兵踢着夸张正步的降旗仪式现在成了景点。这条大干道在印度境内的部分最长，虽然印度政府整修了从德里到加尔各答的“黄金四边形高速路网”段，但1500公里中大部分路段还是很糟糕，各种卡车、人力车和牲畜混行在路面上。在越过孟加拉国边境之后，这段公路还剩下最后的500公里，一路直抵孟加拉国的吉大港，车辆毫无秩序，卡车总是抛锚。

在过去几年，我曾开车走过这条大干道的不同路段，从兴都库什山脚到孟加拉湾，我也会沿路寻访考古和建筑遗迹，这条古代商道的历史比沿途国家的建国历史要久远得多，至少在两千多年前这条商道就已经存在。从古代的孔雀王朝到大英帝国，大干道在数百年间修修补补，也不断变更名称。但无论其正式名称如何，在整个南亚地区，大家都叫这条路“大干道”。吉卜林对这条主动脉有着更加深情的描述：生命之河。

即使从飞机上俯瞰大干道，你也会发现，在拉合尔东部的印巴边境，拉德克利夫线是多么残酷（也是多么不合情理），将完整的自然地理切开。拉合尔和卡拉奇、德里和加尔各答、达卡和吉大港现在分别属于三个不同的国家，但如果将这三处印度恒河平原上的膏腴之地团结在一起，这里将成为世界上最大的粮食产区。鉴于巴基斯坦、印度和孟加拉国三国都依赖于这条走廊上的农业产出，现在就应该重振大干道的辉煌，并恢复相关的商业往来，实现淡水共享，重扬这条走廊所代表的历史文化，这难道不比派兵驻守殖民时代留下来的国境线更有意义吗？

印度曾经是大英帝国王冠上最大的那颗宝石，英国统治下的印度覆盖了从波斯湾到马六甲海峡的广袤土地。在印巴分隔之前，整个印度次大陆有着绵长的铁路线，最有名就是从孟买到白沙瓦的“边境邮递铁路”。但今天这条铁路到阿姆利则就结束了，再也不能穿越边境。尽管巴基斯坦总理纳瓦兹·谢里夫和印度总理纳伦德拉·莫迪都曾跟宗教极端主义者有瓜葛，但这次两人更像是经济和外交上的实用主义者，两人宣称要将现有的铁路从卡拉奇延伸至艾哈迈达巴德，并打算修建更多新的铁路线。现在印巴之间最繁忙的铁路线是从德里到拉合尔的“友谊特快”。由于印巴两国都有能源短缺的问题，因此两国在未来几年还要修建更多的钢铁连线：一条经伊朗和土库曼斯坦的天然气管道。5000 年前印度河谷文明在青铜时代大放异彩，现在新的印度文明体系正在形成。

大干道其实也不必到了孟加拉就止步不前。南亚各国地处印度洋、喜马拉雅山脉和兴都库什山脉之间的次大陆，因此即使是印度这样的大国也很难将影响力拓展到这片区域之外。只有通过邻国才能获得中亚和东南亚的能源供应和市场。现在缅甸就成了各国角力的舞台，中国对缅甸贸易和投资的独占地位已经消失。这个拥有 5000 万人口的佛教国家其实“二战”之前在英属印度统治下，在不久的将来，或许大干道就会延伸到仰光。印缅之间的互联计划还包括一条天然气管道，这条管道始自孟加拉湾的缅甸小镇实兑，通过印度北部的米佐拉姆邦和特里普拉邦，再穿过孟加拉国中部到加尔各答。

缅甸的状况也显示出，中印两国未必要在东南亚开展零和博弈，正如当年中印边境冲突在核战争背景下也很快得到克制。相反，南亚和东亚之间其实还存在另一条通道，这就是滇缅公路，这条蜿蜒曲折的供给线是蒋介石所领导的国民党政府修建的。如今这条路经过的印度东北部、孟加拉国北部、缅甸北部以及中国西南部是这四个国家最贫困的地区，这些地方生活着佛教徒、穆斯林和各种部族，与远在天边的国家首都离心离德。但最近四国政府举办了孟中印缅论坛[①]，其中一项重要的倡议是推动中缅孟印经济走廊的投资，从加尔各答开始，经孟加拉国的锡莱特邦和缅甸的曼德勒再到中国的昆明，这条超过 2000 公里的经济走廊上的贫穷落后地区迫切需要投资来改善处境，尤其需要改善道路交通条件，2013 年中缅孟印加尔各答–昆明汽车拉力赛的参赛选手应该对此

---

① 孟中印缅简写成BCIM，主要是为了避免跟ICBM导弹混淆。

深有体会。

两千年前，佛教徒穿越重山，将佛教从印度传播到了东亚。如今这些古老但功能尚存的道路开始重新焕发生机。殖民统治造成的创伤要几代人才能愈合，但愈合的目的不是接受当时留下来的国境线，而是学着去跨越边境开展基础设施投资。

从争夺势力范围到建设和平东南亚

英国前殖民地新加坡和马来西亚的关系从独立时期的相互敌视变为后殖民时代的友好，这种转变为其他国家树立了良好的典范。在 20 世纪 60 年代，新加坡的李光耀倡导以合并求独立，他决定与马来西亚合并，希望通过规模获得力量。但在 1965 年，新加坡脱离马来西亚宣告独立，之后几十年里新马两国都相互敌视。由于担心马来西亚的入侵，新加坡设立了类似于以色列的严格兵役制度。但随着新加坡产业结构的提升，以及马来西亚利用其石油储备和森林资源慢慢发展，两国摆脱了相互猜疑的状态，从谨慎交往慢慢走向基础设施互联和商业融合。新马两国 50 年前未能在同一联邦政体内相处，但如今却组成了功能性的联邦。

新加坡的核心地带是长达 20 公里的绿色走廊，这里生长着各种热带植物。每过几公里就可看到马来半岛殖民时代留下来的痕迹，从丹戎巴葛火车站的艺术装修风格到锈迹斑斑的老铁轨和曾是候车区的破旧木棚。丹戎巴葛火车站现在已经被改成博物馆，新加坡和马来西亚的融合依然在 21 世纪阔步向前。新马两国很快就会修建三座跨海大桥，因为每天在柔佛州穿梭两地的工商界人士和消费者都在增长，两国边境也将采用电子化管理方式，让通行更加便捷。

马来西亚柔佛州面积是新加坡的三倍，由于新加坡土地有限，因此这里是新加坡房地产开发商开发大型郊区住宅和游乐场的理想场所。从2013年开始，新加坡也允许本国退休人员在马来西亚的低成本健康中心安度晚年。柔佛州的模式还扩展到了西北方向的巴株巴辖，自2006年以来已经有超过500亿美元投资于巴株巴辖，当地的纺织、食品加工和电子加工业因此取得了长足的发展。在巴株巴辖–马六甲走廊地区计划新建一所科技大学，改善港口设施并添设一个机场。发展在相互连接的走廊中传递。

此外新马两国还发起了“增长三角”计划，印尼也加入进来，这个增长区域包括新加坡、马来西亚柔佛州以及印尼廖内群岛的巴淡岛和民丹岛。印尼共和国首任总统苏加诺推行了所谓的“马印对抗”准军事政策，在他去世后又经过了整整一代人的时间，三国领导人终于不再为边境线争吵，而是开始讨论土地、劳动力和资本合作。新加坡的人均财富远高于马来西亚，马来西亚的人均财富又远高于印尼。但最近三个国家的经济规模总量排名却完全颠倒。新加坡的国土过于狭小，无法建设大型工厂和船厂，因此这些设施就建在了距离新加坡只有45分钟船程的巴淡岛。所有的纽约居民对此应该都不会感到陌生，由于曼哈顿岛上人满为患、物价奇高，很多企业和居民就搬到新泽西州。海外工业区的存在还可以帮助解决新加坡劳动力不足的问题，同时不会增加新加坡的社保负担。这些工业区对发展的作用是立竿见影。2014年末我在巴淡岛上骑车闲逛，我看到到处都在修建色彩鲜艳的二层员工宿舍楼，这些都是为印尼的工人和他们的家人准备的，而仅仅在几年之前，这些人还都生活在苏门答腊乡间的原始村舍中。

新加坡并没有自然意义上的腹地，但现在新加坡可以购买并建设腹地。正如香港与珠三角的融合，新马印三国的投资越多，生产和其他服务越是融合，三个国家就越是愿意共同制订基础设施计划，使得人流物流最大化。当国家愿意大规模将自己的国土销售或开放给外国投资者时，这就象征着供应链世界的兴起，在这个新世界里，最重要的不是领土主权，而是最优经济地理配置。

现在整个东南亚都在这样的整合过程中。40年前东南亚各国本着“睦邻发展”的美好愿望成立了东盟，但“冷战”格局架空了这种友谊。自1997~1998年亚洲金融危机重创东南亚以来，东盟经济共同体成为世界第五大经济区，GDP总量超过2万亿美元（仅次于欧盟、美国、中国和日本），此外，因为东盟6.5亿人口相对年轻，东盟吸引的外商直接投资规模甚至超过了中国。尽管东盟和中国之间存在竞争，但东盟还是加强了亚洲在全球供应链上的地位。[1] 从1990年到2013年，亚洲在全球制造业中的比重从25%增长到了50%，在未来十年，该比例还将继续上升。

不平衡也意味着机会。亚洲最富的经济体（日本、韩国、中国沿海地区和新加坡）可将生产设施转移至第二梯度地区（越南、泰国和马来西亚）、第三梯度地区（菲律宾、印尼和印度）甚至第四梯度地区（柬埔寨、老挝和缅甸），来节约劳动成本，同时创造就业并打造地区性市场。丰田现在有20%的汽车都在泰国制造，它还计划扩大在印尼的生产线，尽管现在丰田已经占有印尼汽车市场份额的一半。[①]香港的溢达集团是世界上最大的棉纺衬衫制造商，这家公司在中国大陆生产高端产品，在越南生产大众产品。现在东南亚还推出了“统一窗口”接入点体系，由此贸易商就可在东南亚自如安排生产经营。通过发现和利用各成员国的优势，例如缅甸的食品加工、泰国的生产制造、印尼的原材料和廉价劳动力以及新加坡的良好治理和资金，东南亚真正做到了整体大于部分之和。在目前的劳动分工链条上，各国甚至都有了自己的外号：缅甸是“花园”，泰国是“厨房”，老挝是“电池”等。即便某些产业会分包出去，亚洲作为整体依然占据优势。

---

① 丰田汽车有两项重大创新，即简化零部件生产和零库存供货，这两项创新直接将全球供应链管理带入了新时代。但自1999年中国台湾大地震和2011年日本海啸以来，企业又开始意识到，不能将重要零部件的生产集中在同一地理区域，因为一旦有事故，就会危及整个系统。现在日本和中国台湾企业都要确保生产设施的均衡分布，包括为应对重大自然灾害设立后备区域。

另外很重要的是，东盟国家现在开始深化资本市场合作，由此才能有效为本地区的长期投资融资，避免西方资本快进快出所带来的动荡。亚洲国家已经不再需要“绕圈”，以前亚洲国家都是将资金交给美国，再由美国把钱投回亚洲。现在东南亚的证券交易所都可开展多城市挂牌，胡志明市、马尼拉、吉隆坡、雅加达，当然还有新加坡，这些城市都建起了中央商务区，越来越像法兰克福，这些城市可以汇集资金支持本地区的企业和项目发展。基础设施、金融和供应链正在成就“和平东南亚”。

如果你生活在东南亚，就会发现，几乎每个星期都会传来跨境铁路取得突破的消息。中国现在是世界高速铁路建设的领头羊，除了北上和西进之外，中国铁路也在积极南下。昆明到曼谷的铁路线已经获得批准，这条从老挝穿过的铁路线总投资高达62亿美元，比老挝的GDP还多，中国5万铁路工人已经摩拳擦掌，要沿途修建6座铁路大桥和76条隧道。①

老挝跟吉尔吉斯斯坦和蒙古一样也是内陆国家，从政治地图上看不出这个国家该如何管理运作。老挝隔着湄公河与泰国相望，东边的安南山脉是与越南之间的天然屏障，但如果铁路线和外资水电站的输电线能贯穿这个曾经封闭的内陆国家，那么老挝就有望成为泰国重要的电力供应方。泰国现在的电力供应极其紧张，过去十年经常出现大面积停电，而泰国需要稳定的电力供应来保障自己的制造业优势，目前全球主要的汽车公司都在泰国设厂，年产汽车达200万辆。一旦昆明到曼谷的铁路修通，这条铁路也可对接另一条通往吉隆坡和新加坡的高铁，或通向缅甸的仰光和港口，由此这条铁路线就能成为从安达曼海经泰国至中国的重要通道。

这条纵贯南北的铁路线最终将亚洲大陆最南端的新加坡和亚洲东北

① 中国完全有能力承担老挝段铁路建设费用，但这次中国是以贷款形式给老挝资金，以采矿特许权作为抵押。中国还计划为印尼的一条高铁建设提供资金和工程支持。

部的京沪连接在一起，这也将成为欧亚大陆东部的纵轴，其地理意义不亚于从中国西藏一路流向越南的湄公河。大湄公河次区域有六个国家，曼谷就是这个次区域的核心城市，这片相当于美国国土面积 1/3 的土地现在有 70 万公里公路和 15000 公里铁路，GDP 接近 1 万亿美元。由亚洲开发银行支持开发的从缅甸到越南的东西走廊将会使印度支那地区的融合更加深入。

中国对该区域的最终目标依然没变：解决东南亚各国的基础设施瓶颈问题，由此更加顺畅地获得邻国的资源，同时借助交通线通向孟加拉湾和安达曼海的出海口。缅甸曾受国际制裁长达几十年，现在对中国、东南亚和印度开放。早在 20 世纪 80 年代缅甸将边境贸易合法化后，中国就率先与缅甸开展了贸易往来。中国利用数百年来中缅历史关系以及在掸邦等边境区域两边民众的频繁走动，在对缅关系上占得了先机。中国公司在掸邦开矿，中国的输油管道会经过掸邦，人民币可以在那里自由使用，此外跨境通婚也在增长。现在东南亚的主流已经不是边境纷争，而是如何妥善管理流动与摩擦。

在东盟内部，由商务人士、工人、学生和游客组合的旅客数量也在不断创新高，这主要归功于亚洲航空等廉价航空公司的发展，亚洲航空对亚洲地区融合所做的贡献毫不逊色于任何一个外交机构。人口结构变化预示着亚洲的融合必将持续：新加坡和中国台湾的年龄结构在老化，中国大陆和日本这样的大国也面临这一问题，但印尼和菲律宾却有着充沛的年轻劳动力供给。现在光在泰国就生活着 25 万缅甸人，如果没有这些人，泰国的微观经济就可能出现问题，就像如果美国许多城镇没有了墨西哥人，就会变成空城。如同在欧洲一样，后国家时代的东南亚一代已经长成。

从争夺非洲到建设和平大非洲

争夺非洲

如今几乎人人对非洲国家的问题都略知一二：民主、分裂、小额贷款、教育、疫苗等。但如果缺乏必要的基础设施，非洲国家就无法生存。要想从国家独立走向国家成功，非洲所需要的不仅仅是政治国家建设，更需要实体国家建设——跨越国境的实体国家建设。

非洲从来没有时间来冷静思考或在没有外来干涉的情况下自主决定未来。非洲复杂的地缘政治情况源于200年来的欧洲殖民统治、“二战”之后十多次大型独立运动、“冷战”时的站队以及大宗商品产业的全球化。全球化为非洲带来了强大的外国供应链运营商。

非洲的许多边境线都是按照经纬线笔直画出来的，这是欧洲殖民者的杰作，这些笔直的国境线完全不顾实际的文化和族群差异。殖民势力仅仅是培植了一些非洲国家，但没有做任何事情来建设非洲社会。在确定管理范围时应考虑的一些基本情况，例如自然地理条件、人口和族群的相似性以及经济发展能力，在欧洲19世纪的“争夺非洲”热潮中统统被忽略。由于欧洲殖民者采取了分化统治的方法，非洲850个不同的部落群体所遭受的内战和冲突，远远超过了统一民族国家。[2] 例如非洲的马赛族，有2/3生活在肯尼亚，另外1/3在坦桑尼亚；阿尼族有60%生活在加纳，另外40%在象牙海岸；切瓦族被分隔在莫桑比克、马拉维和津巴布韦三个国家；豪萨族分隔在尼日利亚和尼日尔。马里和布基纳法索、塞内加尔和冈比亚以及其他非洲国家都体现了这种随意划分国界和族群所导致的长期灾难性后果，这些国家始终忙于内斗而无暇顾及发展。索马里部落分别被意大利、英国和埃塞俄比亚殖民者分隔，现在分散在索马里、肯尼亚、厄立特里亚和吉布提，这一方面导致“大索马里”的运动始终不断，另一方面又让索马里内部的争斗外溢到邻近的肯尼亚。当然也有传统的边境线争端，例如埃塞俄比亚依然牢牢占据着依法判给厄立特里亚的领土。

非洲有十多个国家是内陆国家，没有出海口，是所有大洲内陆国家最多的。非洲的族群和领土四分五裂，还缺乏可促进跨境贸易的适航水路，因此非洲更像是由分散的次区域组成的地方，而不是一个完整的大陆。真实的非洲远比今天在地图上看到的 54 个独立国家组成的大陆更为离散。例如非洲最大的国家刚果，常常被称为“非洲中部的黑洞”。刚果更像是各封闭部族的组合，而不是有机统一的国家。

非洲国家要么大而弱，要么小而弱，总而言之：非洲 54 个国家没有一个不弱。自去殖民化 70 年以来，基础设施在老化，但非洲人口却增加了两倍。世界上最弱小的 20 个国家有 15 个在非洲。非洲大陆上的传统大国，例如南非、利比亚和埃及，在“冷战”之后都沦落了，或干脆崩塌了；而像尼日利亚、安哥拉、卢旺达、肯尼亚和埃塞俄比亚这样的非洲新贵却都在遭受种族、族群、资源和政治斗争的困扰。非洲最小和最穷的两个国家，乍得和卢旺达，都曾经对非洲的两个大国，尼日利亚和刚果，采取过军事干预行动。

要想摆脱这种历史顽疾，唯一的方法就是通过外国投资和基础设施发展这一组合拳，提高生产率和出口效率。过去 10 年，借着国际大宗商品价格高企的东风，7 个撒哈拉以南非洲国家凭借丰富的资源赫然跻身全球增长速度前十名，其中包括卢旺达、博茨瓦纳和赞比亚这样的内陆国家，以及加纳和安哥拉等海岸国家。不管怎样，纳入全球供应链还是会有效果。现在肯尼亚、莫桑比克和坦桑尼亚也在加紧开发大型海上能源储备，希望能把这些能源卖给印度洋彼岸的亚洲客户。

现在越来越多的后殖民时代国家开始分解，但这并不意味着运行良好的民主国家就会像变魔术那样骤然出现。相反，像经济特区这样的功能性微区域倒是纷纷涌现。管治这些特区的往往不是国家首都，而更多是公私合营和与外资合营的供应链管理机构。后殖民时代的猜疑以及贸易障碍使得非洲内部贸易要远远小于非洲与外部世界的贸易。但和亚洲一样，现在搭建供应链也会慢慢促进商业融合。如果非洲国家能跳出后殖民时代的界限，形成更大的联盟，那么就有望变得强大。非洲是如此之大，这样的结盟当然不会一夜之间实现，很有可能非洲国家会从次区域的联合慢慢开始。现在基础建设投资正在改变非洲的面貌，推动非洲朝着正确方向前进。

中国建设非洲

数百年来，欧洲殖民国家都希望通过投资基础设施项目在非洲获得优势。如今则轮到中国唱主角，中国希望更好地利用非洲的资源，同时也要降低自身在非洲的风险。早在 20 世纪 70 年代，中国就在非洲修建了将近 2000 公里长的铁路，从坦桑尼亚印度洋边的达累斯萨拉姆一路修到内陆国家赞比亚。现在中国正为苏丹的麦洛维大坝出钱出力，还在修建南苏丹通向印度洋的一条铁路和一根石油管道，另外中国还在肯尼亚重建通往维多利亚湖的铁路（英国的印度劳工百年前首次修建了这条铁路）。表面上看上去投资巨大的资源开发和基础设施协议本质上就是易货贸易：中国提供建设服务，以此换取数百万吨的原材料。非洲的弱小国家需要中国建设（中国资助）基础设施来实现社会现代化，应对人口压力并聚集经济力量。尽管世界银行的初衷是支持战后重建，但 20 世纪 60 年代后，世界银行不再将援助重点放在基础设施建设上，由此导致基本的水利、交通和电气系统都很不发达。中国现在替代世界银行扮演着建设者的角色，中国也成为非洲新的共同利益伙伴。因此中国其实并没有“购买世界”，而是在以获得自然资源为条件建设世界。

今天中国是推动非洲跨越殖民时代界限走向融合的最大力量，因为中国建设的坚固基础设施打破了这些国境阻隔，深入到刚果和赞比亚这样的内陆国家（或在地下开挖隧道绕过国境线，或在西非安装光纤电缆）。在中国强大的海外施工力量支持下，那些在独立时代被政治强人切断的铁路线又重新连接起来。中国在非洲投资的最雄心勃勃的项目是拉穆港–南苏丹–埃塞俄比亚交通走廊，这个非洲多国铁路网将横穿肯尼亚，北至亚的斯亚贝巴、南到朱巴、西到乌干达，帮助其天然气出口。但中国并不是在搞新殖民主义：中国既不希望占领无用的领土，也不希望增加嗷嗷待哺的人口。这是一种重商主义新策略：只希望获得供应链，仅仅是供应链。

即使从开罗到开普敦的下一条铁路是由中国而不是英国修建，这条铁路依然可以给非洲人民带来真正的和平的非洲。良好的基础设施是弥补恶劣地理条件的唯一途径。肯尼亚、乌干达和卢旺达如今有点像非洲版的“比荷卢经济联盟”（比利时、荷兰和卢森堡），三个国家成为互联核心，然后慢慢向邻国延伸并将之紧密连接在一起。商业、外交和法律上的劳动分工正在某些国家慢慢形成，这些国家通常愿意率先解决共同问题，例如港口的选址、投资促进委员会的构建以及讨论成立货币联盟。卢旺达和布隆迪现已是重要铁路、油气管道和内河航运项目的枢纽（即北部和中部走廊），这些基础设施将会把肯尼亚、坦桑尼亚乃至刚果东部基伍省的矿产运送至印度洋沿岸。蒙巴萨–坎帕拉–基加利铁路长达 1500 公里，纵贯四个国家，坦桑尼亚段最长，澳大利亚经营的马库居河项目有望将坦桑尼亚变成世界上最大的铀生产国之一。随着非洲内陆资源加快运往印度洋沿岸，蒙巴萨和达累斯萨拉姆这样的口岸也必须要加快现代化进程，减少装卸时间及成本。①

一开始只是一个国家试图通过邻国过境货物，让货物抵达海边装船，但现在事情发展到了全新的层次。从铁路到电网，东部非洲正形成地区级而不是国家级的基础设施。泛非洲基础设施发展基金现在每年投资 500 亿美元建设非洲的机场、水坝和公路，以及跨境运输网、电力、农业和制造业供应链，每个投资项目都有对应的公私合营规划、融资和执行策略。从非洲整体看，非洲投资的最大来源是欧洲，其次是非洲自己。自 2008 年以来，非洲开发银行已推出了价值近 100 亿美元的公私合营基础设施投资项目，并于 2014 年在纳斯达克挂牌上市了一支

---

① 尽管南非有 96% 的出口都是走海运，南非港口的装卸效率仍极其低下，因此南非从 2010 年开始在开普敦东部建设尼奎拉港和库哈工业开发区，现在已经有 25000 名工人在这个物流园区工作。

基建基金。未来十年将会有数十个多边投资项目，这些项目将彻底改变非洲的面貌。埃塞俄比亚复兴大坝的发电量将达到 6000 兆瓦，这将使埃塞俄比亚全国的电力供应增加两倍。刚果河上的英加水电站有望发电 40000 兆瓦（超过中国的三峡大坝），可为上亿人供电。

互联互通走廊将交通和电力网综合为单一系统，该系统归所有相关方以及外国投资者和经营者共同所有。因此，中国并不是在征服非洲，相反中国使非洲变得更加紧密，从而增加对全球投资者的吸引力，当然也包括中国的投资者。放松边境管制也有利于非洲吸引更多的游客，旅游收入也是非洲重要的收入来源：在赞比亚、津巴布韦、博茨瓦纳和纳米比亚交界处的乔贝河区域，出入边境变得极为简便，这样游客才不会在签证盖章上耗费时间和精力。

试着想象一下，如果没有今天中国的投资和供应链，埃塞俄比亚近 1 亿人口的生活会是怎样的。尽管埃塞俄比亚成功阻止了欧洲殖民者的入侵，但它毕竟是个内陆国家，其人口规模居非洲第二，但发展状况却垫底。现在中国将该国视为进入非洲的桥头堡，为此中国修建了 780 公里长的铁路连接亚的斯亚贝巴和吉布提港，提高出口效率。中国对埃塞俄比亚的公路投资也进一步改善了该国的道路状况，这不仅使得农民受益，也有利于及时将粮食分配给营养不良的民众，同时游客除了游玩亚的斯亚贝巴，还可参观阿克苏姆以及那些有上千年历史的岩石雕刻的东正教教堂。在外国投资、基础设施建设、就业机会增多以及积极的领导等多重因素的影响下，曾被认为是非洲饥荒典型的埃塞俄比亚现在正崛起为下一个非洲经济增长发动机。

但只有在中国建设的基础上继续修建道路，培训更多的港口和铁路管理人才，愿意把来自资源的收入花在可持续项目上，非洲才能真正走出市场原料供应商的定位。非洲的供应链应该是结合了西方所要求的严格管治与亚洲对资源的需求。如此看来，正是中国人修建的互联互通设施，让西方在非洲实现政治目标成为可能。

在开始运行非洲的供应链后，中国现在也在寻求保护这些供应链的方法。目前中国已经资助了非洲大型的维和行动，也聘请了私人武装公司来保护中国在非洲各地的资源设施。但近年来，从尼日利亚到苏丹，绑架和谋杀中国工人的案件呈增长态势。安哥拉目前估计有 30 万名中国工人，随着油价的下跌以及当地就业情况的恶化，那里随时可能爆发针对外国工人的暴力袭击。反华势力一旦形成主流，非洲国家就可能驱逐中国人，强行接收中国人修建的跨境公路、铁路和油气网。现在一切还为时尚早，无法断言非洲会走向团结还是会回到分而治之的老路。只有通过观察才能知晓最终答案。

从《赛克斯-皮科协定》到建设和平中东

2007 年时我曾跟随美国特种部队做随军记者，当时我亲眼看到了美国将高新技术用在战场上的超级能力。反映伊拉克地形的电子地图上显示着各种卫星数据、无人机侦查情报、当地暴力活动的热点图、来自地面部队的实时报告以及其他各种形式的人力和数据情报。在收到报告的两个小时内，美国特种部队可在伊拉克境内任何地方开展军事行动。在所谓的高峰时段，计算机的运算能力令人惊叹，但即便如此，西方军队对伊拉克的控制也只是昙花一现。某个清冷的多云夜晚，在巴格达西北部的巴拉德空军基地，我问一位军衔很高的美军指挥官：“是不是就因为你不会说阿拉伯语，所以才需要那么多高科技设备？”

来自地球另一端的势力，想在一个地形十分复杂的区域强行施加政治目标，这种局面显然很难维持一年。值得表扬的是，我给美国的指挥官讲解，为何小布什政府想要建立统一、多民族、民主和亲美的伊拉克政府完全是痴人说梦时，这些指挥官都听得聚精会神。在一个严格来说其实并不存在的国家里，这些指挥官在忙着“彻底击垮”基地组织或其他武装力量，他们也迫切希望理解其他可能性。

“阿拉伯之春”和地区内许多国家的骤然崩塌震惊了许多中东国家。经过了数十年的腐败统治、基础建设滞后、人口膨胀和社会堕落，许多独裁政权以及独裁国家都被证明是外强中干。[①]即便那些军事和情报系统强大的国家也纷纷沦落，留下巨大的权力真空，一面是社会动荡，宗教极端主义泛滥，一面是政治党派走马灯似地上台下台。现在由于利比亚政权不稳，因此就要在地图上更加详细地标注出利比亚依然还在运转的石油设施，哪些城镇在哪些部落和武装力量手中，以及又有哪些邻国的叛军和移民在穿越边境。[②]在利比亚和也门，美军都和当地叛军谈判，让他们不要破坏油轮的安全航行。国家虽亡，但供应链还在，而且对供应链的控制决定着谁能控制这个国家剩余的资产。

在此有必要强调，世界上大部分穆斯林其实并不生活在中东，而是生活在巴基斯坦和印尼等亚太南部地区，但这些地方却并没有像中东那样爆发如此剧烈的宗教冲突。因此中东问题的解决，除了宗教途径，还应该靠政治地理和治理方法。实际上，中东地区的教派分歧更多是政治性而不是宗教性的，通常都是用难以理解的细微教条差别去掩盖赤裸裸的政治和领土目标。

利比亚、叙利亚和伊拉克等主要阿拉伯国家的分裂迫使人们重新思考影响中东地缘政治的重要因素。伊拉克和叙利亚的内战已经使得数十万人丧生，黎巴嫩和约旦等邻国也被卷入其中，如今阿拉伯世界的混战很像当年欧洲的三十年战争。阿拉伯国家现在更关心国内的稳定，而不是外来的威胁，要想重新绘制中东的地图可能还需要几十年的时间。利比亚、叙利亚和伊拉克的情况如此糟糕，现在根本谈不上对其进行合理分割。但由于已经遭受了伊斯兰统治、外国殖民、帝国征服、国力羸弱、泛阿拉伯主义、充满痛楚的内战，以及现在的国家败亡等历史坎坷，阿拉伯世界更应该向前看，而不是走回老路。

---

① 自1970年以来4/5的内战发生在中位年龄低于25岁的国家，这也正是阿拉伯世界的人口结构特征。

② 2015年，突尼斯开始在利比亚边境建设长达120公里的隔离网。

阿拉伯世界重组的时机已经成熟。现在不是要去追求政治强人统治下的虚幻民族国家，而是要重新恢复阿拉伯世界内在互联的历史机理。中东地区后殖民时代的体系是如此腐朽不堪，现在甚至许多阿拉伯人，不仅仅是土耳其人，都开始公开怀念奥斯曼帝国时代。正如历史学家菲利普·曼赛尔（Philip Mansel）所说的，在其统治的300年时间里，奥斯曼帝国都是文明冲突的调停者、多元文化的协调者，以及伊斯兰教、犹太教和基督教的共同领地。从埃及的亚历山大港到土耳其的士麦那（现在的伊兹密尔）再到贝鲁特，“对话取代了冲突，贸易超越了信仰”。[3]尽管对奥斯曼帝国时期开放性的想象始终带着逊尼派占先的偏见，但这毕竟契合了更大层面上的地区和平。自18世纪初以来，奥斯曼和波斯的社会组织都是相同的“乌玛”（ummah，意为“社群”）框架，1847年奥斯曼帝国和伊朗卡扎尔王朝签订《埃尔祖鲁姆条约》，这为两国关系带来了长时期的和平。虽然数百年来关于边境的争论从未断过，但至少这些边境是开放的。或许历史可以给今天应该如何对待伊朗提供启示。尽管过去数十年西方国家都对伊朗采取了隔离制裁措施，矛头指向伊朗的核武器和恐怖主义，但随着伊朗核计划的继续推行，伊朗在黎巴嫩、叙利亚和伊拉克的影响力不降反升。如历史可为镜鉴，那么现在就应对伊朗实行更大胆的开放政策，阿拉伯和波斯世界的贸易发展起来，双方才能慢慢相互理解。如果中东能同时采取“各得其所”的版图政策和供应链互联，那么宽容和共存就可能回到中东。

在“和平中东”的目标下，各国可建立起各城市绿洲之间的互联设施，由此共同推动地区的繁荣。要知道，如今黎巴嫩境内的提尔曾经是腓尼基的城邦，那里的商旅和探险家曾在爱琴海和地中海各岛建立殖民地，其中包括西西里岛、西班牙南部还有北非的迦太基。从突尼斯到贝鲁特、从大马士革到巴格达，许多人类历史上最成功的贸易城市都位于阿拉伯世界，这也提醒我们，阿拉伯世界几乎是完全城镇化的。阿拉伯世界的自然地图应该是这样：若干商业城市建立起通往欧洲、土耳其和波斯的商旅联系，这才是真正的阿拉伯传统，而不是过去100年看到的无尽争斗。

恰巧是在100年前,《赛克斯–皮科协定》(1916年)和《圣雷莫协定》(1920年)分裂了中东,由此奥斯曼帝国的属国变成了西方势力的代理国,此后又变成了强人统治的独裁国家。但黎巴嫩的内战、两伊战争、美国入侵伊拉克、“阿拉伯之春”、利比亚陷入无政府乱局、什叶派攻占巴士拉以及巴格达的教派清洗、库尔德斯坦的独立运动以及叙利亚的内战使得中东地区混乱不堪。2014年,伊拉克总理贾瓦德·马利基曾建议设立四个新的省份来取悦土耳其裔和基督教徒,结果一年之内这些地方就开始遭受伊斯兰国的攻击。不管有没有独立国家的名号,伊斯兰国现在就像一个国家,统治效率毫不逊色于其阿拉伯邻居。伊斯兰国开始筹集资金,发行当地货币,签发自己的护照,而且还对全世界开展了宣传运动,主要针对数百万一心要冒险的处于社会边缘的青年,现在已经有数千名青年投身伊斯兰国,有些甚至来自美国和澳大利亚。教派冲突和战争狂热组织将继续在中东地区蔓延,威胁约旦这样的弱小国家,而如果沙特和伊朗各自扶持自己的势力在伊拉克开战,那么早已千疮百孔的伊拉克将更加残破。

伊斯兰国正迅速将叙利亚的代尔祖尔省和伊拉克的安巴省连成一片,这也显示了中东世界的许多国境线其实形同虚设,现在伊斯兰国还野心勃勃地要攻占“大叙利亚”在历史上的全部领土。在阿富汗,极端势力也宣布要建立同样广袤的“呼罗珊省”。伊斯兰国的目标是建立国家,推行宗教极端主义,但其策略却是控制基础设施,包括水坝、油气管道、炼油厂以及道路等,与此同时伊斯兰国还在试图切断对伊拉克城市的供水系统。伊斯兰国控制的区域看上去像是以拉卡和拉马迪等城市为核心的,沿着“圣战高速公路”四处伸展触角的章鱼。《赛克斯–皮科协定》所确定的地图已然过时,美国国家地理空间情报局所提供的关于石油运输卡车的实时卫星图像以及石油黑市交易情报才更加精确地反映了伊斯兰国的供应链情况。今天还难以判断安巴省究竟会被伊斯兰国长期占领还是会回到伊拉克手中,或者会被纳入沙特阿拉伯北方边境的势力范围，或者伊斯兰国能成功分裂沙特也未可知。

随着国境线的消亡，人口融合开始加剧。现在科威特生活着50万巴勒斯坦人，在利比亚有100万埃及人，阿拉伯世界的劳动力流动对本地区的建设至关重要。但过去10年来伊拉克和叙利亚政权的更替让中东产生了难民危机，联合国难民署负责人曾将此形容为“绝非是普通增长势头，而是原子级爆炸态势”。[4]叙利亚和伊拉克两国就产生了至少1500万难民。现在约旦全国600万人口中有1/3是巴勒斯坦后裔，再加上来自叙利亚和伊拉克的100万移民，约旦已经成为一个硕大无比的难民营，难民被安置在缺少管治的集中区，这些人也慢慢变成了半永久居民。约旦北部的扎塔里难民营现在有10万叙利亚人，这也让这座难民营成了约旦第四大城市。联合国世界粮食计划署的领导就曾说过：我们已经不再将扎塔里视为难民营，而是一座城市。[5]

土耳其、沙特、埃及和伊朗四个中东大国之间的广大区域都变成了争战之地。伊拉克的民族主义是完全没有意义的，而叙利亚的国家政权已经名存实亡。鉴于叙利亚境内的多种教派和复杂地形，叙利亚还将继续分化，而大马士革和阿勒颇将依然是自治的商业中心。整个中东地区都在出现“黎巴嫩化”，即多种族的首都之外的城镇被控制在各教派手中。长期以来，有人把中东称为由各种“打着国家旗号的部落”组成的区域。如今像库尔德人这样没有归属国的部落更有理由去追求民族独立，而约旦和黎巴嫩虽然有国家之名，但没有国家认同感。实际上，像库尔德斯坦和以色列这样在单一部族基础上建立的国家将会是地区未来地图的主要组成部分。

埃尔比勒是世界上一直有人居住的历史最悠久的城市之一，现在这座城市已经成为库尔德斯坦的核心城市。

虽然库尔德斯坦的政治地域局限在伊拉克的库尔德地区政府所掌管的区域，但其有效的影响半径却越过了国境线，覆盖了土耳其、叙利亚、伊拉克和伊朗的库尔德人聚集区。这并不意味着库尔德斯坦会采取扩张政策。相反，库尔德斯坦现在正在叙利亚边境开挖壕沟，防止叙利亚的库尔德人掌握更多途经土耳其的走私业务，也保持对叙利亚库尔德人的控制。库尔德斯坦已经摆脱了萨达姆·侯赛因的统治，库尔德人也加强了对石油城基尔库克的控制。虽然库尔德地区政府在与外商签订协议前要先获得巴格达的批准，但库尔德人还是跟埃克森美孚这样的西方石油企业签订了多项协议，现在库尔德人已经开始将基尔库克的石油出口到库尔德斯坦、叙利亚和土耳其的交界处，然后再运往地中海沿岸的杰伊汗港口。现在土耳其也希望在本国和阿拉伯动荡地区之间有一个缓冲地带，因此尽管数十年来土耳其都拒绝承认库尔德族裔的存在（土耳其将库尔德人称为山地突厥人），现在土耳其却成了库尔德斯坦的实际保护国。库尔德斯坦地处内陆，但实现了自治，还拥有两处石油出口孔道：土耳其和伊拉克。尽管库尔德与这两个国家没有民族认同感，但却与两国共同经营着供应链。至少现在，保护这些供应链走廊才是要紧之事，而不是忙着去建立国家。

阿拉伯世界纷繁芜杂的状况不会得到修复：现在阿拉伯出现了更多的分化，聚合依然遥远。因此要想从现在的无序状态转变到阿拉伯自治还有很长的路要走。现在只有海湾阿拉伯国家合作委员会的核心产油国开启了聚合过程。尽管沙特实际上肢解了巴林①，并阻止了卡塔尔和阿联酋跨海大桥的修建，但海湾南部地区的高铁网以及从卡塔尔到阿曼的海豚石油管道等重大项目依然在推进，劳动力流动、清关效率提升以及货币联盟构想也在继续。由于本国的稳定也受到了叙利亚和也门乱局的威胁，海合会国家也在商谈泛阿拉伯联合军事力量，同时考虑如何利用埃及以及黎巴嫩和叙利亚的各种政治派别和军事力量。

尽管现在的政治地理状况一地鸡毛，但阿拉伯文明有着文化共性，同时阿拉伯世界也有足够的财富来建设新的互通互联的地区。约旦、叙利亚和伊拉克曾经是罗马帝国的东缘、伊斯兰哈里发帝国的基石以及欧

---

① 巴林是少数逊尼派统治多数什叶派，因此巴林是2011年“阿拉伯之春”之后唯一出现大规模暴力冲突的富裕阿拉伯国家。

洲大国角力的舞台，但只有当阿拉伯世界联合在一起时，阿拉伯才是强大的。与哈里发帝国时代不同，未来的和平阿拉伯应该不止一个首都，开罗、迪拜和巴格达都可成为首都，阿拉伯世界将是由众多城市节点连在一起的群岛式分布。

如果说镇压叛乱的一种方法就是寻求、保护和建设安全堡垒，那么这也是自上而下彻底更新阿拉伯地图的正确方法，阿拉伯应建设更多的核心城市，用商贸路线将之连接在一起。奥斯曼帝国时代的汉志铁路从伊斯坦布尔一路通往麦加，并有分支通往开罗和今天以色列的海法，这条连接各大城市的铁路线应该可以用来启迪我们今天的思考。阿拉伯人排斥土耳其或波斯霸权的重新崛起，但如果阿拉伯希望恢复千年之前的荣光，就必须走向互联互通。

专栏：以色列例外？

自 1948 年获得领土和国家独立以来，以色列是世界上唯一一个一直试图逃离其地理处境的国家，方法主要包括融入西方国家的犹太族群、与美国联盟、加入欧洲协会以及构建跨地中海的能源供应网络等。但从基础设施、人口结构和经济发展等多重角度却可看到更复杂的图景，以色列与邻国的关系越来越紧密。以色列每年出口价值 5 亿美元的软件、农产品和医疗器械给海合会国家（以色列还在海湾国家设立了虚拟大使馆），以色列对库尔德斯坦的能源基础设施建设提供了大力支持，在铁路开发上也投资 70 亿美元，贯通约旦、埃及甚至黎巴嫩。

以色列和巴勒斯坦的关系变动也反映了流动摩擦的格局。约旦河西岸地区的隔离墙代表着以色列对其核心国土的捍卫，但地表上无法穿透的隔离墙无法阻挡地底下的通道，巴以两地至少存在数十条这样的“恐怖地道”，加沙地带的哈马斯（和黎巴嫩真主党）通过这些地道潜入以色列，攻击或绑架以色列国防士兵。但现在的安全隔离墙绝不意味着这就是未来的国境线。相反，2014年以色列通过了一项法案，宣称以色列就是排他性的单一犹太民族国家，此前设立的隔离墙是国内安全之需，而不是要确定边界，这样的声明实际上是否决了“两个国家”的巴以解决方案。[6]但在大以色列区域内，还是有许多通道在促进流动，例如耶路撒冷的轻轨就延长了路线，现在轻轨沿着1948年的绿线穿过居民区和宗教遗址，列车上混杂着正统犹太教徒、巴勒斯坦的年轻人以及以色列士兵。耶路撒冷的市长认为，交通基础设施可以改善巴勒斯坦人的生活并为他们创造公平的机会。在约旦河西岸，以色列不仅修建了充满争议的居民区，也建设了工业区，里面有食品包装、纺织以及家具组装等工厂，服务于巴以双方的经济发展和人民福祉。[7]巴勒斯坦的首都拉马拉也越来越像一个国家行政中心，拉马拉现在正在开发建设一个经济适用房项目和一个名叫拉瓦比的商业地产项目。

如果说巴勒斯坦内部的分裂阻碍了其实现国家独立，在巴勒斯坦内部还是可以建设更好的基础设施连接，可以用曲线式的公路和铁路将约旦河西岸城镇相连，由北至南分别是纳布卢斯、拉马拉、东耶路撒冷、伯利恒和希伯伦，然后穿越以色列抵达加沙，巴勒斯坦人在那里可建设机场和海港。这样不仅有助于促进巴勒斯坦的经济发展（尽管现在巴勒斯坦处于无政府的状态），还可构筑更加广泛的阿拉伯联合体，将埃及西奈半岛经巴勒斯坦至约旦的土地连为一体。

1845年，法国在阿尔及利亚的殖民政府与摩洛哥达成了边界协定，在地中海以南165公里处不再画线，因为“没有水的领土不适合居住，所以划定边界是多此一举”。确实如此，即便在1963年的沙漠战争之后，阿尔及利亚和摩洛哥依然共享廷杜夫地区的铁矿石收入。2006年，两国开始对彼此公民免签，这两个竞争最激烈的阿拉伯国家最终也学会了合作。

阿拉伯国家的地理特征比政治特征更重要：要么石油资源丰富，要么缺油；要么淡水资源丰富，要么缺水。缺水正威胁着也门和约旦这样的国家，阿拉伯国家和其邻国需要建设更多的水渠、油气管道和铁路，而不应修建更多的军事检查站。例如以色列、约旦和巴勒斯坦都主张沿着以色列–约旦边境开挖贯通红海和死海的运河，由此来提供人畜用水和灌溉用水。（贯通地中海和死海的运河项目也在探讨中。）

在 20 世纪 40 年代，由标准石油公司和雪佛龙公司联合建成的横贯阿拉伯的输油管道是世界上最长的输油管道，从沙特阿拉伯东部的艾卜盖格绵延 1200 公里到黎巴嫩。几十年来，这条输油管道仿佛证明了阿拉伯世界的无尽争吵以及无法如亲兄弟般合作的悲惨宿命，在 20 世纪 70 年代，因为过路费分成的纠纷，叙利亚无法从这条管道中分到石油，1990 年海湾战争，约旦因为支持伊拉克也被剔除在外。如今正在新建一条贯通南北的输油管道，这条从沙特通往后阿萨德时代的叙利亚的管道对于重振北部的黎凡特地区将发挥关键作用。土耳其也将成为叙利亚重要的电力供应方和基础设施投资方。土耳其建筑公司已率先在建设库尔德斯坦的基础设施，并支持库尔德的输油管道过境土耳其，将石油运往杰伊汉，之后石油就会被装上油轮运往欧洲和以色列的阿什凯隆港，巴格达的反对也无法阻止这条路线的运行。① 按纸面上的人均财富看，卡塔尔是世界上最富裕的国家，但卡塔尔几乎没有任何粮食生产，其三座海水淡化工厂的淡水储备仅够使用一天。卡塔尔在约旦和叙利亚都购买了农业用地，也要补贴现代化的海水淡化工厂和灌溉系统，有效提高粮食产量。通过这种方式，基础设施互联创造出了必要的地区连续性，而政治边界顾名思义恰好是要破坏这些地区连续性。

新的基础设施也会带来大国所追求的韧性。中国正在加强其在地中海的海军部署，以确保其货船能安全地在印度洋穿梭，供应链不受干扰。2014 年，中国港湾工程公司开始在阿什杜德修建新的以色列港口，该港口能停靠吨位更大的船舶，另外以色列也承诺会修建阿什杜德到红海岸边埃拉特之间的铁路（即红海–地中海线），如果苏伊士运河被封

① 据说 2015 年以色列超过 75% 的石油进口都来自库尔德斯坦。

锁，以色列就可通过这条铁路继续保持海运畅通。

在以色列的南端，看得到约旦、埃及和沙特阿拉伯。埃拉特景色宜人，是战略要地，这座城市是红海通往亚喀巴湾的门户，现在成为新能源管线的节点，这些管线将有望重塑中东的地缘格局。自20世纪50年代以来，跨以色列输油管道就将埃拉特与以色列的地中海港口阿什凯隆相连，1979年伊朗伊斯兰革命爆发之前的20年，这条输油管道将伊朗原油运送到欧洲，但如今输送石油的方向发生了逆转，主要把俄罗斯的原油运往亚洲。[①]很快这条管道就会成为包括伊拉克在内的环形输油管道的组成部分，伊拉克将会把油气输送给约旦等能源极其匮乏的邻国。直到最近，约旦所有的电力供应都是来自天然气电厂，而其依赖的阿拉伯天然气管道是从埃及的地中海城镇阿尔阿里什到亚喀巴，然后北上通过约旦和叙利亚。西奈半岛上的贝都因部落经常对管线发起攻击，因此常常造成埃及和约旦严重的燃料短缺，迫使这些国家花费数十亿美元来购买柴油和重油。

愿意冒险的能源公司对于地区能源稳定也很关键。总部位于休斯敦的诺布尔能源已在地中海东部投资了35亿美元，可开采附近塔马尔和利维坦地区预计约8000亿立方米的天然气储量。现在以色列一半的发电量都要靠来自塔马尔的天然气，诺布尔能源也开始把天然气卖给埃及、约旦和巴勒斯坦。阿什凯隆附近电厂所生产的电量现在足够出口到以色列所有的邻国。但诺布尔能源的海上钻探平台位于相当危险的水域，袭击者可以从岸上或快艇上发射火箭弹，这意味着以色列要像严格守卫其陆地边境那样去守卫自己的海上天然气供应线。[8]

在2011年穆巴拉克下台之前，以色列实际上是埃及最忠实的天然气客户，通过距离更短的阿里什–阿什凯隆管道将天然气从埃及运往以色列，但现在埃及却发现自己需要从以色列进口天然气，同样是通过这

---

① 伊朗在倡议修建一条经伊拉克和叙利亚到地中海的天然气管道，由此给欧洲供气。有些人将这条管道称为“伊斯兰管道”，并将其视为计划中的从阿塞拜疆到奥地利的纳布科线的竞争对手。

条管道。让约旦和埃及感到幸运的是，20 世纪 80 年代两伊战争时亚喀巴曾是伊拉克唯一的供应管道，现在伊拉克准备给予回报。为了寻找替代波斯湾天然气出口通道的新路线，伊拉克正建设从巴士拉到亚喀巴的天然气管道来服务约旦市场，同时允许剩余的天然气经阿拉伯天然气管道输入埃及。伊拉克约 80% 的石油储备分布在巴士拉，这里也可能经历类似于库尔德斯坦的分化。同时，作为约旦唯一的海港，亚喀巴对约旦的战略重要性不亚于首都安曼。自 2000 年以来，亚喀巴成为经济特区，来自安曼的干预已大为减少，现在亚喀巴正考虑修建一个核电厂、一个大型海水淡化工厂，计划将本地机场航线增加 24 个目的地并在全国范围增设油气管线。因此，由巴士拉和亚喀巴这两座自治型港口城市组成的能源轴的重要性要远远超过地区中任何一条国境线。

从埃及西奈半岛穿越红海抵达约旦是极其麻烦的：渡船速度很慢，到处都是安全检查。对于这两个彼此需要、一衣带水的邻国而言，这种让主权超越常识的做法实在令人不解。在 20 世纪 50 年代，阿拉伯独裁者曾做过短暂的联合之梦，例如成立埃及–叙利亚阿拉伯联合共和国和伊拉克–约旦阿拉伯联盟。如今由于共有基础设施的涌现，这样的联合计划有了更加切实的基础。

地中海和底格里斯河之间的空间仍然是正在复兴的亚欧丝绸之路上的重要地段。阿拉伯需要互联设施为长期增长注入动力，因为美国（已经开始）和中国（最终必然）都在减少对阿拉伯石油和天然气供应的依赖。中东国家应该拥有蓬勃发展的城市中心，连接和服务周围的大洲，包括非洲。西方人现在不会急于给中东绘制新的地图（至少不会公开这样做），尽管在 20 世纪西方势力曾如此蛮横地瓜分了这一地区，而阿拉伯各国又都忙于处理国内危机而无暇提出着眼于未来的共同愿景。然而，如果说《赛克斯–皮科协定》分裂了中东，战乱吞噬了中东，那么现在中东国家更应该站出来，自己绘制和平中东的未来蓝图，至少这样中东还有希望可寻。

第五章　美利坚合众国的命运

美国的悲剧

如下是美国人对自己国家的态度，这着实令人吃惊：60%的美国人认为自己和自己的后代已经无缘实现美国梦，18~24 岁的美国人中有40%认为自己需要移民海外才能找到工作。在 2014 年的调查中，许多婴儿潮一代人的养老金都在 2008 年金融危机中化为乌有，而随后的经济萧条（超低利率的后果）也使得剩余的资产很难在短期内回升到原来的价值。去墨西哥和巴拿马安度晚年的美国人数创下了历史纪录。但美国对外移民最多的群体还是缺乏技能的年轻人，这些人占了美国失业人口的一半（某些美国学者甚至建议说，美国应该出口这些结构性失业人口，以此来减轻政府的负担）。去工业化进程和次贷危机两者交织，使得美国出现了严重的内部人口失衡，失去工作或家园的人源源不断地涌入美国 350 个大型城市，竭尽所能寻找工作，不论薪资高低。

美国的中产阶级虽然处在价值链的中上层，但他们也对留在美国感到厌倦并纷纷用脚投票。在领英注册会员前往新兴市场工作的人数排行榜上，美国排在法国、英国和西班牙之后。每年有多达 4000 名美国人放弃美国公民身份或永久居留权（“绿卡”）。现在在海外生活的美国人数达到了创纪录的 900 万：这些人是在用脚和钱包投票，他们要在美国之外寻找更好的生活品质，尤其是更低的税率和更多的工作机会。当美国身份成为负债，美国企业也在往外走，将生产和利润一并带出美国。截至 2014 年，美国企业在海外的现金数量达到了创纪录的 5 万亿美元，这些钱如果转回美国将要承担巨额的税赋，于是美国企业就用这些钱开展海外并购、公司迁移以及股票回购计划，这些措施又让企业进一步远离美国监管。

美国曾经是世界上最富裕、最安全和技术最先进的社会的代表。但千万不要把一系列幸运偶然事件的结果看成是必然。第二次世界大战之后的许多情况，到现在已经开始发生变化。虽然美国依然是世界上唯一的超级大国，但这仅仅是让美国保持了自己的帝国地位，并不表明美国的体系或生活方式彻底胜出。恰恰相反，近年来的许多事情暴露了美国全球地位的脆弱和其治理模式的缺陷。在未来几十年，美国的全球地位和治理模式将受到严峻挑战，美国对外国投资和海外市场的依赖程度越来越大，全球新兴的大国、金融中心和企业基地又恰好跟美国在全球市场开展竞争。

设想一下 2020 年的美好景象：在 20 年的外交政策灾难之后，美国军事力量的部署主要是在国内；美国自己开采的页岩油气数量超过了俄罗斯和伊朗的产量；加州的科技巨头开发出了跨时代的应用产品，催生出世界上第一家市值超 1 万亿美元的公司。美国经济的年增长率稳定在 3% 的水平，更加宽松的按揭政策使得全美 70% 的家庭都拥有了自己的住房。

美国复归经济增长轨道是否意味着美国公司会重拾对美国市场的信心，带着资金回来？得克萨斯州和达科塔州的能源繁荣是否能与其他经济贫弱的州分享？高科技产业的兴盛是否意味着美国有了足够多可以胜任高级岗位的优秀人才？这些问题的答案将决定美国将整体崛起还是会退化成一起国家悲剧，是继续保持颤颤巍巍的超级大国地位还是真正实现美利坚合众国的伟大复兴。有一点是肯定的，在充满竞争的供应链世界，光做自己是不行的。

2013年，曾经是美国最发达城市之一的底特律申请破产，这不是一起简单的孤立事件，这说明，即使位于世界上最具竞争力的国家，其城市也不一定就具备竞争力。美国正在重构，某些城市、企业或社区会发展，而某些会沦落，这也显示了美国社会的分化趋势，这种分化有利有弊。纽约、迈阿密、达拉斯、洛杉矶、旧金山、芝加哥、波士顿和亚特兰大都是美国的支柱城市、区域核心，甚至是全球枢纽。这些城市均连入全球环路，无论是学术、科技、金融还是能源环路。加州人口规模比大多数国家都大，在杰里·布朗和施瓦辛格担任州长期间，他们派出了许多贸易代表团前往海外，以此来促进出口，吸引外来投资。其他各州也在研究数据，看看究竟是对哪些国家的出口创造了本地就业，然后就可针对这些国家采取增强商业关联性的措施。

但美国许多州和城市出现了内部分化的消极一面：虽然有来自华盛顿的授权，但没有资金，自身规模又太小，难以形成足够的投资。（美国是西方主要国家中城市化程度最低的。）这些城市的前景颇为黯淡。2013年的一份报告指出，克利夫兰已呈现“巴尔干化”，因其基本与全球人才和观点流动隔绝。[1]在布法罗，曾生产奥的斯电梯和神奇面包的工厂大楼现在人去楼空，在时光中沉沦。专家预测，美国的“锈带”上将出现更大规模的市政破产，这条锈带涉及密歇根州、俄亥俄州、宾夕法尼亚州、伊利诺伊州、纽约州甚至某些新英格兰城市，这些城市的人才、企业和投资都在流向波士顿。对于像美国这样的大国，城市的衰亡不啻美国版本的国家衰败。

虽然许多人指责说，正是因为美国把汽车生产工厂转移到了中国，底特律才会败落，但其实中国也有跟这座“汽车城”命运类似的城市：东莞。东莞曾是中国广东省的“四小虎”之一，东莞的电子加工业规模仅次于深圳。[2]但2008年的金融危机重创了东莞的出口行业：大量的工厂关门，工人遭遣散。新开业的东莞“新华南Mall”虽然面积是明尼苏达州美国商贸中心的两倍，里面却少有人影。

但东莞还是具有若干底特律所不具备的优势。东莞的人口超过800

万，尽管出口下降，但东莞的产业工人很容易转移到周边的大城市去寻找新的工作。东莞的基础设施相对很新，许多设施稍经改造就可用作食品包装、物流中心或高级家电和工具制造。此外东莞的服务业（酒店和餐饮）在经济中的比重大于制造业。今天新华南 Mall 里人头攒动，繁忙不已。

底特律和东莞还存在一处重大差别，东莞不会被金融市场剪羊毛。中国的地方债很高，国企也迫切需要改革重组，但中国的地方政府和国企事实上都享受着国家的无限担保，中国人民银行手中掌握着 4 万亿美元的外汇储备资产。但底特律不同，在宣布破产的前几天，由于跟金融机构签订了利率互换协议，底特律被迫支付给瑞银和美国银行 2.5 亿美元的资金，这使得底特律再也无法填补高达 200 亿美元的养老金和医疗保险亏空。

那么中国式中央与地方关系的管理模式是否要比美国好呢？中国的经济自由化程度对维持长期稳定同样重要。北京还是掌控着中国的城市竞争：虽然鼓励各地大胆试验，但出了问题还是北京兜底。现在中国有众多超大城市，这些城市之间也在为了投资、产业、人才和知名度开展竞争，这种竞争创造了保持国家整体稳定所需的活力。北京、上海、天津和重庆四个直辖市的自主权也在增加，并制订了各自的经济发展计划。尽管现在省长和市长依然由中央任命，但正如清华大学教授李稻葵所言，这些官员对资本使用和吸引投资有着重大话语权，这些城市吸引外来投资的做法与纽约和洛杉矶极为相似。上海设立了自贸区，在自贸区里允许外国公司有更大的自由度来处理多币种交易。

中国既希望强国，也希望强市，在此过程中实现国民经济的繁荣。中央会为各省和各地区提供支持。全中国 2000 个城市（人口规模从不足 50 万到超过 300 万）中，每个城市都希望能在国家制定的五年规划中占据相对重要的位置，或是并入某个超级城市成为其新区，或是获得工厂减排的试点资格。[3] 确实，现在中央政府已经不再给各省制定经济增长目标，这意味着各省将自主确定增长战略。[4] 因此，中国的内陆省份就在利用改善的基础设施条件来吸引那些从高工资沿海地区迁到低工资地区的产业。

与此同时，如今美国各地对制造业岗位的竞争却到了“竞次”的地步，这一点跟20世纪80年代的亚洲很像。为了让韩国韩泰轮胎把第一家美国工厂设在克拉克斯维尔，田纳西州许诺会给韩泰返还全部的前期费用，这家工厂将成为其所在城市的最大用人企业。在纳什维尔另一侧的士麦那，1983年日产汽车在此设厂之前，该城镇人烟稀少，但在日产到来之后，该城镇的人口翻了两番，达到4万多人。如今日产汽车会把部分生产分包给一家美国公司，这家美国公司常常要求工人加班，却不支付加班工资。但田纳西州众议员麦克·斯派克斯（Mike Sparks）却认为该州别无选择，只能默认现状。如果美国汽车工人联合会号召日产汽车工厂的工人团结起来，“那么这些工厂就会搬去亚拉巴马州、佐治亚州，或密西西比州。”[5]

在供应链世界，美国各州之间的竞争并不亚于这些州与墨西哥、泰国或中国的竞争。但现在美国全境只剩下了不到2000万个制造业岗位，而且密歇根州和田纳西州在今天所做的一切并不能保证这些岗位不会在明天消失。

内部分化

美国在供应链战争中确实有领先优势，但美国并未赢得这场战争。硅谷是富裕的高科技节点，纽约是世界金融中心，休斯敦是能源基地。尽管美国的地理条件得天独厚，广袤的地域却也可能是劣势。高速公路和桥梁都在老化，许多铁路线的速度太慢或不堪负荷，宽带连接也有待完善。还有软件基础设施的问题：教育水平在下降，移民政策使得美国无法吸引足够的人才，此外，连接条件好的地方和连接条件差的地方的差距在不断拉大。金融机构和企业都不愿在经济状况差的州、社区投资，或为其提供贷款，迫使这些地方只能自己组织信用社或互助会。

美国的主要全球化节点和落后的锈带地区的分化越来越严重。现在觉得美国是“合众国”可能是一种错觉，因为事实上，美国的不同地区处于不同的全球供应链环路，当然也有些地方完全没有与全球产业链相衔接。这种分化并不仅仅是“红州”对“蓝州”或城镇化对农业化那样简单。美国选民更容易按职业而不是地理位置抱团，例如工厂工人、教师、管理咨询师、银行家或农民。

那些人口在300万至800万之间的产业多元化城市应对冲击的能力要远远强过底特律这样单一产业的中型城市。像纽约和洛杉矶这样有着稠密人口的美国大城市最早从经济衰退中复苏，其社会治安更加完善，能够继续吸引大量的世界级高收入人才。这些城市的韧性源自其庞大规模和自我调整的能力，在这些城市里可实现产业升级并催生新的职业。因此在金融危机之后，纽约市就成了高科技热点地区，而从前残破的洛杉矶普雷亚维斯塔区成了航空和传媒业务的发达区域。

大城市占了美国GDP的85%，光纽约市就占了全美GDP的8%。一线城市之间差距拉大的同时，城市内部不同区域的差距也在拉大。纽约市的贫富差距问题跟许多第三世界国家一样严重。虽然达拉斯–沃斯堡（其机场面积就相当于整个曼哈顿）是美国第4大人口城市，但该市市长迈克尔·劳林斯坦言，达拉斯–沃斯堡是美国“最穷的富裕城市”。[6]但富裕城市即使陷入财务破产，依然可保持增长。在拉姆·伊曼纽尔任内，芝加哥大量举债来推行城市再造计划，但庞大的开支拖累了伊利诺伊州的经济表现，现在该州经济前景在美国50个州中垫底，为此州政府只好提高对个人和企业的征税，这又必然会导致居民和企业搬离。

伊利诺伊州的经历说明，以政治（而不是经济）划分州的概念是多么落伍。正如《芝加哥论坛报》专栏作家、城市规划专家理查德·隆沃斯（Richard Longworth）所言，“中西部各州根本不应设立政府”。[7]堪萨斯城横跨堪萨斯州和密苏里州，但两个州政府都极力让分界线对面的企业搬到自己的属地，而不是让边界线两边的企业联合起来应对全球化挑战。印第安纳州各地也在采取类似田纳西州的“竞次”政策来吸引低工资岗位，这其实妨碍了印第安纳波利斯升级成高收入科技中心城的努力。

美国某些二线城市通过私有化保持了财务的表面健康。例如，早在 1985 年，美国商务部就把科珀斯 · 克里斯蒂港划为外贸自由区，这也是美国国土上第一个自由贸易区，由此这块区域就成了不受所在市管辖的自治实体，区内的企业不用缴纳任何联邦税、州税或市政税。[①]在过去数十年里，这里是美国石油进口的主要港口，但出口却基本为零，现在仅 100 公里之外的 Eagle Ford 页岩油田将这里用作页岩油出口的主要港口。[②]2009 年，该自贸区与中国钢管集团成立 10 亿美元的合资企业，这家合资企业将每年生产 50 万吨用于油气开发的无缝钢管。这是中国在美国最大的制造业投资项目，在建设阶段已经创造了数百个就业岗位，工厂落成后，预计还会创造出更多的岗位。现在唯一的问题是当地会说普通话的人太少，因此难以与投资方展开顺畅的沟通。但科珀斯 · 克里斯蒂港还是可以快速灵活地从全球能源需求增长中获益，这座港口城市实现了在短时间内迅速成为全球供应链节点，由此也为其他美国城市树立了榜样。

但并不是每个城市都能实现财务自立或从全球能源市场中获益。丹佛的市区开发项目就未能获得美国的银行的支持，为此只得去求助加拿大的银行。一般情况是，越是需要私营部门融资的中等城市，就越容易采取类似自由贸易区的做法，即将教育和治安等功能外包给私营企业。为了鼓励在丹佛产业园中投资建设新的体育馆、博物馆和铁路线，企业

---

① 自由贸易区内可开展仓储转运等一般业务，自贸区的具体地块也可授权给具体企业经营。

② 科珀斯 · 克里斯蒂港的出口量自 2011 年以来每年都翻一番，2013 年已经接近 1.3 亿桶，这些石油主要是运往墨西哥湾地区的一系列炼油厂，也有部分石油运往世界其他地区。

不仅可获得减税待遇，还获得特别许可征收各种费用，例如停车场的“会员套餐”以及医院床位的“设施附加费”等。科罗拉多州的解决之道则是：将医用大麻和自用大麻彻底合法化，州政府对大麻销售课以重税，税款用于教育，包括反对毒品教育。

更具有讽刺意味的是，丹佛市的市政服务产业化改革预示了美国政治的未来。美国大部分城市的市长都是民主党成员。达拉斯、休斯敦和奥斯汀都是“蓝色”民主党城市，而得克萨斯州则是典型的“红色”共和党区域。但如果将社会基础设施建设和管理交给私人企业，这些民主党市长的做法实际上更像共和党人。2015 年，达拉斯甚至将自己的城市名称和标志以 50 万美元的价格卖给了一家污水处理保险公司，此后这家公司发出的商业信函看上去就像是市政通报，这令达拉斯的许多市民感到困惑（或愤怒）。现在美国两党的共识就是要搁置分歧做好事情，但这种做法算得上是“民治、民有、民享”吗？

美国正在分化成形状不一、规模不等的自治王国，这种趋势必然会继续，这意味着美国应向其他国家学习如何实现整体大于部分之和。德国的城市也有宏大的足球场，但德国却不用实行公共服务私有化。每个德国城市的经济发展规划都是由政府官员、企业领袖和教育机构共同做出，由此来不断优化贸易和投资策略，并积极培训新人以把握最新技术和全球化机会。这就是为何中国更加愿意学习德国而不是美国，因为德国有着动力强劲的经济中心、世界一流的基础设施、高品质的出口产品以及相对完善的社会政策。德国人口中百万富翁（以及亿万富翁）占比要高于其他国家，但收入差距却没有其他工业强国那么大。德国乃至日韩所具备的优势就是，尽管城市之间有着分化竞争的态势，但国家依然推行鼓励合作的政策，而美国在这方面就相对欠缺。在德国统一的 25 年内，一项专门税种帮助原德意志民主共和国地区内的基础设施赶上了原德意志联邦共和国地区，这项专门税的名称说明了一切：团结附加税（Solidaritätszuschlog）。

但美国缺乏这样的团结，富裕城市和州宁可把钱用于自身建设，不愿与其他地区分享。①美国兴起的政府数据公开项目（Data.gov）不仅可促使联邦政府变得更加负责和高效，同时也让纽约和洛杉矶等城市知晓所缴税款的用途和使用方式，如同欧洲的巴塞罗那和威尼斯那样。因此，加利福尼亚州、得克萨斯州和纽约州等就尽力截留资金来建设自身的国际连接能力，同时让华盛顿去处理其他州的福利问题：福利资金短缺的州一般地理面积较大、人口较少、经济较弱，如南达科他州、亚利桑那州、新墨西哥州、路易安那州、亚拉巴马州以及缅因州。[8]

新的美国地图正在形成，主要划分依据是各州的商业发达程度和人才质量，而不是名义上的州界线。按城市学家乔尔·科特金（Joel Kotkin）的说法，美国不像是由50个州组成的合众国，而是由7个独立国家（分别以旧金山、达拉斯、休斯敦、芝加哥、华盛顿、丹佛和亚特兰大为中心）以及三个半独立城邦（洛杉矶、纽约和迈阿密）组成的国家。这些城市都是地区经济的中心，不管地区经济重心是石油、农业、工业还是科技，而这些城市也有着全球化的人口结构、经济布局和互联设施。地理学者能预见的其他美国超级区域包括从菲尼克斯到图森的亚利桑那阳光走廊、从波特兰经西雅图到温哥华的卡斯卡迪亚城市带以及从亚特兰大到夏洛特的皮埃蒙特大西洋城市群。这张功能性的超级地图告诉我们美国实际上是如何运转的，同时也反映出应该如何改善现状。②

跨越太平洋的财富流

底特律到底发生了什么？城市的繁荣或衰落没有固定模式可循。像

① 美国风险投资界亿万富翁蒂姆·德雷珀就公开呼吁，要把加利福尼亚分成6个州，这样就可在华盛顿投票中强化加州的声音，也有利于减轻硅谷的负担。

② 希拉里·克林顿提出“更灵活的联邦”，由此来“强化和连接各社区”。

丹·吉尔伯特（Dan Gilbert）这样对底特律充满情感的亿万富豪以及像快速贷款公司这样的企业已开始购买底特律中心城区的写字楼、支持轻轨建设并斥资清理废弃住宅和工厂。这些措施让已经大大缩小的核心城区重新焕发了生机，让城区变得更干净，适于居住，至少底特律居民不用再忙着搬离，拆除废弃设施也意味着在外观上跟过去的辉煌和痛苦说再见。当然也有人提出更加激进的计划来重振底特律，想让这座城市恢复过去的规模和地位，例如把底特律变成免税区，设立底特律专区来接纳拉丁美洲和亚洲移民，把底特律转让给加拿大，因为加拿大联邦政府会提供的 20%的城市预算，大大高于美国（不到 10%）。

美国还有数十个城市在风雨飘摇中，债台高筑，也找不到合适的产业模式。由于财政吃紧，市政福利难有改善。许多这样的城市因种族分裂和贫富差距而人心浮动，2014 年在密苏里州弗格森发生的大规模骚乱就是彻底曝光在媒体上的活生生的案例。这些城市的经济状况是如此糟糕，不平等现象是如此严重，应该被视为不发达地区。[9] 华盛顿试图帮助这些城市给警察和公交车司机发工资，为其市政债提供担保来筹钱发放养老金，为其提供投资返还和减税政策来推动就业和创业，但这些支持措施只是杯水车薪。创造几个新的就业岗位并不是可持续的经济发展战略，要想让经济发展可持续，就要对亟待升级的基础设施以及新兴全球竞争性行业进行投资。比如，底特律的汽车黄金年代已经过去，现在这些生产不足的工厂应该迅速转向其他交通设施，例如美国急需的动车组。美国的太阳能产业现在有超过 20 万个就业岗位，每年增速达到 20%。在美国商务部推行的“选择美国”全球招商行动中，美国代表团访问了从波兰到印尼的世界各个地方，希望能吸引资金投资于美国的城市，这项行动极其有必要，但预算依然不足，这其实是在通过人为努力来达到过去自然生发的状态：让美国成为全世界最有吸引力的投资目的地。

因此美国需要推行宏大的就业策略，其核心应该是提升工人的技能并让他们流向工作机会较多的区域。正如对克利夫兰开展研究的学者所指出的那样，“人口流动就是经济发展”。克利夫兰为科技创业企业提供优惠措施，同时希望能吸引奥斯汀和西雅图的大学毕业生。位于匹兹堡的卡耐基梅隆大学附近集中了一系列科研实验室，因此尽管匹兹堡的人口因为工业沦落出现下降，但匹兹堡软件、生化科技以及高新材料行业的收入却在上涨。在密歇根州，具体是在密歇根州西部，也有许多高水平的工程师，那里的企业不是制造汽车或飞机零部件，而是生产用于电子和感应器材的光学产品，这些产品目前还处于供应链的顶端，中国工厂目前还无法达到这样的水平，至少现在还没有。

也许美国的就业是在流向亚洲，但如果能妥善利用回流资金，美国依然可以保持优势。中国不仅出口产品，也在不断出口资金和人才。中国的国家开发银行就同意为美国最大的建筑商莱纳房产提供将近20亿美元的信贷额度，这些资金将用于完成旧金山两个拖延甚久的房地产开发项目（项目名称分别是“珍宝岛”和“猎人角船厂”），这两个项目的重新启动将创造数千工作岗位，建成超过两万套住房以及配套写字楼和商业设施。旧金山的房价有望因此稳定下来，但具有讽刺意味的是，背后的功臣却是来自中国的资金。来自中国的资金以及高科技和金融行业的财富正把洛杉矶（以及纽约）变成像伦敦这样的世界富豪集中地。

如果看总额，中国企业每年投资于美国城市的资金高达130亿美元。俄亥俄州的托莱多曾经被称为美国的玻璃之城，但现在托莱多的玻璃产业被中国彻底击垮。如今托莱多开始吸引中国投资者来购买当地的酒店和工厂，与中国设立学术合作和艺术交流项目并充分利用其低成本优势和贴近芝加哥的区位优势（芝加哥也在推行一个项目，将自己定位为对中国最友善的美国城市）。中国还与美国各州商讨建立类似深圳的经济特区，这样中国就可把工业供应链转移到美国境内以减少关税。中国机械工业集团公司提出要在博伊西机场附近建设50平方英里的可自主发展的科技区，区内会设立制造厂和工人宿舍楼。或许在未来几年，类似这样的中国商业桥头堡会在美国四处开花，大多数州政府也将伸开双臂欢迎这些投资。如爱达荷州的副州长布拉德·里特尔（Brad Little）

所说："亚洲有的是钱。"[10]

亚洲也有的是人。受金融危机、教育债务等其他因素的影响，美国的家庭规模正在变小，各行各业，从家政护理到高科技创业，都需要更多的外来移民。美国的南部各州虽然历来都不受重视，但现在有不少人愿意去那里试试运气。由于中国国内房地产泡沫风险加剧和反腐行动深入，中国公民现在已经成了美国房地产市场最大的外国买家，甚至超过了加拿大。中国人也是美国EB-5投资移民最大的来源国，该移民方案规定，只要在联邦政府同意的项目中（联邦政府不会担保这些项目）投资50万美元，就可申请绿卡。①新的EB-5签证的受理处分布在南部的路易安那州、密西西比州和其他经济发展水平较低的州，由此来吸引国外的资金。这些外来的房地产投资者很少去关心自己所投资房产的真正价值，他们唯一关心的就是能否拿到美国护照，尤其是自己未出生的孩子。②

但申请加拿大投资移民的中国富人数量是申请美国投资移民人数的10倍：现在美国EB-5项目的中国申请者大约是每年6000人，但加拿大的投资移民项目申请人数高达6万。③加拿大要求每个投资移民家庭的投资门槛是160万美元，或对加拿大科技创业基金投资100万美元就有资格申请长期签证。加拿大不列颠哥伦比亚省还在售卖人民币债券来加深与中国大陆的金融合作。现在的温哥华被称为"温港华"，因为这是中国"游艇移民"的重要目的地（这些移民的富裕程度远远超过那些20世纪坐着"舢板船"前来的亚洲移民），这些移民将温哥华的房价炒得很高，迫使许多本地人搬往郊区。终有一天，温哥华的人口结构会像其天际线一样——更像香港，而不是多伦多。中国有个成语说得好：狡兔

① 在EB-5投资移民项目中，中国的投资额大约是每年220亿美元，占全部移民投资的一半。与中国类似，墨西哥、尼日利亚、法国和韩国投资者现在各投资了100万美元给一家休斯敦的房地产开发商，这家开发商将开发高级公寓并创造1000个建筑就业岗位。

② 尽管中国在2015年放松了计划生育政策，但中国人依然排着队赴美生子，愿意支付高达12万美元的费用来美国生孩子。

③ 这个数字是中国申请澳大利亚、英国和美国投资移民人数总和的两倍。

三窟。

北美西海岸的亚洲化反映了跨越太平洋汹涌而来的资金潮和人潮。或许中国对资本外逃的打击，以及美加两国移民政策的收紧会稍微遏制住这种趋势。但中国的金融开放又会让更多的资金涌向海外，现在持有中国护照的投资者走到各处都颇受追捧：绿色美元被染“红”了。

跨越全球最长国境线的水和油

数百年来，自然资源的供给状况都会引发经济移民浪潮，人们会跟随资源寻找工作和财富。如今，加拿大阿尔伯塔省的麦克默里堡就是资源新城的代表，移民蜂拥而来，追逐“石油财富梦”。在 1973 年石油输出国组织实行禁运措施后，加拿大才想到去开采那里的油砂矿（矿区面积比英格兰还大）。突然之间麦克里堡就成了一座新城，1980 年时，其人口就增长了两倍多，达到 3 万人。在过去 10 年，人口规模更是暴涨至 8 万。

但这只是官方统计数字。全球具有高度流动性的劳工，就像在迪拜打工的菲律宾人或巴基斯坦人，也开始转向麦克默里堡，在城市外围和石油公司负责管理的土地上至少还有 5 万人住在流动宿舍里做着各种工作。这些人包括石油钻机操作工、电工、卡车司机、餐厅服务生、调酒师甚至妓女等，总之一切能保证人们士气和油田运转所需的人，哪怕是在严寒的冬季也不例外。①尽管最近油价下跌让麦克默里堡的热度有所下降，但其基本发展态势并未改变。这座城市就是当今时代的“狂野西部”，但最终麦克默里堡会有稳定的人口、封闭式社区以及更加完善的

① 在南半球也有类似麦克默里堡的新兴石油城镇，那就是靠近阿根廷巴卡穆埃尔塔页岩地层的里肯德洛桑塞斯，这座页岩气新城的人口和繁华设施也在不断膨胀。

机场和其他市政设施，让这座城市成为真正的全球供应链上的新节点。

麦克默里堡也预示着加拿大经济重心将慢慢从东部转向西部，因为西部有油砂矿、钾盐以及钻石等丰富矿藏。（北边的钻石开采中心耶洛奈夫的人均年收入超过10万美元。）加拿大正在向西拓进：历史上首次出现安大略省西边的人口数量超过其东边的人口数。育空地区、阿尔伯塔省、萨斯喀彻温省、马尼托巴省和不列颠哥伦比亚省在议会的席位都在增加。曾在2006~2015年担任加拿大总理的斯蒂芬·哈珀就来自阿尔伯塔省，现在看起来，有着穆斯林–印度–坦桑尼亚血统的卡尔加里市长奈希德·奈什（Naheed Nenshi）很有希望在未来成为加拿大总理。

美国人现在有必要去了解这些加拿大省份，因为以后美国的淡水可能就会来自这些地方。美国的供水、农业和人口生态系统正变得非常脆弱，尤其是在亚利桑那和内华达等经济高速增长的西南各州，因为退休人员和来自“锈带和阳光地带”的人在纷纷涌入。菲尼克斯的居民数量已经突破400万，但正如拉斯韦加斯、斯科茨代尔甚至墨西哥巴哈等城市一样，菲尼克斯也依赖科罗拉多河的供水，但这条河的上游是严重缺水的加利福尼亚州，加州的持续干旱和水库储水不足已经使得水果和坚果之外的农业产量大受影响。尽管珍贵的水资源日益稀缺，加州的人口却还在增长。最近频发的森林火灾更是让加州的缺水情况雪上加霜。附近的米德湖（由胡佛水坝拦蓄而成）已经快到历史最低水位，这有可能使2000万人的供水出现问题。一名市级官员这样评论：“没有米德湖，就没有拉斯韦加斯。”[11]

如果米德湖最终枯竭，加拿大对美国销售的大量瓶装水也不足以满足美国用水需求。淡水或许会是“21世纪的石油”，但加拿大还不太愿意将淡水这样的宝贵资源商品化。由美国8个州和加拿大两个省份在2008年签订的《五大湖区协议》约定，禁止美加两国对五大湖的水改道，为此像威斯康星州沃基肖这样水资源一度丰富的城市也陷入了用水紧张状态，因为这些地方的居住人口和工业活动还在增加。如果没有来自加拿大的淡水资源，很难想象美国可保持玉米和大豆出口量占世界出口总量 1/3 的地位，尤其是美国对玉米种植的补贴政策导致奥加拉拉蓄水层的快速流失（这里提供了美国大平原地区 1/3 的灌溉用水），也加重了水资源的农药污染。美国城市浪费水资源的情况依然严重，因为美国是根据用水总量来收费，而不是根据不同用途区别定价。即使在从加利福尼亚州到佛罗里达州的海岸线上建设 20 多座海水淡化厂，也不足以解决美国淡水供求失衡问题。

现在是时候去重温那些被搁置的水利项目了，其中包括加拿大著名水利工程师汤姆·基兰斯（Tom Kierans）提出的“大循环和北方发展运河”项目，以及命运多舛的 20 世纪 70 年代提出的“北美水利电力联盟”，这两个项目都借鉴了荷兰和中国在修筑堤坝和运河方面的经验，将加拿大北部育空地区和哈得孙湾的淡水利用起来，通过 1600 公里长的落基山脉沟渠和五大湖区将水输送至人工水库和跨盆地运河，这样既能补充奥加拉拉蓄水层，也可增加科罗拉多河的水量。在未来 20 多年的时间里，蒙大拿州冰川国家公园的最后一座冰川预计会彻底消失，因此引入加拿大北部的水资源，为南方补充供给的同时，也有助于防止未来的洪灾。

无论是从规模还是成本角度看，这些水利项目的重要性就相当于美国州际高速公路网。李约瑟曾将中国古代运河和治水技术称为“水利文明”，如今美国也要拥抱水利文明，修建跟油气管道同样长度的输水管道，将水输送至得克萨斯州和亚利桑那州，甚至是佐治亚州和佛罗里达州，因为那里地下水资源正迅速枯竭，出现了海水替代的迹象。“北美水利电力联盟”项目甚至设想通过核爆炸来形成地下壕沟和水库，并用核电站作为动力将水输送到北美大陆各处。鉴于当前大规模的城镇化和水资源的紧张程度，或许这是核武器和核能的最佳用武之地。

水资源供给只是北美地区必须更加重视地理条件，而不是政治的一个原因。另一个原因在能源。自 2003 年北美东北部自多伦多到巴尔的摩的地区发生大规模停电事故以来，加拿大公司就开始铺设横穿新英格兰的水下和地下电缆，将魁北克丰富的水力和风力发电输送到所需之地。目前已经有30多条横跨美加边境的油气管道，另外还有数十条管道正在规划当中，最知名的当属加拿大运输公司的颇具争议的“拱心石XL”管道，这条管道将连接阿尔伯塔省和美国的内布拉斯加州、得克萨斯州。这将增加对美国的石油供给，南达科他州的页岩油南下，加拿大的石油抵达休斯敦附近的阿瑟港，由此可将石油卖到大西洋对岸。阿瑟港现在已超过洛杉矶和纽约成为美国最繁忙的港口。不管能源价格如何，互联互通设施都会带来收益：北美大陆最大的管道经营公司金德尔摩根已建立起庞大的油气储运帝国，公司估值超过1500亿美元。

就像每个沙特公民都会对“加瓦尔”感到自豪，那里依然是世界上最大的油田，美国人现在对自己的页岩层也如数家珍：得州的鹰滩、得州和新墨西哥州交界处的二叠纪矿、横跨美国蒙大拿州和北达科他州以及加拿大萨斯喀彻温省和马尼托巴省的巴肯页岩矿区。虽然两国法规不同，但美加两国在北纬49°上的国境线远远不如两国地底下的共享矿藏重要。

北美联盟

不只是美国在追求实现资源的自给自足，这是北美国家的共同目标。20年前签署的北美自由贸易协定是希望有朝一日北美能形成类似欧盟的联盟，因此许多人也将此协定称为北美联盟。北美的资源整合起来时，北美的地缘政治重要性就会超过美国单打独斗。虽然俄罗斯和美国每年的天然气产量相当，但美国要进口超过半数的加拿大天然气。与此同时，美国也将天然气出口至南方电力紧张的墨西哥。2015年，墨西哥国家石油公司与美国贝莱德资本和第一储备公司签署协议，计划新建一条从美国通往墨西哥中部的天然气管道。最终，墨西哥的能源市场自由化将提高其石油和天然气产量，墨西哥也会加入美国和加拿大的阵营，成为欧亚的油气出口国。这也正是中国想要的：从北美进口更多的能源，同时绕开马六甲海峡这样的地缘政治咽喉。与金融危机之前的情况不同，现在中国资金投资北美能源市场要顺畅许多。[①]北美地区应充分利用其在水平钻井和水力压裂法技术方面的优势，尤其是在亚洲国家赶上来之前：中国可采页岩气储量预计要比美国高出50%。

北美内部的稳定也要求更加成型的联盟。例如美国给其农场主提供的玉米种植补贴直接让墨西哥农民种植玉米无利可图，因此他们只好加入贩毒武装集团，这些贩毒武装集团自2007年以来已经令将近10万人丧生。2014年，美国南方部队司令官约翰·凯利（John Kelly）将军透露，来自萨尔瓦多、洪都拉斯和危地马拉等中美洲地区的毒品、武器和非法移民通过墨西哥流入美国，这已经对美国国家安全构成“实质性”威胁。美国采取了拉铁丝网、边境线武装巡逻、无人机监视以及大规模遣返等措施，非法移民状况略有好转，但最根本的原因还是在于墨西哥经济的好转，许多非法移民其实是自愿离开美国回国发展。因此美国最明智的做法，就是帮助邻国接入能创造就业岗位和稳定社会、运行的供应链，那些被中国抢走的就业岗位会回到美国和墨西哥。

外国投资者已经开始对墨西哥加大投资。在2009~2014年间，德国、韩国和日本的汽车厂商就对墨西哥投入了190亿美元，墨西哥全国汽车产量因此翻了一番，突破300万辆的规模。墨西哥阿瓜斯卡连特斯州的汽车业就业人数超过了5万，俨然成了新的底特律。外国投资者来墨西哥不仅仅是看重这里低廉的劳动力价格，还希望享受墨西哥的自由贸易政策，由此其汽车产品能比美国制造的汽车更方便地进入巴西等重要市场。虽然美国和加拿大的某些汽车制造岗位转移到了墨西哥，但墨西哥也要求，外国汽车厂商至少要从北美供应商那里购买2/3的配件，其中就包括美国的大型供应商。在供应链世界，美国邻国的竞争力就是

① 2005年中海油收购优尼科案，被美国以危害国家安全为由否决。但2010年中海油以22亿美元入股切萨皮克能源公司时却没遇到太大的阻力，2013年中海油又以151亿美元的价格收购了加拿大的耐克森公司。

美国的竞争力。

因此加拿大、美国和墨西哥各城市应视彼此为天生的盟友。北美地区的贸易基本上是由20多对相互依赖的城市主导，包括纽约和多伦多、圣何塞和墨西哥城以及西雅图和蒙特利尔，这些城市之间的互动推动了汽车和航空以及电子和医药等行业的进步。①即便是历史上存在暴力仇视的邻近城市也开始用合作来消弭仇恨。圣地亚哥和蒂华纳现在就将边境线视为障碍，认为它的存在导致了20亿美元的收入损失。现在的口号是“两个城市，一个地区”。圣地亚哥市的市长甚至在蒂华纳设立了办事处，双方计划着要建一座大桥将两地的机场连接起来，此外两个城市还打算联合申办2024年的奥运会。国境线上的犯罪活动、非法移民以及毒品走私大大减少，这不是因为两国加强了对边境的管控，而是因为国境线两边的投资和就业状况都有了明显改善。

随着越来越多的管道、水路、铁路以及电网等其他基础设施将北美经济中心连接在一起，美国应该将自己视为北美超级洲的核心。虽然在过去150年里，阿拉斯加一直远离美国本土，但现在除了北美高速公路网之外，瓦尔迪兹至麦克默里堡的铁路规划也已提上日程，此外还计划修建从北坡油田至加拿大的天然气管道，这两项工程势必会让阿拉斯加更加深入地融入地区能源和交通设施网，同时也有利于阿拉斯加增加对亚洲的油气出口。

北美的基础设施、经济、文化和战略融合趋势已经不可阻挡。加拿大石油和淡水资源丰富，但人口稀少；美国和墨西哥有4亿人口处于缺水状态，但市场极大。随着全球变暖，加拿大北极圈里的许多地方将可能解冻，因此有人预计加拿大的人口规模可能会在未来达到1亿（现在只有3000万），新增人口主要是亚洲人和拉美人，这些新居民将成为加拿大开垦荒地和开发石油必不可少的劳动力，许多新居民也将居住在环

① 在北美有25对城市的双边贸易额超过10亿美元。美国大都市与加拿大、墨西哥大都市的贸易占了三国8850亿美元贸易总额的58%。数据来自布鲁金斯的2013年城市观察数据。

境日益宜人的北方地带。

极地冰帽的融化可能会催生出像格陵兰这样的新国家，尽管格陵兰冰原的融化是海平面上升的罪魁祸首。格陵兰将成为气候变化导致的第一个新生国家，格陵兰居民势必选择脱离其宗主国丹麦，凭借其丰富的铀矿和稀土矿成为北极圈的重要力量。[①]格陵兰和加拿大的因纽特人存在亲缘关系，这说明格陵兰或许能从欧洲体系中分离出来，最终融入北美联盟。

1867 年，时任美国国务卿威廉 · 苏厄德（William Seward）从沙俄手中购买了阿拉斯加，当时他梦想能构筑一个统一的从格陵兰到圭亚那的联合半球，第二首都就设在墨西哥城。如果说美国在 19 世纪的“昭昭天命”果真变成现实，当然是通过融合而不是征服，苏厄德的梦想也不能说是异想天开。在“冷战”结束之后，曾担任过尼克松政府内政部部长的阿拉斯加州长沃尔特 · 希克尔（Walter Hickel）建议在白令海峡底部修建 80 公里长的隧道，将阿拉斯加和俄国连接起来。25 年之后，俄国铁路公司的总裁弗拉基米尔 · 雅库宁（Vladimir Yakunin）进一步提议，要修建从伦敦出发的超级铁路，经莫斯科和西伯利亚连至阿拉斯加，最终抵达纽约。当时俄国的财力无法承担这样的宏伟项目，但现在的中国可以。中国正提出全额出资修建一条长达 1.3 万公里的高速铁路（长度超过西伯利亚铁路），从中国东部出发，穿过西伯利亚，经一条 200 公里长的隧道（长度是英吉利海峡隧道的 4 倍），抵达阿拉斯加的费尔班克斯，然后继续南下，经加拿大接抵美国。对于想去加拿大温哥华的中国人而言，这无疑将是风景绝佳的铁路之旅。

---

① 格陵兰现在已经吸引了许多远道而来的投资者，其中包括拥有先进采矿技术的国家（澳大利亚）和矿物资源消费大国（中国），现在格陵兰也开始发放与加拿大巴芬岛之间海域的油气开采许可证。欧洲的工程师甚至开始构想，看看能否将格陵兰的巨大冰山拖拽到非洲海岸以解决那里的淡水问题。

专栏：南美联盟

南美洲也在经历着功能重构。自西班牙和葡萄牙殖民者瓜分南美洲 500 年之后，南美洲这片“失落之洲”已经彻底摆脱了殖民主义的剥削、玻利维亚式的民族主义、革命式的社会主义以及反共极右主义。南美各国领导人不再扛着左派大旗打游击，也不再高呼打倒美帝国主义的口号，南美领导人正集中精力改革政府补贴政策、吸引外来投资并提高能源产量。正如北美洲一样，南美洲利用其富饶自然条件的最有效手段也是发展基于资源的地区主义。跨境基础设施投资正在横越南美最大的地理障碍：亚马孙雨林和安第斯山脉。两洋高速公路工程会把巴西的大西洋海岸与秘鲁的太平洋海岸相连（中国也将资助建设两洋铁路），这样巴西至中国的航运时间就可缩短一个星期。因此这条路也就有了奇特的外号：通往中国之路。现在秘鲁已经允许内陆国家玻利维亚在其太平洋海岸修建伊洛港，此外还计划在安第斯山脉修建隧道，由此阿根廷货物就可快速运抵智利港口，出口至太平洋国家。升级后的泛美洲高速公路将纵贯南北，从哥伦比亚的达连地堑直抵阿根廷的火地岛。正在兴起的“和平大拉美”地区甚至将拥有自己的全洲议会和类似欧盟的超国家组织：南美国家联盟。

CONNECTOGRAPHY：MAPPING THE FUTURE OF GLOBAL CIVILIZATION

第三部
未来的国家竞争

第六章　未来战争的多种形式与可能

后现代的古老隐喻

世界上最古老的集体运动就是拔河，从古埃及到古希腊，从中国到几内亚，古代石刻中都记录了拔河这项运动。在古代，拔河比赛通常在皇家盛典上举行，士兵们把拔河当作战备训练来提升战斗力。8世纪，据称中国的唐玄宗曾举办过千人规模的拔河大赛，两侧各500军士，拔河用的绳子有150多米长。在20世纪初期，拔河比赛还曾连续五届被列为夏季奥运会的正式比赛项目，欧洲国家（例如当时的瑞典国家队成员里就有斯德哥尔摩的警察）比赛成绩最佳。《牛津英语词典》将拔河定义为一种“追求胜利的激烈竞争”，其所言非虚。拔河比赛是极其紧张的：要想获得胜利就必须要有力量、耐力和强大的意志。即便是片刻的松懈（所谓“走神”）也可能致命，人在拔河过程中必须全力以赴。拔河比赛是世界上最凶悍的无身体接触运动。数千年来，几乎没有人在拔河比赛中丧生。这种运动也是对我们所处时代的隐喻。

在人类数千年的历史上充斥着各种大规模军事行动，或为争夺领土，或为守卫国土。当今的世界也同样不太平：侵略行动、核武器对峙、恐怖武装力量、国家政权倒台以及血腥的内战冲突等。但即便是这种程度的暴力，以及所造成的种种伤亡，也不能被视为当今世界竞争的主线。实际上，如今只有少数国家还处于交战状态，不管是内战还是与别国的战争。但所有国家都在参与一场全球拔河博弈。

全球拔河博弈是地缘政治和地缘经济的混合博弈。国家之间的战争在减少，但关于供应链的争斗却在升温。拔河博弈不是为了多占领土，而是为了争夺资金、资源、技术、知识和人才。这些资金流、资源流、知识流和人才流就仿佛是拔河比赛中的绳索：各方在为移动绳索而竞争，但绳索又将各方连接在一起。全球拔河博弈的目的就是要把世界供应链引向自己，成为资源和产品的最大生产国并从交易中获得最大价值。

英国著名的皇家桑赫斯特军事学院曾发表过关于拔河获胜策略的手册，其中提到，一个优秀的拔河比赛队伍应“行动统一，力量仿佛发自单一整体”。美国做到这一点了吗？华盛顿的政客、华尔街的银行家、得克萨斯州的石油公司以及其他美国战队的成员能形成“单一整体”，使整体力量大于部分之和吗？或者，中国在这方面做得更好？

在拔河比赛中，绳索始终处于高度紧绷状态：绳索一旦松掉，人人都站不稳，但如果绳索太紧，那就可能崩断，伤到运动员的手指。最好的策略不是使用蛮力，而是要协调集体力量并保持平衡。如果一方中有人操之过急，那么就可能让整个队伍失去协调性，对方就会把绳子拉过去。游戏结束。如今的地缘战略环境也是如此。美国应该通过压低能源价格和推行自动化，把数百万制造业岗位从中国拽回来吗？这样做的话，可能会导致中国经济疲软，影响美国对华出口，引发中国抛售美元，抬高美国国内利率？拔河比赛的胜利要诀在于不急、不冒进。厉害的拔河团队会先站稳脚跟，在反复拉锯中损耗对手实力，步步为营，最终赢得胜利。

全球未来是否稳定的关键在于，各大国是以主权还是以供应链为行动出发点，是要发动战争还是参与拔河博弈。战争中的主角是军队和军事联盟，但在拔河比赛中，主角则是城市和企业。政府仅仅是所有者、教练和出资者，也是规则的制定者，但最终的决定因素还是各选手之间的平等竞争。

拔河博弈是没有终点的马拉松。新的对手会不断从各个方向涌入，就像是同时拉扯多条绳索。21 世纪的全球拔河博弈就像是多名选手参加的比赛，其中有国家、城市、企业和其他社群。温斯顿·丘吉尔曾言，“谈一谈”（jaw-jaw）要好过“打一打”（war-war），即外交要优于战争。当今世界居于两者之间：这是一场无止境的拉拉拽拽。

奥威尔说对了吗?

乔治·奥威尔目睹了“冷战”初期欧亚大陆分裂成对立的两大阵营，他认为世界两大阵营的冲突对决将不可避免，尤其是在核武器发明之后。在敏锐观察到欧洲殖民主义和苏联共产主义的僵化体制后，奥威尔在其小说《1984》中将世界分为三个超级大国：大洋国、东亚国和欧亚国。

当今的世界地图在很大程度上验证了《1984》中的预言。只是欧洲大陆没有被苏联征服或划归大洋国（美国），但《1984》还是精准地描述了北美、南美和欧盟这西方世界的三大板块（伦敦和纽约作为地区双首都）。同时，俄罗斯（欧亚国）则继续把持欧亚大陆北部“蒙古化”的部分，而信奉“先人崇拜”的东亚国（中国）则继续在扩大影响力，将日本、东南亚和中亚纳入影响范围。

奥威尔笔下的世界是静态的三国鼎立，没有一国，或任意两国联手来霸占星球。[①]但奥威尔在 1950 年辞世时，他怎么都想象不到，历史竟然会如此演绎，超级大国之间的交互方式不是试图去占领对方的领土，

① 大国交战的地区即是那些夹在超级大陆国家间的地带，我在《第二世界：大国时代的全球新秩序》中进行了分析探讨。

而是去获得对方的资源和市场。由于无法完全征服彼此，大国之间就放弃了战争开展拔河博弈。

在供应链地缘政治中，各自为政的地缘板块说现在已经越来越站不住脚，当今各国都通过基础设施和协议联合在一起。例如美国和欧洲正在谈判“跨大西洋贸易与投资伙伴协议”（TTIP），一旦协议达成，将消除欧美之间所有的监管摩擦并推动双边投资，尽管现在美欧双向投资已经排名世界第一。美国和加拿大互为对方的第一大贸易伙伴，而欧盟则是美国最大的投资来源国。协议签署后，预计美欧贸易额将在如今日均30亿美元的基础上继续增长。

与此同时，美国也在极力提升其对迅速增长的亚洲市场的能源、货物和服务出口，因此美国不仅在忙着与欧洲谈判“跨大西洋贸易与投资伙伴协议”，也在积极与亚洲伙伴开展“跨太平洋伙伴关系协定”（TPP）的谈判。参加TPP谈判的12个国家占全球GDP的40%，一旦协议达成，成员国之间将实现零关税和共同标准。与对手发展经贸关系或者与对手的邻国发展经贸关系，是实现战略影响的重要方法，但这种竞争性的解放是基于供应链而非国家领土。因此，TPP的目标不是要孤立中国，而是要促使中国变得更加开放。[①]在2000~2010年间，美国对华出口增长5倍，中国对美出口也出现了大幅增长；现在中国正有望取代加拿大成为美国最大的贸易伙伴。在中国市场上占据很大份额的通用汽车，如果没有来自像中国这些海外市场的收入，那么即便美国政府想救通用，通用汽车也难以熬过金融危机。此外，如果无法吸引数千亿的资金，特别是中国的资金，投入到本国的工厂、炼油厂和其他生产设施，那么无论是美国还是英国，都无法完成其出口翻番的目标。

现在的情形是，亚洲经济发展越好，中国和亚洲其他国家经济融合

---

① 现在也存在各种争议，如果中国能在知识产权保护和国有企业公平对待方面达到标准，是否应该允许中国加入TPP。另一方面，随着原产地要求的放松，中国只需要将达到原产地标准最低所需的生产设施转移到TPP国家，中国出口就可在TPP国家范围内享受零关税待遇，包括美国。

程度越高，美国和欧盟就越能联手获得收益。但美国对中国壮大的焦虑不同于“大洋国”，因为尽管亚欧之间隔着高高的乌拉尔山，中国和欧洲的连接却在不断深化。与美国不同，欧洲并不把中国视为安全威胁。美国正在加深与印度、澳大利亚和日本在印度洋和太平洋上的军事协作，但欧洲并未加入其中。相反，英国、法国和德国现在是中国顶尖国防技术的主要供应商。随着人民币的升值和欧元的贬值，欧洲现在是中国对外投资热潮的主要受益者，中国正在大肆购买包括房地产和新能源在内的系列资产。[①]中欧贸易规模将很快超越美欧贸易规模。总而言之：欧亚大陆的互联互通现在开始挑战大西洋两岸的文化。

综合来看，欧洲、中国和美国这世界三大经济和贸易体占了世界GDP、投资和贸易的绝大部分，尤其是中美欧三者之间的贸易。冲突、合作和竞争在复杂关系中相互交织，三大区域之间的关系也变成了某些议题上的合作（遏制朝鲜的核计划、应对气候变化以及发展双边贸易）以及另外一些议题上的竞争（世界储备货币、地区影响力以及网络监管），再也不是你死我活的简单对立。2014年奥巴马和习近平在加利福尼亚安纳伯格庄园会面，两国领导人谈到了“构建中美新型大国关系”，这显然是中美关系现状的反映，而不是对未来情景的畅想。弗吉尼亚大学政治学研究者戴尔·科普兰（Dale Copeland）的研究表明，国家之间相互依赖程度的加深会有效减少冲突，只要领导人认为交往还可带来收益，或者说，领导人能在拔河博弈中学会争取国家收益，那么就不会诉诸武力。

---

① 中国国家主席在2015年10月对英国开展国事访问，此次访问号称要为中英两国“全球全面战略合作伙伴”关系奠定基础，并签署了近50亿美元的双边贸易和投资协定。

暴风雨之前的宁静？

在20世纪90年代，“冷战”刚刚结束时，美国五角大楼的战略家们就开始担心第三次世界大战的爆发。地缘政治的历史表明，如果还有第三次世界大战，那么大战会在衰落的传统霸权（美国）和新兴力量（中国）交错最密集的地区（亚洲）爆发。当时大家普遍认为，如果中美开战，战争目标就只有一个：中国台湾。但25年过去了，现在几乎没有人认为第三次世界大战会在台湾爆发。曾经看上去箭在弦上的局势为何就缓和了呢？

现在两岸之间每周有300多趟航班，搭载着许多在中国大陆寻求发展机会的台湾商人。大陆方面甚至还建议从福建这边开始修建一条120公里长的海底隧道。大陆现在是台湾最大的出口目的地，每年台湾从两岸贸易中可获得1000亿美元的贸易顺差。台湾80%的对外投资都是投向大陆。例如，iPhone和iPad的制造商富士康就在大陆多地设有工厂。中国台湾厂商和美国消费者所依赖的供应链其实也是中国的供应链。

是否能永久性地将战争变成拔河博弈呢？每一天都可能出现这样的场景：以色列突袭伊朗，中国击沉日本战舰，俄罗斯侵占了前苏联加盟共和国的领土，或者朝鲜悍然入侵韩国。如果是这样，第三次世界大战到现在大概已经爆发十多次了，但这一切并未发生。在过去20年所发生的重要军事升级局势中，相关国家领导人常常在关键时刻选择各退一步，避免事态恶化。正如中国大陆和台湾的经贸融合，各国之间的经济往来加深也是防止大规模军事冲突的基本因素。（当今世界上最悲惨的冲突恰恰是大家都未曾预料到的，例如伊拉克和叙利亚政权的垮台以及俄罗斯和乌克兰之间的战争。）

自1947年分别独立以来，印度和巴基斯坦打了三场大仗，开展了核武器竞赛，在喜马拉雅山麓发生冲突，并继续在克什米尔问题上纠缠。但近年来，印巴两国却开始放开边境，允许纺织品、药品和其他商品的贸易，放松了对各自居民的签证限制，批准了更多直航路线，并给予彼此最惠国待遇。

印度和中国也曾在1962年爆发边境战争，两国边境问题迄今未能解决。但中印两国贸易还是出现了井喷，中印的年贸易额已经突破1000亿美元，并还在继续增长。在2014年对印度的国事访问中，习近平签署了高达35亿美元的投资协议，包括在印度总理莫迪的家乡古吉拉特邦修建新的工业园，在2015年莫迪对中国的访问中，两国签署了220亿美元的协议，覆盖能源、物流和娱乐等各个领域，此外两国还同意设立军事指挥官之间的热线。

过去几十年来，南亚的战略论述总是围绕同一地缘主题：印度、巴基斯坦和中国的战略三角关系，其中，中巴联手，印度现在慢慢融入所谓的“全球化北约”，即由美国、日本和澳大利亚等国家组成的对中国的战略包围圈。这种传统的权谋论表面看上去认真严肃，但其实反映出学界将复杂现实简单化的倾向。在中印边境，中国不像在别处那样占有时间优势，相反，印度有着更加年轻的人口和后劲更强的经济增长力，印度的民族自豪感和军事开支增长幅度都不在中国之后。

尽管中印保持友好关系能为两国带来福祉，但两国也很有可能为了不到其国家领土0.1%的争议面积而兵戎相见。但一旦硝烟飞散、冰雪消融、残垣断壁清理干净、伤亡人员处理完毕，连接中印的“南方丝绸之路”又会重新繁荣起来。

亚洲还存在其他各种高风险因子。中国和越南在西沙群岛上存在争端，菲律宾对黄岩岛的主张遭到中国的强烈反对。朝鲜核武器虽然有限，但却常常无端试验弹道导弹。美国重回东亚的策略意味着会有更多的基地、舰艇、战斗机、军事行动和冲突爆发点，无论这些冲突爆发是有心还是无意。20世纪90年代五角大楼的战略家在这一点上显然是正确的，如果第三次世界大战会爆发，那么爆发地点一定在亚洲。如今的军事升级和经济融合或许仅仅是亚洲爆发大战的前奏。

亚洲政治实体尚不成熟，现在商业融合成了遏制军事升级的主要因素。按最理想的状态，美国在亚洲的军事布局可以维持太平洋地区的战略平衡，在这种平衡条件下，亚洲各国能走上战后欧洲的道路，因为"二战"后的欧洲就是在美国的军事保护伞下走上了政治和解与融合发展之路。曾任法国外交部部长的罗伯特·舒曼（Robert Schuman）高瞻远瞩，看到欧洲煤炭和钢铁共同体的非凡政治意义，他说，随着法德两国大宗商品市场的融合，两国将共有一段供应链，从此不会发生战争。现在亚洲供应链不仅深度融入中国、日本、韩国和东南亚，中美许多供应链也是通过亚洲串起。这就是美国太平洋司令部前司令塞缪尔·洛克利尔上将（Samuel Lock-lear）曾说过的，美国和中国在80%的事情上都是有共同立场的。

尽管有时候各国领导人也会提出所谓"红线"以迎合民众的需求，海军舰艇也会贴近到几乎要擦枪走火，但股票价格还是照样上涨，因为投资者都知道，现在有两种可相互毁灭的力量：军事和经济。军事行动不能揭示大国博弈背后的原因，也无法说明大国为何而战。当今世界充满了相互关联的复杂性，因此一国领导人必须要超越传统的国境线或主权意识来思考问题，他必须要对其策略的成本收益进行缜密的计算，因为各国领导人都知道，供应链的战争可不是仅仅关乎"彼处"的敌人，也关乎"己处"的利益。因此等待第三次世界大战爆发，会让人想起塞缪尔·贝克特（Samuel Beckett）的《等待戈多》，剧中两个主人公弗拉基米尔和爱斯特拉冈决定，如果戈多不来，他们俩就上吊自杀，然后两人就漫无边际地等待戈多的到来。但两人的拯救者戈多最终也没有现身，当然这两位主人公最后也没有自杀。

其他方式的战争

要想判断战争的条件是否具备或宣布战争即将开始并不难。尤其是在 2014 年，第一次世界大战爆发 100 周年，媒体和学界都对历史做了回顾和对照总结。如果简单地说第三次世界大战不会发生，那未免有些武断。然而，正如法国学者雷蒙 · 阿隆（Raymond Aron）所指出的，核威慑和对战争残酷性的认识对于遏制 20 世纪的军事升级发挥了关键作用，正是这两个因素化解了古巴导弹危机等事件。此外，如今中国采取的新重商主义路线也跟欧洲殖民者传统重商主义的零和游戏不同：中国是在追求现代化，而不是全球霸权。中国想要的是外国的原材料和技术，而不是外国的领土。

虽然许多人都忙着拿当今世界的态势与“一战”前的欧洲局势相比，但大部分观察者都未能看到两个时代的重大差别。虽然在“一战”之前，欧洲各国之间的贸易往来也很频繁，但这些国家当时都是垂直整合的重商主义帝国，各自从自己的广大殖民地剥削原料。欧洲国家所交易的仅仅是最终产品，各国之间也不存在产能转移；1895 年时并没有像今天这样的全球化制造网络。19 世纪和 20 世纪，各国因贸易相互依赖，而 21 世纪有着高度复杂的供应链分工。

全球跨境贸易和投资的深入发展使得今天的国际拔河博弈要远远复杂于此前的地缘政治时代。大卫 · 李嘉图到里卡多 · 豪斯曼（Ricardo Hausmann）的学说变化就充分反映出 19 世纪到 21 世纪经济融合的演进。英国政治经济学家大卫 · 李嘉图提出了创造比较优势理论，他通过比较优势理论批判了重商主义，主张各国应该实现专业分工和自由贸易。但哈佛大学经济学家里卡多 · 豪斯曼在其著作《经济复杂性图谱》[①]中提出，全球经济就好像是拼字游戏，数百万碎片（字母）分发给了各个国家（玩家），然后各国需要组队将这些碎片拼成产品（单词）。因此我们不仅交易商品，也交易任务。豪斯曼的数据大部分都来源于货物的生产和贸易，但其结论也可适用于日渐发展的国际金融和数字服务的供

① 现在维基百科每个国家页面上方都有不同颜色的方框引述这本书的内容，用图像化的方法说明该国在国际劳动分工中扮演的角色。

应链。

这两位学者都敏锐把握到了自身所处时代的脉搏。在汽车和电子等行业，出口商品中近50%是进口的，这意味着A国卖给B国的产品中有很大部分来自此前A国从B国进口的产品。此外，历史上的大型企业对出口的依赖程度都不如现在的通用汽车或苹果公司，这两家公司60%的产品在美国之外的市场销售。西方企业依赖外部世界来实现利润、创造就业：现在美国有4000万岗位跟出口直接相关。尽管因为页岩油革命，美国的进口在下降，但美国迄今为止依然是贸易立国，对美国经济和贸易而言，服务业的重要性要远远超过制造业。美国所提供的服务不是用船运的，而是通过亚洲庞大的消费市场。

在"冷战"的地缘政治范式中，对手之间通常不会相互投资，至少美国和苏联就没有。但在当今世界，全球投资不分敌友，何况大部分国家"亦敌亦友"，这也显示出世界已经走出威斯特伐利亚时代，步入供应链时代。世界上主要国家在经济上相互依存，投资和贸易具有同等重要的地位。这主要反映在，各国持有按其他国家币种计价的证券，在其他国家投资工厂、房地产、银行和农业等生产性设施，这些虚拟和实体投资高达数万亿美元，各国在别的国家开展建设活动，希望有效利用他国市场。因此供应链有助于消除冲突背后的动因，而脱离供应链可能会导致仇视对立的升级。

那些认为全球化进程能迅速停止的人，其实也认为战争爆发的可能性很大。美国军舰在霍尔木兹海峡巡逻，印度开始升级自己的核武器和海军，但这些并未"自然而然"地导致国家间战争的发生。那么为何在百年的腥风血雨之后，在经过十多年的内战和至少十年的"反恐战争"之后，全球化依然在继续扩大和深化呢？因为战争仅仅是事件，但网络构建却是持续的过程。

一个超级连接的多极世界是人类世界未曾踏入的新领域，但各国拔河博弈的悖论在于，这种较量的持续时间越长，就越有可能让各国都获利。在今天的地缘政治角力中，经济合作的重要性超过了军事对峙。尽管如今各国相互依赖程度的加深也使得金融制裁、网络攻击和供应链中断成为武器，但无论如何，军事对抗升级的成本要远远超过百年之前，因为这会立刻损伤本国在敌对国家的商业利益。克劳塞维茨的名言“战争是政治的继续”，在今天或许应该变成“战争是各国拔河博弈的继续”。

第七章 伟大的供应链战争

原子和字节交易

越是想要彻底分解国际贸易，就越是容易陷入千头万绪的状态。如今即便是简单产品的生产链条也极为复杂，有时根本无法回答“产品是哪里生产出来的”这样的问题。制造业供应链大概在50年前开始发生巨变，电子产品到服装的大量生产设施先后转移到亚洲四小龙（中国香港、新加坡、韩国和中国台湾）、中国大陆、泰国、墨西哥，以及印度和印尼等低工资、低技能国家或地区。从螺丝到螺帽、从印染到油漆、从铜片到玻璃，这些原材料顺着供应链在全世界流转，装配、封装和最后包装等环节也开始流转。就像数据在全球互联网的服务器中飞速传递，全球供应链也在四处落地开花，其蔓延之势不可阻挡。

全球价值链正变成复杂的单一整体。欧洲企业在美国开发软件，在亚洲制造，在中东进行后台管理，在世界各地与当地企业建立合资企业，负责维修和保险等售后服务。美国出口中进口商品内容比重相对较低，只有15%，但如果看完整条价值链，加上下游的分销和销售，该比例会提高到40%。

世界贸易组织的首席经济学家帕特里克·洛（Patrick Low）用了类似量子物理的术语来描述这些“混合价值链”：无论在实体领域还是数

码领域，在制造业还是服务业，由竞争力和声誉等无形因素所产生的增加值通常没有纳入现今的统计方法。[1]因此，现在的产品应该打上“全球制造”的标签。

不应盲从那些呼吁美国企业“回家”的声音：全球化绝不是某些政客所形容的单向岗位外流。虽然美国跨国企业在拉美和亚洲增加了200万个岗位，在美国国内削减了近100万个岗位，但这些跨国企业也在美国国内增加了工程、咨询和财务等高技能岗位。①此外，美国公司在海外创造的岗位和财富越多，外国市场对美国产品的需求就越高：1990~2012年，美国对新兴市场的出口翻了一番。如果减少美国对外投资（因此会压缩企业利润），这将导致美国国内投资萎缩。要记住这是一场拔河博弈：撒手的时候要想清后果。

甚至某些看起来去全球化的现象其实也是全球化的表现。苹果公司就是很好的例子。按加州大学伯克利分校经济学家恩里科·莫雷蒂（Enrico Moretti）的测算，在硅谷有6万个岗位跟苹果相关，但其中只有1.2万人在苹果公司总部上班。“在硅谷，高科技岗位是本地繁荣的源泉，而医生、律师、屋顶工和瑜伽教练则是经济繁荣的结果。”[2]社区的兴盛主要源于企业创新和全球增长，而不是政府的公共投资。现在苹果公司在得克萨斯州设立了完整的iMac生产线，这意味着苹果公司在美国不再是单纯的产品提供者。苹果公司首席执行官蒂姆·库克曾在2013年12月表示：“我觉得我们没有责任一定要创造何种就业岗位，但我们确实有责任创造就业岗位。”[3]这种区分很重要。因为即便是苹果公司今天投了1亿美元让更多的岗位回到美国，苹果产品的大部分组件依然是进口的，例如三星的芯片以及夏普生产的屏幕等，而苹果公司的主要代

① 自1990年以来，美国的跨国企业创造了美国国内11%的新增就业岗位、19%的现存私营企业岗位，并支付了25%的私营部门工资。美国出口的半数都是由这些跨国企业实现的，而美国国内生产的90%的中间产品都卖给了这些跨国公司。美国私营部门3/4的研发投入都来自跨国公司。参见麦肯锡全球研究院报告《美国的增长和竞争力：跨国公司的角色》。

工工厂富士康已经在得克萨斯州设立了工厂。就算是最强大的经济体，也无法在没有进口的条件下生产出高质量的出口产品。

新兴市场国家的情况更是如此，如果无法获得海外的最新技术，就无法提升竞争力。中国现在进口了世界上34%的电子元器件，如果没有这些进口，中国也不会成为世界上最大的信息通信技术成品出口国，目前中国占了世界全部出口的27%。（从世界范围看，商品和服务价值中至少有2/3来自中间投入。）

全球拔河博弈中赢家和输家的区别不在于是贫还是富，而在于创新还是保守。因为中国需要最新的技术来提升产业链，所以2015年时中国就接受了世界贸易组织的协议，答应放开超过200种关键技术产品的贸易。因此，尽管中国的劳动力成本在上升，外国的电子、纺织和化工企业还是认为，中国的高技能劳动队伍以及高度整合的供应链让其成为理想的投资目的地。相反，那些用不必要的关税和清关障碍来限制进口的国家可能搬起石头砸了自己的脚，因为这会提高国内生产者的成本，或让他们无法获得高质量的中间产品来制造出具有竞争力的出口产品。[①]

因为这些措施最终有害无益，所以供应链博弈绝不是换了表皮的贸易保护主义。相反，供应链博弈遵循更加强大的规则：互惠互利。互惠互利是抵制经济民族主义的良方。2009年美国总统奥巴马宣布对从中国进口的轮胎产品实施高额关税，同时用公共资金来拯救美国汽车厂商，以保护密歇根州和宾夕法尼亚州等地的制造业岗位。作为报复，中国宣布对卡迪拉克产品进口关税提高20%，此外也对在美国生产的本田和宝马汽车提高了关税，此举最终迫使美国收回了最初的政策。与此类似，2011年中国宣布对稀土矿物实行出口限制，但世界贸易组织裁定，除非中国收回该限制，否则其他国家有权采取贸易报复措施。世贸组织的争端解决机制不仅是世界上影响力最大的贸易仲裁系统，也在迫使各国通

① 例如巴西的国家石油公司就要求其供应商必须是本国企业，这使得巴西无法获得最新的技术，也损伤了巴西作为投资目的地国家的声誉。

过国际市场分享资源，而不是各自为政囤积资源。此举也进一步让世界从民族国家时代过渡到供应链时代。

在互惠互利的国际经贸关系中，保护主义只会伤到自己。当今世界已经完全不同于斯姆特–霍利关税法盛行的“大萧条”时期，2013年各国400多项贸易保护主义措施加在一起也只能影响全球1%的商品进口。现在全球8%的贸易发生在跨国企业和其附属公司的供应链上，这些公司怎么会愿意为内部贸易多支付成本呢？①

货物贸易流顺畅的重要性甚至要超过关税。随着2013年巴厘贸易促进协议的签订，各国将会统一海关管理程序（减少审批），这将给全球GDP增加1万亿美元并创造2000万个就业岗位。世界经济论坛和贝恩咨询公司共同开展的一项研究表明，供应链标准的顺畅衔接将可能令全球GDP增长5%，而落实现存所有世贸协议仅能让GDP增长1%。当前的以太坊（Ethereum）平台就旨在实现全球各国交易合同的标准化和透明化，再加上有关供应链交易的实时数据共享，全球贸易的成本将会出现显著下降。

贸易开放和边境开放都说明世界在朝着功能性“环路”的方向演进。尽管地理条件和国民财富千差万别，加拿大、阿根廷、南非、印度尼西亚、澳大利亚等国家还是组成了凯恩斯集团来推动农产品的自由贸易：这些国家就是全球贸易中的“农场环路”。墨西哥、哥斯达黎加、哥伦比亚、秘鲁和智利五个拉美国家组合起来的经济规模要超过巴西，它们组成太平洋联盟，来推动对亚洲的货物出口。这充分说明，尽管地理条件不佳，这些国家依然在努力获得互联互通。美国和德国等高科技产品出口国希望能撬开封闭的市场，然后再与这些国家来一起解决“国境线背后”的问题，例如知识产权保护、劳工和环境标准、投资限额的取消、外国投资者保护以及国有企业改革等。诚然，当前的“自由市

① 现在即便采取货币贬值方法，美元、欧元、人民币和日元的贬值作用也会相互抵消，无法起到刺激出口或抑制进口的作用。全球主要经济体之间的关联是如此紧密，现在各国最好采取协调货币政策的方法，而不是去竞相贬值。

场”还没有覆盖国防、医疗、教育以及基础设施等政府采购关键领域，尽管这些领域占了全球经济的1/3，但随着这些服务领域的发展，迟早也会引入国际竞争。

全球服务贸易现在每5年就会翻一番，现代的商业活动更多是在网络上完成，而不是靠货船运输。服务贸易已经占了全球贸易总额的60%，服务业的从业人数也占了全球劳动总人口的一半以上（其余劳动人口均匀分布在工业和农业板块）。银行、保险、软件、编程、咨询、设计、建筑、会计、法律合同和诉讼、医疗以及教育都是无形产业，但都前景无限。现在美欧GDP中有30%来源于可移动的服务，这意味着越来越多的工作可以不限地点，当然如果企业希望更好地利用高速增长的市场，就必须把更多的服务岗位转移到那里。

跨国公司跟新兴市场有着密切的关系，也会受到新兴市场风险的冲击，现在许多新兴市场已经成为跨国公司的竞争对手。按波士顿咨询集团的调查，73%的美国公司认为，其亚洲利润在未来5~10年内将保持增长，但只有13%的受访企业认为他们在与本地对手竞争中会保持优势。中国的电信市场以前曾是日本、德国、瑞典和法国公司的天下，但现在几乎所有的外国公司在中国市场日渐边缘化。中国移动等运营商把持了电信服务，而HTC和小米等手机公司则不断蚕食硬件市场，在短短两年时间内，小米的市值就达到了400亿美元。因此外国公司要想保住市场份额，就必须采取并购或设立合资公司的方法。如果不能击败对手，那就收购对手。

最终，随着收入水平的提升，发展中国家也会进口越来越多的高价值物品，例如奢侈服装和iPhone。因此，随着中国产业链价值的提升，从传统制造业向电信和软件等可移动服务业的升级，中国也会支持自由贸易而不是贸易保护主义。实际上，现在正在积极开展海外投资的正是中国企业，中国企业到处呼吁要获得公正待遇。2014年，爱立信阻止了小米某款产品在印度市场的投放，因为这款产品牵涉到专利侵权。同年，中国华为以同样的理由在德国起诉了中兴！

专栏：打印、分享，然后交易

当前国际贸易模式面临的最大挑战来自3D打印（这项技术使得越来越多的产品能在“家”生产）和分享经济（通过分享，购买商品的数量变少，现存的商品可用来分享）。本地原型制作与大规模生产会让全球运输、储存和仓储出现急剧下跌。如果DHL的主要客户，例如美国军方或惠普等硬件公司，有朝一日能自己打印或在客户工厂里打印全部所需的材料，那么快递运输业务将走入坟墓。此外，由于新兴市场公司也面对越来越严格的时间要求，这些公司也无法几个星期坐等设备交货或维修。相反，现在的航空公司、应用程序销售商、计算机硬件零售商等都希望能接入生产的完整生命周期，通过合资企业等方式实现替换备件的本地化。

但不要忘记，打印用材料也需要大量原材料的投入，无论是有机物还是塑料，这些原料大部分还是需要从外面进口才能“输入”到3D打印设备里，另外，3D打印设备或设备部件也有可能是在国外生产制造的。某些供应链可能会收缩，但另外一些会扩展。或许，全球航运总量不会变少，但运输的东西会发生变化。一个产品可能是在某地设计出来，但其制造地点可能在世界另一端靠近最终客户的地方，打印所用的材料可能来自世界某个角落，但却在另一地点打印。不管技术如何发展，制造业将依然保持其全球化的特征。因此，不能混淆了实体和物流。[4]

美国企业不应过于担心硬件产品“在哪里”生产，而是更应该关心产品设计阶段的高附加值部分“是什么”。谷歌的Ara项目现在就是要充分挖掘这种高附加值的创造力，Ara项目建立起了类似App商店的手机硬件模型，用户可在任何地方自主设计或开发个性化的手机并送到最终用户手中。在医学假体和无人驾驶汽车领域也在发生着类似变化：假肢或汽车在哪里制造并不重要，重要的是软件和设计。例如，如果澳大利亚某公司的医学产品主打中国市场，那么最合适的方法可能还是在中国使用钛材料将产品3D打印出来。即使物理意义上的供应链会发生变化，智力价值链依然可以通过合作设计继续发展。

水平+垂直=上行线

要理解伟大供应链战争的唯一表达式就是：水平+垂直=上行线。各国都希望成为生产和分销的水平节点以及价值创造的垂直节点，两者结合就可推动其经济上行。

例如，美国页岩能源储备是对北美参与全球拔河博弈的一剂兴奋剂，但由此导致的油价暴跌却给阿拉伯和非洲等产油国家造成了巨大的财政压力。现在即便是缺乏资源的国家也可以成为水平拔河博弈中的关键选手：新加坡是没有原材料的小市场，但它却是重要中转港口、成品油出口国以及大宗商品交易中心。新加坡本身并不是供应链的落点，但仅仅是通过替其他国家疏通供应链，就赚得盆满钵满。

在水平拔河博弈中，勒索有时候也能成为国家建设的有效工具。例如，在2014年俄罗斯入侵乌克兰之后，西方国家纷纷对俄罗斯采取制裁措施，当时印度尼西亚趁机要求纽蒙特矿业公司和自由港-麦克莫兰公司等外国企业支付高额原材料开采许可费，还要求外国企业在印尼当地设立炼厂和加工厂，由此来提高印尼所能获得的增加值和利润。俄罗斯暗中鼓励印尼采取这样的做法，因为这导致印尼镍出口的暂时冻结，直接刺激了国际镍价并让遭受制裁的俄罗斯矿业巨头诺里尔斯克获得喘息之机。最近印尼还试图禁止外国船舶和二手衣物的进口，以此来振兴国内的航运和服装行业，同时印尼还威胁要取消跟几十个国家的投资协议，除非这些国家答应，如果以后发生印尼没收外国公司资产等事件，它们不会诉诸国际仲裁法庭。

运输和大宗商品行业显示了资源地缘政治拔河中的激烈性和复杂

性。澳大利亚两家铁矿石巨头力拓、必和必拓主导了中国的铁矿石进口（即便中国本身就是世界上最大的铁矿石生产国）。为了跟力拓、必和必拓竞争中国市场，巴西的矿业巨头淡水河谷采用了 Valemax 40 万吨级的世界最大矿砂船，经非洲好望角运抵亚洲。但中国的铁矿石运输企业却要求政府拒绝让这些巨型船舶停靠在中国码头，因为中国矿砂船的最大吨位现在只有 25 万吨。为了保持对巴西的竞争优势，力拓、必和必拓自然选择站在中国这一边，这也不仅仅因为中铝是力拓的股东。为此，在 2014 年底，淡水河谷在马来西亚的西海岸建起了大型转运码头，矿砂被重新分装，然后再运往中国、日本和其他市场。力拓、必和必拓和淡水河谷三巨头都在大力扩大产能，尽管这可能造成全球性的供给过剩，但三巨头拼命生产就能压垮小型竞争对手（包括中国国内的铁矿石厂商），并联手保证对中国的价格谈判优势。尽管中国对这种联盟十分不悦，但中国也知道，要想抵消澳大利亚和南美矿业巨头联手的影响，必须加入到这个供应链联盟中。

随着价值链的提升，拔河博弈也会越发激烈。马尼拉数码园的大楼里有许多呼叫中心，这些呼叫中心里的 3 万名员工会按所服务的全球不同时区来排班。以前这些呼叫中心的业务大都在印度的班加罗尔，但现在慢慢转移到了菲律宾。这些节点之间的竞争充分显示了全球化经济对工作方式的重新定义，现在上班可以不再受地理条件或时间的限制。花旗银行前任总裁沃尔特·瑞斯顿（Walter Wriston）曾经这样说过：时区要比国家界限更重要。[5] 近期也有经济学家提出，美国用两个时区就够了。[6]

如果说水平方向上的拔河博弈是资源的竞争，那么垂直方向上就是创新的竞争：要获得战略行业中最具科技含量和利润的部分。在垂直的拔河博弈中，价值要比产量更为重要。中国的手表出口量是瑞士的 20 倍，但瑞士出口手表的平均价格是中国手表的 300 倍。在出口产品中，德国能拥有 60% 的附加值，中国只有 30%。

在垂直的拔河博弈中，最大的客户也会变成最大的竞争对手。自 20 世纪 50 年代以来，亚洲一直是接受美国在核心技术上的创新成果，例如半导体，但亚洲国家也在通过产业外包和科技转让慢慢提升在价值链上的位置。日本和韩国在 20 世纪六七十年代成为电子产品和汽车的出口国，IBM 在 80 年代开始将芯片制造向亚洲迁移。到 90 年代时，日本已经占了全球计算机储存芯片行业的 70%。韩国和中国台湾则建起了大型半导体工厂，成为全球重要的处理器生产基地，中国大陆则成了全球最重要的光伏太阳能电池生产基地。

在 21 世纪的头十年，日本、韩国、中国台湾和中国大陆继续通过研发、补贴以及政府采购来增加对创新生态系统的投入和建设。最典型的就是日本对 NEC（日本电气股份有限公司）卫星业务的支持，让 NEC 去争夺美欧卫星公司的市场份额。[7] 如今日本名古屋附近的丰田城以及韩国首尔附近的三星城都是融合了研发、设计、管理和部件的垂直整合生态系统，该系统中生存着上千家以母体为依托的创新公司。

国家间开展的竞争，是关于完整供应链的竞争。美国也不例外：华盛顿之所以拯救通用汽车，不是因为仅仅担心通用一家公司，而是担心通用的倒下会使其遍布美国各地的所有二级供应商都陷入危机，由此导致数百万人饭碗不保。构建和保护战略性行业对于保障就业和技能水平都有着重要的意义。

拔河博弈有时也体现为，某些国家利用其市场规模来吸引创新者的投入，慢慢沿着价值链爬升。尽管阿联酋航空公司财力雄厚，但法国和德国政府还是给这家航空公司提供折扣和补贴来采购空中客车，因为空客的订单可在欧洲创造数万就业岗位。[①] 阿联酋航空则要求飞机制造公司将更多的维修业务放在迪拜完成，这样阿联酋本国居民就可获得就业机会以及相关的技能和知识。

中国在全球产业链上地位迅速抬升，这显示了中国在现代国际拔河博弈中的战略技巧不亚于其在传统战争中的战略。对国内企业实行保

---

① 出口信贷机构也会资助国内企业，让其保持出口竞争力。现在出口信贷机构的资金实力已经远远超过了全球所有多边机构以及援助项目，在充满动荡和竞争的环境中，出口信贷机构往往发挥着重要的反周期作用，让企业存续。

护的产业政策慢慢变成了对出口设施给予战略补贴。中国不想仅仅制造iPhone，每制造一台iPhone，中国只能获得8美元的收入，中国要培养像小米这样的本土企业。“中国制造”正在变成“中国创造”。从中兴手机到中车高铁设备和柳工机械，中国产品正在其国内迅速取代进口产品，并在国际市场上与外国品牌开展激烈竞争，尽管最初正是这些外国品牌给中国带去了必要的技术。例如联想集团就收购了IBM的个人电脑业务，现在联想是世界上最大的台式机和笔记本电脑制造商。随着中国劳动人口的减少和劳动力成本的增加，为了保持其制造业优势，中国现在也是世界上最大的高级工业机器人的进口国。①

还有的国家追求捷径。微软印度公司的前任董事长拉维·文卡泰桑（Ravi Venkatesan）就曾尖锐指出，许多印度公司认为，“版权”的意思就好像是“我有权抄版”。[8]军工行业也是印度看重的领域。虽然印度总理莫迪将军事采购预算翻番至190亿美元，但印度并不准备把这笔钱交给洛克希德、波音或英国航天航空公司，相反，印度提出了合资公司、技术转让以及本地化生产等要求。现在印度也提出了“印度制造”的响亮口号。诺基亚曾经占据了印度75%的智能手机市场，但现在印度国内市场排名第一的智能手机是Micromax。目前只有1/3的印度家庭有冰箱，大部分都是LG、三星和惠而浦等进口产品，但印度冰箱企业决心要攻占剩下的2/3的家庭。同样，印度的制药企业也改善了质量控制，现在印度药企不仅完全掌握了其国内市场，在美国普通药物市场上的份额也达到了40%。这对于美国大型制药厂来说或许不是好事，但对于美国民众而言，来自印度制药企业的产品拉低了医药价格。

某些西方企业希望通过分离研究和开发环节，来保护其知识产权：研究放在国内，在国外合作开发。但这样做可能无法进入中国市场。因此有些企业在加大对海外市场的下注：戴姆勒同意在中国制造奔驰发动

---

① 中国公司也在收购欧洲企业来获得其知识产权，因为中国想要避开反倾销诉讼以及缺乏“市场经济地位”的窘境。按中国加入世贸组织时的协议，预计中国将在2016年12月被认定为市场经济国家。

机。以前西方企业在中国经营的主要模式是，在中国之外搞研发，然后在中国设立独资企业或合资企业，让合作方也有动机保护知识产权，通过这种方式实现长期利润增长。但现在有些西方企业正在抛弃这种模式。2015年，IBM就将自己的服务器和软件技术授权给了北京的华胜天成科技股份有限公司，华胜天成利用IBM的创新科技来开发本地产品。估计在不久的将来，西方企业将会纷纷谋求融入中国的产业链。

中国有丰富的土地、劳动力、资本、技术和知识资源，几乎可生产制造任何东西。尽管面临工资上涨和竞争加剧等挑战，中国制造业的就业和产出规模依然在增长，而出口产品中进口部件的比重在迅速下降。换言之，中国在高附加值出口产品制造方面的自主性越来越强。保持竞争优势的唯一方法就是“我能制造别人无法制造的复杂产品”。德国、瑞士、芬兰、日本和新加坡都是制造复杂产品的领先国家。中国并没有夺走德国多少市场，相反德国对中国的出口却有了迅猛增长，因为中国需要德国高素质工人生产出来的高级化工产品和精密机械。

在20世纪70年代，德意志民主共和国就是中国经济规划者的榜样。现在，统一后的德国成了中国制造复杂产品和保持出口竞争力的标杆。19世纪末期，德国曾是欧洲大陆霸主，现在的德国是高科技化的社会民主国家。中国想要成为两个德国的结合体——既有俾斯麦领导下德国的民族强盛，也有默克尔领导下德国的科技实力。

资源探索和食品数据中心

全球矿物和粮食体系是极其复杂的，生产会根据气候、技术、地缘政治等其他因素起伏。许多年以来，全球稀土矿物的开采和加工都控制在中国为数不多的几家国有企业手中，这也是为何在2011年中国宣布禁止稀土矿物出口之时，全球的电子产业供应链都感到一阵紧张。但如同20世纪70年代的石油危机一样，这种影响也是暂时的，当年中东石油禁运导致美国、加拿大、印度、哈萨克斯坦和澳大利亚等国家纷纷加强石油勘探。[9]能源供应的多元化以及替代可再生能源技术的发展，大大削弱了石油输出国组织对油价的掌控力，中国对稀土矿物的出口限制也迫使各国寻求其他的供应渠道。

其实，这里面最有意思的不是资源的竞争，而是替代。科学家正在研发可以替代珍贵稀土矿物的新材料，由此就能大大缩短供应链。麻省理工学院的新材料项目就使用了高性能计算机来测试人造化合物，让旗下的Xtalic等创业公司制造出来，这些公司里的冶金科学家现在可以做到在原子层面上重构金属构造。Xtalic已经设计和“印刷”出与黄金功能完全等同的合金，此外还实现了对石墨等材料结构的重组，这种化合物比碳纤维更轻、硬度更大。总部位于新加坡的IIa技术公司能在其“温室实验室”中制造出纯净的钻石，完全不用像天然钻石开采那样破坏环境甚至践踏人权，这些钻石可广泛用于奢侈品和精密切割仪器的生产。这些纳米级新材料的发展最终可能实现无水页岩气压裂技术，这样就能在中国这样的页岩气储量丰富但缺水的国家实现更加可持续的油气开采。

为了寻求稀土元素，人类甚至不惜探索太空，即所谓的第八大陆。中国已发射月球探测器，这是最终形成月球供应链的第一步，而XPRIZE（一种高水准、高激励的竞赛）创始人彼得·迪亚曼迪斯（Peter Diamandis）和谷歌董事长埃里克·施密特（Eric Schmidt）则联手投资了一家致力于开采小行星有价矿物的公司。围绕着太空经济，已经出现一个完整的全球价值链，全球各国开始建设并合作管理卫星部件、发射台、地面监控以及其他必要设施来获取和分享数据。

食品行业则形成了另一种复杂的供应链网和企业联盟。挪威的渔业巨头“海洋牧场”，生产全球1/3的养殖三文鱼，为了满足全世界对鱼类产品不断增长的需求，该公司通过并购将业务扩大到了智利等二十多个国家。随着全球食品生产和销售网络的不断扩大，更高效的光合作用等新技术也可在恶劣气候条件下大幅提高当地粮食产量。（盖茨基金会近日宣布，其在2030年前的主要任务，就是要让非洲农民实现粮食自给。）

鱼菜共生则代表了另一场农业革命：食品数据中心。这些高科技大棚既不需要自然光，也没有土壤，其用水量只有有机农业用水量的1/3，因此可能更像是工厂而不是大棚。加州初创企业Famgro开发出了看上去就像篷布遮盖的计算机服务器般的可堆叠LED灯，由此任何时段都可种植作物。他们只需插入菠菜、甘蓝、生菜、紫苏和苜蓿等种子，然后设定好程序。通过雾化施肥，植物数周时间就能长成，而不用等上几个月。当作物从生长单元取出之后，里面的水甚至还可再循环利用。Famgro已经在加利福尼亚州和纽约州通过FreshDirect网站销售其产品。但该公司的水培作物最大的市场应该是那些土地稀缺和完全依赖粮食进口的国家，例如阿联酋和新加坡，这些国家可在巨大的库房甚至地下掩体中种植粮食和蔬菜。

即使在气候严酷的地区，鱼菜共生技术也可生产出大量的食物。冰岛就有不少鱼菜共生大棚，利用冰岛丰富的淡水（用于植物）、水电（电力）以及地热（供热）来养殖鱼类，种植西红柿。芬兰的快餐店和杂货铺每天要使用数吨的进口生菜，现在芬兰正慢慢用鱼菜共生大棚的产出替代进口。这是否就宣判了农业全球化的终结？当然不是：西班牙和意大利的生菜还在出口到不生产生菜的190个国家，冰岛也在将富余的蔬菜卖给邻近的北欧国家。在任何情况下，食品供应链缩短都是好事，因为从化肥生产到产品运输的食品行业所产生的温室气体排放占了总排放的25%。

专栏：供应圈

特斯拉汽车本身或许没有排放任何温室气体，但其供应链却不一定环保。特斯拉的车身需要用到铝材，其电池需要用到铜和锂，而这些金属的最初来源国可能是玻利维亚、阿富汗或俄罗斯。即便是由美国“自主生产”的特斯拉也会用到来自欧洲、拉美等其他地区的部件。特斯拉要想让其供应链也完全符合可持续发展的标准，就应该与荷兰的电池企业合作，这些荷兰企业在玻利维亚开矿设厂，对铝的冶炼过程进行大量技术投资来降低污染，当然特斯拉也可完全放弃铝材料，下一代车型就计划这样做。

只有完整地对产品周期和相关产业进行分析，我们才能精确地根据其整体成本定价和课税。这种全周期的计算方法可得出端到端的产品价值和成本：资源开采和生产能耗，包装运输和销售环节的岗位创造和能源消耗，经营维修对社区和环境的影响以及报废和回收的流程等。有意收集和分析这些数据的政府机构和企业在设备维护和升级方面通常更加出色。仅仅在欧洲，所谓的“供应圈”行动就已经节省了大约3800亿美元，因为企业会改善对电脑硬件这类产品的回收和优化利用。[①]

经济建设和发展中用过的硬件工具有着很大的剩余价值。在一个高效的供求系统中，吊机、挖掘机以及液压升降机等工具能在所需的城市之间流转，而不是每个地方都要重新制造和采购这些设备。与此类似，西方国家“报废”的车辆其实还可以送到发展中国家再开几年，然后再分解处理。在任何产品都可实现商品化和定价的世界里，垃圾回收也孕育着庞大的经济机会。拉各斯有着大型废旧电脑回收场，孟买占地两平方公里的贫民窟达拉维更是有我所见过的最有秩序的垃圾回收产业，在尘土飞扬的狭窄巷道内，到处可见拾荒者从城市其他地方捡来的垃圾，经过分拣和简单处理后再送到其他地方重新利用。对于每一个工具和产品，互联都可使得我们增加其使用价值、扩大流通和分享。甚至在供应圈里还出现了所谓的升级回收，即材料可通过再处理实现更高的价值：塑料可变成家具，轮胎可变成雨靴，集装箱可变成拥挤城市或难民营中

① 那些有着相同部件和生产供应商或供应链条的厂商也愿意共同投资来确保生产顺畅经营。埃克森、壳牌和英国石油公司三家竞争企业就联手成立了加拿大油砂创新联盟，实现200多个项目的研发共享，共同寻求更加环保的开采方法。

的两居室。只要遵循共享经济的基本原则，供应链世界也会变得更有可持续性：未使用的价值就是浪费的价值。

回流——但仅仅是回到国内销售

半个世纪前，通用电气在肯塔基州路易维尔市的电器工业园生产家用电器，这是一个类似经济特区的地方，有着自己的电厂、消防队和邮政编码。但随着成本的上升、劳动纠纷的增加以及产业外包的发展，这个地区的就业人数从 70 年代最高峰时的 2 万人下降到了 2008 年的 1800 人。但在 2012 年，通用电气在此设立了新的热水器生产线、冰箱生产线，以前通用电气的热水器都是在中国生产，冰箱在墨西哥生产。现在通用电气计划投资 8 亿美元来重振电器工业园的雄风。

近地生产有许多优势，例如可以创造就业、确保产品质量以及保护知识产权。但美国的整体制造业产出还是在下降，现在制造业占美国 GDP 的比重下降到不足 12%。对应每一个新增的近地生产岗位，就有若干岗位转移至海外。[①]因为对于美国制造企业来说，能源通常只占成本的 5%，而中国工人的平均工资依然不到美国工人的 1/3，因此美国企业要在降低成本和贴近市场之间寻求平衡。

供应链形态也取决于供求状况，消费者要求越高，厂商就越是需要贴近这些消费者。现在全球范围内 2/3 的制造已经设在最终消费地附近，通过本地化生产和个性化设计来拉近产品与消费者的距离，这也是与日渐强大的当地企业竞争的唯一方法。吉百利就把西非产的可可粉长途运输到印尼的巧克力工厂，在那里添加符合亚洲人口味的成分。

随着基础设施的改善、消费群体的崛起、运输成本的下降以及物流

① 美国制造产品的贸易逆差从 2010 年以来扩大了 10%以上。

效率的提升，未来决定生产地点最重要的因素是市场规模和准入。因为高端车现在基本上是欧洲企业的天下，所以欧洲人购买欧洲车的数量一直以来超过进口车。与此类似，美国人买得最多的也是美国车，但除了福特和雪佛兰，美国道路上也能随时看到丰田、本田和日产等品牌。美国汽车厂商面临的主要问题是，随着亚洲本土汽车势力的崛起，太平洋国家是否还会像过去那样购买美国车。由于各地区的汽车产品质量都在提升，市场竞争也开始在全球各地交叉，汽车厂商之间的合并与合资正呈现上升态势，例如2014年菲亚特和克莱斯勒合并（意大利和美国车企的结合形成了总部在英国、荷兰的集团公司），以及大众和通用在上海的合资企业（大众和通用成为增长最快的汽车市场的主导）。通用汽车自2009年以来投入了160亿美元来升级美国的生产设施，也计划在2020年之前对中国市场投入160亿美元。

最终会有越来越多的企业变得像戴尔一样。戴尔是世界上第三大个人电脑制造商（排在联想和惠普之后），从20世纪90年代开始，戴尔就在尝试通过美国、欧洲、中东和非洲以及亚太地区的总部、装配厂和供应链来实现个性化笔记本电脑的生产。[10] 随着其市场份额在本地企业进逼下逐渐缩小，戴尔调整了仓储政策，允许某地区的仓库储存其他地区的畅销型号。戴尔是供应链世界最成功的企业之一，真正将“大众个性化”生产变成了现实。

西方企业尤其希望有投资和贸易自由，因为世界上大部分消费者并不在西方社会生活。尤其是在电力（核能和风电）和航空领域，只有依靠外国客户，西方企业才可能生存。由于日本人口在不断减少，日本的高科技产业只能依靠国内工业机器人的创新，然后将产品出口到海外。提升价值链不仅能实现可持续生产，也有利可图，这既是过程，也是目标。中国的“十一五”规划强调了石油和航运，其“十二五”规划开始强调可再生能源和新能源汽车，这也是中国想要在国内大力发展并希望增加出口的关键技术领域。

“新兴市场”一词的提出者安东尼·范·阿格特米尔（Antoine van

Agtmael）指出，现在企业战略的核心驱动力依然是“争夺新兴市场中的数十亿消费者”[11]，尤其是占世界人口2/3的非洲和亚洲，中国和印度的公司正在亚非市场上用低成本策略与西方企业展开竞争。西方的分析人士通常会忽略亚洲企业的全球化程度，因为这些亚洲公司常常先进入那些竞争不太激烈的发展中国家，这些市场不像美国那样惹眼，也不会有那么多竞争。华为的首席执行官就说，被美国拒之门外“没关系”，因为华为还在世界其他地方大力扩张，即使没有美国市场也不会影响其利润。

更加地区化和纵向化的全球化发展?

互联世界的一个悖论就是，一方面充分显示了全球化的发展，另一方面也放大了不可预测变故的影响。供应链专家巴里·林恩（Barry Lynn）曾这样写道：“我们的企业建立了有史以来最高效的生产体系，如果世界上不发生任何事故，那这样的体系就是完美的。”[12] 因此当世界上的经济强国极力争夺全球市场时，他们也在采取各种措施来保护自己免受供应冲击，无论是产品制造、粮食生产、能源供应还是其他必需品的供给。在此情景中，未来地缘政治图景将依然延续奥威尔划定的基本范畴：美洲、欧洲、中东和非洲，以及亚太地区，各地区会加强在自然资源、劳动力和工业体系方面的合作来提升生产效率。那么究竟是美国将赢得伟大供应链之战的胜利，还是说其他地区会捷足先登呢?

由于能源和粮食生产的提升以及人口规模的相对稳定，西半球比世界其他地区更有可能实现自给自足。如果再拥有高级技术和工业制造潜能，美国将不仅能在国内设计iPhone，也能在国内生产iPhone。这代表了供应链的顶端：不仅占领高附加值生产的高地，还能向世界其他国家出口。欧洲、中东和非洲地区如果能妥善利用北极、俄罗斯、阿拉伯和非洲的能源与粮食供应，也能实现自给自足。亚洲现在要依靠中东的能源进口，但从长期角度看，西伯利亚、中国、印尼和澳大利亚等地的天然气生产有可能会使亚太地区摆脱对能源进口的依赖。

不断涌现的技术创新也可能会加速能源生产本地化，其规模可能不亚于我们所看到的页岩气热潮。地球每天所接受到的太阳能是其所消耗能源的 8000 倍。如果现在每年给化石能源行业提供的 5500 亿美元补贴能用于可再生新能源以及新型电网的研发，那么更多地区将有望实现能源自给自足。德国的“能源转型”行动已经大大推动了欧洲北海地区海上风电场的建设，今天德国 27%的能源都是来自可再生能源。①

如果世界上主要的国家和地区都能通过能源和技术实现自给自足，那么全球化的发展就会变得更加地区化和纵向化。各地区之间的依赖程度或许依然很强，但整合的动机会减弱。美国和中国可能会变得更加关注所处地区事务，而不愿干预地区外的事务。这将会变成“活着以及承让活着”的世界，中东和东亚不再需要美国的军事担保，但各主要地区会提升军事力量来保护所属地区，并向海外扩张以获得国际市场。

供应链世界的一点讽刺意味在于，资本会变得非常容易替换，哪怕是像工厂这样相对“固定”的资本，投资也不像以前那样是长期互信的象征：如果可以非常轻松地在其他地方（例如本国）收购或建厂，那么今天看到的整合明天就可能会消失。产业政策的一个优点，就是政策可改善投资黏性并加强各竞争对手之间的合作。因要求设立合资企业或转让技术而生的摩擦也会巩固经济联系，即使当地缘政治出现紧张态势时，这些经济关系也不会轻易被打破。

---

① 欧洲占了全世界风力发电的 90%，剩余的 10% 基本上都在中国。

第八章 基础设施联盟

制定正确的供应链战略

地缘政治在过去数百年间仿佛就意味着领土的征服以及对邻国或对手的统治。如今，该原则可被简称为竞争性互联：互联程度最好的国家会胜出。各国必须要保护自己的国界，但最重要的是这些国家可以控制多少供应线：商贸路线和跨境基础设施。所有伟大的战略家都深刻理解这句话的重要性：外行才谈战略，内行谈后勤。

人类历史上的帝国经常把基础设施当成扩大影响的工具。罗马帝国和奥斯曼帝国都修建了从首都通向帝国远方的道路网，这些道路也被标注在地图上供行军和商旅之用。从 15 世纪开始，欧洲的殖民帝国开始在大西洋和印度洋各殖民地兴建供应线和海外统治中心。在 19 世纪中期，英国的东印度公司修建了印度铁路网，几十年之后，塞西尔 · 罗德斯（Cecil Rhodes）尝试沿着东非海岸修建一条从开罗到开普敦的红线铁路（最终未能成功）。英国历史学家汤因比反对在这样的体系中设立边境，他写道："设立边境会激起社会力量，这些力量必然使得边境的设立者陷入灾难性结局……不管帝国政府是如何决定的，贸易者、先行者、探险者以及其他人的利益不可避免地会促使其冲破边境。"[1]

互联设施对帝国兴衰的重要性不亚于地理因素。从门罗主义到美西战争，19 世纪的美国用武力将欧洲势力逐出了加勒比海地区和部分太平洋岛屿，由此开启了美国对这些地区的商业统治。地理测绘工程采取的是土地扩张的补充策略：勘察地域、制作地图以及规划必要的基础设施，将影响力推进到未知领域。1803 年，托马斯 · 杰斐逊成立了“探索队”来研究新购入的路易安那州并朝太平洋海岸挺进。这个队伍的首任领导人就包括声名卓著的探险家梅里韦瑟 · 刘易斯（Meriwether Lewis）和威廉 · 克拉克（William Clark），这两人在 1804~1806 年间在美国黄石地区探险，此次探险还让美国在今天的北达科他州的密西西比河岸重设军事据点，保护美国的皮毛贸易不受英法侵扰。美国的西进运动就从那里开始。由于美国国内的可航行水道长度超过世界上其他任何一个国家，这些河道在各州之间流淌，自然地理条件推动了美国的统一。当然基础设施具有同等重要性：芝加哥河其实就是由人工运河组成的 250 公里长的河道，这些河道将大湖区与密西西比河联通，最终通向墨西哥湾。这些伟大的运河工程使得芝加哥成为北美大陆的战略要点。只有在有了相应的互联设施之后，地理的决定性作用才能实现。

正是由于这些伟大的地理工程，北美联盟和大中华区这样的超级区域才能形成。北美联盟正在伸向北极圈，往南则在笼络拉美。大中华区向南触及了印度支那，向北对俄罗斯和中亚形成辐射。这些基于供应链的国家联盟以外交、军事和商业综合手段来扩大影响。现实中的互联路径要比教科书上的教条更能显示未来地缘政治地图的样子。

掌握供应链是地缘政治地位的最初推动力，甚至要先于军事实力。无论是 19 世纪的美国还是 21 世纪的中国，都是在成为供应链超级大国后才慢慢发展军事实力的。中美都是所在洲的大国，通过进口替代实现了工业化，已经是世界上主要的经济体。开明的战略通常都是多维度的：贸易、金融、能源、军事、政府治理等其他领域都是施展实力的舞台。这就是为何大战略不能将国内与国际分离。耶鲁大学历史学家保罗 · 肯尼迪（Paul Kennedy）曾将当今时代称为“战略大时代的间隔期”，新的规则还在慢慢形成。在其著作《大国兴衰》（*Rise and Fall of the Great Powers*）中，他提出经济和科技实力是军事实力的基础。创新的平衡推动着实力的平衡。

成功的大战略，即那些手段与目标长期统一的策略，必然善于利用国家的全部公共和私有资源。这些战略包含着对全球复杂局势的清醒评估、对目标的现实把握以及对指定策略的高效执行。这些大战略也必然是全面的。外交人士通常会把政治区分成“硬政治”和“软政治”，硬政治是指安全、联盟以及武器控制等事关国家存亡的事务，软政治是指经济、人权和环境等事务。但在供应链世界，这些问题往往相互交织。例如美国试图在跨太平洋伙伴关系协定中推行更高的贸易标准，其结果将影响到美国能否在亚洲重建战略影响力。我们每天看到的全部新闻几乎都可从供应链地缘政治的角度来理解：田纳西州的汽车工业区为了吸引韩国汽车厂商打压工会，每天都有数千起旨在盗取企业和技术机密的黑客攻击，以及用人民币结算的贸易量增加等。

因此拔河博弈相比军事冲突要强调的因素更多。美国国家情报委员会的全球国力指数在衡量各国实力时，给了核武器和国防开支这些指标很大的权重，但由于核武器基本不用，国防开支使用效率存疑，因此还必须要侧重于政府支出规模以及人力资本等指标。国力也像财富那样，存在名义国力和真实国力。美国的名义国力无与伦比，但如果算上核威慑、地理距离和竞争力等因素，美国的真实国力可能并不像纸面上显示的那样强。美军在伊拉克和阿富汗的困境就清晰说明了这一点，超过20万美国兵力再加上超过1万亿美元的军费开支，但美国就是无法消灭敌军。

与此相对，美国小布什政府和奥巴马政府都默认军事实力是影响力标志，他们忘记了美国军事干预政策在越南、伊拉克和阿富汗的失败。美国过去二十年发生的最幸运的事，就是国内掀起的页岩气革命，但这场能源革命与军事武力毫无关系。

伊拉克战争就充分说明了军事策略和供应链策略的高低优劣。如果说美国2003年打伊拉克不是“为了石油”，那么为何美国要白白牺牲 4000 名士兵的生命（还有 10 万伊拉克人）？这场战争的最终胜利者显然不是在战场上拼杀的美国和英国，而是中国和欧陆国家，因为这些国家最终获得了石油。

美国在战场上付出惨重代价或在外交场合耗尽口水的例子还有很多，但最终的果实却落入他人手中。例如美国国务院长年累月都在劝说国际原子能机构允许印度和阿联酋发展民用核能，但开禁后，这些国家却把核反应堆的建设合同给了韩国和法国。伊朗也想这样做：尽管美国牵头对伊朗实施制裁，俄罗斯、中国、印度和土耳其等国还是继续跟伊朗做着大生意；有朝一日当制裁结束时，这些国家在伊朗就有了远超美国的先发优势。从供应链大战略的角度看，这些军事外交等“吃力行为”实际上代表了“省力行为”的失败。

从小布什到奥巴马，美国的战略实际上经历了从霸权主义到选择性撤退的转变。两任总统都信誓旦旦地要巩固美国的核心价值观，但两者又都在操作性原则和策略上语焉不详。奥巴马的《2015 年国家安全战略》报告更像是对过去的辩护，而不是对未来的展望，更多的是空谈，而不是行动。美国大战略的前提更多的是强调对俄罗斯、伊朗和中国等大国的遏制而不是影响，强调徒劳无功之事而不是真正谋划未来，其中代表着极端保守主义的所谓“克制”是老生常谈，缺乏实质内容。美国的外交人士似乎忘记了，站在巨人的肩膀上并不一定能成为巨人。现在美国的外交官就像是交际名流，在国际舞台上仅仅留下了自卖自夸的自传，几乎找不出任何实质的影响。可以这样说，在新世纪里，美国领导人几乎没有对推动历史进步做出任何贡献，遑论创造历史了。

美国必须冷静思考在 21 世纪接下来的几十年中要做什么，美国必须要找到新的战略。由于军力疲惫以及财政紧缩，只有确实触及核心经济利益时，美国才会动用军事力量。这样的战略与供应链战略不谋而合：只有保护资源和技术流转，这种商业战略性投资才值得采取军事行动加以保护。对于那些危险国家，就可采用所谓的鲍威尔主义：只在不得不使用军力且获胜希望较大的情况下投入大规模军事力量，此外军事行动还可迅速结束，并获得广泛的美国民众和国际支持。

在经历了两场失败的战争以及一次金融危机之后，美国希望能推掉一些国际义务，这完全可以理解。但在国家存亡都仰仗互联程度的世界里，外交政策有时候并无选择。从这个逻辑看，美国重返东亚并不仅仅是要保护自己的盟国，也要保护太平洋上日渐增长的贸易往来。（美国的出口有1/4是运往亚洲，而进口中有40%来自亚洲。）为了更加有效地保护商业供应链，美国海军将使用航空母舰、潜艇、无人机等其他武器。其目的在于保护供应链，而不仅仅是保护盟国。同样，中国海外供应链保护所投入的资源也跟其在附近海域的航母和潜艇开支具有同等重要的意义。澳大利亚海军正在推行“三大洋”策略，其目的就是要保护天然气运输船不受海盗骚扰，海底互联网光缆免受恐怖分子破坏，甚至是不让满载着印尼非法移民的船舶靠岸，总之应对的都是移动资产和海外威胁。

与此同时，在供应链大战略中，军事只不过是包括产业政策在内的系列工具的一部分。美国的页岩气革命使得经常账户赤字大减，因为美国大大减少了能源的进口，但现在却没有太多的鼓励措施来激励企业开展国内宽带连接、高铁以及其他设施的投资，这些基础设施对于推动美国的出口增长很重要。此外美国还应该重振其教育和研发体系，要积极培养从机器人到转基因等各个领域的新一代创新者，只有这样，美国才能同时把握数字和农业全球价值链。控制供应链的战略收益要远远超过控制任何一个传统战场。

传统世界的战略目标是统治和压迫，但供应链世界的战略目标却是资源运用和价值创造。地缘政治在棋盘和网络上都起作用。在棋盘上，美国为欧洲、阿拉伯和亚洲提供了安全保护伞，希望这些国家能实现地区整合，避免与俄罗斯、伊朗和中国发生战争。在网络上，美国需要与其他全球节点实现产业、金融和商业联通，建设国内经济。如果美国能认识到供应链地缘政治的优先性，就不会采取成本远超收益的军事干预行动。

后意识形态联盟

过去的25年充斥着各种各样的错误假设，其中包括“历史的终结”和“文明的冲突”。仅仅在过去10年，曾经被寄予很高期望的“大美洲”就出现了明显退步。当学者和研究者试图用意识形态（而不是客观条件）来定义时代的时候，他们默认存在着统一的世界观或有两种对立的世界观，世界总是非此即彼，但这样的基本前提恰恰是错误的。供应链世界是后意识形态的世界。俄罗斯不再对外输出共产主义，美国也不再到处扶持民主。从非洲到亚洲，世界上大部分人都在忙着赚钱做生意。

在“冷战”时期，美苏两国在智利、刚果和柬埔寨等地到处扶持傀儡政权，将毫无关系的国家牵扯到两强争霸中。苏联的目标就是要扩大共产主义联盟，而美国的战略任务就是防止民主政权在共产主义浪潮面前像多米诺骨牌那样倒下。

今天，塑造地缘战略思维的主要因素不是意识形态，而是如何获得资源和基础设施。西方国家在推崇民主方面时断时续，但在追求供应链利益方面从不懈怠。从“冷战”到反恐战争，西方经常为了利益与道德上存在瑕疵的国家结成伙伴：巴基斯坦、埃及、沙特阿拉伯、巴林、卡塔尔、乌兹别克斯坦、越南、埃塞俄比亚、乌干达以及吉布提等国家。美国克林顿和小布什政府常常把民主挂在嘴上，实际上，曾经担任美国驻华大使的骆家辉，反而敦促美国企业去中国基础设施投资最快的地区寻求商业机会。①

传统的同盟被利益联合所取代，现代的联合更多的是基于供求互补的合作关系。中俄关系就是典型的例证。此外亨廷顿所言的“伊斯兰-儒

① 与此类似，2015年9月英国财政大臣奥斯本访华，他是第一位获准访问中国新疆的英国部长，奥斯本代表英国工商利益，希望能在新疆的工业园中获得更多订单，充分参与中国丝路振兴计划。

教轴心”也是空谈[2]，其实质不过是“亚洲买了大部分中东石油”，即便是中国和印度有朝一日深度介入中东事务，中印两国也是为了保护自己的油气供应而不是为了捍卫同盟。供求关系也可解释西方世界的地缘战略变动。当欧洲各国对北约这样的军事同盟的需求减弱时，北约不得不远赴阿富汗来证明其存在合理性。这就是21世纪头十年所说的，北约要么走出去，要么解散。但随着俄罗斯入侵乌克兰和对波罗的海国家的施压，欧洲各国对于军事联盟的需求忽然开始增加，北约又重新开始活跃起来。但其实北约的团结是一种表象，许多欧洲国家根本不愿向阿富汗派军，更不用说让自己的士兵在阿富汗战斗，另外经济困顿也使得许多国家不愿意在乌克兰问题上与俄罗斯发生冲突。因此不能将国家联盟组织视为文化一统的共同体。在后意识形态的供应链世界，各国关系网时刻充满变数，每个国家参加所谓的“集体行动”，都会算计自身成本收益。

如果说贸易仅仅体现了互补，那么投资则代表了更深层次的认同，因此也有助于增进互信。确实，验证两个国家关系稳定性的试金石不是贸易额，也不是共同参与的军事行动，而是两国相互投资的深度。美国、英国和土耳其都是北约成员国，但这些国家不会兵戎相见的最重要原因在于，美国的若干跨国企业总部设在了英国，英国也有不少公司总部设在美国，而土耳其给欧洲输送能源的油气管道设施又基本上是英美企业投资的。这些国家的能源供应链与其国家安全互为表里。即便出现矛盾，例如美国和土耳其对如何介入阿拉伯世界的战争就有不同看法，供应链也可保证同盟不破裂。与此同时，随着土耳其与前苏联加盟共和国和中国边疆地区交通、贸易和能源往来的加深，土耳其总理埃尔多安也将加入上海合作组织视为外交大事。土耳其可能成为地球上第一个既是北约成员又是上合组织成员的国家，这显示了土耳其在连接东西方面的独特作用和其战略考虑，甚至超越了土耳其“入欧”的意向。

欢迎来到基础设施联盟年代，物资和外交只不过是硬币的两面。国与国之间关系的牢固程度不是看两国是否同属北约这样的组织，而是看两国互联互通以及物资信息往来程度。基础设施联盟也绝不等同于独裁政权之间的腐败交易，实际上，基础设施联盟更代表创造就业的项目，这使得贫穷落后的内陆国家也能参与到全球经济中来。对传统式的西方援助项目的研究表明，大宗商品和基础设施项目资助中所附带的不现实条件常常阻碍发展，无法带动就业。分享基础设施相当于分享财富。

长期以来，美国都认为，世界上最重要的公共品就是“安全”，而美国就是世界安全公共品的提供者，这一点基本上是正确的。在第二次世界大战之后，美国对欧洲的军事保护使得欧洲成为全球最大的经济综合体。如今美国在军事上重返亚洲，也遏制了中国的过快扩张，但中国将重点转向了与周边国家建立互联互通基础设施，由此使得这些国家与中国的关系更加紧密，对此美国毫无办法。美国可能还没想到的是，基础设施以及这些设施所能带来的互联互通实际上是跟“安全”同等重要的全球公共品。

许多国家都在热切盼望着改善本国的基础设施条件，而中国就是基础设施建设的领头羊。当今世界还有许多基础设施有待建设，因此中国也必然会成为世界上最大的基础设施出口国。许多国家至今还希望获得美国的军事保护，但更多国家希望能获得中国的基础设施投资和低价电信设备。中国在海外的建设队伍规模要远远超过其在海外的军警力量。

欧洲和亚洲国家都开始用基础设施投资来衡量其经济活力，但美国却还在用军事开支来标榜其国力。欧洲和亚洲企业（尤其是中日韩企业）几乎垄断了全球工程采购建设市场，而在此领域，美国只有柏克德、福陆和凯洛格布朗路特等为数不多的几家企业。但是，由于亚洲的全球基础设施承包商要大量使用通用电气、西门子和阿尔斯通的设备，因此你很少听到这些企业出来抱怨“中国统治非洲”。西方的企业不像西方的外交人士，他们早就把中国的基础设施投资看成合作双赢的机会。确实如此，如果东西方国家能在非洲联手，这将极大地促进非洲的发展。美国对反恐合作的预算是 300 亿美元，这和每年中国对非洲基础设施的投资额相当。在供应链世界，大家关注的焦点应该是劳动分工，而不是势力范围。

中国希望建好基础设施来获得海外的原材料，将其运回中国用于制造和建设，随后再将产品通过出口加工区运至主要市场。中国善于主动规避 21 世纪的主权纠纷。实际上，中国完全是在用供应链的视角看待世界。新西兰就是食品供应国，澳大利亚是铁矿石和天然气出口国，赞比亚金属矿藏丰富，坦桑尼亚是非洲海运的重要枢纽，格陵兰岛则有着大量铀矿。阿根廷的农业结构越来越朝着迎合中国需求的方向发展，阿根廷学者马里亚诺·图尔兹（Mariano Turzi）自嘲说阿根廷现在就是“大豆国”。[3]

中国现任领导人习近平和李克强在上台后短短两年时间里，就出访了各大洲超过 50 多个国家，签订投资协议。中国供应链地理并不体现在国际军事行动或联盟上，而是体现在寻求互惠的供求关系上。在拉美，中国与委内瑞拉续签了长期供油的协议，与阿根廷签订了货币互换协议，并支持巴西横穿南美大陆的铁路建设。自 2008 年以来，中国已经对厄瓜多尔提供了 110 亿美元的贷款，而且还承诺会继续提供 90 亿美元来买断厄瓜多尔几乎所有的石油出口。中国也是厄瓜多尔矿业的主要外国投资者。尤其是在大宗商品价格暴跌期，例如 2013~2014 年开始的这轮暴跌，大宗商品出口国对中国信贷资金的依赖达到了新的高度，因为中国信贷资金投放要比国际货币基金组织的资金下放快得多，此外当某些国家无力偿还贷款时，中国还允许这些国家用原材料来抵债。随着厄瓜多尔债务的增长，现在该国境内基本上 1/3 的热带雨林卖给了中国石油公司进行勘探开发。

中国通过贸易来实现互惠，又通过投资来增强影响力。中国的贸易发展获益于人民币的低估，但中国影响力的增强却要感谢强势的人民币，这使得中国的海外投资更加顺畅。即便是中国的大宗商品进口在下降，中国依然希望能控制这些进口源头。购买正在运营的资产（或购买那些离开中国资金就无法运营的资产）可使得中国进入外国市场，也能助推当地经济发展。中国在东道国设立合资企业并获得强势（或主导）

股权，实际上是考虑到以后东道国有可能要提高劳动附加值或增加对当地产业的控制。即便非洲国家日后要求所有的冶炼、炼化、制造、装配和其他生产业务在本地进行，这些非洲国家也还是需要中国来提供资金支持和人力资源支持，也要仰仗中国来培训本地劳动力，无论如何，中国还是可以从这些国家的收入和出口中获得很大收益。

这种实用主义方法其实很老套。中国对资源国的态度其实跟世界上的矿业和能源企业巨头没有太大差别，这些跨国巨头也在想着如何将资源从动荡地区开采出来，实现对全球市场的长期稳定供给。力拓的首席执行官山姆·沃尔什就曾引述采矿业中流传甚广的说法：上帝一定是很幽默的，他把这么多资源放在了这么奇怪的地方。（这还算是相对客气的版本。）能源公司更加相信地理条件而不是政府，地理条件相对稳定，但政权会更迭。无论是赤道几内亚还是东帝汶，对于像马拉松石油、埃克森、壳牌、雪佛龙、道达尔等全球能源公司来说，这些地区的国家的意义仅仅在于能否让当地的油气项目继续开展。这些能源公司在开展投资时就预计到了内战、政府没收以及其他可能影响经营的情况。但这些能源企业还是毅然前去投资，无论是刚果这样的无底洞、利比亚这样的混乱国家还是土库曼斯坦那样的独裁政权。因为这些企业知道，无论是谁当政，当地的当权者都必须与他们做生意才能生存下去。

希腊比雷埃夫斯——中国的欧洲门户

希腊、欧盟和中国的旗帜一道迎风招展，但谁都看得出来谁占主导。比雷埃夫斯港是雅典附近的地中海良港，那里只有十来名中国管理人员，但在比雷埃夫斯集装箱码头的总部大楼内，中文标语总是在英文标语的上方，两侧墙上挂着中国长城和雅典卫城的照片。当金融危机来袭，希腊瞬间成为国际金融市场的弃儿，为此希腊不得不将比雷埃夫斯经营管理权转让给中远集团，中远是世界上最大的散货运输和码头经营企业。自2010年以来，中远已对比雷埃夫斯投入了超过6亿美元的资金，这也让中远成了希腊最大的外国投资企业。

中远不仅仅是投入资金而已，它对于希腊在全球贸易中的未来地位有着远大设想，几乎可重振希腊曾经的荣光。挂在集装箱码头总部的地图清晰地显示了这种设想：从标注为星号的比雷埃夫斯港出发，向北箭头通过亚德里亚海指向中东欧，向西箭头穿过地中海抵达伊比利亚半岛，西南方向箭头指向非洲海岸，还有东北方向箭头经过爱琴海和黑海直指俄罗斯。比雷埃夫斯将成为中国在欧洲的门户，中国借此地将产品覆盖至整个欧洲、中东和非洲地区，同时也可经由此地通过苏伊士运河。如果货物在比雷埃夫斯港卸下，在港口自贸区直接装上火车，往北穿过巴尔干半岛可抵达捷克首都布拉格。这样通过比雷埃夫斯港转运，相比以前经过鹿特丹和汉堡港口的路程，中国至欧洲主要市场的运输时间可缩短一个星期。2013年，惠普公司就决定将亚洲运货至欧洲的卸货地点从鹿特丹转移到比雷埃夫斯。由于其转运、仓储和清关服务都可享受欧洲免关税待遇，现在比雷埃夫斯每年可获得约10亿美元的物流和海关收入，这不仅可覆盖中远的投资，还有结余，因此现在就有人提出要扩建，要在比雷埃夫斯和雅典之间建立铁路走廊。

比雷埃夫斯仅仅是中远在苏伊士运河两端投资升级的一个物流枢纽，这样的物流枢纽能使得各方获益，而不仅仅是中远。现在几乎所有的亚洲航运公司都在使用比雷埃夫斯集装箱码头，另外还有30家欧洲航运公司也在使用。现在，比雷埃夫斯全年开放。

比雷埃夫斯之所以能取得成功，是因为其经营不仅采纳了自由贸易标准，也接轨了中国的规则。集装箱码头总部的走廊上有一个屏幕，屏幕上显示了自2010年以来比雷埃夫斯的发展情况：仓储规模和集装箱吞吐量基本上每年翻一番，这也使得比雷埃夫斯重新成为欧洲最繁忙的十大港口之一。港口效率如此之高的一个重要原因在于：这是无罢工区，因为集装箱码头上没有工会。但在这里上班的1500名希腊工人并没有抱怨，因为这里的工资要远远超过旁边由比雷埃夫斯港口管理局所经营的那部分。当我沿着两边的中间地带开车经过时，一眼就可看出希腊人更希望在哪边工作：左边是陈旧老化的橙色脚手架，右边则是恢宏的蓝色中远集装箱码头。正是由于中国对其互联设施的投入和建设，希腊重新找到了战略要地的感觉。

从制裁到连接

在这个世界上，只有两个国家名义上是不售卖可口可乐的，但现实中，在任何国家，都能买到可口可乐。从名义上看，美国对古巴和朝鲜的可乐禁运已经有 50 多年的历史，但实际上，中朝边境的走私犯会源源不断地将可口可乐送到朝鲜的高级餐厅里供特权阶级和外国人消费，当然在朝鲜他们说这是“意大利可乐”。我在 2012 年参观了平壤，几乎每个餐厅都能买到可口可乐。当美国篮球巨星罗德曼在 2013 年带着篮球团访问朝鲜时，他就坐在篮球场边和朝鲜年轻领导人金正恩一起喝可乐。(可口可乐公司声明其并未参与任何朝鲜的可口可乐违规进口行为。)

可口可乐公司经营着世界上覆盖面最广的供应链，DHL 也是如此，理论上说，不管在世界上的哪个角落，DHL 都能在短时间内将货物送达。DHL 的运输效率甚至要远远高于美国军方，美国军方现在是 DHL 的最大客户，即使是那些移动战斗站，DHL 的运输效率也更高。当缅甸这样的封闭国家忽然说要打开国门做生意，可口可乐就成为缅甸新的外商投资法下第一批获准经营的企业。随后奥巴马政府就需要取消对缅甸的制裁。制裁取消后，可口可乐的供应链立刻开足马力经营。在缅甸茂比镇上的灌装厂，可口可乐公司马上招聘了 2500 名员工，其分销渠道上更是创造了 2.2 万个就业岗位，缅甸全国从事可乐销售的商贩数量超过了 10 万。在可口可乐公司首席执行官穆泰康（Muhtar Kent）看来，可口可乐 60 年后重返缅甸，其意义不亚于当年柏林墙的倒塌。[①]

在竞争性互联的世界里，单方面强加的制裁措施注定无法产生效果。伊朗和朝鲜都活生生地展现了隔绝一个国家的难度：即便是在美国制裁措施执行最严格的时候，世界上还有几十个国家的石油商贩或银行机构去跟这些所谓的危险国家做生意。美国采取了胡萝卜（可以进入美国市场）加大棒（通过美国金融机构或合作方清算的金融交易会被冻结）的政策。俄罗斯和伊朗确实有资产被冻结，而西方的某些银行机构也因为涉嫌洗钱（为苏丹）而遭受重罚。但整体而言，美国自身也在强调减少摩擦增加往来，例如美国最近就重启了与伊朗的交流、削减了制裁并为美国企业在伊朗竞争和增加影响力创造条件。古巴的情况也类似，美国和古巴关系实现正常化，会推动两国的互联，在实施制裁半个世纪后，美国将慢慢恢复在古巴的地理影响力。

在多极化世界，每个国家都会有自己的生命线。俄罗斯其实高度依赖西方国家的投资，其股市和货币也有赖于西方，因此当西方因乌克兰问题制裁俄罗斯时，俄罗斯就遭受了巨大的经济损失。当然俄罗斯并未被隔绝：俄罗斯设立了许多不在制裁名单上的小公司，通过这些公司继续与欧洲国家做生意，此外莫斯科还立刻宣布接受中国的银联信用卡体系。制裁在限制某些往来的时候，往往也打开了其他的往来通道。[②]在如今的世界，每个国家都可以四面出击，因此俄罗斯和中国既能制造蛋糕，也能享受蛋糕。

面对军事行动代价太大，而制裁这样的经济手段又逐渐失效的现实，美国现在还没有具体的行动计划。全球金融体系正在经历“去美国化”，现在更加流行的是双边或地区协议,这意味着美国和其国际伙伴在对付危险政权方面要找到新的制衡资源。制裁当然还是可以给某些国家

---

① 可口可乐也是伊朗饮料市场的领导者。在伊朗经销可乐的是可口可乐的爱尔兰分公司，而装罐则是由合资企业合作方Khoshgovar完成。

② 与此类似，当欧洲国家因巴勒斯坦问题对以色列采取抵制、撤资或制裁行动时，总有对冲基金或者中国公司趁机去开展新的投资。

造成痛苦，但可惜痛苦的往往是人民而不是政府，而想通过制裁让被制裁方改变政策走向却越来越难。因此美国必须想办法找到其他的经济手段。当然美国必须要考虑以接触而不是遏制为主。

外交政策的基本原则必须回归现实主义，而不是臆想的道德主义，这将从长期角度推动全球互联的发展。应该基于成本收益进行理性决策，而不是按死板的意识形态教条决策，前者更容易获得接纳、妥协、共存和相互开放的结果，由此就能以更建设性和更迅速的方式来实现道德主义者所追求的目标。在当今世界，要想把俄罗斯或伊朗这样的大国完全隔绝，是不可能的。随着这些国家商业互联的发展，最符合长期利益的做法是进入其市场，而不是开展意识形态对抗。过去二十多年，西方和俄罗斯在基础设施领域里的分分合合说明，消除地缘摩擦最好的长期方法还是推动交往。

当心友谊大桥

我在 2005 年去过克里米亚，从基辅乘坐长途大巴出发，经过两处窄窄的大陆桥就到了克里米亚半岛。克里米亚的风貌跟俄罗斯和乌克兰都不同，这里气候温润，到处可见石崖和黑海沙滩。在“二战”时期，纳粹德国为了加速对北高加索地区的入侵，想在 4.5 公里长的刻赤海峡上架设桥梁，将克里米亚东部和俄罗斯的塔曼半岛连接起来。纳粹德国到最后也没有建成这座大桥，后来的苏联也没有。在 2010~2013 年，当欧盟推动乌克兰国内改革失败后，乌克兰和俄罗斯正式达成协议，双方计划共同开展这项大桥计划来推动贸易与合作。这座大桥将成为两国友谊的象征。

但现在只有俄罗斯一头在施工，同时又在克里米亚的北部边境地区布下地雷。俄罗斯的单边工程行动重塑了克里米亚的地理环境：以前克里米亚仅与乌克兰相连，现在克里米亚却跟乌克兰隔了开来，唯一跟克里米亚相连的变成了俄罗斯。有些人将俄罗斯的做法称为“领土截肢”，这种说法是有道理的。

基础设施工程改变地缘政治，克里米亚并不是唯一的例子。沙特阿拉伯和巴林之间的法赫德国王大桥于 1986 年建成通车，随后又在 2010 年扩建，每年通过这座大桥来往于沙特和巴林的人次将近 2000 万，但在 2011 年，沙特的坦克通过这座大桥驶入了巴林，镇压了巴林的什叶派起义，基本上是吞并了巴林。对于所谓的友谊之桥，真的要当心！

由于欧亚地缘政治高度复杂，因此对于像俄罗斯入侵乌克兰这样表面上看上去属于突发的事件，都必须认真分析其深层真实原因。除了乌克兰想要加入北约这样的显性原因之外，普京的逻辑可能也受到了其他看上去与之无关的事件的影响，例如土耳其总理埃尔多安关闭博斯普鲁斯海峡军事航行的决定（这是俄罗斯海军从黑海进入爱琴海和地中海的唯一通道），埃尔多安说博斯普鲁斯海峡应该用来举办水上运动会，此外叙利亚的垮台（这会切断俄罗斯到塔尔图斯海军基地的路线）也可能会对普京的决策产生影响。

因此俄罗斯在乌克兰的行动绝非简单的新帝国主义式的土地劫掠，而是俄罗斯数百年来寻求人口、地理和政治空间整合的延续。克里米亚又重新回到了俄罗斯的怀抱（1954 年赫鲁晓夫为了讨好乌克兰将克里米亚“捐赠“给乌克兰），俄罗斯在克里米亚塞瓦斯托波尔的海军基地问题得到彻底解决（塞瓦斯托波尔的居民在 1994 年投票时决定成为俄罗斯的飞地），俄罗斯人和乌克兰人混居的乌克兰东部将变得更加联邦化，俄罗斯还宣称在亚速海域发现了储量丰富的天然气田。

但重新划定国界并不意味着紧张局势的结束。即便地面上的争斗会停止，对于地下管网控制权的拔河博弈也依然会持续。尽管苏联解体之后，许多国境线都是商量着确定，但固定的跨境管线却与深埋的油气资源直接相连。谁控制管线所经过的土地仅仅是争执的一种，此外还有对管线本身的争夺，这些油气管道通常是由各国财团通过共担成本、共享收入的方式建成的，因此各国也会对资产的归属开展争夺。还有管道里输送的石油或天然气的价值，各方也常有争议。例如俄罗斯天然气工业股份公司与乌克兰的天然气之争就夹杂了俄乌两国的领土主权之争、资产所有权之争和经营控制权之争，俄罗斯方面称，如果乌克兰敢在俄罗斯通往欧洲的天然气管道上用气，那么俄罗斯就会彻底切断给乌克兰的天然气供给，这基本上是宣布，俄罗斯的主权能随着管道在乌克兰境内延伸。对于俄罗斯而言，阻碍其天然气对欧洲的正常出口就相当于宣战，其严重程度要超过在乌克兰东部杀死几个俄罗斯雇佣兵。

俄罗斯将乌克兰土地分成克里米亚和顿涅茨盆地两部分，但随着局势的发展，其重要性其实远不如背后所隐藏的供应链拔河博弈。在这场博弈中，美国开始停止发放对俄罗斯出口高科技产品的许可，但俄罗斯立刻采取反制措施，限制对美国出口用于国际空间站的火箭发动机。俄罗斯还禁止美国和欧洲企业对其核心产业开展投资，这使得欧美企业失去了俄罗斯这一重要客户，此外俄罗斯还限制从欧洲进口食品，欧洲农户也因此遭受损失，但俄罗斯居民也承担了食品价格飞涨之苦。越是对俄罗斯施加压力，就越是会疏离与俄罗斯供应链的结合。

因此，乌克兰危机更多体现了新世纪的供应链地缘政治，而不是 19 世纪的传统地缘政府，而俄罗斯的错误算计从长期看有利于互联程度更高的西方国家。喜欢危言耸听的媒体评论家通常看不到这样的深层规律：即便是领土摩擦也会创造新的流动和交往。20 世纪 70 年代中苏交恶，但这给中美两国交往打开了大门，中美关系的重要性迅速超过中苏关系的重要性。在强行占领经济落后的克里米亚后（莫斯科不得不将克里米亚变成免税赌场区来产生收入），俄罗斯与后工业时代的落后地带顿涅茨盆地又摩擦不断，俄罗斯其实是获得了尺寸之利，但却失去了真正的乌克兰，现在基辅就铁了心倒向西方。此外，由于俄罗斯经常威胁要切断天然气供应，欧洲国家纷纷开始寻求来自美国和北非的供应。乌克兰自然是输掉了这场战争，但欧洲却在拔河博弈中占得上风，而这场博弈其实早在 25 年之前就已经开始。

油浓于血

参加达沃斯世界经济论坛的嘉宾都会对从苏黎世出发的阿尔卑斯山景高速公路印象深刻。自1949年以来，这条高速路两旁的加油站都属于埃索公司，但从2012~2013年，沿途160家埃索加油站全都变成了阿塞拜疆国家石油公司（SOCAR）的产业。那么阿塞拜疆的加油站为何要开到欧洲心脏地带？

苏联解体之后，高加索丰富的油气资源就落到了里海之畔的阿塞拜疆共和国之手，当时许多人都在猜想，这会给全球油气格局带来什么变化。西方能源公司的高管迅速嗅到了商机。英国石油公司和雪佛龙的高层至今仍能回忆起1991年末（阿塞拜疆刚刚宣布独立）的时光，当时他们住在老旧的巴库宾馆里，与新独立的阿塞拜疆签订了所谓的“世纪协议”：西方石油公司决定斥资40亿美元修建世界上第二长的油气管线，将里海的油气（也包括哈萨克斯坦和土库曼斯坦）经阿塞拜疆和格鲁吉亚输送到地中海岸边的土耳其杰伊汗港。

对于内陆小国而言，其国家战略就是要发展互联设施。正是由于地理位置偏远，互联基础设施和管线就成了这些内陆国家的生命线。阿塞拜疆需要这样一条管线来摆脱依靠俄罗斯出口石油的窘境。如今阿塞拜疆正在开发新阿拉特港，将其作为欧亚货物贸易线上的自由贸易区，这项开发战略也是旨在减少对俄罗斯的依赖。

自2006年以来，这条管线中的油气资源就日夜流淌，我在《第二世界》中将其称为“反文明冲突”的胜利，因为这条管线将什叶派穆斯林为主的阿塞拜疆与东正教文明的格鲁吉亚的国家利益绑在一起，两个国家都成为欧洲能源多元化战略中的重要节点。2008年3月,《第二世界》出版，两个月之后俄罗斯就把宗教同盟利益扔出窗外，悍然出兵占领了阿布哈兹和南奥塞梯飞地以及格鲁吉亚部分领土，但俄罗斯不敢触碰这条巴库–第比利斯–杰伊汗管线。俄罗斯也知道，这条石油管线才是真正的“红线”，而不是格鲁吉亚七零八落的国境线。

阿塞拜疆国家石油公司在瑞士的加油站提醒着人们，有时候人们要等几十年才能真正“看到”战略性基础设施投资的效果，但这样的投资总是物有所值。此案例就显示了油浓于血的道理，油气管道就是将各种文明绑在一起的金线。

当欧洲开始与俄罗斯竞逐能源市场控制权时，欧洲各国领导人有必要重新学习这条巴库–第比利斯–杰伊汗管线上的经验。俄罗斯天然气工业股份有限公司对油气管线的布控、对下游资产的鲸吞、对政客的贿赂以及对天然气定价权的争夺，甚至对保加利亚和罗马尼亚这样的欧盟国家都构成了庞大压力，这些国家在协同西方国家对抗俄罗斯上不得不瞻前顾后，尽管它们的国土和俄罗斯之间隔着黑海。正如格鲁吉亚希望摆脱俄罗斯势力范围的结果一样，乌克兰要加入北约的举动也令俄罗斯横下心来决意干涉，双方都在对抗中损失惨重。现在北约变得畏首畏尾，完全缺乏勇气直接将格鲁吉亚或乌克兰纳入其中，这就使得乌克兰加入西方阵营的努力只能获得欧盟道义上的支持。其实乌克兰真正需要的是欧盟主导的工业振兴计划，欧洲尤其应增加对乌克兰制造业和农业领域的投入，这样乌克兰才能减少对那些与俄罗斯能源公司关系暧昧的傀儡国家领导人的依赖。这最终将促使乌克兰加入欧盟，而俄罗斯对乌克兰入欧一事从未表示公开反对。这些实体经济投资的效果将远远大于国际货币基金组织在乌克兰危机时期提供的 180 亿美元紧急贷款，这笔贷款的数额是开发巴库–第比利斯–杰伊汗油气管道的 4 倍，但对改善经济基本面毫无裨益。

乌克兰的未来并不取决于究竟是谁可以控制衰败的顿涅兹盆地，而是乌克兰能否发展起高质量的基础设施，欧洲在给乌克兰紧急输血的同时，也在避开乌克兰这个天然气输送中间孔道。欧盟国家正在加大从阿尔及利亚和北极地区的天然气输入，此外欧盟还在通过经波罗的海的“北溪管道”等设施直接将俄罗斯天然气输送到德国，北溪天然气管道在 2011 年开始运营[①]，此外欧洲还计划在黑海海底兴建“南溪管道”，将天然气输送到保加利亚及其北边的塞尔维亚、匈牙利、斯洛文尼亚和意大利（还可分岔至波斯尼亚和马其顿）。北溪和南溪两条天然气管道可满足欧洲 50%的天然气需求。即便因为欧洲和俄罗斯的矛盾，南溪管道无法建成，另一条经黑海的“土耳其管道”也会建成，给欧洲供气。随着土耳其在欧洲天然气供应中的地位提升，乌克兰的作用会日益削弱。

但这些新的天然气管道也可能会帮到乌克兰。例如北溪管道就可以在俄罗斯“断供”的情况下给乌克兰输送天然气，油气管道越多，供应者的战略目标就越是难以达成。当外国分析师还把目光放在俄罗斯天然气工业股份有限公司的动作上时，全球最大的天然气管道公司俄罗斯石油运输公司（Transneft）已经开始建设俄罗斯和西方世界的新管线，这些管线将有可能决定欧亚大陆的未来图景。尽管作为俄罗斯国有的垄断企业，俄罗斯石油运输公司也遭受了西方国家的制裁，但该公司的市值还是因新管线的建设而翻番。在供应链世界中，俄罗斯石油运输公司就是互联互通的践行者，从某种意义上说，这家公司是在帮助欧洲与俄罗斯进行拔河博弈。

此外，随着美国的液化天然气码头纷纷从进口作业转向跨大西洋出口作业，欧洲的未来能源设施格局将比乌克兰危机之前更加稳固。截至 2014 年，立陶宛海岸线外建起了名为“独立”的海上液化天然气码头，波兰也正在建设更多的液化天然气码头，丹麦在北海的天然气码头也可将富余的天然气往南输送，这意味着，或许很快欧洲就可以向乌克兰供气，而不是让乌克兰给欧洲供气。

百年之前，国际能源市场几乎不存在，也没有任何跨国的石油管线，但如今却有着数百条跨国油气管道。无论在盟国之间还是在相互怀

---

① 北溪管道从芬兰湾的维堡出发，一直通到靠近波兰边境的德国城镇格赖夫斯瓦尔德。北溪管道公司是在瑞士注册成立的德俄合资公司。

疑的邻国之间，这些管线可将所有沿线国家绑在一起。油气管道将相互仇视的国家结成共同利益体，充分显示出拔河博弈的动态，如果没有这些管道，某些国家就只能兵戎相见。俄罗斯和欧洲之间的管道越多，俄罗斯就越是有理由去保障供应，而不是动辄断供。最终，俄罗斯内部的弱势和其对外国投资的依赖会使得莫斯科重新回到对西方开放的道路上来，而如果俄罗斯能充分履行其全球能源和粮食供应大国以及欧亚通道的角色，对欧亚大陆上的50亿人口来说都善莫大焉。因此，正确的战略是购买俄罗斯，而不是遏制俄罗斯。

第九章　新钢铁时代

穿越心脏地带的钢铁丝路

2006年，我从西藏首府拉萨出发旅行，剃短头发，刮净胡子，让自己看上去尽可能像一个正在修行的佛教徒。经过两个月的长途跋涉后，抵达了新疆的乌鲁木齐（大概相当于从得克萨斯州出发经加利福尼亚州抵达明尼苏达州），那时的我已经一头乱发、胡子拉碴，看上去就像新疆当地的维吾尔族人。但尽管道路漫长，我始终是在中国的国土上。

我的丰田陆地巡洋舰淌过了溪流，越过了高山，在无数坑洼的路面颠簸，从拉萨开到青藏高原西部的荒远山谷就足足用了几周时间，那里毗邻阿克赛钦地区。但在我一路开车行进的过程中，中国的解放军工程兵始终在不舍昼夜地清理岩石、铺下沥青，在恶劣环境中兴建路桥。十年之后，这些曾经偏远的地方现在也有了相对便捷的交通基础设施。一条坚实的高速公路纵贯藏南，空气稀薄的高原上出现了新的机场。新疆的乌鲁木齐是地球表面上离海洋最远的城市，但现在却是穿过塔克拉玛干沙漠的公路和铁路枢纽。借助这些交通设施，西藏和新疆（中国的两个自治区）从落后偏远的地区发展成为中国经济的重要组成部分。西藏和新疆两地的少数民族依然保持着自身的文化习俗，并在基础设施上慢慢融入全国。

在大学里刚开始学地缘政治学的时候，主要学习内容就是历史上各大帝国的扩张与收缩。态度严谨的大学教授查尔斯·皮特尔（Charles Pirtle）曾对我们说，像苏联这样的现代帝国“不把邻国土地都纳入囊中绝不善罢甘休”。但这样做的可笑之处在于，吞并一个邻国的时候，自然又会有新的邻国出现，这是永无止境的征服。当 1991 年苏联解体后，中国忽然发现自己多出来好多中亚邻国，中国与这些新共和国的边境线长度超过了与俄罗斯的边境线长度，这给了中国在麦金德所想象的地缘政治“心脏地带”大展身手的良机。

其实从 1949 年中华人民共和国成立开始，中国就无意中在为这一时刻做准备。在开发西部边疆的战略中，中国在新疆和西藏修路架桥、铺设电线，更为重要的是，中国数百万军民，还迁居到这些与苏联接壤的地区。当 1991 年的大变故来临时，中国迅速与中亚各国谈妥了边境纠纷，在过去 25 年里，对这些国家开展了以经济为主的外交攻势并向其推销基础设施建设。广袤的西藏和新疆曾是横亘在中国内陆和中亚之间的障碍，但正如中国秦朝在统一六国后大修“秦直道”以加强帝国统治，基础设施能将昔日障碍变成势力延伸的通道。

在历史上，帝国扩张的疆界通常是人力、技术、财力和气候所能达到的极限。1812 年拿破仑大军在俄罗斯的恶劣天气中遭遇惨败，这充分说明，即便是最强悍的军队也无法挑战自然的伟力。从成吉思汗到帖木儿，中亚大草原都被证明是容易征服但难以统御的领地，因为从撒马尔罕开始远征，一路都要在荒原设置流动兵营。即便是在 19 世纪修建了铁路之后，传统游牧民族的领地被纳入苏联的版图，但在和平时期，统治依然薄弱。曾有这样的笑话，说苏联垮台，塔吉克人是最后知道的。

现在中国要将中亚带入新的历史阶段：欧亚走廊。中国正改变其西部边疆外各国割裂的状态，通过供应链重塑这一地区，将斯大林时代的分裂版图变成油光鲜亮的钢铁丝路。

今天的宏大工程将奠定明天的地缘政治格局。凭借现代工业设施的力量，诸如俄罗斯或哈萨克斯坦这样的无垠荒原也不再是中国不可逾越的障碍，中国修建的青藏铁路就展现了这种力量。最近哈萨克斯坦就提议要开掘一条“欧亚运河”，可以让船舶从里海进入黑海，再通过博斯普鲁斯海峡进入地中海。毫无疑问，这样的工程设想定会吸引中国的关注。

当今时代所出现的高速公路、油气管道和铁路工程建设浪潮前所未有，这将极大改善东西方之间的物流效率。中国的目标不同于19世纪大英帝国和沙俄帝国意图霸占中亚的“大国博弈”，中国现在只是希望能有效控制能源供给。现在中亚的油气资源不用再往北或往西借道俄罗斯，里海周边的哈萨克斯坦和土库曼斯坦油气资源正一路向东输送至中国境内的塔里木盆地。中国国家主席习近平最近提出了“一带一路”战略，这将使得中亚出现众多沿着交通和能源走廊分布的系列中等规模城市。每一条道路、每一座桥梁、每一条隧道、每一条铁路和每一根油气管道都会改变沿途所经过国家的功能定位，新的能源网络和灌溉系统将使得沿途国家可以实现资源共享、互通有无。中国的战略不是去占领这些国家，而是要加强这些国家的互联互通。通过构建“一带一路”，中国正摆开新的大国博弈。

无论远近，目前各国都在纷纷推出自己的“一带一路”计划。美国将其提出的塔吉克斯坦、吉尔吉斯斯坦和阿富汗的跨境电网倡议称为“新的丝绸之路”，哈萨克斯坦则提议建设通过高加索山和土耳其的“丝路风”综合物流走廊计划，土耳其本身也在谋划其“现代丝绸之路”计划并获得了欧洲的支持。俄罗斯每隔几年就会提出新的名词和规划，但其主旨始终是要建立欧亚关税同盟。随着时间的推移，越来越多的中国人开始涌入本来人口稀少的中亚地区，再加上各国商旅在本地区活动的加强，乌鲁木齐和霍尔果斯等中国西部城市有望成为新时代的撒马尔罕或布哈拉：中国人、俄罗斯人、巴基斯坦人和突厥人共存共荣的熔炉。所以说，丝路越多越好。

欧亚大陆占了全球总人口、经济总量和贸易额的2/3，这还是在欧亚互联状态相对较为原始时的状态，新建的基础设施势必会促进欧亚各国的商业往来。中欧开展的高铁建设将使得横跨欧亚的铁路旅行时间从以前的几个月缩短至几天。铁路运输速度超过海运，但成本却低于空运，这使得铁路运输越来越受欢迎。2012 年，中欧铁路运输的集装箱数量仅为 2500 个，但预计到 2020 年中欧铁路运输集装箱数量将达到 750 个（依然只是中欧海运数量的 1/10）。[1] 中俄两国投资了 430 亿美元来改善互联铁路，包括对西伯利亚铁路线的更新，除此之外，一路直达的免关税跨欧亚铁路也已开始运行，这条铁路将从中国重庆出发，经哈萨克斯坦、俄罗斯、白俄罗斯和波兰抵达德国的杜伊斯堡。聪明的跨国企业已开始着手享受中国开辟的欧亚新丝路的东风。惠普 70% 的中国工人都集中在重庆工厂，惠普现在是这条半私营、半军事保护的铁路线的主要客户，当然华硕也很快会成为主要客户。2013 年，从河南郑州（富士康的主要制造基地）出发的中欧铁路也开始投入运营，相比海运，这条铁路将电子产品运送至欧洲的时间缩短了一半。

这样的铁路通道越多，铁路旅行就越像乘坐飞机，不再需要在国境线上停车接受检查。欧亚铁路线最终会有西南方向的支线，从哈萨克斯坦经土库曼斯坦、伊朗和土耳其抵达塞尔维亚首都贝尔格莱德，2014 年末首届中国–巴尔干国家峰会就在此举行，此外中国还出资建设了横跨多瑙河的一座桥梁，这条铁路的终点是布达佩斯。1241~1242 年，蒙古大军趁着严寒天气，踏上了多瑙河的冰封河面并杀到了对岸的匈牙利。如果说蒙古大军可以凭借战马和战旗挺进欧洲西南，今天的中国当然也可借助高铁进入巴尔干地区。

过去十年，西方学者都在自欺欺人，他们认为中国加入世界银行、国际货币基金组织、世界贸易组织等其他国际机构，就是要臣服于以西方国家为中心的国际秩序，他们没有看到中国加入这些机构是为了争夺发言权，此外中国也在积极创设自己主导的国际机构，例如亚洲基础设施投资银行。亚投行计划的投资规模将是“马歇尔计划”在欧洲投资总额的 10 倍，亚投行的资金将主要用来在欧亚大陆修建公路、铁路、油气管道、电网和其他互联设施，由此推动中国向西挺进的战略。时机的选择极为精准：正当后殖民时代秩序开始瓦解，前苏联加盟成员国急需基础设施建设时，中国可将其庞大的外汇储备变成对这些国家的信贷，帮助这些国家发展建设，当然这些国家也必然会购买大量中国生产的钢铁水泥，并为中国劳动提供大量的岗位。

亚投行也标志着中国开始从外部改革国际体系，因为西方国家不愿意从内部开始改变。实际上，亚投行的出现赢得了西方国家的欢迎而不是抵制：英国、德国、澳大利亚和韩国都加入了亚投行。[2] 在亚投行竞争压力之下，日本宣布出资 1110 亿美元设立专门的基础设施基金，这只会加快亚洲基础设施瓶颈问题的解决并最终有利于中国。日本的投资将助推亚洲大陆互联的未来。

专栏：矿产之国蒙古——条条大路通中国

在 2009 年的某个时刻，我大概成了蒙古国的全民公敌。当年 6 月，我在 TED（美国一家私有非营利机构）上发表了题为“无形地图”的演讲，在演讲中我把蒙古这个地处内陆、人口稀少的国家称为“矿产之国”。我专门提到，蒙古地处偏远，但自然资源丰富又高度依赖出口，蒙古将成为供应链世界中各方争抢的肥肉。

随后我的演讲视频在蒙古的电视台和网站播放并引起了轩然大波，蒙古人住在顶部装了卫星接收器的帐篷里，仔细观察我所绘制的中蒙边境融合的动画。虽然地图仅仅是表征而已，但如果你给人看一幅他们无法认可的地图，愤怒情绪就会立刻爆发。如果仅仅是口头警告说，蒙古正在被中国的矿业公司吞噬，那可能只会让人们恼怒，但如果以地图形式，向其展现独立状况的日趋消亡，那蒙古人就坐不住了。我成了不受蒙古人欢迎的人士。

几个月后，我参加了达沃斯世界经济论坛，参加了蒙古国总统出席的一个早餐会。别人介绍我的时候仅仅提到了我就是所谓的“矿产之国先生”，然后我就坐到了杯盘狼藉的桌前。随后我向总统解释，我仅仅是观察到了中国对蒙古资源的利用，而不是要支持中国吞并其辉煌的历史，此时的气氛才稍微缓和一些。出于典型的亚洲人的热情好客，总统邀请我及早访问蒙古。

2010年7月，我从伦敦出发，驾驶着90年代初出厂的陆地巡洋舰，朝着乌兰巴托方向进发。这辆车曾是英国军队在波斯尼亚的战地救护车，我们一行三人，所装载的物资许多都是医疗设备，加入了蒙古慈善拉力赛。抵达终点后，这些设备都会捐赠给蒙古的急救医疗机构，包括这辆我们称为“贝西”的汽车。如果“贝西”能在经过13000公里的长途颠簸后还不散架，这辆方向盘装反了的汽车就将开始在蒙古国内为草原深处的游牧民提供移动医疗服务。

在这4个星期的漫长旅程中发生了5次抛锚事故，耗尽了两辆拖车的补给，在关键时候用了6瓶伏特加贿赂过关，当然还有一次差点在西伯利亚丧命的经历，这一切之后，我们终于看到了乌兰巴托郊外特日勒吉国家公园外的成吉思汗塑像。当时我感觉自己回家了：在高中时只有我的姓氏是“汗”，从9年级开始，我就以“成吉思”的外号闻名。

在蒙古国的那段时间里，无论在蒙古议会发表演讲还是上当地电视台做节目，蒙古人总是反复问我同样的问题：现在我们成了矿产之国，我们该怎么做？

蒙古人自己也清楚，蒙古几乎所有的原材料都运往了中国，中国对蒙古政治经济的影响力也在增加，但蒙古尚未采取任何认真的措施来阻止这种趋势的发展。中国企业购买了大量的蒙古矿业公司（低级矿主），由此大大增加了中国在蒙古的开矿许可。在出口高速发展（主要是对中国）的阶段，蒙古并未充分投资改善其基础设施，当大宗商品出口骤降（因为中国需求减弱）之时，蒙古又不得不依赖外国投资（主要是中国）来修建其基础设施（主要是连接中国）。蒙古的石油勘探现在是中石油在领衔，铁路建设则是中国神华在做，而纵贯南北的“草原之路”则是要让中俄通道贯穿蒙古全境。蒙古人口只有300万，却要建设6000公里长的铁路来服务于采矿业。虽然蒙古铁路采取了苏联留下的宽轨标准，但在2014年突然宣布，连接塔本·陶勒盖煤矿（世界上最大的煤矿）和其他煤矿的铁路线将采用中国的窄轨标准。[①]这就是典型的对国家的购买，而不是征服。

中国的邻国都在上演这样的故事。内陆国家其实会面对一种地理困境，唯有通过基础设施才能摆脱这种困境。但这些国家的基础设施又要借助邻国，因此就必须让渡部分权利。但问题的关键在于：到底是谁控制这些设施并从中获利？

正如俄罗斯天然气工业有限公司在乌克兰修建油气管道，中国在国境线外修建基础设施时，也会沿着这些设施获得部分的权利。中国在成为异国土地上的投资者、资产所有者和设施运营者之后，就获得了市场准入以及如何管理资源的战略决策权。中国并未输出意识形态，但却通过基础设施来影响邻国。蒙古军队与美国海军陆战队开展联合军事演习以及蒙古主办北约演习，都不是应对中国拔河博弈的好方法。

中国-西伯利亚的回归

从东北亚到东南亚再到南亚的弧线上聚集了40亿人口，因此冲突和矛盾是难以避免的。疏散人口压力的唯一方式就是鼓励人口的流动。中国现在是世界上邻国最多的国家，虽然在过去几十年里，中国曾经跟越南和印度有过边境冲突，但如今中国的策略是避免冲突，同时尽量保持对供应链的控制。结果就是中国形成了独特的功能性版图，其格局可

---

① 世界上最大的铜矿奥尤·陶勒盖则位于距离中国边境线仅有80公里的戈壁沙漠上。

回溯到700年前蒙古帝国纵横欧亚的年代。

观察这种动态变化的最好地点就是世界上第二长的国境线：中俄边境。十年前我第一次开始描写中国对俄罗斯远东地区的人口和资源利用，远东地区地域广袤、资源丰富，但人口稀少，文章写出来之后就获得了无数来自莫斯科的咒骂。但如果说当时讨论这个问题还是禁忌，那么现在俄罗斯越来越多人开始担忧这个问题。绵延3000公里的黑龙江是中俄界河，但这条河流不像是国境，而是更加宏大的以中国为主的能源、食品和水利体系中的重要自然部分。

中俄现在建成了供求伙伴关系，但尚未结成地缘政治区块。俄罗斯有土地和资源，中国有人口和资金。俄罗斯的基础设施正在衰败，中国则可以在五年之内彻底重建俄罗斯的基础设施。中俄关系不应看成是反西方的联盟，因为对于俄罗斯来说，最大的领土担忧莫过于中国对其广袤远东地区的渴求。中俄关系的现状恰恰表明没有永恒的盟友，只有互补的利益。交易的方便之门拉近了朋友之间的距离，但也会让敌人靠得更近。

俄罗斯其实可分为两大部分：一个是乌拉尔山以西的欧洲部分，另一个是乌拉尔山以东的西伯利亚部分，后者面积是前者的7倍，但人口却不足前者的1/10。从地图上无法看到中国渗入俄罗斯东部的程度，许多中国人都在那里季节性或永久性定居，中国商人在那里投资兴业，将俄罗斯的木材和矿产加工为成品。也有不少中国人与当地人通婚，俄罗斯远东人口不足500万，而且至少有一半是突厥人、爱斯基摩人和其他少数族裔，这种现象正慢慢将俄罗斯远东地区变成独特的中国-西伯利亚文化圈。或许，在未来的某一天，中国会找到完全正当的理由来深入一步，例如要保护中国资产，保护中国人的合法权益，改善对侨居俄国的中国居民的服务，然后中国就可名正言顺地派出私人保安，甚至给那些远东有中国血统的居民发放护照（俄罗斯在阿布哈兹、克里米亚等地早就这么做了）。但中国或许不会去试图改变中俄的名义边境，中国在乎的是实质边境。因为，如果中国在中俄边境上采取强制措施，那么就可能会让俄罗斯为了保卫国土而亮出家底：核武器。与此同时，中俄实质版图会越来越像13世纪忽必烈统治时期，当时蒙古金帐汗国统治了西伯利亚和朝鲜并征服了中国全境，其统治触角甚至延伸到了乌克兰和伊朗。地图绘制大师弗兰克·雅各布（Frank Jacobs）曾这样幽默地形容边境线："如同爱情，边境也是要双方都相信才行。"[3]

目前横跨黑龙江的第一条铁路桥就要落成，在中国一侧，东三省的人口总量超过1亿，俄罗斯铁路方向不得不通往中国。俄罗斯的天然气行业也是如此。2014年，俄罗斯总统普京与中国国家主席习近平签署了价值4000亿美元的合约，按合约，俄罗斯天然气工业股份公司将开发新的西伯利亚气田，并修建每年可给中国提供380亿立方米天然气的东西伯利亚管道（这大概可以满足中国天然气年需求量的20%）。此前俄罗斯还不太情愿直接将资源输送至中国，因为俄罗斯不想成为被动的资源供应方。但随着全球能源价格的下跌，以及西方国家对俄罗斯的制裁，俄罗斯现在不得不签订有利于中国一方的长期供应合约。俄罗斯石油公司甚至答应将超大型万科尔油田（Vankor）的部分股权卖给中国石油天然气集团，这实质上是承认，这个超大油田的产出未来或许只有中国一个买家。俄罗斯不仅因乌拉尔山分成欧洲和亚洲部分，俄罗斯的供应链也呈现东西分立的态势。①

分析人士通常都嘲讽说，中俄能源协议常常缺乏财务可行性，仿佛能源供给仅仅是钱的问题。这就是为何国家层面的能源战略千万不要找商业管理学院的高才生去做，这些人只会看每个季度的投资回报，而无视能源投资的长期回报。对于中国来说，这些能源合作协议是无价的，因为这些协议可实现中国能源供应多元化的战略目标，并大大减少中国对马六甲海峡的依赖。②

---

① 中国、日本、韩国和印度（以及美国的美孚）均持有俄罗斯石油公司正在开发的萨哈林岛油气股权，在20年后，亚洲的能源网密度可能会不逊于欧洲。

② 此外，随着中国建设越来越多的国内能源网来利用其自身的天然气资源，中国对煤炭的依赖度也会降低，这又符合中国建设生态文明的战略目标。

继美国之后，俄罗斯也提出了向亚洲挺进的策略，其中一点就是要将其太平洋海岸的最大港口符拉迪沃斯托克建成“自由港”，这包括关税的削减并创建特殊区域来推动物流、工业、造船、娱乐乃至农业的发展。我在2010年7月开车前往蒙古时，俄罗斯正遭受历史罕见的热浪袭击。俄罗斯境内到处是森林火灾，浓烟遮蔽了城镇，总计有56000名俄罗斯人因此丧生。严重的粮食减产使得俄罗斯不得不禁止所有的粮食出口，这使得国际小麦价格出现暴涨。当时我还没有意识到的是，这正是引发“阿拉伯之春”的原因之一，从太子港到达卡再到突尼斯和开罗，各地的面粉价格出现暴涨，由此触发了民众不满和大规模的政治骚乱（这听上去奇怪吗？实际上，1788年的粮食减产是次年发生巴黎面包暴动和法国大革命的重要原因。）粮食产量的不稳定并不罕见：俄罗斯2012年旱灾严重程度更是超过了2010年。

在今后几十年时间里，气候变化会迫使俄罗斯将其供应链与东亚各国整合。由于全球变暖，俄罗斯不再需要在保证国内粮食市场和保障出口之间做出选择。俄罗斯的暖化速度超过世界上任何其他国家：随着永冻土的融化和往北缩进，富含磷肥的大量肥沃土地将会在俄罗斯出现，俄罗斯的粮食产量将会大大增加，大多数增产粮食将销往中国。尽管目前俄罗斯出口的农产品还主要是小麦和植物油，但很快就可出口禽肉和鱼类，或许其禽肉和鱼类的出口会是目前伏特加出口额的两倍，此外俄罗斯还可出口大量的矿泉水。俄罗斯要发展自己的矿泉水瓶装工厂，但瓶装水可能不是运往欧洲的超市和餐厅，而是要优先满足中国对淡水的庞大需求。加拿大领导人对于销售水资源有些不太情愿，但俄罗斯却打定主意要出口淡水，2010年俄罗斯的自然资源部部长尤里·特鲁特涅夫（Yury Trutnev）说道：“我们不能老是进口巴黎水……我们应该把自己的水卖到国外。”[4]

从半个多世纪前的赫鲁晓夫时代，苏联就计划北水南调，赫鲁晓夫觉得大量淡水“白白流入”北冰洋是一种浪费，应将河水引向南方以满足农业灌溉和工业发展的需要。20世纪70年代，苏联甚至使用了1.5万吨炸药当量的原子弹来“平整土地”，修建沟通伯朝拉河和卡玛河的人工运河，其目的就是要将西伯利亚的河水引向靠近欧洲的伏尔加盆地。[①]（爆炸留下了巨大的弹坑，现在被当作鱼塘使用。）所有这些规划都是在几十年前做出的，当时根本就没有料到中国未来15亿人口将出现严重的水资源危机。[②]

中国自古以来就是水利文明，在数千年时间里，中国人修建水坝、开挖河渠并引导水流经过人口稠密的地区。在公元5世纪开挖的京杭大运河沟通了中国长江流域和黄河流域，至今依然是世界上最长的人工河流。现代中国依然拥有大量的可重复利用的水资源，但这些水资源所在地区却与中国人口分布不相匹配。中国有60%的水资源都位于西部和南部，而大部分工业都位于东部和北部，因此现在中国正在进行宏伟的“南水北调”工程，意图分东中西三路，将青藏高原的丰富水资源调往北方，工程预算总计超过400亿美元。控制了河流就相当于控制了国家，中国的水利项目使得数百万人背井离乡，同时也将改变恒河和雅鲁藏布江的水文特征，位于这些河流下游地区的巴基斯坦、印度和孟加拉将有10亿人的生活会受到影响。

俄罗斯的“北水南调”也可能为中国数亿城市居民提供瓶装饮用水，引来淡水浇灌日益贫瘠的土地，并用来发展工业或开展颇耗费水资源的页岩气开采。毋庸置疑，中国已经在谋划中。黄河水利委员会已派出代表团赴俄就这些水利运河工程展开初步磋商。[③]尽管这些翻山越岭的长途输水工程需要大量的电力供应和沿途电站配套，但俄罗斯恰好不缺能源。俄罗斯的淡水必然会更多地用于中俄两国的农业灌溉。现在的

---

① 各中亚共和国的贫瘠土地如果可以得到更多的灌溉，现状将会好很多，例如哈萨克斯坦和乌兹别克斯坦边境上的咸海就因为上游河流人工改道而逐渐干涸。

② 对河流的过度开发和使用已经使得中国5万条河流中至少一半消失了，留下来的河流也都出现了严重的污染。如今中国人均水资源占有量仅仅是世界平均水平的1/5。

③ 中国也在收购乌拉尔钾肥公司（世界上最大的钾肥生产商）等俄罗斯化肥企业的股份来压低价格。此外中国还与新加坡企业联手扩大在俄罗斯的食品加工规模。

问题只是，中国到底可以在多大程度上掌控这些食品供应链。

勒拿河流域的现状在很大程度上体现着俄罗斯的未来，这里距莫斯科有5000公里路程，但距离北京只有2500公里。长期以来，俄罗斯都将汹涌的勒拿河视为其民族活力和力量的源泉。地缘政治学大师麦金德甚至提出了“勒拿大地”的概念来形容这片海洋国家难以涉足的广大地区。[5]列宁当年甚至以“勒拿”为假名来纪念其西伯利亚的流亡生涯。但在今天，始建于17世纪的勒拿河西岸上的雅库茨克却像是俄罗斯悲剧的孤独隐喻。以雅库茨克为首府的萨哈共和国面积与印度相当，区域内有着丰富的石油、煤炭、黄金、白银和锡等矿藏，全世界1/4的钻石矿就埋藏在这片土地之下。但雅库茨克却在以惊人的速度下沉，每一年，建筑工人要把地基挖得更深一点才能找到坚实的冰冻层作为支撑。对于雅库茨克人来说，气候变化就好像要把整座城市的基础变成流沙。这座城市的居民将不得不离开养育自己的故土，离开属于自己的历史，这片地区的丰富矿产只能通过驳船运输到贝加尔湖，在那里装上火车，最终借助翻新后的西伯利亚铁路运往中国。

欧亚资源地理将会主导俄罗斯的政治疆界：上层政治控制可能最终将受制于到底是谁在底层控制着大宗商品的流向。对此，俄罗斯人与蒙古人和哈萨克人感同身受。哈萨克斯坦是地域面积大于蒙古的内陆国家，其边境距离蒙古西部边境只有30公里。哈萨克斯坦的阿尔泰地区是俄中蒙哈四国交汇之地，这片人烟稀少的地区很快就会迎来变化。经由中国同意，俄罗斯和印度计划斥资300亿美元修建经过此地的油气管道，管道将穿过中国西部南下印度。

这条南北能源管线正好位于中国和阿富汗交界处东边，这片狭长区域就是瓦罕走廊，这条走廊也与塔吉克斯坦和巴基斯坦接壤。在“冷战”结束前夜，苏联从阿富汗撤军，美国则在“9 · 11”事件后占领了阿富汗，在此过程中，中国逐渐成为阿富汗的最大外来投资国，中国现在收购了艾娜克铜矿并对阿富汗的锂矿资源感兴趣（锂是制造电池的重要原材料）。阿富汗现任总统阿什拉夫 · 加尼（Ashraf Ghani）就任后出访的第一个国家就是中国，希望中国这个近邻能加大对阿富汗道路桥梁和矿业的投资。在过去数百年来，中阿两国经济关系仿佛只有零星的干果交易，但现在中国准备大举进入阿富汗。这是历史上中国首次决定把地域接近性转变成互联互通优势。或许很快，美国在阿富汗的统治就会变成历史书上的短暂注脚。

要看地缘政治的未来，最好的方法就是观测地上基础设施的发展。竞争性的互联互通提醒着我们，军事对于最终胜利其实并不十分重要。今天美军在阿富汗的许多物资都将作废，例如标价 5000 万美元的G222 运输机只能当作废铁处理，但中国却在饱受战乱之苦的阿富汗加紧基础设施项目建设。阿富汗的许多设施将联通另一个旨在恢复其欧亚丝路昔日荣光的文明大国：伊朗。

伊朗——丝路重光

虽然中国目前从海湾国家和伊拉克进口了大量的石油天然气，这些资源通过印度洋源源不断地运往中国，但欧亚丝绸之路上的真正大国却是伊朗。在经受了数十年的西方制裁之后，伊朗现在开始重新打开国门，这也将为其波诡云谲的地缘政治史翻开新的一页。在第二次世界大战时期，“波斯走廊”是盟军向苏联提供武器的重要通道，由此苏联才有实力在东线对抗轴心国。“冷战”初期，1953 年在英美策划支持下，巴列维发送政变推翻了穆罕默德 · 摩萨台领导下的政府，美国也对此表示了支持。但 1979 年的伊朗伊斯兰革命以及 1980 年两伊战争的爆发改变了一切，伊拉克的萨达姆 · 侯赛因在掌权之后清除了信奉共产主义的人民党，此后美国开始售卖武器给伊拉克的萨达姆 · 侯赛因，当时苏联也在卖武器给伊拉克。但在长达十年的战争中，美国也在偷偷卖武器给伊朗，南斯拉夫和朝鲜等共产主义国家也在给伊朗提供武器。当战争接近尾声时，苏联也开始卖武器给伊朗，而中国则始终在向苏伊两方售卖小型和重型常规武器。美国要同时遏制伊拉克和伊朗，不能让两伊战争的战火蔓延到沙特，同时也要防止苏联入侵阿富汗后进入伊朗，此外还要保障中东地区石油运输的安全，这些多重目标导致了各种前后矛盾的外交政策。

随着中国加入对波斯能源供应的争夺，再加上美欧对伊朗市场的竞争以及对伊朗核项目的遏制，伊朗未来的局势将更加复杂，西方国家对海湾石油依赖程度的减轻以及伊拉克和叙利亚政权的垮台更是让局势扑朔迷离。在中东地缘政治的浑水中，各种完全相左的情景都可能会同时发生：全球大国甚至某些逊尼派的阿拉伯国家都可能对伊朗开放，但同时沙特和伊朗会各自扶持自己的派系在伊拉克和叙利亚大打出手（有点类似于 20 世纪 80 年代的两伊战争）。与此同时，美国会继续保持在阿拉伯海湾国家的驻军（来应对伊朗的威胁），但又要显示出正在减少该地区军事存在以缓和与伊朗的关系。

在小布什当政时期（甚至在奥巴马第一任期内），美国与伊朗发生冲突似乎是必然，但现在伊朗却成了拔河博弈的最佳案例。有关地区主导权的地缘竞争依然在持续，但与此同时，各国又都试图及早进入伊朗 8000 万人口的国内市场——大部分都是消费能力很强的年轻人。对于东西方大国而言，这意味着双方都要建立更多通往伊朗的丝绸之路。

全世界都希望跟伊朗做生意。正如 1998 年印巴核试验之后的局势，地缘战略和经济利益最终会冲破制裁的藩篱。在伊朗受制裁期间，俄罗斯与伊朗签订了重要石油协议并计划对伊朗出售地空导弹，中国与伊朗签订了数额巨大的天然气和基础设施协议（包括在厄尔布尔士山脉打通若干隧道，由此来缩短德黑兰和伊朗北部里海城市之间的行车距离），印度卖了大量的成品油给伊朗，土耳其在交易黄金，而法国的金融机构则完成了高达数十亿美元的洗钱。尽管伊朗银行被排挤在全球银行电汇体系之外，这也无碍伊朗继续开展实物贸易。此外，在美国主导的对伊朗的制裁过程中，恰恰是美国企业对伊朗的出口要远远超过欧洲企业，这些美国企业往往能通过“接触美国”这样的游说组织来开展对伊贸易，食品和药品等大量贸易品都可豁免。

缅甸的情况表明，如果美国能建设性地妥善利用胡萝卜加大棒政策，那么将可以把握对伊朗拔河博弈的主动权。从 2012 年开始，美国开始迅速取消对缅甸的投资限制，但同时又保留了有关缅甸企业和个人的黑名单，美国企业严禁与黑名单上的机构和个人发生业务往来。尽管有这些限制，包括可口可乐和通用电气在内的美国企业已开始加强对缅甸的投资，这也使得缅甸政府更有底气取消与中国签订的协议，因为他们知道有更高质量的西方合作伙伴可以选择。

伊朗也希望能获得这种对外交往选择权。如今伊朗在迪拜和伦敦的代理正在推销总值高达 700 亿美元的招商引资项目。伊朗还有意无意提醒着西方听众，伊朗在 2014 年取消了与中国石油天然气集团签署的价值 25 亿美元的合同，本来中伊两国将合作开发南阿扎德甘的油田，这是伊朗发出的明确信号，即伊朗可能会选择西方的高质量产品和服务，为此不惜放弃中国所能提供的技术。从 2014 年开始，波音和通用电气都获得了在伊朗销售航空设备和维修飞机的执照。甚至是伊朗的革命卫队都开始在为制裁取消做准备，数家由革命卫队控制的企业实行了私有化，由此来吸引投资并躲开美国财政部的制裁雷达。①

伊朗的政治和经济触角已伸向底格里斯河和幼发拉底河汇流之后的南部流域（即阿拉伯河），所在区域就是伊拉克境内石油储量丰富的什叶派居民占主导的巴萨尔省。现在轮到伊朗而不是伊拉克对科威特采取强硬态度，因为科威特正在计划修建庞大的港口，一旦建成大型船舶将无法进入伊拉克的唯一深水港乌姆卡斯尔，同时伊朗还坚决反对科威特在边境线下进行水平开采，1990 年科威特的这一举动就触发了萨达姆的侵略行动。

---

① 例子之一就是伊朗革命卫队拥有的“先知之海”综合经营集团，这家企业经营石油、高速公路和港口，并与伊朗政府签订了超过 500 亿美元的协议，包括炼油厂、石化设施以及南帕尔斯天然气田的管道。

此外，尽管什叶派伊朗和逊尼派阿拉伯国家相互仇视，双方也在寻求进入各自市场，例如阿联酋航空公司就开通了进出伊朗的若干航线。阿联酋的农业部也在寻求投资机会来提升伊朗的农产品产量，由此来缩短自身的食品供应链，而卡塔尔和伊朗则会共同开发南帕尔斯大型天然气田的一部分。

土耳其跟伊朗打交道完全没有任何心理障碍，此外土耳其也是欧洲避开阿拉伯混乱世界的通道。除了正在规划中的从中国出发经中亚和伊朗到土耳其和欧洲的铁路线，一条“波斯管道”也将大大增强这条线路上的天然气供应。欧洲人也在朝着伊朗进发。目前土耳其航空公司（以及阿联酋航空）控制了伊朗75%的国际航空市场，但随着西方旅客的增加，德国汉莎航空公司在伊朗市场的份额预计将会有明显提升。

伊斯坦布尔和开罗等城市吸引大量游客时，德黑兰似乎有些被冷落，但这种情况很快就会得到改善。有些陆上线路已开始在恢复昔日荣光：英国经营的“波斯之珍”（Jewels of Persia）奢华铁路游从布达佩斯出发，经土耳其后抵达德黑兰并会带领游客欣赏其他波斯古城。最终伊朗将会融入里海铁路圈，联通土库曼斯坦的玛什哈德和阿什哈巴德并一路通往阿拉木图和中国。

当我在2015年中访问伊朗时，伊朗外交人士对核计划谈判所言不多。相反，他们拿出了大幅地图来说明未来的油气管道如何连接起土库曼斯坦和巴基斯坦，以及未来的铁路线会如何通往阿富汗、塔吉克斯坦和中国。在未来几年，或许我们会越来越多地听到“经济合作组织”这一名词，这是在20世纪60年代成立的国家间组织，但现在却有了新的重点，即要在土耳其、伊朗、巴基斯坦以及所有前苏联加盟共和国之间推动铁路建设和贸易往来。在过去数百年间稍显沉寂的波斯文明将会在未来十年奋起直追，利用其地理区位优势成为全球互联互通的重要节点。

伊朗社会也在等待这样的时刻。现在伊朗人口中有2/3是30岁以下的年轻人，伊朗是陷于革命状态的后革命国家。其反动的神权政治体系或许能在孤立状态下获益，但其年轻的国民却渴望与世界连接。当我在德黑兰周边开着摩托车四处游逛时，我遇到了数十个从海外归来的伊朗人，他们正在建立高科技孵化器，希望在伊朗的低成本生活环境中追寻自己的创业梦想。手机在伊朗已经基本普及，现在互联网覆盖率也接近60%，这是中东国家中最高的。由于eBay（易贝）和亚马逊等西方购物网站在伊朗被封，Digikala和Esam等本地电商正在飞速壮大。

油价的低迷意味着伊朗要迅速实现经济发展的多元化，伊朗需要投资现代基础设施并建设汽车制造等出口导向产业。20世纪80年代的两伊战争使得伊朗的许多交通设施都遭到严重损毁，现在伊朗境内的高速公路通车里程不到1000公里，铁路里程不足5000公里。要想真正吸引大量的外国投资，伊朗必须要设立至少六七个自由贸易区，这些区域无须签证，并对外商独资企业提供税收减免。

伊朗的开放不会解决中东各国的领土纷争。实际上，伊朗的开放只会给纷乱地区局势增添一层经济互惠和政治缓冲，中东局势将会变得更加复杂，尽管其透明度可能会有所提高。那么，最后能证明“流动对摩擦，流动胜”的国家就是：朝鲜。

朝鲜——钢铁丝路穿过隐士国家

除了哈萨克斯坦和蒙古国两个内陆大国之外，与俄罗斯和中国接壤的还有一个脆弱国家：朝鲜。哈萨克斯坦和蒙古采取了政治和经济改革措施，但朝鲜在过去几十年里始终保持了令人绝望的封闭状态，朝鲜追求的是其过时的意识形态指导下所谓的“自主”政策，当然这也与朝鲜所遭受的国际经济制裁有着密切关系。但朝鲜非但没有实现自给自足，反而在几乎完全孤立的状态下形成了对外部世界的单向依赖：几乎所有的朝鲜出口都是运往中国，而几乎所有的食品、能源和必需品进口都必须经过中国。

我在2012年访问了朝鲜这个“隐士国家”，在行程中我被安排去参观革命雕像并观看反对韩国和美国的宣传材料。但同时我也觉察到，这个国家的意识形态和基础设施都快走到生命的尽头。平壤的水泥建筑里的自来水系统已经接近崩溃，街上的公交车破旧不堪、燃料不足。中朝两国经济差距在拉大，隔阂也在迅速加深：现在中国按某些方法测算已经是全球最大的经济体，而朝鲜到目前为止连主权信用评级都没有。

中国在朝鲜罗先投资建设了一个工业区，天气寒冷的罗先正好位于中俄朝三国交汇之处，毗邻日本海。在修建了通往罗先的铁路线后，中国几乎是在朝鲜的另一侧获得了出海口，这会极大强化中国对北极航行路线的控制权。

俄罗斯对朝鲜这个似乎被遗忘的邻国也有计划。2014年，普京派出俄政府副总理兼俄总统驻远东联邦区全权代表尤里·特鲁特涅夫出访朝鲜，此行不仅豁免了朝鲜对俄债务，还重启了此前搁置的投资项目，此外俄朝两国还讨论了修建跨境天然气管道的可行性。几乎与此同时，在韩国进行国事访问的普京表示，应该修建一条从莫斯科通往首尔的钢铁丝绸之路特快，途中可在平壤停靠。现在俄罗斯也开始给朝鲜输送石油来减少朝鲜对华能源的依赖，为此朝鲜可能会同意其数百万后备军作为劳动力去帮助建设俄罗斯的远东边疆。同根同源的韩国也想在朝鲜的生态恢复中发挥积极作用①，韩国也在加大对开城工业园的投资，此外也在筹划从首尔到平壤的铁路线。即便是封闭如朝鲜，竞争性互联也会寻找机会。

尽管步调缓慢，时断时续，但朝鲜成为第三次世界大战爆发策源地的风险还是在慢慢降低。相反，大型供应链整合正在试图将朝鲜纳入进来。最明显的信号就是朝鲜所推行的经济特区。开城工业园里有5万多名朝鲜工人，他们给韩国现代汽车制造零件，同时因为劳动力成本较

① 现在有提议将朝韩边境非军事区开发成国家公园，因为数十年时间里这条狭长地带都没有人工干扰，由此产生了独特的植被景观。

低，中国的部分手表和制鞋企业也在此设厂。我还碰到了一个在这里生产DVD（数字多功能光盘）的外国投资者，朝鲜人常常购买之后用来播放走私进来的韩国节目。如果韩国取消对朝鲜的计算机和电子产品出口禁令，开城工业园的年销售额将有望从目前的5亿美元增加至数十亿美元。2014年，朝鲜领导人金正恩宣布说，朝鲜每个道都应该开发自己的经济特区；其实这些道也不得不这样做，因为朝鲜中央政府对除平壤外的道、市基本上没有提供任何支持。朝鲜向越南和新加坡派出了数个规划代表团，去学习如何管理元山自然保护区这样的地方，元山保护区内有黄海滩涂，附近还有滑雪场。我们是希望看到朝鲜成为美元假钞以及鸦片种植和毒品制造的基地，还是希望让朝鲜融入正规国际制造业和旅游业的产业链？[6]

从地理上看，朝鲜注定会成为供应链的节点。朝鲜的稀土储量非常丰富，而稀土又是高科技产品必不可少的原料。澳大利亚和蒙古的采矿企业都希望能到朝鲜开采金矿和镁矿。这些稀有金属目前都处于供不应求的状态，中国的庞大电子制造产业需要这些金属。正如某位朝鲜经济的专家所指出的，“中国想要的是整条供应链”。[7]2014年，按美国《多德–弗兰克法案》要求，各企业披露了更多的经营信息，这些文件显示，IBM和惠普的产品都含有利用朝鲜矿物加工而成的部件，尽管其高管和股东对此一无所知。

单看某一项，朝鲜所采取的经济开发和改革措施似乎都无足轻重：工业合资企业，进口外国车辆，部分开放互联网接入，可以拨打国际号码的手机，以及新的滑雪场。但如果加在一起，这些措施看上去就有点类似于中国在20世纪70年代末所采取的初期开放措施。预计未来几年，中国将有数百万的制造业岗位转移到朝鲜。此外朝鲜还有其他资源，朝鲜的汹涌河流适于开发水电，不仅可满足朝鲜本国电力需求，还有望出口给中国和韩国。另外，朝鲜也是大米、玉米、大豆和马铃薯等主要粮食的重要产地，现在已经有私募股权公司决定去朝鲜投资农业。

高丽交流中心是在朝鲜境内活动的最著名的国际非营利性机构，这家机构正在培养成千上万的朝鲜年轻人的创业和职业技能，尤其是女性，这家机构甚至会组织西方的风险投资者考察朝鲜。

当然即便所有在规划中的港口、经济特区、工业园、房地产项目、矿产项目、员工培训项目和高山滑雪场都可以顺利建成，15 年后朝鲜的社会经济条件充其量也只能与罗马尼亚在东欧剧变时的情况相当，初级工业、农业和采矿将依然是经济的主要组成部分。朝鲜将依然是世界上最贫困的国家，但或许会变得更加开放和自由。

所有的朝鲜人都在遭受压迫，至少 1/3 的人口还在挨饿，但朝鲜并不是人人都是疯子。外国人对其文化的赞许提醒着他们，朝鲜也曾拥有辉煌的文明，但现在却陷于错误制度的桎梏。随着越来越多的游客、商旅、文化代表访问朝鲜，朝鲜也会越来越多地看到外面世界的富庶与知识，这些将反过来驱使朝鲜人去靠近外部世界并寻求自身的发展。朝鲜人不是机器，他们忠诚，但缺乏对外界的了解。正如伊朗和古巴国民一样，长期以来他们都在接受同样一套逻辑的灌输，但媒体和旅游业的发展让他们碰到了不同的观点。现在许多伊朗人提到"最高领袖"，就想到其对自己生活方式的管制，朝鲜人也几乎难以遏制对全面变革的向往。

平壤的少年对比萨，而不是朗诵革命诗篇更感兴趣。无论是在学校、台球厅还是在歌厅，朝鲜人都毫不掩饰地说出自己的关切。我碰到了许多朝鲜家长，他们对自己的孩子参加阿里郎表演颇有微词（阿里郎是世界上最大的集体舞表演，十万演员借助纸板和彩旗组合成各种巨型图案），他们更希望自己的孩子去学钢琴、做数学作业和学习英语。

所有的独裁者在看到利比亚和埃及政治强人的结局之后，一定会感到脊背发凉。通常的反应是变本加厉，将所有的不安定因素都扼杀在萌芽状态。

如同伊朗，坐等朝鲜变天或崩溃只不过是一厢情愿。相反，政权变更的威胁只会让朝鲜不愿意开展有望让朝鲜缓慢变化的外交接触，由此也就丧失了化解敌意的机会。2014 年，韩国总统朴槿惠在德国莱比锡发表演讲，她谈到了朝鲜半岛的统一，工业化韩国和农业经济体朝鲜将会存在自然劳动分工。或许这会是朝鲜半岛的未来，但其统一进程将有别于 1990 年的德国，当年德国统一时，在精心谋划的国际进程中，德意志民主共和国最终完全并入德意志联邦共和国。朝鲜半岛现在正慢慢从核战争缓冲地带变成中俄的重要通道，一边是朝鲜，一边是韩国。在此变迁中，朝鲜或许可保持其独裁政体，而不是实现骤然民主化。这就是为何供应链整合所带来的负面效果要远远小于政治上的孤立。尽管朝鲜的现代化可让各方都受惠，但从中国地缘外围以及更广阔的角度看，更长远的问题是，中国是否能有效控制其供应链。

供应链的反击

历史上的供应链帝国常常因为国内的债务和通胀以及国外的动荡和竞争而垮塌。南美洲白银输入的减少加速了西班牙帝国的分崩离析，而百年内四场英荷战争也使得荷兰丧失了对南非和斯里兰卡的控制。帝国首都的目标变化也常常是帝国分崩离析的重要原因。英国投资者曾对英属印度的铁路建设投入巨资，他们想象着英国永远可以维持在印度大陆的统治，但印度风起云涌的独立运动以及英国首相克莱门特 · 艾德礼（Clement Attlee）的默许使得许多心灰意冷的英国投资者撤出了印度。

中国在历史上也经历过许多供应链战争，只不过当时的中国处在落后挨打的状态。1839 年清朝道光皇帝下令没收和捣毁英国商人在广州的鸦片库存后，英国人就派来了炮舰，英国人占领了香港岛并获得了在华领事裁判权。对中国而言，鸦片战争意味着中国 150 年丧权辱国近代史的开端，直到今天中国依然无法遗忘这种屈辱感。

对于当今世界的许多国家而言，最大的地缘政治问题不是中美两国是否会在太平洋直接开战。从20世纪90年代开始，中国就开始借助“撒钱外交”来支持其海外商业扩张，从阿根廷到安哥拉，中国签订了大量的长期合约来购买海外原材料，作为回报，中国在当地修建了学校、医院、政府大楼和高速公路。在政治上，中国奉行不干涉主义。中国跟许多地区死敌都维持了良好关系，例如巴西和委内瑞拉、沙特和伊朗、哈萨克斯坦和乌兹别克斯坦以及印度和巴基斯坦。

但在许多国家，这种蜜月关系结束了，冲突开始出现。所有的超级大国最终都会遭到这种反击，这仅仅是时间问题。颇具讽刺意味的是，正是美国中情局在伊朗的所作所为，最终导致了伊朗在1979年革命之后的强烈反美情绪。也同样是在1979年，中情局发起了史上最大的秘密行动，暗暗给反抗苏联入侵的阿富汗抵抗组织提供资金，虽然最终帮助阿富汗圣战者击败了苏联红军，但这也导致了随后塔利班的上台“9 · 11”事件幕后主谋本 · 拉登也藏身于阿富汗。

但中国在海外面对的反作用力与国内不同。中国的全球扩张主要是靠供应链而不是靠武力。中国在海外利益的代理是国有企业。对于中国来说，供应链反作用力就是地缘政治意义的反作用力。同时，中国虽然可以在海外建设大量的基础设施，但这并不一定能保证中国最终能控制这些设施。究竟谁能成为供应链地缘政治较量最后的赢家，一切都还未定。

这些反作用力的存在提醒着我们，我们所处的世界是高度复杂的，而不是简单线性的，此外在当今世界，扩张与反扩张的发生时间会大大缩短。欧洲帝国延续了600年才看到反殖民运动的兴起，欧洲帝国在第二次世界大战中元气大伤，退出了历史舞台。[①]中国在全球舞台上的扩张才仅仅十年，但已经遇到了各种阻力。对于中国来说，必须要在短时间内学会欧洲列强用了上百年才学会的本领。殖民主义的时代已经过

① 第一个真正意义上的全球帝国葡萄牙在1514年占领了北非的穆斯林城市休达，葡萄牙帝国的最后终结发生在1999年，当年葡萄牙将澳门主权还给中国。

去了，现在的国际格局相对透明，另外各国对外国势力也保有怀疑和抗拒。供应链也会反击。

当中国在赞比亚或蒙古签下每个合约时，反对合约的警钟也往往会敲响。目前中国努力在各大洲建立起合作关系，而不是通过武力去保证合约执行。这样的克制策略使得中国建立起了全球供应链，不费一兵一卒一枪一弹。但摩擦正在增加。英国前首相哈罗德·麦克米兰在 1960 年承认，殖民地的“国民意识”苏醒是不可阻挡的历史潮流[8]，现在全球范围所发生的对中国扩张的自发抵制也将是中国不得不面对的拔河博弈的冷酷现实。

对国家资源的民族主义保护政策也是各国应对中国供应链扩张的有效法律工具。哈萨克斯坦和蒙古就将其主要矿产资源定位为“战略资产”，不容外国投资者直接购买。这些国家仅仅希望中国能提供开采矿产的技术服务。有些国家还聪明地要求中国企业雇用更多的本地劳动力、提供更多的技能培训、提供更多的技术转让并尽量让制造业留在当地。这些国家希望供应链的增值环节能留在国内，而不是被带出国外。这些国家不想成为水平供应链上的某个节点，而是希望能获得垂直供应链。中国曾对西方实行以技术换市场的策略，现在这一策略正在越来越多地被用于对付中国。

由于中国还需要大量的原材料来满足其城镇化发展所需，因此至少在目前，中国还需要积极投身于这场博弈。中国有能力承担风险、有实力支付要价，而且中国对资源的需求之大也是世界上其他任何国家都无法比拟的。因此有着强大财务实力支持的国有企业还是有很强的谈判底气。在刚果、缅甸和蒙古这些资源型国家找到新的出口市场之前，这些国家将无法摆脱资源人质的弱势地位。

如果被逼过甚，那么中国也可采取金融反制措施。自 2001 年以来，中国进出口银行在撒哈拉以南非洲地区的信贷额度超过世界银行同期发放信贷额度 200 亿美元，这导致许多人担忧是否会酿成新一轮非洲国家债务危机。安哥拉让中国感到舒心：中国在安哥拉修筑公路开发工程，安哥拉也有足够的资金来还债。赞比亚则（再次）走上了无度举债来维持高额开支的道路。现在赞比亚已将某些中国矿业经营收归国有，显然赞比亚无法再提高对中国企业的征税，以次增加财政收入。财政吃紧的国家只能通过售卖资产和转让产业来避免破产。这些国家都变成了供应链上的加盟共和国而不是主权国家。如果赞比亚发生无法还债的情况，中国会要求用哪些资产来抵债呢？

西方国家政府和企业不应袖手旁观，等着看中国过度扩张然后遭遇反弹。如果西方国家不能积极面对中国的供应链竞争，那么发展中国家就只能倒向中国。令人扼腕的是，美国国会竟然关闭了美国的进出口银行，这家银行机构常常被戏称为“波音银行”，因为美国进出口银行会提供买方信贷，帮助波音、通用和卡特彼勒等企业向海外市场销售设备，美国进出口银行不仅能使得美国产品在海外更具竞争力，而且本身也在赢利，每年都在给美国国库贡献收入。

从全球范围看，各国对中国依赖度，无论是像俄罗斯这样的大国还是像赞比亚这样的小国，这种依赖度一方面创造了稳定和繁荣，另一方面又导致了紧张与冲突。缅甸是一个很好的例子，尽管中国利用了与缅甸接壤的优势，在缅甸建设石油管道和道路，但开放后的缅甸却并不惧怕中国。

随着帝国的收缩，基础设施的所有权和经营目的也会发生改变。沙俄帝国的工程师将西伯利亚铁路修到了贝加尔湖的东部，越修越远，结果明治维新后的日本无法坐视，在1904年悍然发动了对俄占旅顺港的袭击，挑起了日俄战争。但当日本输掉“二战”后，俄罗斯马上接管了油气资源丰富的北方四岛上的日建铁路。当美军撤出伊拉克后，伊拉克军队和伊斯兰国就开始接管留下来的硬件设施。

中国的供应链扩张最终无可避免要有军事实力来配套保障。委内瑞拉以及南苏丹等地局势动荡，中国需要加强对其在那里的设备和经营的保护。中国还对联合国在海地和黎巴嫩的维和行动派出了数千名人员，也在跟许多伙伴国家开展联合军事演习，甚至有人说，在南苏丹的油田上有许多穿着便装的解放军战士在负责保卫。终有一天，中国海军会在环印度洋区域扩大军力（比如中国计划在吉布提发展海军基地），由此来应对突然需要撤侨或增派安全力量的突发事件，当然现在可能还不至于出动大军，而是更多依靠私营的安保公司。

供应链战争可能真的意味着战争。巴基斯坦的俾路支省有着丰富的黄金、石油、天然气和铀矿储备，这意味着巴基斯坦政府要压制俾路支省的民族主义运动来确保稳定。因此在俾路支人看来，中国正在建设的瓜达尔港就是旁遮普省人在其境内开发的殖民项目。2013 年巴基斯坦同意中国将瓜达尔港用作军舰停靠港，这一点更加深了俾路支人的猜忌。“俾路支解放军”攻击了油气管道、放置汽车炸弹并在瓜达尔港附近暗杀了不少中国工程人员。2014 年，这支地方武装袭击了巴基斯坦的一个重要发电站，这导致巴基斯坦出现了大范围停电。如果俾路支范围内的瓜达尔港不是主要的航运和海军基地，或许他们会相安无事，但现在发展蓝图已定，俾路支人会加紧抵抗来寻求对这一供应链的控制。

中国不希望派出军队去保护在中亚的投资，但最终中国可能不得不这么做。随着美军从阿富汗撤离，中国需要跟喀布尔签订更多的协议。当然现在还难以想象，有朝一日，中国会像苏联或美军那样派出大量军队进入阿富汗这一大国坟场，但中国是否能在阿富汗独善其身确实值得思考。

“软实力”无法替代公正的交易。如果建设铁路和普及英语能维系帝国，那么英属印度就应存续至今。殖民主义时代已经远去。在没有国家愿意成为殖民地的现代世界，每个国家都在努力成为供应链枢纽。

第十章 海洋超级版图

飞地帝国

哈尔福德·麦金德曾说中亚“心脏地带”是历史的地理枢纽，但早在他提出这一著名观点400年前，即1524年，西班牙征服者埃尔南·科尔特斯（Hernán Cortés）就有过一番同样夸张的论断：“谁控制了海洋之间的通路，谁就可以成为世界的主人。”[1] 16世纪初，马尼拉日益成为塞维利亚环球贸易的重要中途点。①西班牙商人通过与中国明朝的巨额贸易为王室增进了收入，与此同时，他们一路向东穿过东印度群岛，经太平洋抵达墨西哥的阿卡普尔科（当时被称作新西班牙），之后再经大西洋回到西班牙。当时，国王菲利普二世的2000吨远洋大帆船仍垄断着包括丝绸、瓷器、珍珠等奢侈品交易在内的“香料贸易”。

西班牙大帆船贸易500年后，人类再次进入海洋文明时代，数十个主要港口密切相连，巨量的大宗商品和货物在港口间流转。但是这一次谁是海洋之间通路的控制者？

2014年2月24日，在位于委内瑞拉东海岸的小型岛国特立尼达和多巴哥，中国港湾建设（集团）总公司副总经理施颖陶签署了一项建设

---

① 当时塞维利亚垄断着西班牙的海外贸易。——译者注

新经济特区和中转港的协议。[①]尽管特立尼达以其卡里普索（calypso）音乐闻名于世，但它与其他加勒比国家的真正区别却在于：该国经济的主要推动力不是可可和甘蔗，而是石油。目前该国石油收入占其国内生产总值的一半，几乎贡献了全部的出口总值。由于巴拿马运河的扩建使得更多更大型的船只可以通行，与此同时，美国东海岸从新泽西到迈阿密的港口停泊能力也进一步增强，特立尼达和多巴哥就成了理想的干船坞建设地，在这里中国货物可以进行分装然后再向北进入美国或者向南运到巴西。这就不难理解为什么中国进出口银行几乎全程为这个项目提供了融资。

学者们一直试图界定中国在21世纪的崛起。在亚洲，有不少观点将其与明代的朝贡体系相提并论，当年，来自中亚和东南亚的地区小国通过向中国皇帝叩头以表示归顺。有些观点则提到俾斯麦，这位19世纪的普鲁士政治家在没有破坏欧洲大陆整体稳定的情况下提高了德国的地位。但是俾斯麦建立的秩序持续了不到30年，接下来的事情众所周知。

一个能更有助于理解21世纪中国的类比是欧洲的海上历史——尤其是17世纪的荷兰帝国。西班牙和葡萄牙可谓第一批真正的全球帝国（在1640年前两国有半个世纪是统一的），他们实际上（通过暴力政府甚至种族灭绝）控制了拉丁美洲、非洲、亚洲以及大洋洲的大片土地。对于里斯本和塞维利亚而言，这些殖民地是他们伊比利亚家乡的延伸。相比之下，荷兰人扩张的方式就不那么血腥并且更加商业化。荷兰的东印度公司于1602年获得专营权，是世界上第一家发型股票和债券资助探险活动的跨国企业。为了削弱葡萄牙对暴利香料贸易的控制和西班牙低地国家（今日的比利时）的掌控，荷兰在200年间派遣出的商船（5000艘）和贸易人员（近100万）比其他欧洲国家的总和还要多。

---

① 从1498年克里斯托弗·哥伦布初次登陆到1962年脱离英国独立，该国可谓多次改旗易帜，但其首都的名字“西班牙港”仍然提醒着人们这个国家作为殖民地的历史。

实际上，伊比利亚—荷兰以及英国—荷兰的对抗并不是为了争夺海上霸权，而是争夺苏伊士运河东部港口的控制权。“公海自由通行”这一概念就是由荷兰的法律学者胡果·格劳秀斯（Hugo Grotius）提出的，他在1609年的著作《海洋自由论》（*Mare Liberum*）中表示，海洋应当是国际性的，不应该是主权领土。

今天北京的策略和400年前阿姆斯特丹的策略有着惊人的相似之处。中国遵循的是荷兰的资源基础设施模式，而不是学习英国或法国的殖民主义去寻求对整个国家的管辖与对社会的控制。虽然荷兰也会同本土统治者结盟，以武力驱赶葡萄牙人，建立管辖控制（尤其是在斯里兰卡和印度尼西亚），但这么做的目的是为了保证贸易站点的安全以及控制自然资源财富，而不是以上帝或国家之名征服世界。[①]在荷兰人远航前200年，也就是15世纪，中国明代的郑和也曾指挥“宝船”下西洋，与远在东非的王国建立了和平关系。荷兰和中国的明朝一样，关注的是贸易而非领土：他们都是飞地帝国。

中国有充足的时间研究如何建立和管理这些海外飞地，因为这就是欧洲强权数百年来在中国的香港和澳门这种殖民地租界所做的事情。在最近几十年，中国在亚洲、拉美以及非洲等地区建立起了数十个供应链世界的商业要塞，可以使中国避开殖民政府这样的政治麻烦，保证资源的安全。

但是，在美国具备唯一全球海军军事投射力并且能够切断主要“海上交通线”的前提下，中国怎样才能安全地获取资源？中国只有一艘航空母舰，但是如同17世纪的荷兰，中国拥有世界上最大的商业舰队——超过2000艘驳船、散货轮、油轮以及集装箱船，它们在包括北冰洋在内的所有大洋航行。相比之下，今天在海上挂着美国国旗的商船不超过100艘。中国也一直在认真向19世纪美国海军战略家阿尔弗雷

---

① 荷兰也曾短暂占据巴西、南非以及印度的部分领土。在印度尼西亚，今日的雅加达和万隆等主要城市都是荷兰兴建的。为了连通这些城市和其他港口等设施，荷兰人还修建了超过7500公里的道路。

德·赛耶·马汉学习。马汉曾经说，海上军事投射的最重要目的是扩展商业。早在一个多世纪前，他就主张吞并夏威夷和建造巴拿马运河，以更好地参与蒸汽机和电报电缆所推动的全球经济快速增长。他写道："世界已经变小，以前遥不可及的地方现在变得至关重要。"[2] 今天，很多的关键港口和运河都是由中国建设、运营甚至实际控制的，这进一步巩固了中国的全球供应链。（巴拿马运河的两端都是由中国香港的和记黄埔运营。）随着贸易触角的海上扩展，未来中国是否会派遣军舰在全球护卫他们的油轮和货运船？

"移动的主权"

2014年5月2日上午，一个深水石油钻井平台开始在北纬15°29′58″，东经111°12′06″，即中国海南岛以南180英里、越南李山岛（Ly Son Island）以东120英里位置作业。两个月的时间里，这个名为HYSY 981（海洋石油981）的钻井平台就打出两口油井，7月15日撤走。

当我们想到主权时，我们想到的其实是（有边界的）领土。然而，地球的大多数区域都被海洋覆盖，其所有权属一直非常模糊。在荷兰学者格劳秀斯倡导公海航行自由后不到20年，英国法学家约翰·塞尔登（John Selden）提出了一个旨在控制离岸海域的对应观点：领海。今天，许多沿海国家都宣称自海岸向外延伸的200海里区域为本国的专属经济区，但由于各国的这些主张区域往往出现重合，因此导致法律摩擦和小规模军事冲突出现。中国在为了商业利益全球航行时，会让人想起格劳秀斯和荷兰人。但当涉及中国南海时，中国将这片海称为自己的"蓝色国土"。

虽然中国在南海寻求能源的时间较晚，但它聪明地将重心集中到了那些已被越南勘探的区域——越南国家石油公司将这些区域的开发权售予埃克森石油公司，此外在越南授权下，印度、俄罗斯等多国公司也长期在此经营。中国还将HYSY 981移动深水钻井平台这类新技术运用于南海，使得海洋钻井变得和在陆地上作业一样灵活机动。中国时任海洋石油天然气集团董事长王宜林曾将这种牵引式深水钻井平台称为“战略武器”，是中国“移动国家主权”的组成部分。[3]

“移动主权”可不是一个在17世纪技术条件下就能想出来的词，但像HYSY 981这样坚固而灵动的平台，却是今日地缘政治的移动供应链岛屿。无须领土占领和宣称海洋主权，它们悄悄进入争议区域，开采深海之下的能源储备，之后再撤回国际海域。它们无须永久性的周边防御，只需要在钻井开采地下黑金时有临时的海上警卫和军舰提供保护。当紧张升级到沸点时，它们就被撤走以示善意。如今，中国已经掌握了这一最新技术，再也无须求助于那些不愿意在争议水域合作开发的石油公司，中国可以自己搞定。中国在建的海洋石油平台要比在建航母多得多。

中国还在南沙和西沙群岛链的无名或废弃岛屿上修建简易机场、灯塔、军事驻点、信号站以及行政中心等。[①]南沙群岛的永暑岛已经变成了有些人所说的“岛屿工厂”中心，即通过大规模采沙和土地复垦来建设岛屿，并将孤立的沙洲连接成为面积更大的群岛。

沙子已经成为一种武器。沙子的本性是易变形的，它是不可再分的颗粒物，又是混凝土的一种主要成分。虽然硅基石英是地壳中含量最丰富的矿物质之一，但要找到符合全球建筑强劲需求的沙子却需要寻遍江河湖海。每年都有大量沙子漂洋过海，市场价值超过700亿美元，甚至全是沙子的迪拜也要从澳大利亚进口沙子。[4]沙子在地形工程中的使用是供应链服务国家建设的一个实际例证：新加坡对沙子永无止境的需求导致印尼的小岛完全消失在海水侵蚀之中。马来西亚已经禁止了沙子的出口，然而其他沙子丰富的国家，例如缅甸和菲律宾仍然在进行着这项

① 解放军称之为“卷心菜战略”，即在争议岛屿建设基础设施的同时，在外围层层设置渔船、海上警卫船以及战舰，如此“整个岛就像卷心菜一样一层包一层”（这是著名军事评论员张召忠的说法——译者注）。美国将这种战术称为“切香肠”。

有利可图的贸易。[5]

中国的做法没有激起任何真正战略反制。对抗确实出现过，但局势升级已经得到控制。虽然美国可以凭借其强大力量对他国的行为加以威慑，但是对于供应链扩张主义却几乎束手无策。毫无疑问中国在南海和东海的单边主张已经刺激到了美国，并使其匆忙将海空力量重新向亚洲倾斜，但即便是有更多的军舰和轰炸机驻扎在亚洲，美国是否有使用它们的足够意愿？

所有的军队都喜欢速战速决而不喜欢长期持久战。对未来看得越远，不确定性就越多。美国在日本、菲律宾和澳大利亚获得了更多的驻军权，但是新的B-1 轰炸机只会围绕这些基地“轮换”，而不会真正“驻扎”。与此同时，美国海军正在中国战斗群无法企及的关岛附近建设漂浮移动基地。但是一切会很快改变。随着中国先进攻击潜艇、导弹以及其他武器的配备，美国的巨型航母将处于灾难性威胁之下，与此同时，随着中国的海军现代化和势力扩张，中国终究会在太平洋上显示自己的实力。飞机隐形斗篷、大量的自动隐形无人机，当然还有无处不在的网络实力，这一切都预示着，在未来的高科技亚洲舞台上，冲突的地点和性质都将十分具有量子特性。

在硬件之外，如果不从供应链角度着眼，我们根本无从预测美中冲突会如何上演。1917 年，德国潜艇对协约国商船的攻击将美国拖入了第一次世界大战。在“二战”期间，美国的潜艇毁灭了日本的商船舰队。任何对中国商船的攻击肯定都会被视为战争行为，招致对美国军舰和军事基地的报复，同时美国的沃尔玛也一定会马上破产，因为它 70% 的商品都是从中国进口的（如今沃尔玛购买了 1 号店等电商企业以提升其在中国的销售）。就连美国军队现在也离不开中国，因为其所使用的一切，从电脑芯片到灯泡都是中国生产的。所以，只要中国需要和平发展的环境，美国需要中国制造的硬件，东南亚需要中国南海作为其几乎全部出口的通道，直接的对抗就不符合任何一方的利益。

供应链为那些貌似法理上的问题提供了一个事实上的解决方

案。在战略水域共同开发能源储备不乏先例。近100年前，挪威和俄国解决了遥远北冰洋北部斯瓦尔巴群岛（Svalbard）斯匹次卑尔根岛（Spitsbergen）的争端，双方同意将管辖权交给挪威，但所有人都有权在此开展商业开采活动。1979年，泰国和马来西亚针对两国大陆架上的十几个天然气田建立了联合开发机构，并创建了由知名政治人物和能源公司高管组成的董事会来管理和监督利润分配。“波斯湾”只是名字里带波斯，但其中的全球最大天然气田却为卡塔尔和伊朗共同拥有，中国南海也应如此，在实际中，各国应当共同开发这里的资源并从中获利。20世纪70年代泰国和马来西亚的口号很好地反映了这种今日仍可借鉴的明智之举：“让我们共吃一口井。”

促进油气供应多元化以避免资源争夺战，最关键的就是亚洲。技术和贸易的共同发展，已经可以将地方的天然气等资源通过液化石油气船运往全球。自1964年第一艘液化石油天然气船从阿尔及利亚驶向伦敦以来，全球将需求与供给连接的液化石油气船已近600艘。（而且和石油不同，不存在一个天然气的卡特尔。）雪佛龙在亚洲的经营历史已近百年，印度尼西亚、泰国以及孟加拉国的近半天然气储量由该公司开发，此外，雪佛龙也是西澳大利亚天然气的主要生产者，全世界需要液化石油气船运输的天然气几乎都集中在这里。[①]液化石油气终端网络、亚洲的石油管道网，再加上以弹性定价替代固定合同的天然气交易中心，这三者共同代表着供需互补性对地缘政治分化的胜利。[②]对亚洲人而言，“开采吧，亲，开采吧”[③]已经变成维护能源安全和地区稳定的战斗口号。

---

① 雪佛龙和道达尔也在积极开发中国四川盆地和缅甸海上区块的天然气。尤其是因为欧洲政府对本区域页岩气开采态度踌躇，欧洲的能源公司都积极转向亚洲寻求业务发展。

② 与此同时，美国液化石油气供给的增长以及巴拿马运河的扩宽，将印第安纳州到亚洲的液化石油气运输距离缩减了一半。

③ “Drill, baby, drill”是2008年共和党候选人的竞选口号之一，核心主张是要增加对国内油气的开采。——译者注

海洋之主

中国的国有石油公司和美国海军并非海底资源伟大博弈的仅有参与者。力量强大的准无国界全球企业同样发展出了自有类型的移动主权：超大的浮式结构。例如，壳牌的Prelude就是一个浮动式液化石油天然气平台，它的体积是悉尼歌剧院的3倍，重量比美国最大航空母舰大5倍。它可以一体化完成天然气的开采、液化、存储、运输及卸载。与旧式钻井不同，Prelude以及其他20多个在巴西及北极海域深水钻井的新平台不再需要固定到海床，而是通过使用GPS驱动的动态定位系统，利用水力喷射就可以持续固定钻井位置。没有了接触国家主权海岸的管道，他们就能够在管道和炼油、东道国员工雇用、环境影响措施以及其他在传统合同下必须履行的义务等方面节省大量成本。第一个Prelude平台已经前往西澳大利亚的布劳斯盆地，其他Prelude平台还在韩国巨济造船厂由三星重工负责施工建造。未来这些建成平台将会在马来西亚、东帝汶以及莫桑比克沿海作业。这些新平台将为壳牌带来数十亿美元的收入，同时又可以让公司再也不必和过去几十年深陷尼日利亚那样，为混乱的地方政治所拖累。

在韩国的造船厂里，壳牌的Prelude是最大的在建浮动钻井平台，但却不是最为机动灵活的船只。最灵活的当属丹麦航运巨头马士基的Triple-E集装箱船。[①]Triple-E是供应链世界的真正吉祥物，其相对于一般轮船恰如空客A380相对于一般飞机，可谓超级全球化的超规模体现。和Prelude一样，Triple-E的长度近乎美国最大航母的两倍，但同时又和A380一样永不停歇地运转。因为太宽无法穿行巴拿马运河，又因为太

① Triple-E代表效率（efficiency）、经济（economy）和环保（environment）。该船慢速运行，使用废热回收产生额外电力，同时相比于货船，每个集装箱的碳排放也下降了50%。作为重6万吨的钢铁船，Triple-E的98%可回收，95%的部件拥有一张可以追踪生命周期的“从摇篮到摇篮通行证”。

高无法在美国的任何港口装卸货，它只好定期往来于欧亚航线：从鹿特丹出发，穿过苏伊士运河，然后跨越印度洋，到达新加坡、中国香港和上海后折返。目前全球Triple-E巨型轮船的数量已经达到20艘，超过了全球航空母舰的总数。预计在2020年之前，该船也将在太平洋、大西洋以及北冰洋上畅行。

现在假设有一艘马士基的Triple-E从上海返回鹿特丹，船上满载着3.6万辆日产汽车、1.8亿台苹果iPad、1.1亿双耐克鞋——或者其他这样那样的商品组合。当这艘船穿越中国南海的西沙和南沙群岛时，不小心被中国潜艇的远程鱼雷击中并沉没了——鱼雷本来是针对骚扰中海油HYSY 981钻井平台的越南军舰的。那么，这到底是针对谁的战争行为？轮船的运营者马士基？轮船所有者的政府丹麦？船的建造者韩国？将价值40亿美元货物置于集中风险之中的生产企业？因商品未能运出售卖收入遭受损失的包括越南和中国公司在内的各种供应商？无论这样的情形是否会发生，任何对马士基Triple-E的攻击都是对全球化的攻击，也就是对所有人的攻击。

作为无国界企业的最早原型，航运公司更为重视的是商业流动而不是国籍。掌控这些企业的多数为德国、挪威、丹麦、荷兰、希腊以及中国的富豪，他们会通过开曼群岛的离岸实体控制公司，将利润存放在瑞士，把信托和账户放在新加坡。每艘船实际上都是带有某种量子特性的资产：在利比里亚注册，挂着巴拿马的免税“方便旗”，为了控制因沉船或环境灾难而产生的连带责任，它们又归于塞浦路斯具有特殊目的公司名下。1990年，全球超过1万艘商业船只中只有23%是离岸挂牌或者注册的，如今这一比例为72%。

航运业在数千年来都是洲际贸易的基石，在今天仍然承担着全球90%的货物贸易运输。实际上，全球的主要航运线对如何保证复杂的全球资本主义运行无师自通，因为全球资本主义就是它们发明的。美索不达米亚经过波斯湾到印度的航运可以追溯到公元前3000年，与此同时，地中海罗得岛的古希腊商人开始缴纳保费，以防止船只失踪或者货物沉没造成损失。中世纪时，北欧的汉萨同盟和威尼斯的海上力量不仅颁布了保险合同的法律规范，而且推动了保险的保险——再保险行业的出现。当时，如果没有再保险，为资本密集型航运业融资的风险就会变得异常之大。自 17 世纪 80 年代起，爱德华 · 劳埃德在伦敦的咖啡馆逐步从水手和船东的酒吧发展为世界上最大的海上保险和信息中介，并一直持续至今。可以说，航运和保险的合作构成了全球化的基础。

在经济增速放缓的时刻向市场投放如此多的新油轮引起了许多经济学家的质疑。实际上，最大的航运企业都在相互支持以求共渡难关。为了降低集体运营成本，马士基、达飞海运以及地中海航运组成了非正式联盟。不过，预计从 2015 年到 2030 年间，全球的航运量仍会翻倍，达到 10 亿集装箱。这意味着，谁在今天投资于互联互通，谁就会在明日的贸易交通中占据上风。劳斯莱斯公司甚至考虑测试原型越洋无人驾驶货轮。或许终有一天，全球的海洋供应链网络会实现自动运行。

逃离“马六甲陷阱”

供应链基础设施于全球相互协同，于不经意中就实现了全球流动的同步快速转换。19 世纪与 20 世纪之交，横贯美国的铁路同巴拿马运河削弱了南美南端麦哲伦海峡（合恩角）的地位。21 世纪初，能源与商品最重要的战略水道，与印度另一侧的霍尔木兹海峡地位相当的马六甲海峡如今就横亘在我的前门外。在新加坡南端的马六甲海峡最窄处，2.8 公里外的印度尼西亚最大岛屿苏门答腊岛清晰可见。在这里，慢跑者、骑行者、高尔夫球手、游泳者、太极拳练习者以及摩托艇玩家成群结队，数百艘小心穿越海峡的轮船和超级油轮则是他们每天可见的风景。这里已经被理所当然地当成印度洋和太平洋之间最繁忙的通路，然而，事实并非如此。

虽然新加坡南面的菲利普通道（Phillip Channel）是多数船只的唯一通路，但新加坡实际上是海峡内的一个岛屿。早先，希腊人和罗马人、阿拉伯人和印度人都从这里驶过。16 世纪初，葡萄牙人在中国澳门建立了定居点，开始频繁从这里穿行。荷兰人和英国人为了这条海峡的控制权争斗了上百年，最后同意双方和友邦都可以自由通行。没有任何重要自然资源的新加坡利用其地理优势，逐渐成为一个贸易、中转、炼油以及服务的枢纽。1819 年新加坡建国时，斯坦福·莱佛士爵士（Sir Stamford Raffles）就说："我们的目标不是领土，而是贸易。"[6]

西方分析者将注意力放在了中国在南海的军事行动，但在马六甲海峡以东获得足够的原材料并最终摆脱对这一狭窄瓶颈的依赖，才是中国岛屿建设活动的真正目的。中国并不想控制印度洋和太平洋之间的这一"咽喉"，而是想尽量避开它。竞争性连通也逐步升温，身处太平洋和印度洋之间的马来西亚、泰国以及印度尼西亚等国，都希望利用地理优势赢得更多利益。在中国的帮助下，它们都在努力提升连通能力，而这威胁到了新加坡在该区域的核心作用。

像公路和铁路一样，能源管道和运河也能通过对国家的重塑来提升全球互联互通的效率。油气资源丰富的马来西亚发展迅速，如今成了一个天然气进口国（与此同时，其本国的油气产出在下降）。2013 年，在安达曼海（印度洋）古老的马六甲香料贸易中心附近，马来西亚建设了一个对抗新加坡的新天然气贸易枢纽—— 一个液化石油气进口和再气化接收站。一年之后，该国又宣布在新加坡东边的柔佛（太平洋）开建一座石化设施。

马来西亚正企图在能源市场取代新加坡，而在泰国狭窄的克拉地峡修建运河的宏伟计划却可能完全切断新加坡和马六甲海峡。在克拉地峡修建运河的计划最早可以追溯到 17 世纪。苏伊士运河的开凿者法国人斐迪南·德·雷赛布（Ferdinand de Lesseps）于 1882 年造访了克拉地峡，不过英国人最终保住了新加坡的主港地位。但时至今日，技术的进步、亚洲的能源需求以及中国意志，使得泰国运河不再只是一个理论可行方案，而是变成了一种对“马六甲陷阱”合乎逻辑的理想替代。不过，有南苏丹的前车之鉴，克拉运河也有可能成为供应链分离主义的一个新样本。数十年来，泰国一直无法有力平息与南部北大年省及周边穆斯林民众的纷争，因此，如果南部同意修建运河，中国以及以穆斯林为主的马来西亚很可能抓住机会共同支持这一地区脱离泰国。2013 年军事政变后，泰国的经济一直蹒跚不前，因此修建克拉运河虽有可能导致泰国失去对南部动荡省份的部分主权，却是提升该国战略地位的最大希望之所在。

这条泰国运河的修建也同时得到了中日这对巨型工程对手的共同认可。在日本 1941 年 12 月 7 日偷袭珍珠港的数小时之前，日本发动了太平洋战争。日本军队在克拉地峡登陆，泰国、英属马来亚以及新加坡相继被入侵占领。这一连串的陷落被丘吉尔称为英国“最大规模的投降”。70 年后，无论是中国还是日本都无意征服泰国或者新加坡。截至目前，日本是泰国的最大外国投资者，它和中国可以共同支持 200 亿美元的运河项目。此外，中国还能够提供 30000 建筑工人。对中日两国而言，建设运河是以极小的代价缩短航运时间，提升战略弹性。军事力量无法做到的，基础设施却可以。

日本还大举加紧在缅甸的投资，而这从根本上也符合中国的利益。在日本的支持下，仰光翻新的港口可以获得部分来自孟加拉湾的集装箱运量。一条 120 亿立方米天然气管道从马德岛（Maday Island）直通中国云南，一条造价 25 亿美元、从缅甸的皎漂港（该港口已被发展为 350 平方公里的经济特区）出发的石油管道每天可以将 50 万桶来自中东和非洲的石油输往中国。这两条线路都绕开了马六甲海峡航运。

在邻国孟加拉国，一条由中国修建的大桥跨越博多河两岸，将这个被河流割裂的国家连接在了一起。在孟缅边界附近，中国正在争取承建索纳迪亚（Sonadia）港口。该港口若建成，可以更方便附近许多“服装村”的商品出口，而在中国这类低工资制造业早已转移到海外。孟加拉国和缅甸如今都成了绕开马六甲海峡直接将商品和资源运往中国南方的通道（或许是从安达曼海沿翻新的史迪威公路北上）。[①]

中国的总体战略是经典的《孙子兵法》策略：兵者诡道，利而诱之。尽管中国在南海和东海的行动已经让太平洋重新发出地缘政治的警报，但中国的长期策略是要建设印度洋—太平洋基础设施（包括欧亚大陆上的陆路基础设施）以绕开马六甲海峡。再过一代人的时间，跨欧亚铁路和新的东南亚运河对于马六甲海峡的影响，就会如同一个世纪前横贯美国的铁路和巴拿马运河对麦哲伦海峡的影响。最重大的地缘政治干预并非靠军事，而是要靠基础设施。

海上丝绸之路

港口之于集装箱和货物，恰如机场之于旅客及其行李，是每天数以百万航行、交易以及交付的通路。机场到达和行李提取服务越来越自动化，港口也同样如此。从上海沿着东海大桥走32公里就能直达洋山港，这里拥有中国最为先进的交通控制塔和管理神经中枢，可以同时跟踪数百艘轮船、数万个集装箱以及数百辆卡车（卡车很快也会变成无人驾驶车）。从洋山到墨尔本再到长滩，码头运营商都在用电子数据交换软件来优化靠泊方案，利用自动车和虚拟现实加快装卸速度。此外他们还同Shipwire等物流公司合作，将仓库库存和铁路货运数据捆绑，以求如同循环系统里的血管一样，实现货物的高效配送。

自古至今港口城市之间的竞争已经告诉了我们谁会是这场供应链较量的赢家。从古时候起，港口的作用就是通过加强海防抵御入侵，同时对进口产品征税，以腹地的前端通道身份获利。在公元前5世纪，希腊

① 2015年，印度总理莫迪以土地互换方式解决了与孟加拉国数十年的边界纷争，背后原因之一就是印度也希望充分利用孟加拉国接近东南亚的地理优势。纠纷的解决使得印度能够集中精力与中国争夺索纳迪亚的港口项目。

城邦就联合击退了薛西斯的波斯军队。在中世纪，汉萨联盟联合了170个波罗的海和北海贸易港共同保卫他们的贸易圈。

维护一个互联互通的枢纽或者通道成本高昂，这也使得今天的海上竞争比以往更加激烈。过去的20年全球货运量翻了一番，全球的主要港口和运河因此也必须扩建、升级、加宽、挖深。2014年，全球25%的货运都必须经过的苏伊士运河也宣布进行扩建。未来的苏伊士运河将允许南北双向并行，这就意味着其容量将增加一倍。苏伊士运河的扩建是迄今为止埃及对当今世界的最大贡献，而在洲际连通中地位的提升也增加了埃及的收入。预计到2020年，苏伊士运河通行费收入将实现翻番，达到130亿美元。

但贸易量增长最快的部分却完全是在苏伊士运河以东。在20世纪70年代，跨大西洋航运占据全球贸易的80%，但到了2013年，这一比例下降到40%。中国、中东和非洲如今占据了全球贸易量的一半，大量新港口的建设、运河的开挖、管道的铺设，以及超大型油轮的运行扩大了跨印度洋的商品和能源流动。这条从中东到远东、从迪拜经新加坡到上海的“海上丝绸之路”重新成为全球的主要贸易通道。

和在东南亚一样，原本绕马六甲海峡的通行线路也在向陆路发展。印度一直以来就自视为南亚的地理霸主，然而却一直没有什么实际的证明，这就使得中国取代印度，成为周边邻国（除尼泊尔）最大的经济伙伴。50年来，中国一直资助高海拔喀喇昆仑公路网的建设。该公路北起中国新疆，沿着印度河横穿巴基斯坦并一直延伸至阿拉伯海。如今这条线路已经升级为投资数十亿美元、包含铁路线和发电站在内的中巴经济走廊——巴基斯坦军方设立了专门部门保护这一线路，其力度甚至超出对边界的保护。基础设施正在让中国成为太平洋和印度洋两个大洋上的强国。一旦巴基斯坦的石油管线建成，中国就可以把中东的能源直接从陆路输送到经济快速增长的西部省份。沉寂的阿拉伯海港口瓜达尔可以成为中国最为可靠的海外海军基地，在附近卡拉奇建造的攻击潜艇将可以驻扎在此。无怪乎有一位中国将军曾经将巴基斯坦称为“中国的以色列”[7]—— 一位永远不离不弃的盟友。

在瓜达尔以西不到 100 公里处，伊朗的恰巴哈尔海港也希望成为货物（尤其是前苏联的加盟共和国和阿富汗）从中亚到阿拉伯海的出口门户。印度在恰巴哈尔港的开发上抢先一步，从而在巴基斯坦的另外一侧站稳了脚跟，并且使得阿富汗的贸易绕开了巴基斯坦。但由于中国资助了伊朗和巴基斯坦之间一条关键石油气管道的修建，两国关系正日益加强。印度对阿富汗西部扎兰季至迪拉腊姆公路的援建则可能正好为中国打通了另一条通向阿拉伯海的道路。

伊朗和巴基斯坦都对阿曼存有天然的亲近感。作为一个绿洲的集合体，阿曼曾在数百年间将桑给巴尔的人口贩卖到南亚从事渔业和珍珠采集工作（桑给巴尔在 18 和 19 世纪为阿曼所统治）。实际上，在印度次大陆的分离和独立运动期间，瓜达尔一直为阿曼所有。1958 年，在地质勘查发现瓜达尔具有伸向阿拉伯海的锤形结构，是一个天然的深水港口之后，阿曼就把它卖给了巴基斯坦。如今，大批来自伊朗、巴基斯坦以及阿富汗的俾路支人仍旧居住在阿曼，他们在阿曼军中服役，是苏丹的忠诚宫廷卫士。

鉴于复杂的人口构成和航海传统，阿曼是阿拉伯世界中唯一将信仰自由写进法律的国家，同时也力图在外交上同样保持中立。阿曼对待伊朗的方式与众多海湾阿拉伯邻国全然不同。2013 年，该国同伊朗签署了一项为期 25 年的天然气进口协议。此外，阿曼还同印度一道（阿曼 1/3 的人口来自印度，其中许多公民已经通过经商积累起财富），计划在海底铺设用以输送阿拉伯天然气的管道。

中国对印度洋也不陌生，明朝曾经派遣郑和乘“宝船”南下，最远到达东非，比葡萄牙人绕过非洲南部海角的时间整整早了一个世纪。欧洲殖民列强为利润丰厚的印度洋香料贸易展开竞争，其程度之激烈堪比在拉丁美洲抢夺黄金白银。葡萄牙人在卡利卡特、果阿、高知和坎努尔（Kannur）等沿海印度王国以及岛国科特建立炮台，逐步取代了原先主导印度洋贸易的威尼斯人和奥斯曼帝国商人。

科特，即后来在葡萄牙治理下为人所知的锡兰，曾经是肉桂、豆蔻、黑胡椒以及宝石的重要交易中心。在又历经荷兰和英国的控制之后，锡兰于1948年独立。心怀主导印度洋豪情壮志的锡兰原本可以走在迪拜和新加坡之前取得相似的成就。1965年新加坡即将独立之前，李光耀甚至还跑到科伦坡寻求一种兼具多元文化和英式议会民主的后殖民地发展模式，而且认为锡兰就是他学习的榜样。然而，僧伽罗民族主义者对政府的把控以及泰米尔少数民族的疏离，包括把国家的名字改为斯里兰卡，这些因素都导致了民族的内乱、分离主义以及持续40多年直到2010年才结束的内战。

郑和印度洋之旅的600年后，中国重返斯里兰卡，在这里展开投资，建设现代化港口，以期为中国的巨量出口货物提供转运枢纽。通过所谓的珍珠链战略，中国已经在印度洋两侧缅甸的马德岛、斯里兰卡的汉班托特港以及巴基斯坦的瓜达尔创建了海上接入点。2004年印尼海啸中，汉班托特港遭到毁坏，中国提供资金对其进行了重建。此外，中国还修整了大多数国道和公路，斯里兰卡任意两城市之间的旅程都因此而减半。

在前强人总统马欣达·拉贾帕克萨任内，基础设施和资金支持让斯里兰卡成了中国在印度洋上最好的朋友，更不用提中国还帮助他以强力结束了内战。但正如缅甸为了摆脱对中国的依赖而接纳更多国际投资者资金，斯里兰卡现任总统迈特里帕拉·西里塞纳也告诫国民说，斯里兰卡对中国的债务已达80亿美元。

印度正在充分利用斯里兰卡对中国日益增长的猜忌。得益于中国修建的基础设施，斯里兰卡的旅游业和纺织、服装及茶叶的出口大获发展。如今印度可以利用中国修建的基础设施，更有效地在斯里兰卡进行住房和铁路等的投资建设。另外，印度也可以将这里作为呼叫中心的可靠后台和外包点，以及南印度3亿人汽车市场的零部件装备基地。

印度洋再次成了全球竞争性互联互通的中心。在15和16世纪，印度的沿海王国与欧洲殖民贸易者讨价还价，为的就是争取到将本地商品输送到远方市场的最优惠条件。虽然自15世纪斯里兰卡就成为欧洲殖民地，但如今他们反对中国在此进行任何互利互惠以外的过度扩张——尤其是那类带有军事目的的项目。

大西洋城市

同太平洋和印度洋一样，大西洋海上贸易航线的竞争也变得日益激烈。1914年巴拿马运河的开通令智利的殖民地港口瓦尔帕莱索遭遇重创，因为不会再有商船在此停靠然后继续绕行南美南端的麦哲伦海峡。如今，巴拿马城将自己定位为中美洲的迪拜（世界上距离最远的航线将这两座城市连接在了一起），大举发展地产、自由贸易区以及飞机制造等产业，还吸引飞往南美的亚洲航班在巴拿马中转。目前巴拿马运河正在进行一次大型的拓宽工程（可惜未能在运河开通百年时完成），等建成之后，该运河将能够实现后巴拿马极限型油轮的双向并行。近年来，许多无法通过巴拿马运河的大型船都选择在瓦尔帕莱索港停靠，但一旦巴拿马运河扩建完成，瓦尔帕莱索的地位将会再次受到打击。瓦尔帕莱索与美国之间的集装箱货运量每年都在以两位数的速度下滑。未来，随着瓦尔帕莱索逐步转型为文化旅游中心，该港口的游船数量恐怕终将超过油轮。

如何更高效地抵达美国东海岸，是日本、韩国以及中国等消费和科技商品出口国首要考虑的战略问题。即便巴拿马运河进行了拓宽，它仍然无法让马士基的Triple-E或者淡水河谷的Valemax矿砂巨轮通行。因此，巴拿马运河势必会迎来一个新的对手，而这一幕出现的时间最早可能是在2020年。西半球最穷的国家之一尼加拉瓜正计划在其与哥斯达黎加边界的北部修建一条长达220公里的大运河（比巴拿马运河更长更宽）。大运河及深水港项目得到了中国电信业大亨王靖的支持，后者声称这一总价500亿美元的项目（是尼加拉瓜国内生产总值的两倍）可以创造5万个就业岗位。关键的问题是，尼加拉瓜运河并非只为了集装箱船的通行，还包括运输铁矿石、煤炭、液化天然气、巴西高蛋白质牛肉和大豆的各种大宗商品货轮和油轮。①

美国弗吉尼亚州的诺福克、佐治亚州的萨凡纳等东海岸港口正密切关注着中美洲的运河竞争，有些港口已经迫不及待地加深泊位、增添巨型起重机以及安装3D扫描仪来提升货物处理速度。为应对竞争对手的种种升级举措，2014年迈阿密在加深航运泊位的同时还耗资10亿美元修建了一条隧道。通过这条隧道，每天进出港口的5000辆货车可以从底下穿过游船码头，然后直接开上前往亚特兰大的95号州际公路——如此就可以避免货轮绕过迈阿密直接到萨凡纳。

但迈阿密很快就得面对来自波多黎各这个拉美好表亲的竞争。免税和位于美国的安全边界之内是波多黎各的优势，该国的大型新港口美利坚港将包含整个南部城市蓬塞（Ponce），并能够为进出整个美国东海岸的小型货轮提供高效中转服务。波多黎各也是美国人钟爱的避税天堂。2013年，为吸引超高净值对冲基金经理的投资，该国修法取消了资本利得税。约翰·保尔森甚至称波多黎各是"加勒比的新加坡"[8]。正如田纳西和密歇根为汽车组装展开激烈竞争，如今在港口、航运以及金融方面，美国正面临着越来越多外部竞争。

过不了多久，美国的南部港口也会迎来自古巴发出的货物，而这在前几年是完全不可想象的。在哈瓦那以西30英里处的马里埃尔，曾经有10多万失去苏联补助的古巴人从那里绝望地逃到佛罗里达。但如今，一个自由贸易区和一个新加坡港务局负责管理的集装箱港口已经由巴西的奥迪布里切特集团（Odebrecht）在此开建。为了创造制造和物流业工作岗位，马里埃尔港允许外国公司建立独资企业，同时提供免税优惠。中国的商务代表团已经多次访问古巴，提前规划由美国恢复与古巴的外

① 中国在2006年的牛肉进口量接近零，但到2018年，该国牛肉进口量估计将达到50万吨。

交与经济关系所带来的未来商机。

并非所有的新港口或海上枢纽都可以从全球供应链模式转变中获得成功。有的可能永远都不会建成，有的可能会被位置更佳或运营更好的对手所替代，有的可能毁于海平面上升或者自然灾害，有的可能毁于恐怖袭击或内战。但是，所有这些大型基础设施以及把它们连接起来的运河和超级油轮都在告诉我们，我们不断发展的海洋城市文明正在进一步增加各个大陆之间的互联互通，让供给更好地满足了需求。其实在海上流通方面，世界上还有一个能打败今日多数过境走廊的高效之地，那就是北极。

北极的首府

2013 年，Facebook 在瑞典北极圈的数据中心投入使用。作为该公司美国以外的最大数据中心，它可以充分利用北极圈的自然冰寒为成千上万台服务器降温。但是北极的冰寒却在年复一年地减少。由于人类活动导致的气候变化，北极的气温仅仅在过去半个世纪就上升了整整 4 摄氏度。同 1979 年相比，如今北极夏天的冰川覆盖面积下降了一半。近 200 座阿拉斯加城镇面临沉入松软地基或者大海的风险。安克雷奇以西 480 英里处纽托克的因纽特人村庄，正因面临冰雪融化带来的倾覆之灾而实施整体搬迁。与此同时，从加拿大到瑞典，不少以往唯有冻土的地带如今都已是欣欣向荣的新城，成了新北极经济的重要节点。讽刺的是，格陵兰岛在摆脱丹麦取得自治的同时，它融化的冰盖却成了印度和太平洋岛屿下沉的重要推手。

北极，这座星球上我们曾经难以企及的整片地域，如今正越来越多地为人类所用，与此同时，我们的人文和政治地理也同时得以发展。过去的北极，一年中有一半时间都无法通行，如今的北冰洋一年到头畅行无阻。2010年，俄罗斯只发出4张通行许可，到2013年，这一数字就增加到400。同一年，1.9万吨的“永盛”号从大连出发，经35天到达鹿特丹。目前，经苏伊士运河的货轮是经北极货轮的50多倍。然而，随着地球两极温度上升速度的加快（赤道的海平面则上升得更快），北极将在2020年成为一条主要的可靠航线。

无冰的北极航行有两条主要通路。一是连接欧亚大陆两端（北欧和远东）的北海航线。该航线从欧洲经俄罗斯以北，穿过白令海峡，再通过俄罗斯的堪察加半岛到达亚洲，比苏伊士运河航线缩短了整整两周的航程。另一条是连接东亚和北美东海岸的西北航线。该航线无须经过俄罗斯，而是从阿拉斯加和加拿大以北通行，比巴拿马运河航程缩短了10000公里。

第三条极地航线则可能以近乎穿越北极点的方式抵达冰岛或者正在规划北极转运枢纽的苏格兰，然后自那里分路前往欧洲或北美。在北美方向，货船可以驶入加拿大雄伟的哈得孙湾，然后一路往南进入距离多伦多不超过1000公里的詹姆斯湾进行货物装卸，或者驶入加拿大地理中心——马尼托巴的丘吉尔港，在这里有通往加拿大全国各地的铁路网。

北极于全球未来的关键性不仅在于航运，也在于资源。随着西西伯利亚气田开发殆尽，北极已经成为俄罗斯最大的新天然气生产来源。为了开发石油和天然气储备，西方的能源巨头，包括美国的埃克森、法国的道达尔、挪威的国家石油公司等同俄罗斯石油公司和俄罗斯天然气工业公司密切合作，从挪威附近的巴伦支海到阿拉斯加附近的楚科奇海，调配先进的钻井平台，并在数十万平方公里海域的巨型冰川间巡航。制裁只会让这种合作受到短暂的侵扰：虽然俄罗斯武力进入了乌克兰的边界，但为了确保北极理事会成员之间的良好合作，俄罗斯妥善处理了与挪威在巴伦支海以及与美国在白令海问题的争端。[①]2015年，俄罗斯声

① 不过，2015年俄罗斯和中国在北极进行了两国的首次军事演习，两国的军舰都穿过了白令海峡。

称对 120 万平方公里的北极海床拥有主权，而这一区域大约拥有 800 个油气田，油气储量预计占俄罗斯现有储量的一半。俄罗斯石油公司的董事长伊格尔·谢钦（Igor Sechin）曾称俄罗斯是在努力创造一个新“油区”。在一个供应链世界的功能性版图上，这是一种再自然不过的动作。

到目前为止，各国之间尚未在北极因资源争夺而开战，反倒是为了吸引更多投资资源而迅速解决争端。加拿大学者迈克尔·拜尔斯认为，北极是最接近国际关系白板之地，因为按照国际法，没有国家拥有北极主权。但这并不意味着没有国家对北极声称主权。实际上，俄罗斯和加拿大毫无争议地控制着其北部沿岸附近关键航道的多数部分。与此同时，美国、挪威和丹麦都规划了 200 海里的专属经济区。2007 年，俄罗斯在北极附近海床插了一根 1 米高的钛制旗，2014 年又在北极高纬度地区开展了自苏联解体之后的最大一次军演。如今俄罗斯组建了拥有两个永久旅的北极司令部。此外俄罗斯还在北极部署了更多核潜艇，并且在国际日期变更线附近的楚科奇海弗兰格尔岛设立海军前哨站。加拿大也把北极政策放到了优先以及核心位置——按前总理斯蒂芬·哈珀的名言来说就是“用进废退”。作为“北方战略”的一部分，加拿大已经组建了海警护卫队，投资修建新的破冰船，在西北领土上建设军事物流中心，还进行了一项代号为“洛基”（Loki）的隐形雪地车测试。加拿大的努纳武特是 2010 年七国集团财长会议的举办地，这个位于北极的省份居住着 3 万因纽特人，面积堪比西欧。魁北克雄心勃勃的北方计划（Plan Nord）将目前无人居住但水电资源丰富的北部延伸区纳入了其能源网络。连美国海军也在 2014 年发布了名称古怪的“北极路线图”，以指导海军如何在极少基础设施的环境中展开长程海上行动。由于奥巴马 2015 年批准了北极钻井，阿拉斯加沿海水域的海军巡逻也将更为密集。

如今在北极宣称拥有主权者众多，如此一来，对于如何在这片之前地图上未标识的地理区域上确定领土权利，测绘工具就变得至关重要。最近对北冰洋海底 200 公里山脉的调研确认该山脉与格陵兰岛的大陆架相连，而这也让丹麦对之前为加拿大和俄罗斯所拥有的北极宣称主权。但是丹麦有几艘核潜艇？

随着北极冰盖的融化，同样的竞争也开始在地球的另一极——南极上演。南极是世界上唯一没有本地居民的大洲，但每个夏天，来自 30 多个国家的近 4000 名科学家在这里的 100 个研究站和野外营地中工作。如今，每年来到南极的观光客就接近 4 万，其中多数都是乘坐阿根廷的游轮而来。尽管有大约 12 个国家宣称对南极拥有各种主权，让南极的政治版图看上去像是一张被以不同形状重叠切割的比萨，但 1961 年的《南极条约》禁止在此进行任何军事活动或石油勘探。

任何北极、南极能源新发现都会令亚洲的经济强国兴奋不已，因为这意味着可以更少地通过马六甲海峡从动荡的中东进口油气。中国、日本和韩国乐于提供运输工具，自 2009 年以来就建造了 100 艘新的液化石油气运输船（以及数艘破冰船）。中国一直想加入北极行动。在冰岛，中国试图购置大片的土地，但这一购买意向被该国国会否决。不过，中国亿万富翁黄怒波在挪威最北部的灵恩（Lyngen）买下了大片原始山地，同时还在竞标斯匹次卑尔根岛上一个矿产丰富的峡湾。中国在数年的游说之后获得了北极理事会的观察员地位，然后就企图在理事会中说服丹麦，使之允许中国在格陵兰岛展开规模更大的铁矿和油矿投资。

北极是一个面积巨大、跨越多国的交通与资源区，但它仍需要一个首都。和加拿大阿尔伯塔省的麦克默里堡一样，挪威的希尔科内斯也正在成长为北极的一座新兴城市，每年都有数千人口的增长，来自其他地区的按周工作者数量更多。作为本区域物流潜力的核心供应链节点，希尔克内斯终有一日会成为北极事实上的首都。位于北纬 69 度的希尔克内斯是世界上最北的城市，虽然它的经度位置和伊斯坦布尔接近，但却和奥斯陆和苏黎世处在一个时区（希尔克内斯位于东一区，伊斯坦布尔位于东二区）。不过时区问题也许并不重要，因为这里一年中会连续三个月没有白昼，三个月没有黑夜。随着温度上升，这里冬天的温度或许将不会像现在这样低至零下 40 摄氏度，而越来越多的北极商业机遇开掘者，则可以在这里享受到一个商业广告所宣称的“日不落波西米亚夏夜”。[9]

200 年前，先住民萨米人还可以在这片布满驯鹿与峡湾的雪域世界信马由缰。在冷战期间，这片叫作芬马克的地区成了北约和苏联唯一直接接壤的边界。与俄罗斯交界的希尔克内斯是最后并入挪威王国的一片土地，仍然被挪威人称为“挪威的俄国城”。数千俄罗斯人仍居住在这里，所有标识都是挪俄双语。E105 高速公路自希尔克内斯出发，一直向东延伸至 250 公里外的摩尔曼斯克，继续向南 2000 公里就到了莫斯科——到奥斯陆的距离也大抵相当。在希尔克内斯，居住于两国边界 30 公里（很快会扩展为 60 公里）以内的任何俄罗斯人或挪威人都可以凭借一张特殊的“边界签证”在两国之间自由往返。

新的巴伦支海合作框架支持了区域的石油开采、捕鱼、航运、旅游以及工业升级，俄罗斯则是这一框架的最大受益者。尼克尔（Nikel）是希尔克内斯的姊妹城市，其位置就在挪俄边界另一侧的几公里处。附近的矿山让这座城市蒙上了黑色的烟尘，其出产的基本金属镍（Nickel）则赋予了这座城市尼克尔的名字。这里的镍便宜而丰富，在希尔克内斯的帮助下，俄罗斯人大量开采并更快速地将其销售至亚洲市场。[①] 从希尔克内斯到坎达拉克沙的白海一带正成为俄罗斯最为现代化的工业区，引得俄罗斯铝业等公司从西方进口顶级设备到此，以满足全球对高品质铝的需求。

具有讽刺意味的是，在边境地区生活的人们却没有境内同胞们的那种边境思维。在希尔克内斯，几乎没有一单生意不需要边境对面的俄罗斯伙伴，反之亦然。对于他们而言，跨境互联互通是一种持久的存在，

---

① 苏联在北极地区的基础设施十分落后，从非洲获取的食物时常要靠核潜艇运送，那些核潜艇的弹筒里装的不是导弹，而是成袋的土豆。

而制裁不过是其中的一段插曲。在此处，人们通常更喜欢的是商业，而非边境。

希尔克内斯正成为一个多国首都，只不过负责其运营的不是政客，而是周边各国的商会。在这里，我们看到供应链促进了区域经济的成长，同时也扩展了整个区域与世界的连通。以挪威楚迪集团（Tschudi Group）为首的众多企业在这里建设新的巨型港口、油品码头以及各类交通设施，希望重要区域枢纽之间更加无缝接合，并有效促进货物的进出流通。希尔克内斯装运速度的提升也有利于瑞典和芬兰的铁矿石出口。为了满足中国的需求，瑞典北部城市基律纳扩大了矿采规模，并为此迁徙安置了1.8万人口。芬兰正在修建一条从拉普兰首府罗瓦涅米（据说是圣诞老人的“官方”故乡）到希尔克内斯的国家南北高速，同时还在扩展铁路线，以便于矿业企业将矿石运往港口——巨型的中国干散货轮正在那里等待装船出发。

整个巴伦支海区域的现实告诉我们，一个看起来空空如也的地方可以和一座生机盎然的全球城市一样具有世界性，与此同时，深入的地缘政治纹理亦可以令一个看似无政府状态的系统运转起来。此外，这里也日益成为一个超越本地区国家界限的文化社区。安德烈亚斯·霍夫曼（Andreas Hoffmann）博士是“北欧主义”（北方主义）项目的负责人，他从18世纪的画家和音乐家那里寻求北极身份认同的根源，并举办一系列挑战本地区肆意政治分立的常规展览。例如，他在挪威同俄罗斯之间结冰的湖面上举办冰球比赛，并在冰面上沿着两国的“边界”画出比赛的中线；又或者做出一个代表北欧四国边境区的棋盘，上面所有的棋子都是白色的，每走一步，棋子之间的身份就越加融合。在他主持的跨境咖啡馆（Transborder Café）的月度主题活动上，来自70多个民族的人们齐聚于这间舒适的咖啡馆中，提出区域性倡议，赞美本地的萨米文化。如今，远近的游客可以在这里享受到崭新而趣味盎然的旅游项目，例如参观巴伦支野生动物园，或者在体验北极苔原生存训练的同时用钢夹子捕螃蟹——这些个头巨大的堪察加螃蟹不久之前刚从俄罗斯引进，生长于本地的峡湾中。（过去10年，观赏鲸的人数一直在增长，然而随着水温上升，鲸已经迁徙到更远的北部。）

从北部而非侧面的全球观察，视边境为无物的极端气候生活，以及一种共同北极文化的塑造，促成了一种地理关系新思维的诞生。"中国如今也是我们的邻居，"霍夫曼开玩笑说，"它离这里不过20天的船程！"

到2100年，变得更为辽阔的波斯湾海峡预计将愈加湿热难当，人类在此处的户外安全活动时间将不超过几个小时。[10]20世纪见证了全球南方人口的增加与北方人口的消减。然而在21世纪，大批人口将从南方迁移至北方：在气温上升、干旱以及海平面上升三重灾害之下，赤道地区和南方的人口将会涌向气候更加温和、更适合农业生产的地区。加拿大和俄罗斯将成为巨大的农业生产基地，可以为全世界绝大多数人口提供口粮，如此一来，这两个国家如今几乎完全无人居住的地区将会出现经营农业的劳动者。随着时间推移，这些地区将会出现更为坚实的公路、铁路以及城镇。如今北极地区的人口只有400万，但在我们的有生之年，这里的人口将增至4亿。

管理一个越发拥挤而繁忙的北极区域将成为挪威的一项全职工作。"奥斯陆在中东的外交努力和诺贝尔和平奖不过是因富裕而生的奢侈行为。随着挪威的石油日渐减少，他们将会逐渐将重心转回北极，并在这里打造一种能够成功运行的新模式。"北极首席战略思想家、前巴伦支海秘书处负责人、现希尔克内斯市长鲁内·拉斐尔森（Rune Rafaelsen）如是说。拉斐尔森所言极是。一个世纪之前，在第一次世界大战结束时，挪威以非军事化为前提条件，向所有国家开放了其战略要地、资源丰富的斯瓦尔巴群岛，从而创造出了一种解决冲突的新模式。如今在斯瓦尔巴群岛最大的岛屿斯匹次卑尔根岛上，一个现代艺术博物馆正在建设之中，而在2008年，这里就建立了种子库——一个储藏了150万颗种子、覆盖数千植物物种的高科技设施。这些种子可以作为DNA（脱氧核糖核酸）备份，以预防全球性大规模农业歉收。

但北极地区本身可能就需要这些种子，因为如果全球的气温比现在升高4摄氏度，整个星球的加拿大和俄罗斯以南地区会出现大规模沙漠化和农业歉收。①事与愿违的是，俄罗斯西伯利亚以及加拿大西北地区融化的永久冻土层使得全球的北部纬度地区变成了一片大沼泽，每年释放的甲烷（一种温室气体）多达500万吨，而这进一步加剧了这些地区以南生态系统的消亡。未来全球变暖的主要表征将不再是中国冒烟的工厂或者洛杉矶拥挤的高速公路，而是加拿大和俄罗斯无边无际的苔原。也正因此，即便它们的地理特征成了气候变化的罪魁祸首，这两个世界上最大的国家无疑也是全球变暖的赢家。

北极地区人口激增后的情况可以参鉴南美。南美洲首先是被伊比利亚帝国主义者殖民，然后是非洲奴隶涌入，而在过去的两个世纪中，爱尔兰1845—1852年的饥荒、德国1848年的革命、日本“一战”时期的大米危机、“二战”大屠杀以及黎巴嫩内战等又送来一拨又一拨的游民。如今的南美具有极为丰富的生物多样性，实现了几乎完全的城市化以及种族混居。

在新兴的肥沃之地上，对90亿潜在人口的更积极再分配不仅可以使得这个星球变得更为开放，而且能使其更为公平、可持续以及高效率。在20世纪中期，对全球人口增长与食物短缺的忧虑曾经让不少法律学者发难，称在数十亿人营养短缺之时，几百万澳大利亚人无权拥有整个大洋洲大陆。随着人口密集的赤道地区迎来越来越多的干旱、农业歉收与荒漠化，北部高纬度无人区则日益融化、变暖、草木茂盛，涌入加拿大和俄罗斯的大规模移民是否会将这两个国家变成国际管制的农业产业殖民地？

因为这两个国家无法在短时间内承受新公民大量出现所带来的压力，初期的财务和行政成本势必需要由国际机构和投资者承担。但是，

---

① 2015年，叙利亚的常年干旱和内战使其成为第一个从种子库取种的国家。

俄罗斯和加拿大都会从人口的一倍或两倍增加中受益（加拿大人口可以增加四倍）。气候移民不会转移到贫瘠的地方：俄罗斯人口少于百万的城市超过十几个，其死亡率和移民率远远高于出生率。即使新的移民不会成为国家公民，他们的存在也会为政府和企业创造大量的经济活动。100 年以后，中国—西伯利亚地区可能会住满中国人和来自全世界的气候移民。

CONNECTOGRAPHY：MAPPING THE FUTURE OF GLOBAL CIVILIZATION

第四部
从国家到超级城市

第十一章　你建造，他们就会来

迪拜——世界之都

说到今日全球访客最多、最具多样性的不夜城，纽约和伦敦自然在列，昔日的巴黎也不辱此名。然而，不久之后以及未来很长的一段时间内，能不负此盛名的城市却是迪拜。位于东西方与南北方交会处的迪拜，正以傲人的姿态成为“世界中心”。

到2017年，每年访问迪拜的游客数量将超过伦敦或巴黎。坐落于迪拜塔底层的迪拜购物中心在2013年的客流达到7500万人次，位居世界之首。迪拜的外国出生常住人口占比超过90%，这使迪拜超过纽约（纽约的这一数字为38%），成为世界第一的“大熔炉”。迪拜机场的3号航站楼是文明的终极交会地，每年在此过境的游客远超任何其他机场——午夜到凌晨5点尤其如此。迪拜是真正的不夜城。凭借巨大的空客A380机队，阿联酋航空让迪拜成为唯一可直飞到全球每座主要城市的地方，而更大的迪拜世界中心机场还在加班加点建设中，到2020年迪拜举办世博会时，这座机场将可容纳每年2亿人次的客流量。实体连接是一项服务，迪拜就是这项服务的领先供应商。

从封建保守一跃进入后现代的迪拜举世无双。伟大的城市通常以持续发展来保持与时俱进，迪拜却代代自我颠覆，从珍珠捕捞到石油生产再到转口贸易，直至如今的基础设施、房地产、旅游以及服务业，迪拜的每一步都使得自己的体量翻番。根据麦肯锡全球研究院的连通性指数（Connectedness Index），通过对商品、服务、金融、人员以及数据流动的全面考核，全球只有六个城市可称为主要枢纽，这六个城市包括纽约、伦敦、香港、东京、新加坡以及最新的上榜者迪拜。[1]

迪拜是一种新型全球城市的先锋代表。除了在游乐园里全比例拷贝其他城市的重要古迹，迪拜并无意复制过往的任何伟大城市。相反，它正成为一座具有新型标识的新型城市，一个真正的全球节点，它的优点不在于其深厚的文化底蕴，而在于无国界的世界主义和无缝的全球连接。对于正在增长的以迪拜为家的几百万人口，在迪拜就是无处不在，这使得那些认为伟大城市必须深植于某处的传统观念相形见绌。

一座城市如何在仅仅一代人的时间内迅疾崛起并以独特身姿令全世界瞩目？迪拜的故事颇有启发。虽然早在500年前，迪拜就以珍珠交易著称，但这个当时被称为特鲁西尔酋长国的海上保护领地一直籍籍无名，直到20世纪70年代初期发现了石油，此处才在全球地图上赢得一席之地，与此同时，他们脱离英国获得独立，并仓促结成一个叫作阿拉伯联合酋长国的联盟（多少有点不情愿）。此后不久，世界上最早的自由贸易区之一在杰贝阿里（Jebel Ali）设立，依靠区域内资本和人员的自由流动，一座供欧亚油轮和集装箱货轮使用的大型中转站得以快速建成。到如今，这一贸易区仍旧是世界上最成功的贸易区之一。在杰贝阿里成为区域内最大、最现代化港口的同时，新晋的独立国家也门却滑向内战。也门的桂冠——亚丁殖民地——曾是英属印度最具战略意义的燃料补给港口，其位置曾有“阿拉伯贸易的主商场”之美誉，然而时至今日，这项桂冠已属于迪拜。

20世纪70年代，伴随着大量南亚劳动力涌入蓬勃的石油部门和服务性行业，阿联酋的人口翻了两番，黄金和纺织品贸易也出现激增。今天迪拜的人口中70%为南亚人，亚洲人让海湾地区显得更“西亚”而非“中东”。每年，从阿联酋流向印度的汇款达300亿美元，在印度2500万侨民的家乡汇款中，这一数字遥遥领先。当私人银行家需要为他们的高净值印度客户提供服务时，他们通常前往迪拜。而无论是巴基斯坦的布托家族还是最近被驱逐的军事领导人穆沙拉夫，迪拜都是首选流亡地。

作为全世界主要的区域间门户，迪拜同时满足了各大洲的需要。由于资本和人口的南南流动和南北流动扩大了自北向南和从西向东的传统流动，迪拜也成了整个新投资模式的管道。迪拜的年度投资大会如同一个普通人的达沃斯聚会，来自100多个发展中国家的成千上万人聚集一堂寻找投资。在这里，我遇到了摩洛哥的房地产开发商、埃塞俄比亚的奶牛场老板、俄罗斯鞑靼斯坦共和国的总统、印度的建筑业巨头，以及其他数十位企业家。对于这些人而言，能实现互相连通并找到供应链合作方式的便利之地就是迪拜。

在传统但富裕的朱美拉（Jumeirah）海滨区，审美标准与其世界中点的地理位置相匹配：法式糕点店旁边紧挨着印度莎丽服商店，汉堡王与中式按摩店并存，更是显出当地文化的同心性。在迪拜，商业与文化深入交融。迪拜与波斯文明的关系，为其濒临的霍尔木兹海峡与区内众多的伊朗裔人口（实际上1/4的迪拜原住人口都可溯源至伊朗）所塑造，而戕害地缘政治的逊尼什叶之争倒对它无甚影响。即便面对最为严厉的制裁，迪拜的银行仍旧在想方设法与伊朗进行融资贸易，迪拜海湾中满载着计算机和冰箱的独桅帆船不舍昼夜地驶向阿巴斯港。随着伊朗的外交破冰以及商业的复苏，迪拜也成为进入这个8000万人口市场的最佳入口。

阿联酋同样也对中国敞开了大门，如今，中国已经是其最大的贸易伙伴，超过25万中国人居住在迪拜（每年到访的中国游客则超过28万人），2000多个商家以迪拜为再出口枢纽，销售从建筑材料到玩具的各类进口商品。最近，中国国有银行的高层也来到这里，除了在此拓展泛阿拉伯地区的业务，他们还与欧洲以及阿拉伯的投资者一起谋划位于非洲的联合基建融资项目——对他们而言，迪拜正是这一项目的离岸跳板。

阿联酋航空在非洲的航线已经超过了所有对手。迪拜世界港口公司的基建项目遍布塞内加尔、安哥拉以及吉布提。居住在迪拜的索马里人有3万之众，4万肯尼亚人亦分布于迪拜的各行各业。非洲最为年轻的亿万富翁阿希什·塔卡尔（Ashish Thakkar）是印度裔乌干达人，他以从迪拜的集市收购二手电脑配件起家，如今他在迪拜之外经营着IT、地产、制造以及社会风投等多种业务。

20世纪中期诞生了两种后殖民地国家：一种是那些现代基础设施涌现的国家，另外一种则是在殖民地基础设施上苟延残喘的国家。印度和阿联酋走上如此极端不同的发展道路并非宿命。在英属印度时期，海湾的阿拉伯人涌入印度，从那里将钱寄回家。今天，人口的流动完全逆转。印度的确没有石油，但也不是非要把农业社会主义作为经济发展的指导思想。

阿联酋的新兴能源产业和对移民者的开放态度吸引了大批南亚人的到来，这其中就包括我的家族。我们家在20世纪70年代离开印度到此，当时我还是个孩子。我们驱车跋涉，从阿布扎比到迪拜，一直开到阿拉伯海的豪尔费坎海滩，沿途处处是柔软的沙丘，而整个旅程看起来似无尽头，而且我们车上没有空调。

尽管从法律上看，阿联酋已经统一了超过40年，但七个酋长国在基础设施上联合为一个高效的沿海群岛，却是数十年经济现代化和基建投入的结果。自拉希德·本·赛义德·阿勒马克图姆酋长（Sheikh Rashid bin Saeed al Maktoum）推动建设杰贝阿里港开始，迪拜就一心想要将自己建设得更大、更高、更为美好。20世纪80年代末，伊玛尔地产（Emaar Properties）的董事长兼迪拜首领穆罕默德酋长的重要顾问穆罕默德·阿拉巴尔（Mohamed Alabbar）就先被派到新加坡学习五年。

这段经历后来被他比作是在巴西足球的鼎盛时期进入了足球训练营。当归国之时，他已经相信，高楼大厦不仅仅是物质现代化的体现，同样也事关体制现代化。

迪拜以其世界一流的基础设施向世人证明，一个全球性枢纽与一个便利的交通要塞是两码事。的确，如今“迪拜”这个词已经不再是一个单独的地名，作为商业和人口中心，它已然成为整个连通国家的代名词。如今，迪拜、沙迦和阿治曼实际上已经扩展为一个大城市群，阿布扎比的石油能源扩张则使得城市发展更趋向杰贝阿里，如今杰贝阿里已经成为迪拜的卫星城，迪拜的无人驾驶高架地铁的最后一站就在此处。依靠阿布扎比的雄厚财力支持，北部的几个酋长国，乌姆盖万、富查伊拉以及哈伊马角也在加紧发展自己的港口和旅游产业，主要的公路如今纵横交错，将沙漠中这七座绿洲相互连接起来。尤其是因为阿布扎比在金融危机期间对迪拜施以援手，人们愈加视阿布扎比为阿联酋的核心。尽管这几个酋长国之间仍在为航空公司的声望、摩天大楼的高度以及酒店的星级相互竞争，它们之间的关系却变得日益协调。正如瑞士在数个世纪以来一直以城市国家而闻名，如今的阿联酋也变成了城市国家，一个内部劳动有机分工、身份认同不断深化的分治联邦。

与后殖民时代好斗成性的世俗民族主义不同，迪拜也为一个新的更广阔的阿拉伯身份认同创造了机遇。如同旧时的开罗和贝鲁特，如今的迪拜已经是阿拉伯世界的实际首府，是阿拉伯权势阶层的交会之所。从黎巴嫩内战到美国入侵伊拉克再到“阿拉伯之春”，迪拜一直是地区各种不幸的受益者。成千上万的黎巴嫩人、埃及人、叙利亚人、伊拉克人以及其他各国人等，在自己祖国前景黯淡之际，汇聚到这里寻求避难。顶级的阿拉伯银行家、艺术家、企业家以及运动员都来此定居，而阿联酋则巧妙地给予其中部分人以公民身份。因为持阿联酋护照越来越容易在全球通行，这些来自失败阿拉伯国家的人也开始为阿联酋国籍展开竞争，他们视阿联酋国籍为安全的保证与进入世界其他地区的通行证。

阿联酋的崛起招来了深深的嫉妒，也造成了严重的人才外流。这里文化创造力深厚传统的缺失惹恼了不少新晋的居民：来自开罗、贝鲁特、巴格达以及大马士革等阿拉伯历史与文化中心的知识分子和艺术人士难民。但这也正是为何迪拜不应该与其前辈们相比之处。迪拜要做的不是取代这些地方，而是为来自这些地方的幸存者提供一个舞台。

当其他地区为阿拉伯青年转向暴力而沮丧之时，来到迪拜的青年人却将精力投入各种类型的创业中。克里斯·施罗德（Chris Schroeder）在其著作《创业崛起》（*Startup Rising*）中就此做了生动与充满期待的描述，从迪拜出发的投资者和创业家们已经在阿拉伯世界尤其是他们自己的国家展开了移动教育、电子商务、手工陶器、太阳能电池生产以及外包业务等众多创业项目。从摩洛哥到约旦，每一个阿拉伯国家都希望在自己国内建成一个迷你迪拜，以开启迈向现代化的征程。2015 年，埃及与阿拉巴尔的公司（Capital City Partners）签约，准备在开罗和红海之间修建一座与新加坡同样大小的新城，以期解决开篇的交通拥堵顽疾。[①]

更广泛地看，迪拜几乎可谓世界上所有财富暴发城市的榜样。阿塞拜疆炫目的首都巴库，被人们誉为“里海的迪拜”，而安哥拉的首都罗安达这座永不停歇的施工城市，则渴望成为非洲的迪拜。资源丰富的国家向来都高居不快乐国家排行榜的前列，然而根据 2013 年《世界幸福报告》，阿联酋的幸福指数排名竟然超过了美国和卢森堡，高居中东国家之首，而中东却是世界上最不幸福的地区。

迪拜的成功也对西方民主更优越这样的理论假设提出了挑战。虽然有越来越多的呼声要求对阿拉伯的统治者们进行问责监督，他们还是迅速从封建（和争斗）的部族华丽转身，维系了以君主制为稳固基础的混合型技术专制。这里“混合”是关键：迪拜已经成为世界自由贸易区发展的中心。迪拜的总体规划是一场吸引各类供应链及卓越中心的战略演练。任何一种全球流动都可以在这里找到对应的实体自由贸易区。媒体

① 同样，总部位于迪拜的Buroj地产也签约了一项 40 亿美元的合同，要在波斯尼亚首都萨拉热窝外建设一座“旅游城市”。

城会聚各路卫星电视台，互联网城会聚了网络公司，医疗城会集了医疗与制药企业，其他如纺织村、汽配城、地毯自由区、迪拜生物科技等也是不言自明。今日整个阿拉伯世界的经济特区超过200个，其中超过3/4都集中在阿联酋，尤其是迪拜。未来，迪拜物流走廊（Dubai Logistics Corridor）将把杰贝阿里与迪拜世界中心机场以及多个经济特区相连接，形成一个200平方公里的自由贸易区，而整个城市也最终会成为一座自由贸易城。当一座城市累积了如此密集的经济、行政、商贸、物流、金融等特区与机构分层，这座城市也就成了王室掌控无形供应链系统之地。

迪拜的实际治理非常复杂，以至于经常很难搞清脚下的土地到底受哪部法律所管辖。例如，金光闪耀的迪拜国际金融中心（DFIC）就是受巴黎国际商会的商事仲裁法管辖。近年来，阿联酋地方法庭已经把国内管辖的案件交给迪拜国际金融法庭处理，这有效地推动了法律纠纷的横向离岸，使得纠纷可以得到更为合理的裁决。同样，在媒体城，网站访问与审查制度就完全与国内其他区域不同，因为这一经济特区是BBC（英国广播公司）、CNBC（美国全国广播公司财经频道）、路透社和其他国际媒体的所在地。外国人经常在离岸“创新区”建立公司，而这些区位于（在岸）的富查伊拉等其他酋长国内。这样的制度使得外国人获得了居住许可，如此他们又可以在岸设立全资公司。

统治阶级清楚地知道，如果不是以更好的国际标准来管理每个领域，迪拜不过就是个货运转口港。更为重要的是，为外资运营的贸易区开放大门，也是在为后石油时代铺路。迪拜如今75%的经济收入来源于建筑、房地产、金融、制造、零售以及其他服务。危机之后迪拜经济的迅速回暖已经证明，将政府和公司携手并进看作裙带主义，不过是理论的教条主义而已。[2] 在现实世界，这是战略经济生存的需要。

沙漠拥有无垠的空间，但只有拥有现代化的海水淡化与灌溉技术以及空调，人类才能在更大的范围内开发沙漠，否则，纵然有坚韧的毅力，人能做的不过是像贝都因人那样横穿撒哈拉以及海湾地区传说中的鲁卜哈利沙漠（Empty Quarter）。通过充分利用现代技术，迪拜计划以无限复制的形式不断向南部鲁卜哈利方向扩张，未来其地产开发项目所占区域将超过北京、伦敦、巴黎、纽约、巴塞罗那和其他几个世界主要城市的总和。雷姆·库哈斯（Rem Koolhaas）这位大胆而率真的建筑理论家及实践者已经制订了一个总体规划，他将在迪拜与阿布扎比的中间位置修建一座崭新的可容纳150万人口的海滨城。他相信，作为“初级形态都市”的实例，这座新城将成为一种可复制的城市模板，能够在中东及亚洲的大都市圈区域迅速建造新的人口中心。

迪拜本身的部分基础建设仍待加强，例如它需要建立合理的街道编号系统，也需要建设更多的公立医院。随着人口的增长，一旦海水淡化厂出现问题，迪拜的储存淡水仅够人们使用两天。（迪拜已开始在沙漠深处的盆地钻探水源。）无论地上、地下还是海边，迪拜都仍需要基础建设。长期以来，西方的经济学家一直低估新兴市场的需求，他们对在沙漠中建造奇幻城堡的迪拜等横加指责，但是，若没有基础设施，这些地区就不会有充足的工作以及足够的经济多样性，其应对变化的弹性也会不足。

在迪拜，即便是来自欧洲福利国家的人也能在这里感受到生活质量的飞跃，因为以前的高税率在这里变成了零税率，以前需要双收入才能维持生活，现在单收入也可以活得奢华。迪拜的这种“美好生活”其实无需激进的新方法加以诠释，因为西方社会也是在引进劳动力的基础上发展起来的，从殖民奴隶制到后殖民时代的移民，再到作为下层阶级的外籍劳工，无一例外。同样，伦敦和洛杉矶的国内工人生活在平行的经济与社会宇宙中。在所有的全球城市中，这种隔离不过是第一世界与第三世界人口互利合作的结果。正是数百万南亚劳工连续数月甚至数年的埋头苦干造就了阿布扎比、迪拜以及多哈等各处那些金光闪闪的标志性建筑。他们建造了这些高楼大厦却永远不会住进去。人们对这些人的看法不一，多数人对他们视而不见，其他人则会表示深深同情，对他们抱有感激之心的则凤毛麟角。西方人如今生出了一种虚伪的善念，他们享受着新中世纪主义所带来的舒适却又不愿承认。但在迪拜（和新加坡），人们却不会这样。

金钱早已取代阿拉伯语成为迪拜的官方语言。这里的日常交际用语也变成了英语、南亚印地语以及乌尔都语。但是，将所有人紧紧黏合在一起的是对稳定、繁荣以及连通的欲求。迪拜已经变成了躲避宗教极端主义者的安全港：迪拜的安全机构、监控技术以及政治触角使其能够确保极端恐怖分子不会在这块土地上兴风作浪。迪拜不可避免地成为一个繁荣的电子品黑市、洗钱天堂、各国黑帮及其犯罪网络的桥头堡。从谢赫·扎耶德路（Sheikh Zayed Road）的五星级酒店到德拉（Deira）破旧的旅馆，供给定律显然打败了伊斯兰禁止通奸及卖淫的禁令。毫无疑问，许多阿拉伯人到迪拜就是为了抛却穆斯林的清规戒律。

如果有哪座城市体现了“你建造，他们就会来”这句话，那么这座城市就是迪拜——世界上发展最快的城市。从 1968 年到 1975 年，迪拜的人口翻了两番；从 1989 年到 2009 年，迪拜人口再增加一倍；预计到 2020 年，迪拜的人口会再次翻番，达 450 万之众。在华尔街失意的美国人，寻求低税率的欧洲人，逃离贫困与暴政的非洲人，带着大把钞票的印度人、俄罗斯人以及伊朗人、菲律宾的酒店打工者，中国的企业主，都会聚于这座属于另一个世界的都城。当欧洲国家对移民厌倦之时，阿联酋却正在以前所未有的姿态拥抱他们。

因此，迪拜不仅是阿拉伯世界的大熔炉，也是走在前列的全球性大熔炉。迪拜是一个反民族国家的国家：这里几乎没有剩下多少原住居民。实际上，迪拜可能是世界历史上种族色彩最为淡化之地。来自世界各地的各路移民正在创造的是一个令人充满敬意之所，这里既充满世界多样性，又绝无身份认同的单一性问题，每一个居住区都是一个地球村。

雷姆·库哈斯曾经鼓吹，迪拜是“最后一块可以镌刻新身份认同的白板”。[3] 实际上，这座城市本身就是传统的身份认同从传统民族国家向后民族国家城市中心转变的最重要实验。先前，外国人被允许在迪拜或新加坡的平均逗留时间为两至三年，如今这一限制已经不复存在。外国人已经成为永久居民。人们在迪拜扎根越久，过客心绪就会越淡，而期望以努力追求综合与累积回报的移民心态则越来越浓厚。迪拜很多企业已经为外国人运营多年。无论公立还是私营部门，任何一个阿联酋人的工作都有一众外国人的支持。随着在个人以及职业上的成功增长，外国人开始兴办学校，为阻止海滨的地产项目发起请愿；他们展开游说，以求获得以财产所有权为条件的永久居留权；他们竭尽所能去参加领导人用以倾听与收集民意民情的重要议会集会。对于外国人而言，随着时间的推移，迪拜已经变得和祖国一样，变成了他们的"家"。

然而，在阿联酋非公民没有不可剥夺的权利。严格而言，他们是一批投资者选民。即便外国人在此居住了数十年，并且除此之外再也无家，他们也必须每隔两到三年更新他们的居留许可。虽然越来越多的人觉得自己会在迪拜工作甚至最终在这里退休（这里比墨西哥安全多了），但在这里，几乎所有人都生活在一种"永久过境"的矛盾之中，而在这种状态下，他们从法律上讲是二等公民。迪拜当局有权把任何人从这里撵走。

统治者首要考虑的是阿联酋国民。数代以来，阿联酋国民一直是这个国家忠实的子民。他们被赋予高额补贴，以保其衣食无忧。依据一项名为阿联酋化的高级平权法案，阿联酋国民在外国公司中必须要得到升迁。在最重要的房地产市场，他们也有优先权。不过，极度的财富也催生了严重的生活方式疾病，例如男性的肥胖问题以及女性急剧下降的生育率（如今这里的生育率位居世界最低行列）。阿联酋国民所占比重的无情下降，被阿联酋最著名的异议知识分子阿卜杜哈奇·阿卜杜拉（Abdulkhaleq Abdulla）称为"在自己国家做一个少数派的痛苦"。[4] 他感叹说，阿联酋国民在数量上如此之少，在重塑国家的力量上如此之弱，能够享受迪拜这一全球现象的时日无多。在 2012 年迪拜艺术节期间，我们曾坐在一起参与公众讨论，当时他使用了一个恐怕只有他才可以在公众场合使用的词："灭绝"。这词用得好像是当菲律宾或者欧洲精品店老板以阿拉伯语“平安与你同在”向同样的外国客人问好时，他是在向一个业已不存在的本地群体表达敬意一般。

再过 10 年，阿联酋人在这个国家将变得越加无足轻重，越加成为备受呵护的本地稀有之物，届时统治者也就不得不全然接受他们自己所创作的这个独一无二的世界性项目。很快这里将成为一个全部由外国人口构成的国家。酋长与外国人之间向来互惠互利，但独特的人口结构与连通性也带来一项现实风险：一旦出现灾难性的打击——无论经济上的还是地缘政治上的——蜂拥而至的人群是否也会争先恐后地放弃这场免税的外遇，转而重归故里的残酷之境？

作为一个全球都城，迪拜如果想要人们对它有更长久的忠诚，就需要给予其居民更多权利，而不仅仅是让他们沉浸在每周 7 天每天 24 小时的便利之中。举个例子，迪拜当局应该考虑为非阿拉伯人提供永久居留权①。要想从一个居民“永远是外国人”的城市转变为属于每个人的“全球化之家”，迪拜就需要构建一个自由与义务更加平衡的系统，让任何一个以迪拜为主要居住地的人都应该可以自豪地称自己是迪拜人。

对于极度混合的人口与经济力量，迪拜就是一个实验室。虽然未来并不确定，但是这项实验会持续进行，实验的结果不仅会影响迪拜，也会影响我们所有人。正如城市学者丹尼尔·布鲁克（Daniel Brook）所言：“为迪拜的道歉就是为其所代表之世界的道歉。”[5]

第一停靠港

2013 年 11 月，我飞到沙特阿拉伯的吉达，然后开车前往一个尚未

① 目前，非阿拉伯外国人的入籍仍然受到限制，全凭机遇。在为数不多的几个为人所知的入籍例子中，申请人在此居留的时间都在 30 年左右，而且获得国籍者都是穆斯林，且在国内有强大后台。

出现在地图上的无名之地。这是一座建设中的新城，它位于红海沿岸，既囊括了消费商品、汽车装配、信息技术产业等经济特区，也配套有容纳 200 万以上人口的居民区。这座叫作阿卜杜拉国王经济城（KAEC）的城市已通过首次公开募股在沙特的证券交易所挂牌上市，公司首席执行官法赫德·拉希德（Fahd al-Rasheed）称，这是“世界上第一个全集成私人城市”。[6]

“迪拜效应”对阿拉伯世界的一大影响是，新的港口都在力争取代阿联酋杰贝阿里，成为阿拉伯半岛区域蓬勃市场的新门户——沙特尤其如此。杰贝阿里具有先发优势但无地理优势。一旦阿卜杜拉国王经济城的超现代新港口在 2020 年左右投入运营，沙特阿拉伯就可以在从地中海经苏伊士运河到红海的集装箱货运贸易中独占鳌头。届时，货运时间会缩短，商品则通过跨越广袤沙漠的陆桥，沿着高速铁路和十车道高速公路高效输出至麦加、麦地那、利雅得以及更远的地方。阿卜杜拉国王经济城是沙特阿拉伯赢取巨量物流业务的武器，而牺牲掉的将是杰贝阿里。

阿卜杜拉国王经济城不仅仅是一家商业企业，也是战略所需。数十年来，诸如达兰与达曼等沙特东部的军事与石油设施一直在地缘政治中占有重要地位。对于利雅得的沙特皇室及其美国保护者，保持石油的流动以及牵制伊朗和伊拉克一直是沙特王国的战略重点。但是，随着沙特原油生产的衰竭，这个国家必然不能只依靠自身的地质优势，而必须对地理优势加以利用。通过建设一个类似于阿卜杜拉国王经济城这样一个全球物流枢纽，沙特可以加入石油之外的其他供应链之中。

对阿卜杜拉国王经济城的投资建设具有重大意义，这不仅是因为它将充分利用这个国家的红海地理优势，也因为它能够为沙特的未来带来就业与教育。同其他阿拉伯国家一样，沙特阿拉伯面临着一场人口危机：其人口从 1950 年的 300 万增加至今天的 3000 万，且其中有一半人口年龄在 25 岁以下。在 2020 年以前，这个国家需要将其 400 万的住房单元增加至 800 万。截至目前，超过 50 家企业已经在阿卜杜拉国王经济城购买土地，兴建厂房。捷豹路虎已宣布计划在此建造一个新的总装厂，这使其变成了向其他阿拉伯国家以及地中海地区出口高档车的区域中心。这实在是非常合宜的，毕竟吉达是沙特阿拉伯女性争取驾车运动的发源地。经济开放与投资总是会带来社会结构的改变，无论大小，沙特阿拉伯亦不例外。教育、医疗保健以及行政部门的就业岗位将会增加，女性则将填补这些岗位——特别是考虑到沙特正寻求降低进口劳工的巨额占比以降低沙特人的失业率，以及女性失业率比男性高四倍的现实。①

在经济城我遇到了哈佛商学院的初创城市与城市经济竞争力专家约翰·麦康伯（John Macomber），他认为这里具有蓬勃发展的潜力。他的建议是新的城市在破土动工前就要确立一个明确的目标，此外，新的城市还要建设有竞争力的洁净的基础设施（高格局低运营成本），要在总体规划中就将密切相关的工业区设计成集聚模式，要发展混合用途的商业和住宅空间，要提供一个透明的监管环境，要提供优质的管理和服务，要有一个侧重于发展而非房地产的可行经济战略。

沿着布满足球场和海滨咖啡馆的经济城红海海滨大道慢跑时，我发现很容易会产生如下的念头：一个毫无拥堵的新城，会吸引成千上万的沙特年轻人远离拥挤的城市，来此生活与工作。新城市有助于缓解密集与低效率的人口状态，将人们的精力解放出来，投入有更有回报的目标之中。这些崭新的活力中心将提振整个王国，虽然他们也会消解利雅得方面的权力。

吉达连接着沙特阿拉伯数个新城，它正在变成该国的红海之都。在7世纪，这个籍籍无名的古老渔村以及乌龟壳、香料和乳香等物的转口港，被神化为圣城麦加与麦地那的大门。随着时间的推移，这片富饶的海滨绿洲早已变成一座超过500万居民的繁华城市，而绵延数百公里的

① 阿卜杜拉国王经济城同时也是这个国家第一个专门创新实验室SiNova的所在地。这个实验室旁边就是阿卜杜拉国王科技大学。该大学是与西方名校合办的学校，以环境科学与作物工程为重点学科——这些都是沙特后石油经济与就业促进性经济的重点领域。

新城市群也以它为中心。如同这座海洋城市本身的特性，这座城市的商业亦现代而包容，内在上就具备世界开放性。

宗教生意也成为吉达地区的强大发展推动力。开车一路向东，我目睹了众多在建项目，这些建设项目或旨在创造就业，或增进经济多样性，抑或是为了游客提供服务。每年进入麦加和麦地那的游客达1200万，并且人数仍在继续增长，他们中1/4是前来朝觐的信徒。快到麦加时，我看到大量的拖拉机和起重机，它们正忙着在石坡上修建高速路和环形交叉口。环绕着大清真寺的三座小山已经被夷为平地，因为这里要修建多个大型酒店（其中包括世界上最大的酒店Abraj Kudai酒店），还要建造一座令大本钟亦相形见绌的钟楼。手提钻日夜不停地轰鸣，建设者要在清真寺旁增添一个巨型花岗岩建筑，同时还要建起一座多层的高架人行道，以便拥挤的朝圣者可以环绕着那座巨大的黑色天房向心而行。

沙特增速最快的新客源地，正是伊斯兰教信徒增速最快的大洲：非洲。6万年前，人类最早从非洲到美索不达米亚的迁徙主要依靠两条通道：从西奈半岛的陆路，或者从曼德海峡穿越红海。在本轮气候变化周期之前，曼德海峡和白令海峡一样，水位要比现在低100米。如今，一座连接吉布提和也门、长达54公里的宏伟大桥正在规划建设之中，再过一二十年，跨越曼德海峡将会变得更简单。新的非洲—阿拉伯连接将呈现一种奇异的现象：海峡两边的城市都叫阿尔努尔（Al-Noor），意指真主的引导之光。在阿拉伯这一侧，阿尔努尔将连接也门的首都萨那，而一条正在修建中的长750公里的道路（由世界银行提供资金，中国人负责修建）则将萨那与沙特阿拉伯的汉志（Hejaz）连通，不仅如此，依靠沙特不断拓展的基础设施网络，这条路可以一直延伸到迪拜。在非洲这边，一张更为庞大的公路网从吉布提的阿尔努尔扩展开来，连接起亚的斯亚贝巴、喀土穆和内罗毕等东非主要经济中心。

想要取代杰贝阿里成为阿拉伯半岛第一贸易港口的沿海主要枢纽并非只有吉达。如同阿卜杜拉经济城会拿下经苏伊士运河而来的欧洲货运，昏昏欲睡的阿曼苏丹也可能在印度洋上加以效仿。如今印度洋上的海上丝绸之路贸易风起云涌，汽车、电子产品、医药、化工、纺织以及众多其他商品的集装箱船从这里驶向西方，而大部分原油以及液化天然气则从这里运往东方。在杰贝阿里卸下的货物，实际上超过70%都是运往沙特阿拉伯的，但在此之前，它们必须首先经狭窄而险恶的霍尔木兹海峡进入波斯湾。2012年，阿联酋与沙特Al Ghuwaifat边界线的清关延误导致大堵车，5000辆货车绵延30公里，一个多星期之后才得以全部通关。①

尽管阿曼在萨拉莱等主要城市附近有众多港口，杜古姆（Duqm）的新港口才是这个国家的第一个完全集成港及供应链枢纽。该港口与荷兰的安特卫普港合作，并由新加坡人管理，光是自由贸易区面积就有三个新加坡那么大。这里的货运铁路和高速走廊可直通北部的首都马斯喀特以及阿联酋，且最终可穿越鲁卜哈利沙漠直抵沙特阿拉伯。如此优势可以使所有的出口商都忘记杰贝阿里，穿过边界线进入沙特阿拉伯的货车大潮也会因此变成细流。一旦阿卜杜拉经济城和杜古姆港建成并投入运营，杰贝阿里就必须实现转型，在“阿布—迪拜”走廊发展多元化的物流和地产经济。否则，杰贝阿里的人工棕榈岛工程恐将陷入十分落寞的境地。

供应链会自动调整以追随流动逻辑，它总是会寻求到达目的地的最有效路径。在战略基础设施的另一个战场——油品码头方面，阿拉伯半岛上周边的港口竞争同样激烈。目前，每天有1800万桶原油要通过险峻的霍尔木兹海峡（这占1/3的海上石油货运量以及20%的全球原油贸易量）。沙特阿拉伯、科威特和伊拉克85%的石油出口都倚赖这条海峡，这些石油会经由印度洋和马六甲海峡运往中国、日本和韩国。卡塔尔主要的天然气出口同样如此。一旦霍尔木兹海峡上的能源运输出现问题，阿联酋会让客户在海峡的阿曼湾这一侧的富查伊拉港装船。与此同时，

① 每年超过300万人及200万车辆出入该边界。

伊朗石油的运输同样需要通过霍尔木兹——当然这首先需要伊朗完成阿曼湾贾斯克港口的大型油品出口码头建设。同马六甲海峡一样，霍尔木兹也是一个地缘政治要塞，这也是为何阿联酋和伊朗都在围绕着它建立外部通路。

专栏：拉各斯——非洲的世界城

若“迪拜效应”能在非洲生根发芽，则必然会是在非洲最大的城市拉各斯。拉各斯的州长巴巴敦德·法肖拉（Babatunde Fashola）初次访问迪拜时就感叹说，迪拜是一座“义无反顾、勇往直前的城市，让我觉得脚下踩着风火轮”。

拉各斯不仅是尼日利亚的经济中心，也是周边十几个国家的中心城市。当我沿着这座城市西部的轻轨线一路开车前行时，很容易就会想到这条动脉势必会继续向西，穿过贝宁、多哥以及加纳的阿克拉，最终抵达黄金海岸科特迪瓦的阿比让。这将是一条跨越四条国境线近5500万人口的城市走廊。这几个国家已经从奴隶贸易的中心携手进阶为供应链的枢纽。资源丰富的尼日利亚和加纳正在将它们中间的几个前法国和德国殖民地英语化。贝宁更像拉各斯的郊区而非一个国家，就像保加利亚（欧盟最贫穷的成员国）实际上是伊斯坦布尔的郊区一样（我将它们连接成的走廊称为“伊斯坦保加利亚”）。任何有兴趣理解西非新动力的人，哪怕仅仅是为了自保，也需要有一张这一城市群的详细地图。

拉各斯的经济规模已经可与肯尼亚相匹敌，因此它也变得越来越更像一座准独立的城市国家和地方首府。阿布贾的联邦政府减少了对这座城市的预算支持，但下放的权力也推进了它的自力更生。州长法肖拉提高了市民税税率，然后用60%的城市预算修建了道路，配置了垃圾车，建成了一个中国风格的快速公交系统，并且增加了公务员人数。[7]与其说拉各斯属于尼日利亚，不如说尼日利亚更需要拉各斯。

尼日利亚至多算一个联邦国家而绝非一个民族国家。这个国家的主要种族超过300个，其中约鲁巴人控制着西南部，豪萨人控制着北部，而伊博人控制着东南部。20世纪60年代，这里曾上演种族灭绝的比夫拉战争，当时的伊博人曾经试图脱离尼日利亚，却以失败告终。今日的暴力活动则主要集中于北部，在那里，惨无人道的恐怖组织“博科圣地”发动了穆斯林叛乱。一些人认为，最初“博科圣地”是由尼日利亚军方搞出来的，为的是给巨额安保预算找一个合理的理由——当时这一预算已经占到GDP的1/4。这显然是一个非洲版的自食其果的故事。[①]其他人则指控是穆斯林国会议员煽动了“博科圣地”叛乱，造成了国家动荡，引发了近半全国人口的分裂。

虽然投资者高呼尼日利亚为非洲繁荣的巨大引擎，建筑师称颂拉各斯是非洲大陆复兴的样板，但在残酷的内战下，为了实现管理可控，这个国家的走向更可能是进一步联邦化。这也许就是最好的结果，因为粉饰的统一不但成本高昂而且也无法长久。尼日利亚更应该将重心转向现代化的实现，遏制石油部门的腐败，以及为超过50%的失业青年，尤其是农村地区青年创造就业。（在统计学上，男性青年的失业率是社会和政治动荡最为显著的关联性因素之一。）

拉各斯是尼日利亚惊人贫富差距的缩影。在中央维多利亚岛区的精细沙滩上，来自欧洲、非洲以及阿拉伯的足球队一起角逐由企业赞助的足球比赛，伴随在旁的是价格高昂的饮品以及着装暴露的啦啦队。在附近的莱基半岛（Lekki Peninsula），一个叫作大西洋新城（Eko Atlantic）的高级“智慧城市”区正在建设之中，未来这里据说将拥有可以观望海景的高档住宅。然而在这两者之间，街头少年帮派把控着海滩的入口，向来者收取车辆保护费，在浮桥上骚扰行人。十几公里之外，我付给武

① 原文用的是blowback一词，这是美国中央情报局创造的术语，简单意思是“一个国家收获了它所播种的东西，即使它并不完全知道或了解它所播种的东西”。——译者注

装匪徒两大捆奈拉（尼日利亚货币）才得以划着一只破旧的独木舟驶入臭气熏天的沼泽地——马可可（Makoko），10万多人的居住之地。2012年，法肖拉曾让武装警察带着链锯来捣毁这座浮木上的贫民窟，结果毁誉参半。拉各斯的人口已从1970年的140万增长到今日的1400多万，法肖拉看起来不过是在模仿孟买的作为。孟买同样是一座运转不灵的半岛之城，充斥着奢华与赤贫，活力与轻浮。但是对于像拉各斯这样的区域磁场而言，清理大街与地下通道绝非只是把人赶走这么简单，因为人还是会源源不断地涌来。

第十二章　规划超级城市

迅速崛起的城市

美国国家情报委员会最新发布的《全球趋势2030》报告提出，未来世界非常可能成为一个“非国家化的世界”。在这种前景中，城市化、技术以及资本积累将一起通过资本主义的力量有效推进经济特区的崛起：“就好像中央政府认识到自己改革能力的不足，转而将这一责任赋予其他方。在这些飞地中，包括税收规范在内的法律都是由外部力量设定的。很多人相信，外部力量更有可能推动这些特定区域的经济腾飞及发展，并最终为国家的其他地区树立榜样。”[1]

我对这一精彩分析的唯一不认同之处是，它所描述的并非2030年的世界，而是2013年的世界。早已经有数十个国家放下面具，不再假装还能够履行提供“公共产品”的职能。如今能够提供公共产品的是以“特区”形式出现的市场。这些特区很大程度上是受“外部力量”推动运行的，这个外部力量就是供应链。

纵观历史，城市发展模式始终如一：城市进行商业的自我开拓，然后成为其内陆地区的首选门户，跨越山河边界与其他的城市和势力相互结盟形成连接。在2000年前，提洛岛（希腊神话中阿波罗的诞生地）等希腊港口城市就建立了最早的自由港体系，形成了一个覆盖腓尼基和其他地中海文明的交易网络。1000多年后，欧洲中世纪的汉萨同盟诸自由港，包括不来梅、吕贝克、汉堡和但泽等，成功地帮助欧洲多国君主维系了自主独立。文艺复兴时期，威尼斯和热那亚等意大利城邦的贸易转口港也在数个世纪中保持了领先地位。之后则是香港和新加坡等英国殖民地港口的天下，这些城市最初就是按照一个自由贸易区设计建造的。

“二战”之后，制造业和出口竞争导致许多经济节点从爱尔兰的香农转移到了美国边境，波多黎各和墨西哥的外资工厂区都被重新划定为外贸区或出口加工区（EPZ），以吸引廉价劳动力和投资，赢取市场份额。[2]20世纪60年代，联合国工业发展组织开始把经济特区作为一种基础设施及发展模板进行推广。尽管该组织认为经济特区只是一种暂时现象，是一种快速发展经济体才需要的非常规组织形式，但实际上，经济特区却变成了世界上普及最快的一种城市发展模式：如今世界上的经济特区数量已经超过4000个，它们构成了功能供应链世界上一个个迅速崛起的城市。

城市可以被看作一项古老的社会工艺，是将人集中到一起并展开密集而有效劳动分工的基础设施。但是人的快速城市化仅仅意味着人在涌入城市，却不代表城市已经为人的到来做好了准备。因此，在今天，成功的经济战略必须包括能够吸纳人口以及推动社会现代化的战略性的城市投资。

特区已经被证明是不发达国家实现连接与发展的重要催化剂。1979年，邓小平将位于香港北部、当时还是一个渔村的深圳设定为中国的第一个经济特区。如今，深圳已经发展成为一个拥有1500万人口的繁华国际枢纽，人均GDP在30年间增加了100倍。[3]同样是在1979年，毛里求斯开设了第一个纺织经济特区，这使得该国的年均经济增速达到了6%，国内失业问题也近乎全部解决。多米尼加共和国的第一个服装加工特区创造出10万个工作岗位，并且降低了该国对农业的依赖。在冷战后期，第三世界国家要求建立新的国际经济秩序，确立全球性的再分配方案，其中包括要求工业从北向南转移，增加对发展中国家出口的价格支持，降低关税，推进有效的全球食品援助计划。但这些要求招致了过度借贷、坏账、难以遏制的通胀以及严重的违约。城市化以及与全球供应链的连接则被证明是一种更为行之有效的发展方式。

经济特区及其服务的供应链代表着一块单独的领地。投资者愿意到经济特区是因为这里有低成本劳动力，可以避免监管骚扰，与此同时，政府需要外国投资前来创造就业，培训工人，出口相关技术技能以及为其他地区提供示范效应。到目前为止，牺牲部分国家主权以成为世界供应链中的有力一员已被证明是一个双赢策略。

20 世纪 80 年代和 90 年代，以呼叫中心、软件编程以及物流管理等为重心的工业园与科技集群新浪潮开始同时席卷发达国家与发展中国家。它们的学习榜样就是美国业已建成的帕洛阿尔托斯坦福科技园以及北卡罗来纳州的三角研究园区（该园区在 20 世纪 80 年代也变成了外国贸易区）。得益于移民人才、德州仪器等跨国企业的投资以及印度软件技术园这一新机构的支持，班加罗尔和海得拉巴成了今日印度 IT 业的两颗耀眼明珠。

自取得独立后，印度人口在 65 年时间内翻了两番，达到了 12 亿，但印度在最近几年才开始致力于基础设施的现代化。在如此的欠发达国家中，经济特区对于詹谢普尔这样的印度东部百年企业城而言还是个新事物。詹谢普尔是印度第一个计划工业城市，由于它的创建者是贾姆希德吉 · 塔塔（Jamsetji Tata）家族，因此这座城市还有个更常用的名字：塔塔纳格尔。印度从来不是一个政府主导私企“填空”的国家，恰恰相反，在这里企业承担了全国一半的基础设施投资并提供大多数的服务，尤其是私人诊所与学校教育。其他人口大国例如尼日利亚与印尼的情况其实也并无二致——如果不是更差的话。成千上万的企业构成了供应链上的节点，可口可乐装瓶厂、雪佛龙天然气生产设施以及费尔斯通橡胶种植园都只是其中的节点之一。在这些企业中，各项服务甚至安保大多也是由企业主而非国家所提供。

无论是中国的制造业还是中东的石油勘探行业，欢迎外国供应链进入是它们从边缘进入中心的唯一方法。技术在新兴经济体扩散的主要渠道就是外国贸易（直接购买设备与新理念）和外国投资（让外国企业带着技术进入）。经济特区可以同时实现这两者。

虽然中国已经进入世界的经济中心，世界上大部分地区仍然有很长的路要走。经济特区所代表的是一种逃脱失败历史的战略选择，中国就是依靠它在 20 年时间内取得了西方 200 年才实现的成就。毛里求斯依靠出口加工区完成了从农业向纺织业的转型，继而又通过投资区和税收协定实现了向金融服务业的转型，如今，金融服务的产值已经占该国经济的 70%，而农业的占比不到 5%。作为非洲的离岸金融中心，毛里求斯是亚洲巨额投资资金进入非洲的关口，印度 40%的外国直接投资也是来自这里。对于这样一个在 20 世纪 60 年代靠糖业为生、人均年收入仅有 200 美元[①]的国家而言，今日的发展成就可圈可点。

从外飞地到内飞地

实际上，美国国家情报委员会 2030 年报告将经济特区称为“内飞地”是错误的。本国土地上的外国企业经营区域实际上是“外飞地”，是受到限制的与外界隔绝之所，用城市规划的术语来说，是有空间设防的地方——这既包括经济方面（要求特殊的技术进口）也包括社会方面（与本地社区隔离）。但一个国家能否像中国或者毛里求斯那样充分发挥经济特区的效应，则在于能否利用一个个外飞地促进全国的经济发展。除非这些国家能够提高标准以增进对全球价值链的贡献，否则，单纯的

① 在发展中国家，平均而言，参与产品创新的中间阶段意味着 30%的国内生产总值创造，如果经济特区具有综合性质，则创造的国内生产总值会更多。

自由贸易除了让廉价的中国商品进入本国之外，不会带来任何益处。正如世界贸易组织的休伯特·艾斯凯斯（Hubert Escaith）所指出的，只有通过充分利用外国投资来改进基础设施、交易制度和社会制度，自由贸易才能变成一条双向车道。从这一点看，经济特区并非是孤岛，而是本地经济活力的引擎。

经济特区对国家肯定有溢出效应，唯一的问题是政府能否抓住跨国企业所带来的机会创造就业、提高工资水平以及实现技术转移。举个例子，越南外资鞋业和服装业工人的工资比本土同类企业中的工人高出50%，这使他们的家庭进入了全国最富裕的20%家庭行列。越南政府则趁此着重扩大了税基，利用新增税收在全国推进基础设施建设，增加住房供给，按照外国学校标准建设学校，并创办更多的合资企业——这些措施又进一步使更多家庭脱离了贫困。尽管越南在政治上仍旧不透明，但经济特区在数量和规模上的增长仍说明该国对经济前景十分看重。年轻与勤劳的越南人为该国赢得"小中国"的美誉，从岘港到IT科技园，越南的外商直接投资项目超过16000个，其中就包括位于科技园的英特尔最大亚洲芯片工厂。

以前的经济特区不受本地监管甚至享受民事法律豁免，不过现在发展中国家变得更聪明也更自信，它们建立半官方机构以寻求维护国家利益，这包括为本地工人争取更高的工资、更好的工作环境，并推动本地产业在特区的发展。毫无疑问，如今很多经济特区仍然存在私下的博弈，外资以付费等方式换取税收减免。不过聪明的政府也开始利用其力量寻求早日结束外资的免税期，并确保科技与技能培训这类有益社会的项目的展开。

经济特区也是改革的重要试验地，很多经过试验的改革最终会变成国家政策。例如，马来西亚的多媒体超级走廊（Multimedia Super Corridor）内拥有大量的动画、游戏以及其他类型的科技公司，这些公司为获取政府资助和风投展开激烈竞争。这里同时也是独立网站的服务器所在地，为当地新闻自由的发展创造了空间。此外，马来西亚的实践也证明，经济特区远离首都可以避免遭到过度干涉，政府以特区发展房地产的倾向也会受到抑制。临近吉隆坡的两个标志性项目赛城（Cyberjaya）和布城（Putrajaya）已经被扼杀，不过，南方的柔佛州却通过自主的引进外资和建设大量新加坡经济特区而成为马来西亚发展最快的省份。华人众多的马六甲海峡之城槟城曾是英特尔的第一个海外芯片工厂所在地，如今它也启动了“槟城典范”运动，以期恢复往日活力。利用西方对中国太阳能行业征收高额关税的时机，槟城成功吸引了美国的第一太阳能以及其他投资者的进驻，而这也迅速将马来西亚的太阳能电池板生产规模推升至世界第三位。一个年轻马来西亚议员曾经拉着我在他的选区参观并告诉我：“多少钱也解决不了我们的政治问题。”不过，权力下放和经济特区却有这个能力。槟城的官员会规划自行车道，建立企业伙伴关系来促进学龄前儿童的创意学习，吉隆坡的官僚是永远不会想到这些的。

国家的终极目标不是建立为数众多的经济特区，而应当是在整体区域内实行一视同仁的投资吸引政策以及提供同样的一站式服务。比如，斯洛文尼亚已经撤销了所有外国贸易区，如今这个欧盟成员国运行透明，且拥有高素质劳动力及有竞争力的税收制度，也就对贸易区再无需求。香港和新加坡都从贸易转口港发展为全球城市，拥有欣欣向荣的社群和来自世界各地的忠诚居民。最初的经济特区可以变成一座多元的城市，而不仅仅是供应链上的一点。中国的苏州工业园如今拥有多个现代艺术与文化中心、一个利物浦大学校园以及新加坡式的养老金计划。它已经变成了一座提供全方位服务的社群。如同简·雅各布斯大力反对对华盛顿广场公园的扩建，城市纯粹主义者经常对城市抱有怀旧愿景。不过，虽然社区仍需在便利行人方面做出大量改进，然而对于许多城市而言，现在最紧要的是跟上当前（与未来），之后才有资格怀旧。

中国的超级经济特区

没有哪个国家和中国一样，拥有如此众多的经济特区、新兴城市以及超级城市。虽然经济特区振兴了中国的出口部门和经济增长，但很多特区当初只是被设定为单一产业集群，对全球的经济波动极为敏感，中国的底特律东莞就是一例。位于东部上海与南部广东的两个沿海集群拥有不到1/4的全国人口，但却一直担负着中国80%的出口。未来20年，预计有3亿人口（尤其是非本地户口居民）移民至新的内陆超级城市区域（以及完全崭新的城市），这就需要确保所有的城市既不会过于拥挤也不会过于庞大，同时所有的城市又要大到足够自我延续。总体而言，这样的战略正在发挥成效：如今，郑州、株洲、衡阳、襄阳以及贵阳等二线城市的经济增速都高于那些沿海的更为知名的先行发展城市。

城市化在中国既是自愿行为又是政府指令，既是客观需求也受房地产发展鼓动，因此，这导致中国的房屋建设远远供过于求，导致出现大量如内蒙古康巴什这样的“鬼城”：康巴什目前的住家只有3万户，但这座城市盖了够100万人住的新房子。监管措施因此做出修改，要求只有当城市中心过度拥挤时，才可以建设新城。这一举措减缓了城市建设的步伐，不过相关配套有所提升——希望建筑质量也是如此：因为中国的建筑使用寿命大概只有发达国家的一半（发达国家是35年，中国只有15年），因此现在建得更少意味着未来建得更多。快速城市化也有不少令人痛苦的阴暗面——大量农民工被边缘化，地方债务高企，许多城市的住房供过于求——这些都与中国能否实现3.5亿城市家庭规模密切相关。

许多人认为中国经济的未来取决于它能否逃脱“中等收入陷阱”。随着从计划到市场经济的转型，中国必须充分提升价值链，提高生产力，实现从投资向消费的再平衡，只有如此中国多数民众的收入才能得到提升。中国的经济总体规划和城市化战略能否共同推动这个文明大国实现民族复兴的“中国梦”呢？

2014 年夏天，我前往华南的珠江三角洲地区旅行。从广州开始，经过中山到达珠海和澳门，然后往北向东经过香港、深圳和东莞，把整个区域亲自走了一圈后，我深切认识到一个国家的总体规划原来和军事大战略一样重要。1990 年，也就是中国宣布对外开放之后的第十个年头，农业、矿业以及渔业等基础产业的产值占据了整体经济的 27%，制造业和建筑业等第二产业占到 40%，第三产业服务业（零售、交通运输、医疗卫生、旅游和其他）则仅占 30%。到 2010 年，农业占比已下降到 10%，而制造业已经上升到 46%，服务业则升至 44%。珠江三角洲一行让我看到了最新战略的冰山一角：通过结合城市化、经济特区以及创新来打造作为创新和发展支撑的超级城市。

广州是广东的省会，也一直是主导珠江三角洲制造奇迹的行政神经中枢，而珠江三角洲的制造奇迹可能是有史以最具意义的供应链转型。广州历史悠久，马可·波罗在 13 世纪访问过此地（并为这里造船业的发达所赞叹），荷兰、丹麦、法国和英国的东印度公司曾以此地为转运枢纽。在中国内战时期，蒋介石的国民党军队曾短暂撤退到此。1957 年以后，位于香港以北仅 120 公里的广州利用其关键的地理位置，每年举办广交会。广交会是中国最大的进出口集会，每年吸引着 200 多个国家和地区的 20 万买家前来洽谈生意。

广州的第一个经验是认识到了行政协调的重要性。1992 年广州设立了保税区，用于促进工业产品的贸易和物流服务。除此之外，广州在国际机场和深圳的现代化新港口附近设立了南沙出口加工区，集中发展汽车组装、生物技术产品以及重型机械等产业。2005 年至 2009 年，广州的几个区被合并精简，为整个三角洲地区总体计划的施行扫除了障碍。尽管中国严格控制其与外面世界的联系，但国内的地区边界却在不断消除。

广州从三角洲地区发展中学到的第二个经验就是要充分利用其开放性。靠近香港是广州的特殊红利，即便在香港 1997 年回归前也是如此。

殖民时期的转口港仍然是中国内地最重要的对内投资源头，不仅如此，三角洲的出口导向型区域也利用投资兴建了可与香港竞争的现代化设施。如今，深圳的集装箱码头是世界上最为繁忙的港口之一，进出口免税和特殊的五日商务签证使得更多投资者和贸易商可以绕过香港直接和内地做生意。即便力图超越香港，深圳官方仍宣布要与香港深入合作，共同打造一个“香港—深圳大都会”。

珠江三角洲也是一个资金、技术以及知识产业集群的学习案例。富士康等制造业巨头都在深圳设厂，截至 2013 年，全世界 40% 的电子设备部件，包括苹果、惠普、微软、任天堂、三星和索尼的产品部件都在此装配完成。同样重要的是，深圳也是中国最具价值的两家公司华为和腾讯的所在地。深圳证券交易所也已经成为世界最大的交易所之一，年增速近 50%。在这里，被频繁交易的不仅有国企公司的股票，还包括很多本地优秀企业，比如可替代能源的领导者尚德电力、电动汽车制造商比亚迪以及其他科技创业公司的股票。

一个城市的建筑标志也会以变革适应新世纪的供应链。伴随着广州从工业城市升级为金融中心，103 层的国际金融中心空气动力学大厦、苏黎世式的现代艺术博物馆，以及扎哈 · 哈迪德（Zaha Hadid）设计的歌剧院成了其恢宏中央商务区的主角。城外，类似于低级版硅谷的新加坡运营的知识城以及广州科学城已经建成，繁茂的林荫道中竖立着阿尔伯特 · 爱因斯坦和数学家约翰 · 冯 · 诺依曼的铜像。新加坡在这里开办了精英名校华侨中学的分校，同时还与地方政府合作为华南理工大学开发新课程。华南理工大学的不少毕业生如今已经成为国内云计算和GPS导航等数字行业、材料工程、可再生能源、生物技术以及制药等行业的顶级企业家。

尽管香港和澳门有单独的法律制度安排，中国人在这一大型区域的活动受到一种后现代的户口体制监管，基础设施上的高质量统一性仍使得整个三角洲地区显然毫无割裂感。高速铁路将广州到香港的行程缩短到了两小时以内。宽阔的道路、气垫船和轮渡、超长的快速公交以及澳门、香港之间的隧道桥梁综合体，都使得三角洲的城市变成了一个超大都市走廊上的众多节点。到 2030 年，这一区域的人口预计会增长到 8000 万，国内生产总值达到 2 万亿美元。

渤海经济圈是另外一个正在形成中的特大城市群。北京、河北、辽宁、山东、天津都处在这个圈中，相互之间以高效的高速铁路连通。海河通过大运河与黄河和长江连通，天津就坐落在海河河口。数百年来，天津一直是海军的进出口，鸦片战争后，这里又变成了欧洲人控制的重要通商口岸。虽然天津一直是航运中心，但航空制造等行业的投资却在以每年两位数的速度增长，为这座城市创造着高端就业岗位。今天的天津拥有中国最高的人均收入（13500 美元，比上海高 1000 美元）。天津的城市商圈如今成了中国多数工业投资基金所在地，天津也因此成为金融创新总部甚至外国公司解决知识产权纠纷的商业法院。和上海一样，天津也在规划自由贸易区。天津还是中国国家超级计算机中心所在地，世界领先的天河一号 A 就装置在这里。天津生态城是新加坡星桥机构的另一个项目，它从无到有，如今已成为 LED 照明、数字动画以及替代能源等领域的高端研发与商业化中心。如果 20 世纪的中国是量胜于质的代表，那么低排放的天津生态城所代表的或许就是对历史的反转。

广州是华南之都，天津是高科技生态城，成都则是中国其他地区的非官方中心。以麻辣饮食和大熊猫保护区闻名在外的成都，因为其地理位置而一直被国务院设定为中国的中部物流、商业、科学以及交通枢纽。成都与中国最大的城市重庆相隔不远，两者之间以高速铁路相连，此外通往西藏的高海拔铁路也以成都为中点。很多国际公司在成都设立了研发基地和物流园区，欧洲到成都的直航航班因此日渐增多。不过，国际公司不再只想着从这里把货物运走，也在思考如何将产品卖到中国来，毕竟光是成都和沿海地区之间的山西、河南、湖北、湖南、江西和安徽六省，就集中了中国 25% 的人口。

综上所述，广州、天津以及成都的故事都表明，中国这个直到最近仍还是全球最贫穷国家之一的最大人口国，已迅速完成了价值链提升，并实现了广泛的社会经济转型。这些城市在全球劳动分工中寻找战略角色的方式呈现的是一种总体经济规划，所有世界主要城市，如果想要在21世纪保持参与姿态，就必须按这样的总体规划行事。中国之所以能成为世界最大的经济体以及最新超级大国，其核心就是中国关注了正确的城市和正确的价值链。

中国还不是非常自信，它仍然需要建立更多的自由贸易区以提升其国际信誉——这也是为什么自贸区在中国到处可见。阿里巴巴甚至成了海南岛整个先行先试试验区的负责者，它不仅会为该试验区提供云计算和电子政务平台，还会在那里开办以电子商务为核心的淘宝大学。如果中国最终成功克服“中等收入陷阱”，具有战略意义的城市化肯定是其中最大的功臣。

超级城市的规划

随着中国先进经济特区的数量增长，这种早先打着穷国标签的发展模式也越来越受到富裕国家的追捧——这既是为了维护领先地位，也是为了与中国的重要新枢纽实现互联互通。韩国的松岛国际商务区就是以此为目标而设立的最为先进的“智慧城市”。作为一个高科技中心，松岛拥有零排放的建筑，配备了远程监控的住宅，以及思科、微软等IT企业的研发中心，它可以为仁川机场3小时飞行半径内的20亿人口提供服务。韩国已经是世界上最为发达、最具竞争力的国家，然而，正如约翰·卡萨达和格雷格·林赛在《航空城》中所写到的那样，松岛是一座为“贸易战”而设立的城市。[4] 换句话说，松岛是首尔在拉锯战中的新武器。

其他先进经济体同样将自由贸易的基础设施建设视为战略优势。日本的“安倍经济学”就包括在东京、福冈等城市设立去管制的经济特区。日本政府希望以此吸引企业家的私人资本，为改革提供资金。伦敦房地产商斯坦霍普近日和中国民生投资以及总部基地集团签约，准备将城市机场附近的东伦敦皇家艾伯特码头打造成中国以及亚洲商务的免税桥头堡。

富裕国家以外需要中式思维的超级城市更是数不胜数。人口增长和城市化使得城市规模今非昔比。西方诸如纽约、伦敦和莫斯科这些大城市，其人口规模还不及孟买、雅加达等发展中国家超级城市的一半。除了拉美的墨西哥城和圣保罗，世界上所有人口最多的城市都在亚洲。

超级城市是一个充满无休止人口循环的代谢生态系统，白天的人口可能比夜间多出数百万。超级城市实在是太大了，因此必须修建更多重要基础设施甚至城中之城，通过形成多中心的集群来降低拥堵。那些有财力搬出北京和上海都市核心区的人其实并非生活在“郊区”——那其实是仍处在都市轨道内的设施齐全的卫星城。[①]相反，诸如加拉加斯和卡拉奇等缺乏足够基础设施（或者处于军事统治之下）的城市，则变成了无人管辖的黑洞，只会以巨大引力吸收周边人口。在这些地方，城市化不是高楼林立、公共住宅、商业区以及污水处理厂，而是贫民窟、黑市以及违法犯罪。在马尼拉、雅加达、拉各斯以及开罗等地方，当一个新农民来到其边缘郊区的聚居区时，都只是徒增当地住宅供给或大规模基础公共服务压力而已。

对于国家而言，若想在世界经济版图上留下效率枢纽之誉而非失败国家之名，基础设施投资是重中之重。基础设施不是一条路，而是一个蹦床。正如前世界银行首席经济学家林毅夫指出的，一个单位的基础设施支出所带来的消费远非一个单位的收入可比。发展中国家90%的经济增长源于建筑、纺织、农业、旅游等低技能领域的劳动密集型就业岗

---

① 最初是日本和韩国制造的摩托车加速了中国的城市扩张，后来中国制造的摩托车则更便宜，扩大了骑行者的有效通勤范围。不过现在中国又开始鼓励自行车出行，其他城市吸取了这一教训，开始禁止摩托车，对私家车征税，大力发展公共交通，并且设计出更多的步行区。

位。单是建筑业所创造的就业就高于任何其他行业。这个时代理应是城市规划者和建筑师的时代。

住房、交通、医疗、能源、教育等基本领域存在毋庸置疑的建设需求。菲律宾极为重视知识产业园区建设，该国设立了基地转化和发展局（Bases Conversion and Development Authority），将马尼拉附近的克拉克基地等军事设施改造成了中小企业（SME）、初创企业以及内外合作研发中心的聚集区。如果菲律宾能够以更高标准在本国国内培训技术工人，该国的人才外流概率也会相应下降。

即便政府无力开展基础设施投资或无法驾驭本国自然资源和人力资本，那至少应该尽全力协助私营部门发展，以增进本国的比较优势。这就是为何负债累累的政府以及成千上万的城市纷纷转向市场，通过市场寻求融资及对公私投资项目的支持（比如二十国集团就在推进这一项目），并以此快速推进基础设施建设。借硬件成本下降之际，通用电气、飞利浦以及思科等公司开始抓紧自费给LED路灯安装太阳能板，随着城市人口的扩张，这些公司期望能从此类公用事业项目收入中赢取利润。持续发展的包容性社会与社会无序之间的重要区别就在于，前者愿意建设新城市或对超级城市进行区域升级以容纳日益增加的人口。

城市建设即国家建设

就像我们的生活中没有了汽车一样，基础设施匮乏会严重限制基本活动，导致社会的极端无效率及最为严重的腐败。然而现实却是世界上 3/4 的人口——无论乡村还是城市——仍生活在基础设施匮乏的社会之中。2013 年，达喀尔一条输水管道破裂。由于这座 300 万人口城市的一半用水供给都依赖于这条 250 公里长的管道，因此这次破裂导致大量民众不得不在水井或者水车前排队数日。超过一半的非洲人缺乏电力，60％的南亚人缺乏卫生设施。全球1/3的人口仍然生活在极度贫困中——其中包括全世界一半的孩童——另有20亿发展中国家的民众面临着医疗和教育等服务的短缺。麦肯锡预计，全球基本住房投资存在11万亿美元的缺口。

物质和制度建设如此薄弱应该引起我们的深思：国家建设的最大问题是否就在于国家本身？[5] 并非所有国家都一定能最终实现主权独立和政治稳定。在许多后殖民地区，供应链的发展之深入远远领先于政府治理的成功。因此，与其迷信今日的政治地理学，我们不如抛开国界的限制，把功能地理放在优先位置，通过实现城市的繁荣稳定与互联互通来更好地协调人口、资源和市场。这就意味着，城市建设应当被视为国家建设的路径，而非其副产品。

当务之急是做好基础设施资产的建设和维护。依靠国际援助，数十个弱小国家长期处在永久半托管的状态之下，而国际援助者则利用援助条款干涉这些国家的法律与政策。虽然各种新殖民主义安排避免了这些国家完全崩溃，也拯救了无数饥民，但它们都并非这些国家整体发展的长期战略。在近几十年中，对国家建设的干预过多地集中于引入民主政治，却忽视了自下而上重建社会的重要性。自由主义知识分子似乎忘记了“二战”后的马歇尔计划（官方名称为“欧洲复兴计划”）首先以及最为重要的内容，就是一个以西欧基础设施重建为核心的130亿美元刺激方案。当时硬件可是第一位的。

若没有互联互通，国家建设的那些远大目标没有任何意义。从利比亚到伊拉克到阿富汗，美国对弱势政府的所谓支持都过多地集中在镇压叛乱上，然而想要维系国土，你就必须维护好其城市，所谓的“清剿、占领和建设”（clear, hold and build）原则理应得到更切实的实践：不但要建设基础设施，也要争取民心，而且后者与前者紧密相关。建设—保护—互联互通才是关键任务所在。

美国在援助和维稳规划上充满了相互矛盾的方案和观点，而即便他们对行动方向达成了共识，他们也会在具体行动时步调不一。①美国在阿富汗的众多半拉子工程上（比如不通电的工业园）已经投入了上千亿美元，但直到如今，阿富汗连通南北、国内贸易最为倚赖的萨朗隧道却仍旧岌岌可危。为了进出喀布尔，运输卡车不得不取道兴都库什山脉，这让他们每次都得多花 60 个小时、绕行 300 公里。同样，赫尔曼德河上的卡贾基大坝是阿富汗西南部最重要的电力和灌溉设施，然而十多年过去了，看起来美国是永远都完不成大坝修整重建了。

做对事情的机会仍然很多，脆弱国家指数榜上还有不少长期在底部徘徊的国家，例如索马里、乍得、苏丹、津巴布韦、刚果和中非共和国等，对于这些资源丰富的国家而言，建设像样的基础设施是当务之急。“阿拉伯之春”更进一步显示，至少超过 50 个国家存在着人口过多、腐败成风以及基础设施不足等问题。

城市不稳固，国家就难言成功。在大规模的国家发展上，绝对不要相信教育和其他“软件”应当优先于硬件基础设施建设这样的论点。正如全球发展中心的经济学家查尔斯·肯尼（Charles Kenny）所言，乡村家庭以混凝土替代泥地就能将寄生虫病的发病率降低 80%，修路则可以提高房屋价值，刺激经济活动。即便是在纽约，城市规划专家米切尔·莫斯（Mitchell Moss）也曾指出：“拥有一张公交卡比有一个大学学位要重要得多。”[6] 交通和互联是社会流动的真正途径。

随着城市人口在全球人口中的占比越来越具压倒性，所谓的青年膨胀（youth bulge）已从迫近的挑战变成了现实。如果这些年轻人不能在当前就业，他们就无法赚取足够的收入安家立业，维系稳定。大约 30%~40% 的全球人口都在供需失衡的非正规经济中谋生。穷人财产权

---

① 美国已经意识到基础设施的重要性，并设立了一个由国家安全委员会和千年挑战公司组成的机构间工作组。这个工作组通过各种特殊目的公司为基础设施提供资金，同时又像私人股权投资者一样，通过对董事会席位和重大事件的控制监督这些公司，以避免资金滥用。这种结构已经应用于蒙古国及印度尼西亚的可再生能源发电项目，菲律宾也采用这种结构建设公路网，以期能更好地对抗地域台风海燕这样的自然灾害。

的倡导者赫尔南多·德索托（Hernando de Soto）曾指出，2011年初参与自杀袭击的阿拉伯人多数都是不受法律保护行业的从业者，他们想要做点生意以抵御物价上涨和地方上的腐败，却被切断了资金。他们是阿拉伯勤劳却又一无所有的青年人的代表。在摩洛哥、利比亚、埃及、约旦、巴基斯坦等地，我见过许多这样的青年在街头游荡。如果他们能获得一份工作，他们就不会参与"圣战"，选择从"圣战"获得庇护和尊严。针对穷人的普惠金融策略不会阻止宗教狂热分子、受过教育的工程师或者寻求刺激的阿拉伯人和巴基斯坦人奔向战场，但的确能在地区及国际上减少"圣战"分子的招募基础。要"消灭有害思想"，不能靠撒传单，而应该依靠增加就业岗位。要笼络人心，就要填饱人的肚子。

对于失败国家的无序现实而言，供应链可提供的是治愈解药。因为供应链，卢旺达、缅甸等贫困国家的支柱城市在世界经济中获得了一席之地。冲突后重建专家基思·菲茨杰拉德（Keith Fitzgerald）说："满目疮痍是一种比较优势。"[7] 对于长期处于边境冲突中的难民而言，建设经济特区之类的供应链节点也不啻为一种解决方案。从20世纪80年代初开始，遭缅甸驱逐的5万多以克伦族为主的难民就一直在泰缅边境的美拉（Mae La）难民营。时至今日，得益于东南亚经济整合，美索（Mae Sot）地区已经成为泰缅两国间珠宝及柚木贸易的重要通路（同时也是毒品和人口贩卖的黑市）。这里已经成为中国贸易企业、泰国商人以及其他投资者的聚集地。本地的民选市长正在竭力推动经济特区建设，他与各路投资者一道，准备将这座城市打造为高效的贸易中转站。

对于那些想要寻回已丧失的功能性、企望避免失败的国家而言，经济特区也同样具有吸引力。纽约大学教授保罗·罗默是将香港和新加坡模式推广至第三世界的第一人。在拉美和非洲，他力推建设"特权城市"，并期望以此推动治理和经济规划的跨越发展。在西半球犯罪率最高的城市洪都拉斯，数不清的经济开发与就业区吸引来众多外国工程师、律师、城市规划者以及投资者入驻。除了政治自治，这里每个区都有自己具体行业的总体规划。设立这些特区的目的，旨在从初始就确立合理的法律、经济、行政以及政治结构。

国家建设者往往在政治工程上遭遇失败。其实他们应该更多地关注基础设施和创造就业，少操心选举和政党。如今的世界由更小的、更不具侵略性的单位组成，这样的结果之一就是那些小国家或者城市国家在民主化方面的压力变小。由供应链建设而非民主建设所主导的全球议程，势必也会要求新兴实体或者后冲突实体能够更为稳定，经济上也具有发展能力，如此这些实体才不会（再次）成为人道主义负担。另外，与如今我们在世界新生民主国家所看到的现实相比，这样的议程或许能最终带给我们更好的国家治理。

迈向混合治理

这个以供求关系为基础的世界揭示了每个人的优点与短处。有才华的劳动者、有竞争力的薪水、丰富的原材料、有力的人身安全保障、有利的法规以及其他积极变量都会吸引具有黏性的投资。相反，政治动荡、变幻莫测的法规、过度的税收、贫乏的基础设施、缺失的公共安全以及其他负面因素会赶走投资。经济特区是多数国家能在最短时间内实现投资从负到正的手段。

今天，经济特区已是多数国家经济规划中的现实存在，它以与供应链相适应的方式，为体制的现代化打开了一扇窗。有人说，经济特区可以轻易让政府就实现经济增长，却忽略了根本改革——说得好像没有经济特区所提供的刺激，政府也会进行改革一样。不过，政府绝不会仅因为世界银行的建议就去做它应该做的事。如果土地被政府的政治亲信所攫取，资源就会遭遇掠夺，大众也无福利。但如果土地被用于经济特区建设，则法规会改进，就业会提升，供应链会拓展，生产性资产会被最大化利用，工人会得到培训，地方社区也从中受益。特区是催化剂，不是寄生虫。

经济特区正在逐渐演化成一种新的政体，它位于国家主权的地理版图之内，但却拥有全球化的治理和功能。它既属于全球供应链，也同样属于自己的国家。那些迅速崛起的新城，其治理具有崭新的混合性质：联邦政府、本地省市、国内建设或其他基建参与者、国外投资者以及全球技术服务提供者等等，都在经济特区的治理中占有一席之地。[8] 通过这种混合方式，各方将利益捆绑在一起，而中央政府的干涉也可以受到牵制。

然而，由于投资者总是将资产转向更便宜的生产基地和更具竞争力的高科技中心，供应链也经常造成严重的伤害。更好的基建和监管使得资本更加可替代。固定投资所象征的忠诚正在消解，取而代之的是供应链大师的交易算术。10 年前，将生产活动搬离中国看起来会造成严重的成本上升。然而今天，西方、日本甚至中国的企业都在将生产从中国转移至工资水平更低的孟加拉等国。孟加拉的大规模纺织经济特区已经在服装出口方面超越了中国，不过，随着该国纺织工人工资的翻倍，印度、缅甸以及柬埔寨等国也都在准备通过经济特区抢夺相关业务。供应链既可以将很多地方纳入版图，也会让这些地方衰亡。

如今经济特区之间的竞争也变得残酷。若未能在经济多样化、实现地区包容、创造服务型就业等方面提升城市的有机属性，经济特区就会迅速丧失吸引力。因此，各国政府会在技术转移和工人培训等方面对特区内的企业提出强硬要求，如此一来，即便外国资本转移，供应链也仍有留存的可能。

第十三章　供应链的救赎

比跨国公司横行肆虐更坏的事只有一件，那就是没有跨国公司横行肆虐。

——乌尔里希·贝克

谁在推动供应链的运转?

2013 年 1 月，DNA 检测结果显示，英国百货店中出售的牛肉汉堡和千层面中含有大量的马肉和猪肉成分。为了对食品供应链展开调查，来自捷克共和国宜家商场（这里的瑞典肉丸被曝出含有马肉）的监管层奔赴罗马尼亚的屠宰场。法国一项调查显示，从罗马尼亚公司出口的产品明确带有马肉标识，但一家隶属于英属维京群岛控股公司的塞浦路斯肉类贸易商却更改了产品标识，然后将这些肉卖到了欧盟。

2013 年 4 月的一天，伦敦人正在工作日的上午匆忙购物。当父母们来到乐购（Tesco）和塞恩斯伯里（Sainsbury's），准备买点爱他美奶粉时，却发现这种法国达能生产的最可信赖的婴儿配方奶粉脱销了。早在数月之前，中国的商人就开始大肆从批发商那里买入爱他美，然后以双倍的价格通过淘宝卖给中国的妈妈们。中国的妈妈一直对中国婴儿配方奶粉的低质量非常忧虑（在中国，至少已有十几个孩子因为吃了毒奶粉而死亡）。一时间，英国的药店和商场不得不对这种极受欢迎的配方奶粉实施限购措施。

2013年4月24日，在孟加拉达卡的萨瓦区（Savar），拉纳广场楼上的服装厂及宿舍的塌陷导致整栋建筑倾倒。截至一个月后搜救停止之时，死亡人数高达1127人。这是世界上最为严重的建筑倒塌事故。虽然在孟加拉的制造业中，豆腐渣工程、管理腐败、监管缺位以及反应迟钝等都是家常便饭，但因为这次悲剧的史无前例，以及这家工厂拥有Primark、H & M和Zara等众多知名品牌客户的缘故，这次事故还是引起了媒体数周的狂轰滥炸。

2014年8月，在中国的麦当劳和肯德基等西方快餐连锁店被曝出使用过期多年的牛肉和鸡肉。这些肉来源于美国OSI集团在中国的子公司上海福喜食品公司，而OSI集团正是这些快餐连锁的全球最大供应商。此外，这些过期肉也通过了中国地方监管机构的检查。谁该为这样的过失负责？外国餐厅、当地肉类供应商还是中国监管者？

以上发生在2013—2014年的四个重要新闻事件，每件事都在食品安全、儿童健康、纺织工人权利以及企业品牌形象等方面蕴含着戏剧性意义。这些事件都显示了跨越洲际供应链的复杂、不透明以及管理不善等特性，也揭示出供应链已经从需要国界边境许可的业务演化成了无形穿越边界、预先被许可的连接。如果是供应链推动了世界的运转，那么又是谁在推动供应链呢？

大体来看，基础设施就像互联网，是对所有人开放的。相反，供应链则像内网，是合作者的网络。总体而言，与互联网相比，标准更容易在内网推行。

“全球互联经济”这种说法已经是老生常谈。我们想当然地认为美国人吃的水果和蔬菜是从拉美舶来的，iPhone手机是在中国组装的，而IT技术支持则肯定是在印度或者菲律宾提供的。虽然电子商务减少了传统销售商和中间商的数量，但许多高科技产品的生产与分销却变得极为复杂，如今，要想在第一时间创造一件成品所需的业务处理量已比以前近乎翻倍。因此，随着我们对供应链担忧的增加，我们对它的依赖程度也在加深。

追踪与管理供应链需要巨大的精力投入。一件衣服要经过六层供应商才能到达达卡的拉纳广场的服装厂——显然这在任何人的想象与控制能力之外。为了保证上万套校服以可持续方式生产，新加坡世界联合学院（K-12）的管理人员和学生代表会前往马来西亚内陆的工厂，以监督生产是否符合国际社会责任认证组织的规范。截至 2014 年，所有的校服都是在符合道德责任的服装厂中，以聚对苯二甲酸乙二醇酯回收品为原料制成的。

我们无法影响我们不能连接之物。保罗 · 米德勒（Paul Midler）在其供应链方面的著作中说，中国的企业在保持生产标准方面市场责任感有待提高，他们更关注降低成本。对比一下就能看清这一点：中国制造了有毒奶粉，而美国美泰公司则因为毛绒熊的眼珠可能掉下来造成儿童窒息而召回玩具。在供应链中，工厂经理的信任网络几乎无法向下级拓展，更无法达至广大的中国人民或者全球消费人口。遭受三聚氰胺毒害的是 6000 名中国孩子，而不是外国人。当中国本土商人将地沟油用于餐饮，许多中国人觉得美国快餐更安全、更健康也就不足为怪。也正是基于此，弗吉尼亚的玛氏公司在中国设立最大的食品安全中心。[1] 供应链越全球化，其标准也越会得到提升。

若企业没有与国际供应链建立连接，它们也不会与日益进步的供应链治理责任共进。在政府监管失灵时，只有国际供应链——尤其是富国、自由国家以及西方国家的公司——才会面临消费者压力。如果不是为西方零售商供货，孟加拉的服装厂以及所创造的岗位根本不会存在；而如果不是因为与知名服装品牌有关联，它的坍塌也根本不会引发西方消费者的关注。决定孟加拉国建设规范的不是散漫的当地政府，而是一个包括 70 家欧洲企业的财团。只有避免拉纳广场这样的悲剧再次发生，这些公司才能保住自己的名声。同样，受母公司强力原则规范的特许经营业务也会更加负责可靠。麦当劳比任何一个监督它的政府都更有能力自我监督，也更有保护自己品牌的动力。同样，西非国家也很难做到和雀巢那样，为可可种植园中的童工提升工资或建设学校。①

供应链一度被认为会导致恶性竞争，如今它却明显成为各国力争上游的必经之路。即便是中国和印度当初也需要对外资打开大门，吸引供应链，刺激改革，积累综合发展的资本。正如诺贝尔奖获得者罗伯特·索洛和埃德蒙·菲尔普斯所言，外国公司支付更高的薪酬，带来新的技术，提高工人的技能和生产力。他们带来了活力，也充分利用了丰富的人力资源。他们帮助各个国家，将涂鸦变成了一幅美丽的图画。

如此多的基础设施（例如公用事业和经济适用房）和市场都源自私营部门，一种资本和劳动力、政府和市场之间的新动态也因此而生。这当然不意味着我们正走入一个忽略公共产品供给的私有化世界。相反，对于政府，这是一次利用新模式为落后者增进福利的机会。爱德曼信任度调查显示，西方对政府的信任度呈现稳步下降趋势，而全世界范围内对商业的信任度在稳步上升。受访者都希望一种新治理模式的出现，即无论公共部门还是私人部门的领袖都应该对人民更加负责，就业和福利创造更加高效。随着国家越来越依赖企业，公共和私人、客户和市民之间的区别也在消融 。[2] 当国家公民身份不能带来多少益处时，供应链公民身份的意义则变得更为重大。

引入供应链是摆脱停滞的最快方式。实际上，如今任何严肃的活动家或者非政府监督组织都不会反对让国家搭上全球化的列车。行为准则和认证计划有助于对工厂生产、木材砍伐以及钻石开采等进行监督，但

---

① 供应链因此发展了哈佛大学迈尔克·波特所说的“共享价值”。《动态供应链》的作者约翰·加托纳（John Gattorna）认为，供应链的核心概念应该改名为“价值网络”，因为供应链带来了广泛的效益，比如它使得必需品的价格更加本地市场化，为小企业建造了基础设施，还培训了地方工人。斯坦福商学院的价值链创新计划（Value Chain Innovation Initiative）有一个日益丰富的资料库，专门关注供应链管理改进所带来的社会环境等积极影响。

是无法替代外国投资，无法驾驭资源，不能第一时间为劳动力提供就业。即使是在存在劳工虐待的市场，企业社会责任和人权观察等组织也不会简单主张抵制，而是会挽起袖子直接和企业合作，通过培训项目和更安全的生产技术来提升工作标准。供应链本身并不是一个正义制度，但如今已变成了改进权利的关键载体。

因此，供应链已成为一种归属的“环路”。许多跨国公司也越来越将他们的供应商视为自己的扩展，他们的思维方式也从仅对股东负责扩展为同时对地方的利益相关者负责。同时，员工与公司总部以及投资人的关系也变得更加紧密——遍布世界的投资人对他们生计的贡献经常比政府还要大。在没有这种演进的领域，比如采矿和制造公司等，工人则通过罢工来大肆打击公司的财务业绩。他们希望以此来教训这些公司，要重视供应链，重视每一个人，因为这是一项有好处的长期投资。供应链相互依存度越增加，真正的企业公民意识就会越觉醒。①

公司权力日益增长的悖论在于，随着自主性的增强，他们作为服务提供者的角色也同时在深化。供应链管理业已成为一个董事会层面的问题，但扩展供应链的范围却被视作具有颠覆性机会。为了到达“金字塔底层”的数十亿民众，利丰等物流运营商以及联合利华等大型零售集团都改进了商业模式和交付机制。它们就是那种运用创新的包装、配送以及销售模式，把卫生用品、水泥、蚊帐以及保健品最快送到顾客手中的社会企业的典型代表。如果说现在手机用户比过去牙刷用户都多，那很显然供应链可以将基本必需品送至每一个人的手中。②

---

① 形象缔造大师西蒙·安霍尔特（Simon Anholt）解释说，企业最初承担企业社会责任项目的初衷非常自私，只不过是想借此来提升一下形象，但是最终他们发现，行善才是提高自身形象之道。安霍尔特称之为“人性的漏洞”。

② 创新的社会企业组织爱创家（Ashoka）发起了混合价值链行动，以支持企业为那些被剥夺公民权的民众提供医疗及住房服务，为他们提供“完整的经济公民权”。

超越法律？

能源及商品采掘公司或许是供应链帝国中最为永久的存在。当一个国家急切需要外资时，可以把整个城市都交给外国公司。20 世纪 90 年代末，罗马尼亚政府想把欧洲最大金银矿罗西亚蒙坦（Roşia Montan）出售给加拿大的加布里埃尔资源公司，但却遭到公众的反对，因为合同条款规定加布里埃尔资源将获得 75% 的矿山所有权，与此同时，使用氰化物提炼黄金的做法也引发不满，最终罗马尼亚议会没有批准这个项目，但给了加布里埃尔“运营权”。如今该国正在考虑应如何从该公司的运营权授予中获取回报。虽然加布里埃尔以罗马尼亚违反合约为由，要求该国赔偿 40 亿美元，但是罗马尼亚人却表示，除非他们能得到一份更有利于环境、更具尊严的合约，否则将对抗到底。在 2014 年还有一个相似事件，智利最高法院对巴里克黄金开出罚单并且冻结了该企业在帕斯瓜拉玛矿场的业务，理由是该公司的业务会污染附近的冰川。要想和采掘行业这些财大气粗的游说高手过招，主权有时是最好的也是唯一的筹码。

玻利维亚和委内瑞拉等拉美国家曾经搞过一场没收外国能源及公用事业资产的运动，尤以西班牙首当其冲。为了确保合理供水价格（以刚兴起的“水权”为名），阿根廷给供水设置了最高限价，这不啻是对供水巨头苏伊士的一次宣战。不过，拉美政府也认识到把投资者吓跑是一种代价不菲的胜利，尤其是当能源价格下滑之时。当年，厄瓜多尔的拉斐尔·科雷亚宣称雪佛龙是“国家的敌人”，理由是该公司在 1964—1990 年间持续污染亚马孙雨林。而如今，阿根廷却在拼命拉拢雪佛龙到他们的巴卡穆埃尔塔（Vaca Muerta）页岩地层采气，甚至还承诺清理各种不透明的投资法律。在制定了清晰的所得税、使用费以及特许权法律之后，秘鲁成了资源投资界的新宠。

不少西方大型跨国企业都严重依赖不稳定地区，反之亦如是。自 1926 年起，凡士通就在利比里亚经营世界上最大的橡胶种植园，与此同时这个种植园也是该国最主要的出口商品所在地。虽然凡士通也牵涉违法使用童工以及在该国内战期间向查尔斯·泰勒的凶残叛乱政权提供金钱，但这家公司在这里雇用了几代的家庭，并且在事实上管理着整个城市。2014 年，为了保护 10 万人避免感染埃博拉病毒，该公司迅速建立了自己的医疗设施。

自 1937 年以来，尼日利亚的多数油气田生产项目都是壳牌公司所开发，同时为该公司贡献了 1/4 的全球储备。尼日利亚是非洲人口最多的国家，其预算实际上依赖于壳牌的石油开采，但该国民众仍期望壳牌提供的公共服务能和政府提供的一样多。该国腐败程度之荒谬，令人从来分不清谁在负责或者谁在剥削谁。尽管如此，西非能否稳定，以及无数投资基金期望尼日利亚成为非洲经济重地的规划能否成真，仍都是难以预料之事。

毫无疑问，即便利比里亚和尼日利亚没有在供应链之中，情况也不会更好。当然，如果它们能通过政策创新得到更好的供应链治理，事情则可能会向着更好的方向发展。诸如采掘业透明度计划（EITI）等政策创新可以创建收入管理框架，并尽力向上游追溯。这些创新直接和政府、跨国公司、国际贷款机构以及民间组织等合作，共同追踪生产和利润情况，与此同时，这些创新也会将支出导向基建和社会产品生产。世界上最为年轻也最为贫穷的国家之一东帝汶拥有大约 1000 亿美元的海上天然气资源，如果它想要迅速成为下一个文莱，显然需要采掘业透明度计划。①

① 新技术在采掘业中的使用会迫使更多国家及早关注与重视它的存在。比如力拓公司在六大洲拥有 6 万雇员。尤其是在印尼最贫困地区、巴布亚新几内亚以及澳大利亚本国原住民地区，力拓的服务被误认为治理：矿藏是财富的源泉，力拓是发展的代理人。但是，技术进步正在降低劳动力需求。如今该公司在澳大利亚西部有大量的自主货车和火车，有精度更高的自动钻井，在一些机械中使用替代能源以减少进口燃料的使用。而有了壳牌的浮式生产设施Prelude，开采公司即便完全是在岸工作，其与地方社区合作也会大大减少。

虽然采掘业透明度计划仍旧是可选项，但新的欧洲公司透明度法规和美国最近的立法已要求企业必须将冲突矿产（conflict minerals）移出他们的供应链。这不但迫使企业需要深入评估和修改它们对黄金、锡、钴、钨和其他矿物的采购行为，也让数以万计的刚果矿工失去了原本微薄的收入。被一条供应链抛弃的他们别无选择，只能转向另外一条：那些通过跨境矿产走私筹集叛乱资金的激进组织。

飞利浦等荷兰公司并未因母国公共法律的禁止远离这些自然资源，相反，它们率先在刚果设立了本土企业开采无冲突矿产。这样的努力得到了诸如荷兰手机厂商Fairphone等社会企业的支持。Fairphone正在与当地人合作，不但制造属于他们自己的手机，提供服务方案，最后还会回收这些设备——可谓紧紧抓住了整个产业链。与其被吓跑，不如当场改造清理，产业链如此才最显价值。

转移还是不转移?

供需世界也会把残酷的影响施加于政府最为珍视的自然与人力资源。在中国及印度，为了给大坝和水库的修建让路，许多社区被连根清除，居民被重新安置，他们祖先的土地则没入水底。博茨瓦纳喀拉哈里沙漠里的布须曼人过去一直过着田园牧歌式的生活，但随着在他们的传统牧场地下发现了丰富的钻石矿产，一切都改变了。尽管有如此可耻的驱逐，自愿加入供应链的人口还是远远多于因供应链而被强制驱离的人数。仅在蒙古就至少有10万所谓的忍者淘金矿工，为了满足中国的黄金需求，他们在各个非法矿厂没日没夜地工作，薪水却低得可怜。虽然全世界的气候难民也被认为是拜供应链过剩所赐，但实际上与全部人类相比，转移向城市、工业城镇、经济特区以及其他节点寻找工作并服务于全球供应链的人数仍然只是其中一小部分。

然而，供应链世界的最大讽刺之处在于，即使有越来越多的人在奔向代表着就业和福利的全球网络，这些网络本身却可能因为全球市场和公司业务重点的变换而消失。澳大利亚和巴西等国的一些矿业城镇，在出口激增时曾一夜暴富，然而在刚刚过去的几年中，这些城镇却在以同样快的速度迈向破产边缘，独剩下当地居民，找不到任何替代生计。

虽然经常被视为不道德或违法，但对于寻求就业者而言，满足某些地方的某些需求通常只是唯一选择。人口贩子会对低收入或失业的服装及手工业女工下手，把她们从东欧或者亚洲绑架到日本和沙特阿拉伯。这些人是肮脏的唯利是图的中间商，但他们只是链条而非市场。真正的解决办法是为女性提供能抵御剥削的其他机会。举个例子，在越南，由于中国制造商的高效率，女性已无法在制作竹屋顶这一行找到工作，不过她们现在找到了新工作：为古驰（Gucci）制作竹制装饰品。旧的供应链淘汰了她们，但是新的供应链又拯救了她们。

如今世界上仍存有约4000万债役劳工（bonded laborer），其中超过半数集中在印度、巴基斯坦、俄罗斯和中国四个国家。人贩子将非洲人、南亚人或者菲律宾人诱骗或者绑架，然后将他们偷渡到遥远的国度（包括进入美国的5万人），而只有供应链的直接管理才能阻止这种行径或者令劳工的工作合法化。比如，加利福尼亚州要求雇主提供工人的来源证明。“安全流动”项目会在每一步都与招聘者及雇主接洽，以保证工人的权利得到尊重。这样他们就既不会困在本土受穷，也不会在境外签卖身契。这些同全球非法奴役劳工市场的对抗措施打击了从市场效率出发的各种低级诱惑。

有时候中间商也可以被转化。亚洲对象牙需求的激增已将刚果的非洲大象消灭殆尽。“圣主抵抗军”偷猎刚果东部的数十头大象，以换得资金支持对抗乌干达政府的游击战。在这些地方，政府连人都不保护，更遑论动物。只有外部资助项目，比如奥扎拉国家公园的偷猎者转保护者（Poachers to Protectors）计划，才能够迫使捕猎者转向可持续发展的旅游产业。在索马里，大队的军舰和私人舰队阻止不了海盗对油轮和货轮的攻击，但是基本的渔船则可以让索马里渔民回到更合法的经济体系中。

把更好的供应链带给民众，是能让民众免遭恶性供应链剥削的唯一方法。

专栏：超越贪腐?

这个世界不仅充斥着廉价资本，还充斥着裙带资本。来自崩溃国家的财富数以万亿美元计，它们到处寻找避风港，通过洗钱流入从纽约、伦敦到迪拜、新加坡的房地产以及其他资产中。

世界经济蛋糕越来越大，每个人都想分一块儿。当自由市场倡导者为私有化和外国投资自由化等潮流欢欣鼓舞时，世界各地的腐败也随之风起云涌。正如印度学者纳扬·昌达（Nayan Chanda）所言："全球化不会导致腐败，但一个国家在贸易和投资上的对外开放，会使得贿赂和渎职的发生概率远高于历史上的任何其他时期。"[3]

我们的世界永远都会存在腐败，问题是腐败到底会对经济和社会进步造成怎样的损害。中国的公共支出全世界最高，其资本错配估计也同样领先全球，但从总体上看，由于前者所带来的益处远远大于后者所造成的损害，因此整体利大于弊。印度和俄罗斯的腐败情况有所加重。每年，通过票据欺诈或黑钱非法流出印度的资本预计达1000亿美元，是其外国直接投资额的3倍。在非洲，每年因腐败和偷漏税导致的损失是其所收到救助资金的两倍。

一般来说，更具竞争力的经济体贪腐更少，但如今，许多增速最快的国家都存在严重腐败问题。[4] 很显然，如果贪腐是项目稳定的保证，那么投资者对其确实有一定容忍度。多数对腐败这一现象的讨论并未将两种不同的腐败区分开来：腐败是为了把事情办成而不得不采取的业务层面或微观层面的行为（比如通过贿赂获得项目批准），还是一种以无药可救的形式深入国家肌理的结构性问题？对于国家来说，前者要比后者的情况好太多。[5]比如，马来西亚的腐败程度位居全球第50，但其营商环境却排在全球第六。换句话说，在那里投资不便宜，但是还算划得来。

虽然引入投资和供应链可能会导致更多的贪污腐败，但它对消除统制经济中的结构性腐败却具有重要催化作用。埃及就是统制经济的一个实例，在这里所有的决策——通常都是错误的决策——都由政府制定。多数公司都迫切希望政府能够减少那些既拖累商业又伤害本国人民的无效率行政。随着企业资本跨国转移变得越来越容易，腐败国家改革的迫切性也变得前所未有。所以，供给体系能够让一个国家变得更具竞争力的同时，也同样可以让它变得更清廉。

全世界下层阶级的反抗

我最近去了一次约翰内斯堡，却没有见到真正的约翰内斯堡。两天中的大部分时间里我都待在桑顿——白人精英、五星级酒店、跨国公司总部以及高档汽车经销店的所在地。优雅的住宅和尖端企业园区，让人产生一种身在加州圣何塞的错觉，只是桑顿不在美国，而是位于豪登省的中心。豪登省是南非发展最快的省份，首府为比勒陀利亚。桑顿拥有1400万人口，其中多数贫穷的黑人都住在城镇和内城地区。

我们生活的世界处处都是豪登省。无论是印度国家首都区古尔冈的科技中心，还是马尼拉中部马卡蒂的精致商场，一个城市人口越多，与全球的互联互通越紧密，其国家也就会越显现出双重分化的特性，即不仅是城市和乡村存在分化，富有而全球化的核心区和下层民众社区与贫民窟所在地——不断扩张的城市边缘之间也存在分化。全球化导致了国家内部的不平等，城市化则使其进一步恶化。

经济隔离使得我们的城市变得如中世纪般分化。随着人口群体蜕变成有产和无产、有权势和无权势，国家团结也成了一个神话。通过地图来揭示城市内部的福利不平等，比通过比较人均国民收入、预期寿命、教育水平等指标得出的数据更发人深省。

城市既可以成为促进人类文明的最重要力量，凝聚人心，寻求和平发展机会，也可以成为边缘化的熔炉。城市化和不平等是一个危险的混合体。2014 年的弗格森以及 2015 年的巴尔的摩，让我们看到了美国社会信任丧失所带来的严重后果。不论在穷国富国，许多城市并未变得灵动，反倒是越来越森严，在主要的公共机构和私人机构，警察或私人保安到处可见。约瑟夫 · 斯蒂格利茨认为，我们正进入的“不仅是一个存在贫富分化的世界，而且是一个对贫富分化存在态度分化的世界”。[6]比起关注贫富分化，越来越多的国家对贫富分化选择熟视无睹。

城市游击战有了新样貌。在土耳其，革命人民解放党阵线是一个具有马克思主义倾向的青年组织，该组织曾经在 2013 年炸过美国驻安卡拉大使馆，也曾经向奥斯曼帝国时代建造的华丽宫殿——多玛巴赫切宫（Dolmabahçe Palace）投掷手榴弹。但如今他们转战街头，将斗争目标转向了那些抬高地价、将民众赶出城区的绅士化方案。单纯多搞几个足球俱乐部就能安抚群众的日子已经一去不复返了。虽然城市化会减弱集体行为，削弱专制政权，但是政权也可以在维稳名义下，在其所有重要城市推行高压政策。[7]能否有效治理高密度、多样化以及贫富分化的人口，将成为决定一个国家是全球化赢家还是输家的重要因素。

始于纽约的“占领华尔街”运动是针对大众（所谓的 99%）被边缘化的一次早期回应，也是未来趋势的一种征兆。金融市场令上层社会更为富有，外包和自动化则让工人阶层苦不堪言。经济不平等导致了政治的不平等（富人精英的寡头政治），而经济也因为过分依赖狭窄的消费群体而更为疲软。工人尤其是年轻工人技能不足，变成了整体经济中被忽略的群体，而这种困境的表现就是美国令人头痛的长期高失业率。从新德里到伊斯坦布尔再到圣保罗，自发而缺乏组织的抗议活动此起彼伏（约翰内斯堡和内罗毕甚至出现了暴力活动），而这不过是在提醒我们，这些贴着热门“成长市场”标签的众多国家同样也出现了法国旧制度时代的那种革命征兆。

新型政党、网络化的劳工团体、黑客团体以及反技术人士联合构成了新的全球抵抗力量，他们的战术和持久耐力令全球统治阶层毫无防备，而且将来会有越来越多的政府感受到他们的威力。有人给这些运动打上反政治的标签，不过，无论这些运动的性质是什么，其所蕴藏的激情绝对不能否定。他们改变了经济辩论的话题，也将价值创造的衡量标准从资本创造转移到了大众福利上。在未来的数十年，这种网络化力量将出现众多新的组合形式。马克思若地下有知也会说：“全球下层阶级的反抗开始了。”

马克思认为，全球性的资本主义剥削必然引起全球性的无产阶级反抗，否则国家就不会被真正平等的社会所替代。[8]全球互联互通的供应链增进了劳动者的优势地位，毕竟如今供应链上一个环节的断裂也会在全球激起涟漪。2015年，加州港口的劳动罢工导致价值数百万美元从中国运给西海岸亲人的春节礼品交付延误。供应链的最底层变成了一种政治力量。在南非，金属工人全国工会与执政的非洲国民大会分道扬镳，成立了具有社会主义倾向的新政党。

在资本与劳动者的拔河战中，后者也开始学习跨国公司建立自己的网络组织。制造企业一直用向低工资国家转移来要挟工人，但如今，工会正在努力筹建一个更为协作的阵线。比如，德国的五金工会（IG Metall）一直力挺美国全美汽车联合工会（United Auto Workers）在美国南部推动工会化。有趣的是，他这么做也是为了自己的利益：梅赛德斯-奔驰在亚拉巴马州建立一座工厂，抢走了德国人的工作；如果亚拉巴马人提出更高的工资要求，梅赛德斯-奔驰说不定就会把这些工作岗位撤回欧洲。

工会也会对国际商业谈判产生决定性的影响。2014年，因为不愿意为一家债务缠身的印度公司打工，中国国企成山集团的轮胎厂工人举行了罢工，并搅黄了印度阿波罗公司对美国固铂轮胎与橡胶公司的收购。最终成山集团收购了固铂轮胎在合资企业中的多数股权。固铂不仅未能实现通过合并进行亚洲扩张的目的，规模反而变得更小了。

这些工人原本是绝不会对国营雇主提出任何强烈抗议的，但跨国公司的增多提高了他们的胆识。为了寻求成立工会，中国的工人还发起了针对沃尔玛的大罢工。这些都是社会信心增强的标志，他们最初对外资的感激如今也变成了对被剥削的不满。

如果历史是贵族秩序和阶级斗争的轮替，那么只有新的阶级形态才能改变周期。世界人口已经接近峰值，除非在顶部的 20 亿人同时是生产与消费的真正贡献者，否则我们不能再假装人口特征是增长的引擎。全球的经济金字塔上，1%的顶端人口控制着约占全球一半的财富，“中产阶级”则以每天 4 美元的收入占据薄薄的一层，在肥厚的底部，则是每天收入不超过 2.5 美元的约全球一半人口。[①]人类的绝大多数将其可支配收入花在了食物和水、健康和教育等基本需求上，而那些贫弱的政府就连这些也难以提供。全球经济只有长期持续增长，在底部的数十亿人口才能大规模转化为中产阶级，金字塔才会变成钻石。

当人口不再增加，增长就只能依靠增进人的连接、释放人的交互潜力来实现。这也就是为什么所谓 1%和 99%的划分是错的：虽然收入有了分化，但财富的创造仍需要这 1%有足够的意愿去投资企业，创造更多工作岗位。实际上，像德国中小家族企业这种私人公司更愿意吸收内在附加成本，而上市公司更可能为了降低成本或者取悦股东而将工作外包。此外，在将社会资本纳入总体核算方面私人企业亦走在前列。例如，玛氏公司联合牛津大学赛德商学院发起了一项研究：该公司为内罗毕、雅加达和马尼拉的贫民窟小型企业主提供支持并测度他们对社区的

---

① 根据皮尤研究中心 2015 年 7 月的一份研究报告，尽管全球范围内的贫困正在减少，但是按照每天 10~20 美元的生活费用标准，只有 13%的世界人口可以被认为是“中产阶级”。

价值贡献，然后用研究结果来评估玛氏公司销售经理的表现。要消除不平等，不能指望提高税率或税收豁免，而是要建立更具有包容性的产业链。

以经济价值对公民或其他人进行排序，是所有社会的一条默认法则。即使中国也以非官方方式将其民众细分为城市商业人口、农民、农民工、富裕外籍人士等类别。在美国，一流房地产紧盯着最有钱的20%群体，而零售业也视最底层的80%为无物。许多政府明确认为外国投资者比本国公民更有价值。这种粗鲁分类与不平等的待遇倒也有光明的一面，起码说明这个国家还有很多人能变成更有成就的国家建设者——美国就是一个明显的例子。投资就是应该转向数量庞大的城乡下层人民。

现在投入，未来收获

近几十年来，亚洲的高速增长与居高不下的大宗商品价格引发了一轮财富创造与现代化的超级周期。未来，经济增长的动力则将源于大宗商品价格的低迷以及低利率。大宗商品价格低迷将降低成本，而低利率则将使投资从北美等传统基础设施大洲流向具有人口资源优势的地区，比如东南亚。如今在那里开拓市场建立连接的时机已到。在21世纪，互联互通是最重要的资产类别。

既然投资者不再热衷于虚假的金融衍生品，而是希望充分利用廉价的信贷并将资产投向实体经济，基础设施就成了最为明确的选择。作为一项资产类别，基础设施的回报高于固定收益，同时又比股权投资波动小。投资基础设施的好处不可估量，其创造的机会不仅能够提升社会流动性，促进生产力，还能刺激社会转型。正如世界银行前首席经济学家林毅夫所指出的，资本市场、多边机制以及其他结构性资金应该更多注资地区性银行，如此这些银行就可以通过为大型基建提供融资方式创造就业，促进互联互通。[1]

美国总统德怀特·艾森豪威尔倡议建设的州际公路体系是基础设施的最佳案例。1919年，艾森豪威尔跟着一个跨国车队，沿着林肯公路（美国第一条横贯大陆的公路）从华盛顿前往旧金山，这条破旧、泥泞、崎岖不平的道路令他们精疲力竭。在第二次世界大战中，艾森豪威尔则深刻体会到德国坚实的高速公路网的种种优势。20世纪50年代，艾森豪威尔说服国会通过了一项“宏伟规划”——耗资250亿美元修建超过6500公里的高速公路。今天看来，如果没有这一公路体系，美国的现代繁荣根本无从谈起。[2]

中国也同样如此。金融危机以来，中国的经济刺激主要集中于高速公路、住房、地铁以及铁路等基础设施。根据德意志银行的统计，这些财政刺激对国内生产总值的乘数效应是美国货币刺激政策的两倍。虽然西方经济学者一直批评中国“过度投资”，但世界银行发现，高速铁路将100多个中国城市连接起来，缩短了企业和劳动者与其市场和客户的距离，有力地促进了生产效率。虽然中国的固定资产投资增速出现了下滑，但对于日常工作者、阿里巴巴的购物者以及亿万国内旅行者和流动人员而言，遍布中国、价格实惠的交通带来了高效的流动性，他们从中获得的益处显而易见。

战后美国与今日中国带给我们的启示是，基础设施建设并非一次性投资，而是一个必须持续维护的互联互通网络。美国西北大学的罗伯特·戈登和乔治梅森大学的泰勒·考恩等著名经济学家认为，生产率回报持续下滑、基础设施落后、技术创新进入高原期以及不平等日益加剧等问题严重困扰着美国经济；交通体系速度缓慢、效率低下也令其难以

---

① 全球基础设施投资的主要资源提供者包括世界银行、二十国集团、经济合作与发展组织、新开发银行和亚洲基础设施投资银行等国际机构。

② 美国联邦公路管理局的研究指出，通过降低交通成本和提高生产率，州际公路系统最高每年可以为美国带来380亿美元的经济效益，节约成本超过1万亿美元。不过，目前美国交通预算有2/3都花在了运营与维护上，新投资不多。

实现出口目标。然而，更深层次的资金投入才是美国经济生产率增长的最大因素。在数十年被冷落之后，美国的关键基础设施终于迎来了扩张升级。沃伦·巴菲特和卡尔·伊坎等投资者正在力图重振货运铁路业，而谷歌则在全美数十个城市推出了每秒钟1000兆的光纤网络。同20世纪50年代不同，如今美国国会不愿意在基础设施上重金投入，因此，为了获得足够资金以进行基础项目的更新，美国只能选择敞开大门让更多的外部投资进来。

在基础设施、创新以及制度方面维持25%以上高投资率的国家能够保持持久稳定的经济增长。基础设施投资比工厂更加具有黏性，毕竟道路和铁路都无法转移到其他劳动力便宜的地区。政府若想要解决大规模人群的就业，更需要以软硬基础设施建设为重点——诸如大宗商品、建筑、服务、教育以及医疗等非贸易部门在短期内都不太可能实现自动化。从全世界范围看，这些都是雇工人数最高的行业部门，而由于无法被转移，它们就可以获得投资资金流入的同时为总体福利创造巨大的二次经济效益。[①]

资本支出以运营收入获取回报。如今，国际货币基金组织不再鼓吹紧缩政策，转而鼓励债务驱动型基础设施投资，因为后者能够通过高质量的交通、电信以及其他服务创造就业，提高生产率。聪明的政府纷纷通过削减补贴、提供股权债券担保、建立金融工具——例如同国际金融公司（IFC）和多边投资担保机构（MIGA）等建立伙伴关系——等方式加大基础设施投资。哥伦比亚、墨西哥、菲律宾以及印度都设立了专项资金以保护投资者、确保合理回报以及防止政治干涉。一个国家越对全球资本开放，金融供应链就越能支持其实体供应链。

---

① 机场、公路、铁路以及电网的设立，会衍生出维修和保养、汽车租赁和销售、零售和餐饮、能源销售和公用事业监控、医疗和教育设施等诸多方面的就业岗位。参见《战略基础设施：建立和加快促进公私合作模式的步骤》（“Strategic Infrastructure：Steps to Prepare and Accelerate Public-Private Partnerships”，世界经济论坛，2013年5月）。

金融供应链

吹起来的气球要比气泡大得多。尽管过去20年中出现了科技、房地产以及能源泡沫，但全球经济的气球也在不断膨胀与扩张。中央银行的超低利率与大规模信贷扩张使得廉价资本无处不在，在国债和企业获得救赎的同时套利交易也如火如荼。虽然从2007年至2014年七年间全球的债务总额增加了56万亿美元（几乎相当于全球一年的国内生产总值），美国、欧元区、中国以及日本等全球最主要的货币大国仍没有停止印钞。如今他们成了自己最大的债权人（也就是说他们的债务多数都在国内），再也不用担心本国货币被外国抛售。即便未来还有泡沫出现，中国房地产也罢，美国的股市也好，气球仍旧会继续膨胀：贝恩公司预计，到2020年，全世界的金融资本总额将达到900万亿美元。

在全球的金融体系内，规模巨大的资产池在主要金融中心进进出出。如同横跨欧亚大陆的诸条丝绸之路，这些资金载体构成了一种新的“永久资本”——与以往相比，它们具有更长投资时间范围，更能承受波动，也更具有全球投资偏好。亿万富翁就是这种新趋势的典型代表。自金融危机以来，全球的亿万富翁数量已经翻了一番，其中既有个人投资者，又有“机构个人投资者”，他们依靠其家族办公室就能实现公司规模的经营，其46万亿美元的资产则构成了全世界最大的单一资金池。养老金紧随其后，其可投资资金超过40万亿美元。虽然欧洲养老金投资组合在全球的基础设施投资中居于领先，亚洲基金（前二十大基金中有一半在亚洲）也在更积极地跟随欧洲步伐，期望以更全球化的投资来赢取更多回报，以满足国内保障需求的日渐增长。它们在中国、印度、尼日利亚、土耳其、墨西哥等国积极游说，以争取在房地产、电信、金融服务以及基础设施等具体行业中获得更多的投资份额。[9]保险基金的资产规模达30万亿美元，传统上它们主要投资于国内组合，但如今他们也开始更多地接触各国市场，资本愈加网络化。此外，金融产品中最为普通的品种——共同基金及债券基金的规模也有 30 万亿美元，它们也比以往更青睐外国股权。通过购买国外的大盘股和中盘股，这些基金希望借助这些公司的成长来为本国的散户投资者赢取收益。

近年来，官方资本控股也在稳步增长。各国央行外汇储备总额已经升至 8 万亿美元以上，其中多数集中在亚洲。亚洲国家的政府正在把越来越多的现金投入他们的政府投资工具——主权财富基金，其总量已经升至 6 万亿美元。如今主权财富基金的资本部署更为激进，投资领域涉及房地产、银行以及其他多个领域（以弥补油价下滑导致的收入下降）。主权财富基金通常与私人股权基金和对冲基金共进退。私人股权基金的规模预计略超 2 万亿美元，对冲基金的规模也有 2 万亿美元。随着银行受到的监管越发严厉，对冲基金已经不满足于（像银行一样）在公开市场提供信贷服务，也开始（像私募股权一样）涉足公司并购。

市场投资参与者之间的联系和合作越来越密切，要把他们加以区隔也变得越来越难。拥有庞大但分散的管理资产的实体如今被称为“另类资产管理集团”或“多元化金融机构”。以贝莱德（BlackRock）为例，该公司管理资产高达 4.5 万亿美元且来源十分全球多元化。这类机构管理着大量永久资本，可以投资于包括新兴市场政府债券在内的任何资产类别。它们时刻扫描市场机会，高档房地产、低估的股票、机场、收费公路等产生费用收入的基础设施以及科技初创企业都是它们的目标。通过直接投资和合资企业等形式，全球的资产管理者与地方的合作伙伴结为一体，这样就可以规避投资限制，获得更好的投资待遇。从撒哈拉以南的非洲到印度尼西亚，全球每四桩企业并购交易中就有一桩发生在新兴市场，但这些交易背后大都有发达国家精明金融家的身影。他们发挥了在业务洞察力和技术升级上的关键优势，将地方企业推升到了一个新的层次。

“银行”的类型其实多种多样。那些受人误导的反资本主义评论家似乎没有认清金融和实体经济之间的密切关系。实际上，无论是银行还是非银行金融机构（从资产管理公司到信用社），它们在项目融资、零售银行资本筹集与房贷、企业创建和资金流动、技术引进以及成百上千企业在发展中国家的国际化扩张等方面，都起着巨大的作用。在美国，非银行机构已经是最主要的贷款提供者，是它们提供的资金支持了数以百万计资不抵债的住房贷款以及中间市场业务。[10]

在新兴市场，金融与实体经济的联系同样十分密切。从2009年到2014年，外国持有的地方政府债务数额增长了一倍。地方政府也因此有能力进行更多投资，地方银行也才能放出更多（本地货币）贷款，以支持加油站、杂货店等小企业贷款以及个人贷款。尤其是当这些国家增长放缓、被迫动用外汇储备时，他们就必须允许这些外资不受限制地进入本地股票市场，只有如此本地的公司才能获得招聘雇员发展业务的资本金。没有这些愿意承担风险的私人资本，整个发展中国家的信贷市场就会如同他们的基础设施建设一样，陷入既缺资金又缺制度的不堪状态。

市场能够全力帮助人们实现互联互通，贸易融资就是此方面的一个极佳案例。贸易融资能够促进企业的出口产品生产，同时也被证明是一种低违约率的可靠投资。根据世界贸易组织的统计，80%的全球贸易都有金融机构的支持。然而后危机时代的监管法规（例如要求银行持有更多在岸资本的《巴塞尔协议III》）却不小心阻断了这一连接金融业和实体经济的关键通道。为了方便中小企业融资，欧洲投资银行和阿布拉杰集团（Abraaj Group）已开始支持中东和非洲区域间的资金交流。德国的中小企业数量是美国的5倍（德国人口只有美国的1/4），因此更加重视对工具制造商这类扎根型企业的支持，而这类企业则可以借助贸易融资拓展亚洲市场。欧洲中小企业进入亚洲，东盟的中小企业进入亚洲其他地区、非洲以及欧洲，这些都证明灵动的全球资本对地方企业的支持创造了真实且富有成效的新流动性。

金融危机教育我们，巨量资本过分集中于少数人手中十分危险，不过，若因此就放弃对全球金融的利用则属于绝对的因噎废食。资本主义不一定非得是社团主义。如果说金融市场是资本的增值，那么金融供应链就是财富的扩展。我们应该充分利用充足的全球流动性，创建更多金融供应链，将资本与企业和基础设施等创造价值的资产相连接。世界的资本分配越广泛，这个世界就会越稳定。

CONNECTOGRAPHY：
MAPPING THE FUTURE OF GLOBAL
CIVILIZATION

第五部
走向全球社会

第十四章　数字供应链

人类发明自己不了解的东西，互联网是第一个。它是有史以来全球最大的无政府状态实验。

——埃里克·施密特　谷歌董事长

看不见的基础设施

互联网是为克服距离而生的。全球各地研究机构的科学家寻找能够处理与分享巨量数据的有效手段。万维网的发祥地——欧洲核子研究中心（CERN）本身也是科学边界中立偏好的象征，因为这个周长30公里的实验室就横跨瑞士和法国两国的土地。今天，互联网脱颖而出，成了这个量子世界的化身。它无处不在，却又“难觅踪影”。它能够在瞬间建立连接，又可以在瞬间消失无踪。数据可以被过滤，被封锁，也可以碎片化为加密和编码的数据包，只有特定接收者才能将其恢复。无论是一本书、一首歌、还是一次事件“直播”，一切被数字化之物都可以同时在多个地方出现。为了让数据计算能力比以往更快，科学家正在利用量子纠缠与超级定位原理来增进光子传输数据的能力。

诞生于国家体系之间的供应链正愈加无国界，然而天生无国界的互联网却似乎正在变成国家分立的标志。哪种力量会赢得这场网络较量？

被我们称作“技术”公司的那些企业，实际上都是技术基础设施企业。电信已经超越所有其他形式的互联互通。如今，通过铜质电话线、信号中继塔、海底网络电缆或者低轨卫星，手持移动设备可以在世界任何地方同任何其他通信设备相连接。2009 年至 2014 年，电信企业在移动基础设施上的投入超过 2 万亿美元，而在 2020 年之前，这些企业还会另外追加 4 万亿美元，以用于在全球范围内扩展连通规模，提升连通速度。[1]

连通性基础设施企业正在扩张成为数字帝国。谷歌以网络浏览器起家，如今已经成为全球数据公用设施。在低成本连通的普及竞赛之中，互联网服务提供商自己也变成了电信公司。谷歌推出飞艇无线网络，以便让偏远地区的人们能够使用谷歌服务；与此同时，Skype 或 WhatsApp 等互联网电话除了不收费之外，已经与传统电话毫无二致；在互联网上没有所谓“漫游”。即便谷歌和 Facebook 在数据与注意力等方面存在激烈竞争，但两家公司都认为扩大互联互通才是最大的善举，因此合作发射了多颗卫星来服务“其他 30 亿人”①在那些既没有医院也没有电的世界的最遥远角落，人们却可以使用太阳能充电或者运动充电的手机设备。不用想得太远，一个人人可以使用 4G（最终是 5G）手机宽带接入互联网的世界已经近在咫尺。②

如同缠绕着皮球的纱线，今天至少有 300 条海底网络电缆纵横交错于地球之上，承载着全球 99% 的洲际数据传输。③当遥远之地开始享受到连接的提升，这个地方本身的意义也开始改变。在非洲，随着谷歌、IBM、万事达等公司在初露锋芒的“大草原硅谷”（肯尼亚仿照硅谷设立

---

① 之前的网络用户数据长期存于一个个数字孤岛，但如今，互联网公司通过 Facebook 的广告平台 Atlas 等日益复杂的服务开始收集并销售数据。这些数据服务允许广告商追踪用户在手机、平板电脑以及其他渠道上的使用足迹，并以此为依据推送符合设备特征的广告。

② 由于迪拜和香港等城市许多人都有数个账户，因此，如今全球手机用户数量已经超过了全世界人口总数。

③ 许多海底网络电缆都是沿着海上战略交通线，也就是 19 世纪末英国海军铺设电报线缆的路线铺设的。电报是第一种与交通脱钩的信息传播系统。《经济学人》的科技编辑汤姆 · 斯丹迪奇将电报妙喻为“维多利亚时代的互联网”。

的一座科技城）设立研究实验室，一根光纤电缆就把肯尼亚推入了世界的数字版图。2014 年，乌干达和赞比亚这两个内陆国家第一次通过印度洋的光纤电缆实现了与外部的连接。在地理上，它们仍旧是内陆，然而在数字上，它们已经实现了连通。

互联网线缆铺设线路的电信地理图揭示了广阔地域间日益紧密的联系。北大西洋中的线缆数量最多，其次是太平洋。在太平洋，谷歌的一条长 7500 公里的新数据线缆——名字就叫作“更快”（Faster）——连通了加州和日本，然后从日本转向其他亚洲国家。预计这条光缆能够将 2013 年到 2018 年的亚太互联网数据流动提升两倍，达到每月 47 艾字节。[①]同洲际航线一样，互联网线缆直连也会逐步在南美、非洲以及亚洲之间扩展，彰显出这些地区不断增强的相互联系。北极冰川的融化甚至使北极与伦敦及东京之间铺设一条新的极地网络线缆成为可能。科幻作家尼尔·斯蒂芬森曾经写道：“线缆的网络空间扭曲力量改变了商业世界的几何学，也改变了我们生存的政治环境与思维环境。纽约、伦敦以及东京金融区相互之间的距离，比布朗克斯到曼哈顿的距离短得多。”[2]

目前从事软件行业的人数已经超过 3000 万，其中一部分为专业开发人员，其他则从事信息通信技术业务。有意思的是，这些人员的分布几乎可以按照美洲—欧洲、中东以及非洲—亚太这三大地理区域均分为三。预计到 2017 年，印度的软件开发人员数量将赶上美国，达到约 500 万人。不过，软件是最具全球互联互通性的产业之一。IBM、高知特（Cognizant）等“美国”科技企业在印度的雇员比在美国还多，而超过 1/3 的“印度”软件是为美国公司生产或者出口到美国的。

许多人很自然地将互联网理解为一种无形基础设施，但是实际上，物理世界和虚拟世界之间的连接正带来越来越复杂的连锁反应。光是信息通信技术行业消耗了全球 1/10 的电力就足以说明网络文明对自然资源的损耗程度。[3] 数据中心如今成了利润丰厚的房地产。数字帝国的物理

---

① 从 2002 年至 2012 年，跨国互联网数据传输量增长了 20 倍，且每年都在加速。

所在显然抬高了旧金山的生活成本。亚马逊对程序员、销售人员、仓库以及数据服务器的需求正在重绘西雅图的天际线。从加州到密苏里，成百上千的城镇曾成功将沃尔玛挡在城外，保住了本地的零售商业，但他们却无法阻止亚马逊直接送货上门。与此同时，比特币最初只是一种小众加密货币，如今“现实”世界中却有越来越多人以此为生；如果比特币能拿到银行牌照并获允放贷，那么它就能迅速获得大量底层客户，将传统银行踩在脚下。移动传输技术蚕食着高塔的数量，更多的数字支付和电子商务则意味着更少物理货币的使用：瑞士正在走向无现金化，加拿大停止铸造便士，美国也有这样的趋势，而这意味着未来镍或者其他金属的消耗量将会出现下降。所以说，互联网用电消耗了煤，却给我们省下了铜和钢铁。虽然现实世界与虚拟世界之间的边界已经变得模糊，互联网内的边界是否越来越明显？

建一座有墙的花园，还是在信息高速公路上颠簸行进？

互联网世界充满流动与冲突，却没有来自参与者以外的管制。互联网从诞生起就多为私人所掌控。今天，约 30 家企业控制着全世界 90% 的互联网流量，仅谷歌一家就依靠网页、存储以及企业应用程序等掌握了全世界 20% 的互联网内容。作为互联网的核心，互联网服务供应商不愿接受政府的深度干预，反而更钟情于自我管理与自我调整。此外，可公开访问的网站只是整个互联网的一小部分。匿名且层层加密的网络以及比特币交易等暗网、无索引网页、企业内网以及其他不能公开搜索的数据库等深网，才是互联网内容的最大组成部分。

虽然互联网没有核心权威，但不受管制的无政府美好岁月也在逐渐远去，以前互联网只有技术监督，如今却成为极具复杂性的地缘政治战场。万维网之父蒂姆·伯纳斯–李爵士（Sir Tim Berners-Lee）曾经对互联网的战略操控提出警告，他倡议各方签订一个网络的“大宪章”以保证互联网的中立性。但是如今为时已晚：互联网已经表现出数字主权与封建主义的征兆，而其敌人也并不和政治地理完全对应。随着美国商务部不再担任互联网的事实管理者，过去20年由互联网域名与编号分配机构（ICANN）主导的自下而上、多利益主义的互联网管理框架也逐步演变，成了一种政府单边干预与国际电信联盟（ITU）国际监督共存的新体系。但美国政府无须成为互联网的管理者亦能渗透到世界最遥远的角落，鲸吞无穷尽的数据：依靠美国国家安全局的“棱镜”（PRISM）计划，美国几乎可以掌握任何它想要知道的东西。

但事与愿违，对美国国家安全局监控计划的回应导致互联网走向了“巴尔干化”。各国纷纷宣称拥有数字主权，或声称要保护本国公民的隐私不受侵犯（德国），或借此进一步控制公民数据信息（俄罗斯）。中国正在北京与上海之间修建一条据称是无法破解的量子通信网络，同时还在计划建造全球性的量子通信卫星网。不管这些政府是打算监控、过滤还是保护数字流动，如今服务器、线缆、路由器以及数据中心的地缘（以及法律）位置都已经达到与输油管道的地理位置同等重要的地位。当然，这其中的区别是很关键的。互联网数据可以被无限复制，也可以在同一时间、在多个地点存在。此外，数据可以改道或者偷偷流入目的地，接收者也有能力突破封锁获得数据。如果说数据是一种新的石油，它绝对也是一种更“滑”的石油。

毫无疑问，互联网已经不再是一个真正的无国界平行宇宙。推特虽说是世界上最自由、无内容筛查的一对多传播媒介，但在不同的国家，它同样会对内容进行事前限制。谷歌地图的服务必须得到用户服务器所在地的官方批准。虽然软件或者数据服务都必须根据国家限制做出调整（2015年欧盟废除与美国的“安全港”协议后情形就是如此），但这只是局部摩擦，而不是信息堵塞。不能因为印度、巴基斯坦以及土耳其要求Facebook删除成千上万被认定为冒犯政府的网页，就认为整个世界已完全沦陷于数字审查之中——毕竟在一些网页被删除时，另外一些雷同网页会以几乎同样的速度又出现在Facebook上。为了阻止某些网站，政府经常会部署成本昂贵的系统，然而，个人依靠Tor（洋葱路由器）、虚拟专用网络（VPN）以及uProxy等价格低廉的工具就可以规避这些限制。马来西亚和中国的有些创业企业在应用程序上集成了虚拟专用网络，可以直接让更多用户访问被封锁内容。部分过滤并不是完全的封锁，毕竟阿拉伯的独裁者已经领教过，完全封锁一定会让公民走上街头抗议。

为物理服务器和路由器进行地点设置是互联网的地缘政治，而网络战争就是互联网内的地缘政治。网络战争是一种量子类型的冲突：武器是无形的，其力量可以被感知却无法精确测量，也没有固定的储备库或军火库。网络战争没有战争法可以依托，而威慑也不仅仅是相关力量的问题。它是一场关乎黑客攻击的永恒之战，其目标或在于毁灭军事硬件（例如超级工厂病毒对于伊朗核项目的破坏），或在于窃取企业数据（例如俄罗斯对西方银行的行径），或在于获取政府数据和先进的技术知识产权。

互联网与真实世界的关联越紧密，网络攻击就越具有致命性。例如，电磁脉冲可以操控或者关闭关键的基础设施。因此，"物联网"也成了"威胁网"。这也是为什么如今的间谍机构不仅雇用国防官员，还要招募信息技术人员。数字五国（英国、韩国、爱沙尼亚、以色列以及新西兰）等网络联盟逐渐浮出水面，这些特征迥异的发达国家同意互相托管服务器并确保安全。依靠托管于友好国家的互联网服务器，巴勒斯坦人聚居区和库尔德人聚居区化身为虚拟国度，而这也说明，即便是无国籍社群也可以利用互联网来开展选举，处理国际外交与经济关系。但在网络空间，联盟也可能是一种幻象。实际上，云社区不仅与政府对抗，云社区相互之间也有斗争。匿名人士在2014年对"伊斯兰国"的宣战，2015年黑客组织从欧洲交易所Bitstamp偷走价值500万美元的比特币，都显示了这一特征。

供应链世界将地缘政治议程和商业议程融为一体，网络空间亦如是。美国国家安全局监视计划的暴露导致技术民主主义合法化崛起。特别是中国，微软和思科在政府和企业的采购名单上消失了，取而代之的是国产操作系统之类的本土产品。中国也要求国内销售的软件必须留有可访问源代码的后门。中国采用了不少先进国外技术，同时在中国企业不断扩张应对全球竞争之时，利用长城防火墙为这些企业提供商业保护。国外有维萨，中国有银联；国外有GPS，中国有北斗卫星网络；还有诸如阿里巴巴和百度这样的新型数字巨头，都是（在竞争对手缺席的情况下）先稳固了广阔国内市场，然后投入国际竞争的中国产品与服务。

西方和中国企业之间的摩擦仍有增无减，但同时因为从中国走出去的资本与数据不断增长，技术间的相互依存也在不断加深。比如，中国的软件开发商对Githup等编码平台仍非常依赖。为了促进人民币计价贸易，中国于2015年推出了中国国际支付系统，不过，该系统要想成为拓展中国影响力的有力一员，就必须进一步加强与国际伙伴的交流与沟通，而不是相反。数字较量和金融与供应链的较量一样，本质上是掌控流动，而不是阻止流动。

印度、日本和韩国也实现了一定程度的数字独立性。他们具备必需的工程人员、国内企业、市场深度、支付系统、网络安全工具以及其他要素，可以维系国内技术部门的自我发展，提供全方位的互联网服务。在一个拒绝网络服务攻击及其他破坏的时代，网络的自给自足极为关键。但能提供高质量替代品的国家寥寥无几。像越南和马来西亚这样的新兴国家，与其浪费数十亿美元建设本地系统，倒不如充分利用低成本的基础设施即服务（Infrastructure as a Service）云端软件、数据存储以及企业应用程序。在这些国家，民众也需要面对数据“离岸”不再安全，数据“在岸”又脆弱不堪的双重打击。由于在线言论受到管制，数据安全也遭受侵犯，所以民众不只是在利用互联网进行动员，而且动员本身也是为了获得自由使用互联网的权利。就像有些中国人或俄罗斯人将现金转移到国外，公民在网上也将数据转移到谷歌、亚马逊或者其他不会受到政府干预的服务上去（如今亚马逊的网络服务收入已经与电子商务收入持平）。除了万维网和深网，未来还会有一个“安全网”。云端比地面安全，这一点或许最终将获得证明。

一个社会与互联网的联系越多样化，其民众就越能逃避政府审查。

然而，互联网服务供应商和网络电缆越多，也意味着政府防患于未然的手段越多。超过60个国家仅有一到两个互联网服务供应商，一旦网络被切断，这些国家将面临极度风险。互联网经常被拿来和银行、电力行业等公用事业做类比，在后者中，细小与区域的失误常常导致大规模的崩溃，例如，20世纪20年代银行体系的崩溃与70年代的石油禁运都导致了全球经济危机。要想阻止类似的网络灾难出现，就需要让数据存储和获取分布得更为分散：更大的弹性来源于连接而非隔离。连接越多越好，即便连接无法被掌控，也胜过数量稀少的可控连接。

互联网设计之初就是一个网状结构，它的目的是连接节点，而不是成为国家的代表。虽然一些政府在其地理范围内可以设置各种路障、绕行道、坑洞以及其他障碍，却无法迫使企业按照指令改变数据流动。[4]科技企业在需要帮助时（例如和中国或者俄罗斯谈判）会寻求政府的庇护，但同时又希望远离政府，尤其是远离国税局和联邦调查局。谷歌、Facebook和亚马逊与美国国务院和国防部有来往是事实，但这并没有使它们成为政府的代理人。实际上美国情报界倒是抱怨这些科技公司在出卖国家安全利益：一方面，它们为了符合欧洲对公民隐私保护的规定而选择单独与欧洲政府合作，与此同时又在向对手国家出售敏感技术。为了保护知识产权，谷歌和亚马逊不接受任何形式的政府研究资助。2015年，谷歌拒绝参加美国国防部高级研究计划局的机器人挑战赛。在大学，来自企业、以企业商业利益为优先的研发资助不断上升，而政府支持在下降。最终决定谁更具优势的是科技领先水平，而不是主权。

同样，联邦和警察等执法机构则以《网络情报共享和保护法案》为法律依据，从对信息展开更多的无授权窥探与收集。与此同时，国家安全局利用AT & T（美国电话电报公司）等互联网服务供应商来增进对电子邮件的监控。与之相对应，网络社会则在持续改善互联网架构以更好地防范监控，而互联网企业也积极行动，以避免国家安全局的监控项目过多侵犯用户和客户数据。2013年，爱德华·斯诺登使用的安全邮件提供商Lavabit宁可自行关闭也不把SSL密钥交给联邦调查局。美国政府要求访问微软部分国外客户数据，却一直未得到该公司同意。苹果的iOS 8和最新版本的安卓系统都引入了加密协议，不允许任何人访问用户数据——这不但阻止了美国政府，那些利用之前版本后门获取数据的黑客也被挡在门外。①

说起互联网最早的起源，其实是为了在出现敌人攻击时有足够的备用通信。今天互联网能够抵御任何断网——无论是物理上海底电缆被拔除，还是数字上服务中断，都不会造成互联网断裂。政府创造了互联网，但如今互联网却独立于政府存在。是政府跟着互联网运转，而不是相反。因此，即便网络空间出现军事化，互联网仍旧是一个自愿联合、在线商务以及心理占用率竞争的世界。即便摩擦的升温会使得某些数据置于国家管辖之下，互联网的发展也不会停止，而且会变得更加多样与复杂。随着全球化的发展，整个系统的互动能力会愈加强大。

数字身份盛宴

科幻小说作家擅长从当前技术推断未知的科学突破。在他们所描绘的人机共进的巨幅画面中，我们的身份将不断扩展，现今我们是数字人，未来则将演化为存在于平行但又整体的网络宇宙中、能够代表我们独立行事的虚拟形象。最终，具有全感官体验的四维能力融合将使我们无须移动地理位置也能将意念瞬间转移至遥远的物理空间。之后，我们

---

① 对国家安全局行为的抵制情绪催生了许多提供类局域网加密通信的新设备和新服务。例如，大型的硅谷信息技术企业联手在OpenStack（一个开源的云计算管理平台项目）上建设网络数据中心，为客户提供安全的基于云端的服务。瑞士公司提供地下掩体内的安全数据存储，同时旧金山和洛杉矶之间在铺设私人数据线缆。Silent Circle公司提供包括操作系统及应用程序在内的一系列安全软件，同时推出了一款带加密的手机Blackphone。量子计算的崛起据说可以让加密牢不可破，而网络安全密钥也将可以通过传感器对亚原子万有引力信号的探测来判断是否有监听。

就来到了Matrix①。

虽然“距离已死”的口号已经喊了数十年，但只有今日城市化与交通发展、通信与数字化以及资本市场与供应链这几大要素合在一起时，地理决定论才被有力否定。每一项基础设施投资以及每一项技术创新，都使得我们互联互通的前景更加确定。事实上，互联网不仅仅是一条简单的信号管道，它更像是一个复杂数据的储藏室。正如很多科学家所言，互联网正在越来越类似于一个“全球大脑”。虚拟现实的先驱杰伦·拉尼尔（Jaron Lanier）说，数字全球化“重塑”了世界，将我们集体化的组织协议变成了新型的网络效率。真正的问题并不在于这种转变是否正在发生，而在于是否人人都在参与这种转变。

最初，互联网是我们的目的地，如今，互联网就是我们所在之处。它同交换媒介（货币）、信仰体系（宗教）以及政治体制（政府）一样无处不在，成为一种通用的规范。②互联网网民的数量超过了任何国家的公民数量，互联网的参与者数量超过了任何宗教的信仰者。

人类文明沿着自然的江河扩展，网络文明也同样沿着数字的河流传播。互联网的版图时刻处于变化之中，在新社群增加的同时，现有的社群也在不断被改变。全国性的数字集群不过是按照政府的传统方式实现互联，虚拟社区则可以汇聚分散在各处的个体，超越自然地理的限制。随着爱沙尼亚等国数字定居方案的出现，边界就再也无法成为享受“国家”服务的阻碍③。

基于网络社区内部与相互关系密度的大地线地图向我们展示了数字网络与情绪的拓扑结构。身份认同是一种社会偏好的联合，它既通过宗教和种族等传统类别体现，也包括基于职业、经验以及主张等形成

① 在《黑客帝国》中，Matrix是一套复杂的模拟系统程序，它是由具有人工智能的机器建立的，模拟了人类以前的世界，用以控制人类。——编者注

② 《经济学人》在2014年称，“超级连接构成了所有人类行为的新文化环境”。《超连接经济》，2014年10月。

③ 2014年，爱沙尼亚实行电子身份证制度，不在本国的爱沙尼亚人也可以申请，从而享受到国家的服务和福利。——译者注

的新社群形态。微软研究院的地理社会人口学研究先驱丹纳·博伊德（Danah Boyd）通过跟踪发现，数字原生民天然将互联网视为权力获取的入口，他们通过这个入口发掘并拓展更为广泛的身份认同，并赋予它与天生身份认同同样的重要性。①

2014年，在线社区BitNation开始推行一种基于区块链的身份系统，这种系统具有匿名、去中心以及安全特性，既是一张网络通行证，也是一个比特币的提款卡。不断扩张的云社区和云技术使其引发了米歇尔·博旺（Michel Bauwens）所谓的“P2P文明”。[5]麻省理工学院媒体实验室创始人之一桑迪·彭特兰（Sandy Pentland）将这些身份建设的关系模式称为新的“社会物理学”。[6]而随着天平在现实与虚拟之间不断摇摆，政府对媒体、叙事以及身份认同的垄断也正变得一去不返。

互联互通使得个人既有权选择归属于不同于原来的一方，也有权选择在同一时间属于多方。如今，在我们的文化或者民族身份之外，我们也把连接性用于对自我价值感知的某种度量。②“你的网络就是你的身家”这句话既适用于个体，也适用于国家。

连接性财富的扩张

互联网催生了各种社会与经济资本形式，而这在20年前是难以想象的。我们每个人都是一个知识单位——即里卡多·豪斯曼（Ricardo Hausmann）所谓的一个“人一字节”[7]——能够为全球产业链贡献价值。

---

① 受涂尔干的著作启发，社会网络分析会调查所有的关系种类，包括商业、政治、交易、个人等，然后将这些因互联而形成的新节点、集合、连接以及社区组成一幅图画。

② 麻省理工学院的Immersion软件允许个体从人际网络而非地理角度来描绘个人定位，而像关系科学（Relationship Science）这种公司主要基于虚拟连接来评估一个人在真实世界的网络价值。

当数十亿无法获得应有尊重的人民成为这个连通全球社会的“人一字节”后，他们也开始赢得一丝人生的尊严。

实际上，在现代社会中，一个人如果没有正式的身份证明，是无法使用手机的。但是对于底层的数十亿人而言，连通是获得身份的前提。要使用手机通常首先要以合法形式购买一个手机号码，但是在全世界绝大多数地区的手机账户都是预付费号码，既不需要押金和银行账户，也不需要信用卡或者固定住址信息。数十个国家的手机账户数量已经超过了银行账户数量，在这些国家中，前者轻易就可以替代后者，变成通信与银行服务的双重入口。

在混合现状下，我们不应低估数字连接的内在价值。哈佛大学的罗伯特·普特南（Robert Putnam）和麻省理工学院的谢里·图克尔（Sherry Turkle）等批评者认为，数字生活会侵蚀家庭的纽带，但是他们忽略了这些新型的且更加多样化关联的重要性，同时也未注意到数字通信其实降低了交易成本，并且为新型的参与、学习、消费或投资腾出了时间。例如，自2008年到2013年Skype的通话时间增长了500%，而这毫无疑问增进了许多家庭的紧密感，同时也使得个人省下钱去学习钢琴或者汉语等。①我们应该记住，在诸如拉美等低信任度社会中，社交媒体是传播正确信息、规避精英谎言的必备工具。

互联互通是社会更充分发展的平台。信息技术产业是全球经济中增长最快最具活力的部门。伴随基础设施的兴建以及广泛的部署，新技术总是会催生出全新的产业。自工业革命以来，运河、铁路、电、公路、电信和互联网都遵循了这一规律。按伦敦政治经济学院经济学家卡洛塔·佩雷斯（Carlota Perez）的说法，它们都引发了“所有行业在生产率以及质量上的巨大飞跃”。[8] 在经历了泡沫和衰退之后，社会就会学习如何运用新技术去

① 仅2011年至2014年，人们在Facebook上拥有的全球“朋友”数量就实现翻倍。此外，由于连接人数的增加，（通过谷歌翻译或者微软/Skype的）实时语言间沟通等服务的价值也会依据梅特卡夫定律增长。梅特卡夫定律是一种网络技术发展规律，基本内容为网络的价值与网络规模的平方成正比。

降低在实施阶段产生的不平等，那就是在部署阶段，通过投资教育和增进包容来扩大技术工人的规模。光纤电缆让高频交易者抢先一步，但是服务于大众的谷歌光纤也已在部署之中。如今，各城市政府都在下水道系统内铺设光缆，将电话亭变成无线热点，在地铁里增添无线服务。

到2030年，几乎全世界的每个人都会拥有自己的手机，并能够通过智能手机、无线热点或者网状网络连接互联网。全世界部署的高速宽带越多，就会有越多的民众和消费者从更快的信息访问、更低成本的产品以及更多的就业机会中得益。与此同时，在现实连通实现缓慢之处，数字基础设施建设可以取而代之。“原子不及，比特顶替。”汤姆·斯坦迪奇（Tom Standage）说。[9]虽然没有图书馆，但民众可以通过互联网访问一个无限大的信息帝国。技术哲学家曼纽尔·卡斯特利斯（Manuel Castells）和派卡·海曼（Pekka Himanen）认为，无论是从个人权利获取还是从经济生产率角度看，“信息发展”，即通过信息获取增进个人尊严的能力，已经成为一项基本的权利。

与全球流动的连通创造了就业，带来了财富。释放出印度优秀人才潜力的并非印度经济，而是数字供应链，依靠后者，印度才得以迅速崛起，从服务进口国变为出口国。此外，通过吸引更多的外资进入，计算机编程、后端研发以及医疗射线会诊等高利润服务出口国获得了双重收益：既吸引了更多投资，也增进了出口。科技企业的融资成本也在急速下降。如今，风险投资家、华尔街的银行、家族办公室、天使投资者以及像Kickstarter这样的众筹平台能够在一个更为包容的融资生态系统中并存，与传统公开市场笨拙的融资方式相比，如今的投资方资本更雄厚，行动更高效。

但新经济离不开旧经济。数字服务的发展需要依仗基础设施的现代化。只有把经改善的基础设施同电子商务相结合，我们才能构建一个实体和虚拟的混合市场，使商品、服务、支付以及投递等服务日益无缝衔接。例如，推特和亚马逊达成合作，在推特上加入标签的物品可以直接进入亚马逊的购物车，并且在一个小时内送达曼哈顿的任一角落。这样的模式可以推广至全球：阿里巴巴的电子商务、物流及借贷一体模式已经使它成为供应链巨头。如今阿里巴巴的伙伴企业已经遍布以色列与新加坡等国，公司在美国也有巨大发展空间。创新的支付宝把阿里变成了一家银行，其借贷服务则可实现资本在阿里会员间的流通——阿里会员信用违约率极低。如果基础的电子商务规则能得到规范，那么全世界成千上万以全球贸易为生的中小企业就能够更好地与成长市场连通，实现更好的销售业绩。在eBay，90%的商家开展过跨境交易。如今在全世界，海关摩擦仍是令人头疼的主要官僚病之一，腐败机构把持着边境，以莫须有的边境重税对合法商品贸易敲竹杠，只有电子商务的“绿色通道”能让合法商品顺畅流动。数字流动越是超越实体流动，互联互通就越能惠及人人。

全球数字劳动力

为了管理我们的日程，或者做互联网研究，我的妻子和我常可能在遇到台风时雇一个菲律宾人，遇到停电时雇一个印度人，遇到战争时找一个乌克兰人，遇到动乱时找一个突尼斯人——甚至有一次我们还雇过一个也叫萨达姆·侯赛因的马来西亚人。这些人都是通过Upwork来寻找短期的上门服务工作。如今虚拟求职门户如雨后春笋般涌现，Upwork是其中最大的一个，另外还有亚马逊的土耳其机器人（Mechanical Turk）和Freelancer.com，这些网站至少为100万人带来了额外收入。虽然与通用汽车等工业时代的同行前辈相比，硅谷科技公司的雇员数大为减少，然而这些公司各个全球服务平台却为关联的大众提供了各种便携式数字化工作：张贴广告、核实地址、登记拍摄、价格对比等，不一而足。一个数字中产阶级正在崛起，而这并不需要基于一个广泛的消费群体，甚至也不需要以市场经济为前提，它唯一需要的是在线的连接。

罗纳德·科斯等经济学家致力于确定企业的最佳规模，以求降低有效执行某些功能时的交易成本。但今天的网络结构能够充分利用其日益无障碍的连接优势，在公司规模无须同步增长的情况下实现业绩扩张。虽然传统的效率指标无法体现互联互通的全部优点，但实际上创新本身对互联互通具有极强的依赖性。如今的数字供应链从设计上就极为分散，而对于各个企业（既有固定于一处的企业，也有多地运营企业）而言，工作空间的共享或是使用在线工具让从未相遇的人众包，都是用以增进同事情谊的方式。数据显示，来自不同地区的程序员会在项目上通力合作，并在各种项目的进度中建立持久的伙伴关系。

然而，一个充满竞争的全球数字劳动力市场的崛起，对于一般的西方消费者兼劳动者而言是一把双刃剑。当身在公共广场或咖啡馆里的亚洲人同时推进三四个Upwork上的工作接单时，技能不足的美国人却面临着网络结构性失业的威胁——发达经济体中一半的就业岗位都是由可交易的服务型产业提供的。如果他们够幸运，他们所面临的只是一次角色转换：为了满足美国客户的需求，成千上万在印度呼叫中心工作的员工都必须上夜班，同样，为了服务亚洲客户，如今许多美国程序员和设计师也必须通宵工作。即便如此，他们还是常常要单打独斗：2014年，美国有5300万人被确定为自由职业者，占整个劳动人口的1/3强，且这个数字仍在上升。[①]许多大公司要么缩减人员规模，要么将团队改为按需组建的非全职模式，后现代社会也因此变成一个数字临时工的集结。数字临时工无须客户直接雇用，而是通过Wonolo这样的中介网站，从可口可乐或者其他公司接一些临时派出的小活儿。在今日美国，通过从TaskRabbit或Fiverr（在这个网站接一个活能赚5美元）等网站接活儿来维持生计的“永久临时工”成了增长最快的一个工种。

当我们在谈国家价值链提升这件事时，我们需要明确所指的是这些国家的企业还是这些国家的民众。虽然美国科技企业的创新能力雄霸全球，但在美国50个州中的30个，排名第一的工作岗位却是货车司机。

---

① 自由职业者包括自雇型工作者、独立工作者、兼职者和临时工。

这样的岗位不可转移到别处，但可能迅速被自动化。依靠算法日益增强的分析能力，技术自动化正在替代包括白领工人在内的上百万劳动者。雇员需要改变或者改进工作技能，否则，即便经济能在较少劳动力的情况下变得更有效率，这些无技能的人群也会给社会带来麻烦。

一些积极的政府也在寻找对策，以对兼职劳动者增多这一新趋势加以利用。碎片时间（Slivers of Time）是由英国政府资助私人运营的项目，通过打造个性化的微型工作，该项目不仅给英国家庭带来了收入，也为财政每年多增加了超过 5 亿美元的税收。金融危机之后，德国在行业、工会以及政府的联手资助下推出了短工津贴（Kurzarbeit）方案，该方案在提供兼职以保持劳动者就业的同时，还利用工作外的剩余时间为劳动者提供工作技能的升级培训。

共享经济是否是拯救经济的另一条道路？通过将他人的汽车或者房屋等资产出租，共享经济平台所创造的经济活动预计将在 2020 年超过 3000 亿美元。优步（Uber）和 Airbnb（旅行房屋租赁社区）将数十亿的个体相连接并为他们搭建了一个可以进行交易的市场，两家公司的估值也因此蹿升。实际上这并不能叫共享经济，而更应该被称为自律性点对点资本主义的全面繁荣。在这样一种资本主义中，人们通过微型工作获取微利，而这样做的结果就是，连接成了一切稳定性的基础。

19 世纪的社会学家涂尔干若能目睹今日从垂直依赖向水平相互依赖的转变，相信也会为之赞叹。涂尔干是早期工业革命的先知，也是网络革命的预言者。在观察到劳动者的专业化崛起之后，他断言："社会在容量和动态密度上的增长，深刻改变了集体存在的基础条件。"[10] 他所谓的"动态密度"，指的是劳动分工不断扩张过程中所发生交易的数量、速度以及多样性。为了在网络资本主义中获得更大话语权，从任务分配和服务共享中崛起的劳动者正在形成自己的联盟。自由职业者联盟等跨行业群体不但会员数量实现了增长，而且在他们为更高最低工资和灵活医疗保险奔走呼吁的同时，他们的影响力也在逐渐提升。随着机器人和算法日益取代人力，我们也更加依靠互联互通来争取我们的经济福祉。

第十五章　文明的融合

国家与文化融合

在我十几岁时，有人曾经误认为我是美国著名网球球员皮特·桑普拉斯。后来我才知道这不是因为我喜欢玩发球上网和习惯正手击球。2014年年中，也就是我将自己的口腔唾液拭子寄给《国家地理》的基因地理项目几个月之后（已经有140个国家的上百万人参与此项目），我上网查询了检测结果。令人沮丧的是，测试结果显示我的基因有22%地中海血统（桑普拉斯家族就是从希腊移民至美国），17%的东南亚血统，10%的北欧血统，而西南亚血统只有约50%。我以前可是以为我是如假包换的旁遮普人呢。

《国家地理》的数据显示，人类基因的混合方式之复杂，超出了多数人类学者的想象。自人类于6万年前走出非洲，展开全球化的第一步之后，大规模的基因混合一直在有规律地进行。例如，美洲的原住民既有欧洲和中东的基因，也有同等的西伯利亚阿尔泰地区血统。

全球性的基因消融并非是新现象，而是一个连续过程。全球的互联互通正在使这个过程变得更迅速。今天，全球有3亿生活在原籍国之外的所谓外国人，其数字之众在历史上绝无仅有。这一群体持久流动的结果就是越来越频繁的人口融合。从美洲到非洲，中国和其他亚洲国家的移民都在与其他人群通婚。和气候变化一样，种族消融也是一个循序渐进的过程，在巨大的飞跃出现前，在多数时间内都在悄然进行。

今日大规模永久性的迁徙正在重塑整个世界的版图：北美正成为梅斯蒂索混血（欧洲与北美原住民的混合）、拉丁人以及亚洲人的混合体；欧洲则融入了北非人、土耳其人以及阿拉伯人；在红海沿岸，非洲人与阿拉伯人的文化交融正在持续；在远东，中国人和西伯利亚人的融合正在兴起。如果人们所认为的“人口即命运”为真，那么我们的命运就是一个全球性融合文明的出现。

也有人说，“文化即命运”。但这些人说的是哪种文化呢？数百年来，多少人为了建设民族国家而不惜一战，然而随着移民和种族的融合，建设纯粹民族国家的目标已越来越难以实现。15世纪，在收复失地运动[①]之后，由于怀疑基督教的新皈依人群（包括以前的穆斯林摩尔人以及西班牙犹太人）可能在私下里继续保持原有信仰，西班牙官方曾试图检验这些人是否具有纯粹的西班牙血统。以这种所谓“纯正血统”（Limpieza de Sangre）政策为由，他们强迫个人在科尔瓦多教堂中对着一个委员会下跪，并报上自己往上六代祖辈的姓名和出生地。他们试图以此来判定人的血统纯粹度，但这显然是徒劳的。

今天世界上仅剩的事实民族国家（即一个种族群体的唯一居住地）已经只有十几个：阿尔巴尼亚、亚美尼亚、孟加拉国、埃及、匈牙利、冰岛、日本、黎巴嫩、马尔代夫、马耳他、蒙古、波兰和葡萄牙。其中，孟加拉国的人口最多。虽然最近200年欧洲激进的民族国家主义运动实现了政治分权，却始终未能实现国家的种族纯洁。自相矛盾的是，这些运动反倒进一步促进了人口迁移以及进一步的种族消融。毫不夸张地说，民族国家观念已经过时。

---

① 收复失地运动，是指公元718至1492年间，位于西欧伊比利亚半岛北部的基督教各国逐渐战胜南部穆斯林摩尔人政权的运动。——译者注

欧洲民粹主义者的排外声浪或许会使我们以为民族身份认同的收紧是我们这个时代最主要的社会政治议题。但并非如此。恰巧相反，全球富人与穷人、年轻人与老年人以及不间断人口融合与文化调整必要性之间的结构性失衡，才是我们这个时代最重要的社会学现象（另一个重要现象是互联网的影响）。

作为民族国家的诞生地，如今欧洲又成了民族国家消失速度最快的地方。尽管欧洲试图遏制移民，但人口流动有增无减。非洲人和阿拉伯人在欧洲长久居留，且生育率高于本地人口，这与拉丁裔人口在美国的情况类似。在德国，土耳其籍劳工的后裔人数已经接近德国人口的5%。欧洲穆斯林人口最多的几个城市，比如布鲁塞尔、伯明翰、安特卫普、阿姆斯特丹、马赛和马尔默等都有纯移民构成的完备社区。马赛是拥有非洲人最多的欧洲城市，也是一座具有非洲特色的欧洲城市。在伦敦，10%的新生儿童是非洲人或南亚人同盎格鲁欧洲人通婚的结果。穆罕默德是如今最为常用的新生男孩名。

来自中东和非洲的难民及寻求庇护者数量也创出历史纪录。扩展的铁路网络以及开放的边界曾经促进了东欧的现代化，如今它们又变成成千上万人逃离中东乱境的路径，更有甚者，有人还从法国加莱潜入英吉利海峡隧道，企图入境英国。许多人为此付出了惨痛代价。为了偷渡，叙利亚的阿拉伯人和厄立特里亚的非洲人向人贩子支付高额费用，但载着他们的拥挤而破旧的渡轮最终却沉入了地中海。在欧洲部长们的眼里，这片偷渡之海俨然一片“坟墓”。为防止偷渡者踏入大陆，欧洲边防局配备了快艇、巡逻船以及飞机来拦截偷渡船只，并在弹丸之国马耳他设置处理中心，将拦截下的偷渡者遣返非洲。[①]自20世纪80年代《申根协定》签订以来欧洲人就享有的自由流动，如今却因为泛欧移民政策的缺失，逐步让位于隔离和筛查机制。

---

① 为了阻止巴布亚新几内亚难民入境，澳大利亚在该国修建了一座纯人工城市作为收容中心。2015年，满载孟加拉难民的船只被马来西亚、印度尼西亚和泰国拒绝，只能无助地漂浮于安达曼海上。

然而，虽然在移民问题上摩擦出现升级，但更多流动显然才是主流。德国视人道主义为不可推卸的责任。随着德国人口的老龄化与数量减少，前东德的废弃城镇数量越来越多，德国政府打算引入100万移民人口安置在这些地区。一个埃及亿万富豪提出要收购一座希腊或者意大利的无人岛，为阿拉伯难民提供庇护。这些岛的主权是否应该比其功用还重要?

在奥巴马担任总统期间，美国共驱逐了至少200万墨西哥移民，与此同时，西班牙于2014年通过一项法律，允许驱逐所有非法入境的北非人。不过总的来说，不论是英国这样限制移民还是马来西亚和沙特阿拉伯驱逐外国劳工，虽然其政策出发点都是为了降低失业率，鼓励本国公民加入劳动力大军，然而真实情况是国内和外国的劳工其实并无竞争关系，因为这两者基本上属于互不相同但又高度互补的群体。[①]美国没有足够劳动力来取代拉丁人采摘水果和棉花，也没有足够劳动力取代菲律宾人做护士和保姆。美国人口越老龄化，这个国家就需要越多的移民来保持必要社会职能的运转。与此同时，美国也已经认识到，驱逐墨西哥人并不能解决墨西哥人的问题，反倒会刺激这些人以毒品交易和帮派暴力等形式重新进入美国。如果真要遣返移民，那也应该让他们带着技能和资金回去，只有他们把自己的国家稳定住，催生移民的土壤才会最终得以消除。西班牙也从摩洛哥人那里获得了同样的教训：一旦西班牙切断对地中海沿岸的援助，就会有更多摩洛哥人非法进入西班牙的飞地休达和梅利利亚。无论用何种办法，他们最终总会实现自己的目的，而欧洲的社会结构也因此逐渐被改变。

随着时间的推移，移民也改变了欧洲精英群体的面貌。1954年德国足球世界杯冠军队成员是清一色的德意志人，到了2014年世界杯，德国国家队有一半成员都是后来才成为德国公民的外国人。德国绿党的领

① 2011年开始，科威特禁止巴基斯坦、伊朗、叙利亚、也门、伊拉克和阿富汗六国国民入境。

袖是土耳其裔，最新的卫生部长则是越南裔。欧洲有一个以500年前的荷兰人文主义者伊拉斯谟命名的教育交流项目，其中1/3的参与大学生都缔结了国际婚姻，孕育的具有混合国籍的“欧洲婴儿”更是超过百万——这是第一代后民族国家欧洲人。[1] 此外，欧洲人的基因也在全球寻找交流对象：丹麦和英国的精子主导了供体受精市场，每年有2000个具有半欧洲血统的孩子在70个国家出生。欧洲本土人口在下降，但欧洲人的基因却在走向全世界。

到2100年，日本的原住人口预计会大幅下降至5000万人左右，低于目前人口规模的一半。面对少子化倾向，欧洲、日本以及其他老龄化社会要么选择引入移民，要么就只能等待人口死亡。若招募不到年轻劳动力，税收、基础设施升级以及社会服务都无法实现。因此，今日一些欧洲国家的反移民风潮并不能代表以后他们不会做出相反的决定，因为他们的人口失衡已经变得更为严峻，而且他们也认识到，增进移民其实是一项双赢策略，既可以增加为本土人士服务的劳动力，又能增加以交税支持社会支出的消费者。

国家“自我”认知的部落化定义正在为现实所取代，逐渐演化出一种更具包容性的准则，在这些准则之下，不同的群体都可以合法地将部落主义者之国当成自己的家。请记住，法国禁止头巾和荷兰的语言要求都是同化政策。随着公共债务的飙升，发挥移民优势要比将移民视为负担更为务实。有远见的国家已经开始采取措施，鼓励移民从事卫生和基础设施维护等本国人不愿意从事的服务部门，与此同时，高级技能移民则参与到医疗行业和外国人一体化等项目中。①融合将继续下去，唯一的问题是文化同化是否会获得成功。

① 移民汇款同样可使移民者的家人在祖国维持生活，这减少了因经济恐慌而导致的大规模移民的出现。

近三个世纪以来，美国一直是对优秀移民最具吸引力的目的地，也是最大的同化社会。硅谷的创业公司有一半都是由移民创立的。移民的孩子过去是学校的佼佼者，如今则成为职场的主力。这提醒我们，一个只有美国人的美国，和一个非美国人能够变成美国人的美国绝对是天壤之别。

不过，在经合组织（OECD）中，澳大利亚才是外国出生居民占比最高的国家，其外来人口占比27%，其次是加拿大，占比25%。美国拥有世界最大的移民存量——4000万人，但移民占总人口的比例却已经下降到接近经合组织12%的平均水平。此外，由于美国幅员辽阔，移民历史悠久，在美国的大量外来人口所感受到的文化冲击，要比在欧洲小国少得多。澳大利亚和加拿大如此之高的移民比例，与其和美国存在全球人才竞争不无关联。对于全世界最优秀、最聪明的人才而言，美国已经不再只是唯一的选择。

西方的移民模式正在呈现出转变迹象。由于拉美裔和亚裔聚居群体寻求社会文化的稳定性，先前的“大熔炉”正在更多地向“沙拉碗”转向。在美国、英国、加拿大和澳大利亚，中国、印度、巴基斯坦和其他亚洲移民已经成为最大的新移民群体，阿拉伯语和乌尔都语则是美国增长速度最快的家庭使用语言。这逐渐重塑了选举政治和议会组成。多伦多一个区的议会席位候选人如此描述这样的景象：“这是无尽的微型地缘政治。要在政治上拉拢亚美尼亚人、希腊人——也不要忘记‘马其顿人’——伊斯玛仪派、锡克教徒、菲律宾人，更不用说朝鲜人和波斯人——包括各种政体类型和沙阿的效忠者。然后还有犹太人和中国大陆人。联盟在不断形成和变化。”[2] 这就是后现代民主政治在融合社会中的形态。

城市化和移民的结合，使得多伦多以及伦敦、纽约、迪拜和新加坡等成为世界上最为融合的城市。在这些地方，外国出生居民的数量达到甚至超过了本土出生人口数。城市必须对贸易（及贸易商）保持开放才能延续，因此政治理论家本杰明·巴伯（Benjamin Barber）认为城市具有“天然的连接性”，[3]古代同质化的城邦在今天也演变为各具特色互相连接的国际大都市。一个更像多伦多而非冰岛、更像迪拜而非东京的世界，需要一种新的政治框架。国家需要通过普通法和后种族主义的身份认同来保持统一。2014 年，大卫 · 卡梅伦在教会团体的压力下，宣称英国应是一个值得骄傲的“基督教国家”，但这种说法遭到了强烈反对，因为许多人坚持认为英国是一个多信仰社会甚或是一个无宗教社会——在伦敦人眼里，这是毫无疑问的。相比之下，10 年之前托尼 · 布莱尔于 2005 年 7 月伦敦伊斯兰恐怖袭击发生后的表态更为妥当。当时他说，有文化群体想要将他们的习俗强加于他人，或者试图打造一套并行的正义体系，但“英国的生活方式”绝不会向他们低头。卡梅伦与布莱尔，前者寻求的是一种不切实际的同一性，后者则表现出一种渐进包容的公民多元性。

尽管存在种族差异，以移民同化为基础建立起来的社会仍在努力寻求身份的共识。新加坡之所以成为一座国际枢纽，既是因为古代中国移民与大英帝国内部印度移民的涌入，也要归功于自我设计：李光耀坚持为所有民族提供公屋，拒绝出现任何形式的贫民窟。今天，新加坡是世界上宗教信仰最为多元的城市之一，每一种宗教都在这里留有丰富的印记。新加坡公民仅占该国总人口的一半，超过 20% 的婚姻都是跨种族的结合，尤其以中国裔和印度裔为最多——伴随世代交替，“中印人”的数量越来越多。印度和菲律宾移民劳工也在新加坡和迪拜融合，一个新的“印菲”种族因此浮出水面。跨种族家庭越成为常态，种族主义立场的政治诉求也就变得越发虚弱。李光耀内阁任职最长的部长拉惹勒南（S. Rajaratnam）说得好，新加坡人“不是一种状态，而是一种信念”。[4]

这样的城市国家是新的融合性文明的孵化器，因为只有选择包容性而非排外性政策，这些国家才能取得成功。对于多数城市而言，现在才禁绝族群贫民窟显然为时已晚，但是对于务实的城市领导人来说，增进当地居民的权利，减少身份政治却犹未晚矣。我们不要老想着要打造一个自由议会制度下的理想多民族国家，而应该更多考虑使用技术官僚手段来管理那些人口密集的城市——无论这些城市是高度的多民族混居还是各民族各自割据。无论如何，在外国人已经成为永久的利益相关者之时，“公民”这一概念似乎已经变成了奇妙的不合时宜之物。巴西建筑师、南部城市库里蒂巴曾经的前卫市长杰米·雷勒（Jaime Lerner）将城市称作“最后的友爱避难所”。[5] 城市是人们必须自我建设自我供养之地，无法承受任何的自我撕裂。要达成身份的认同，就需要面对经济不平等的现实，采取措施增强凝聚力。在这样的情境中，全球性城市变成了实验的熔炉。在多伦多，非公民也能在全市公投中投票；在纽约，50 万非法移民拥有身份证件。快速小范围的反馈循环能够弥补文化信任上的任何赤字。实际上，他们是在多样性间建立信任的桥梁。

虽然全球性城市展现了文化聚合的强力，但它们也同时是多重身份的孵化器。城市的密度和多样性使得个体可基于社区群体、民族种族以及职业类别等探寻多重性身份认同。这样一来，城市就不再是束缚，而是一种解放的力量。地理上的局限使得民族国家认同呈现单一性，但是城市的身份认同却可以丰富多彩。

民族主义既被视作一种值得赞扬的推动力，也被视为一种必然失败的危险力量。前者使得民族主义看起来坚如磐石，后者则在身份与地域之间制造出一种虚假的对立。在今天，民族主义的表现形式既包括欧洲对待移民式的排外，也包括亚洲对抗宿敌式的地缘爱国主义。这些民族主义会持续存在下去，但这绝不意味着它们会继续占据主流。

事实上，在移民、城镇化以及身份认同多重化等因素的共同作用下，全球性城市以全球社会秩序基础之姿态，变成了民族国家和民族主义的主要替代。城市不再以国籍或种族来对居民加以区分，而是让他们在城市中贡献力量和履行义务，并以此成为意义非凡的城市一员。这样的实践越深入，居民对城市的认可就越发超过对民族国家的拥护。在加拿大学者丹尼尔·贝尔眼中，这种不断上升的城市自豪感是一种“市民主义”，是民族主义在 21 世纪的敌人。[6] 市民主义可以追溯到人人享有参政权利的古代希腊和其他地中海国家。

今日的青年人是移动互联与四海为家的一代，相比于民族主义，市民主义是一种更适合他们的精神气质。在 20 世纪 90 年代初，没有人会相信柏林可以成为世界上最酷的城市，但如今这里拥有超现代的建筑、炫酷的科技以及丰富的文化碰撞等众多在欧洲其他地方难得一见的景观。柏林墙倒塌之后，我曾多次在德国旅行生活。在 20 世纪 90 年代，融合尚非易事：在德国本土人的眼中，我和人数众多的土耳其人长得一样，因此我只有学着和德国人一样说德语，才会不被认为是土耳其人。但在今天的德国，似乎人人都是操着蹩脚德语闯天下的外国人——要是德语实在不行就说英语。在 20 世纪 90 年代，为了找到一家不错的印度餐厅我得花一个小时，中间换乘各种火车、电车和公共汽车。如今每个社区都有几家印度餐厅。除了土耳其人、俄罗斯人和波兰人，柏林还有近 10 万中国人、越南人以及其他亚洲居民。

柏林正成为欧洲最面向未来的城市，这一论断不仅出于技术水平的考量，更是基于人口学上的判断。坐落于广阔的北方欧洲平原，柏林拥有向各个方向扩张的巨大空间，因此即便是现有的 350 万人口再翻倍，柏林这座城市也不会显得拥挤。这也可以解释为何柏林的房价在 10 年中几无变化，以及为何债务如此深重。柏林自信满满的前市长克劳斯·沃维莱特（Klaus Wowereit）曾不无理由地夸口说，这座城市“贫穷却又性感”，[7] 但是如果人口不增加，这座城市的财政将不可持续。官方口径上，多数欧洲国家都对移民的益处仍嗤之以鼻，但在现实中，非洲人、阿拉伯人以及亚洲人却在持续不断地涌入柏林等宜居城市学习、工作和定居。实惠的房租、开放的移民政策以及高生育率是柏林的秘诀所在。柏林拥有德国最高的出生率，尤其是东柏林的时尚区域，在 20 世纪 90 年代就有学生涌入，在这里成家立业。排外思想就是自杀，欧洲其他地区应该向柏林认真学习。

专栏：中国——多元民族国家

中国的多元化程度超出了多数人的想象。除了占绝大多数的汉族，中国拥有壮族、回族、满族、维吾尔族、藏族、苗族和蒙古族等多个少数民族。由于少数民族的生育率更高，因此他们在总人口中的占比一直在提升（虽然仍旧不到10%）。

中国也吸引了成千上万的西方外籍人士、非洲裔学生和阿拉伯商人的到来，但这些人占中国总人口的比重还不到1%，不过是中国汪洋大海中的一滴水珠。和在日本一样，即便外国人入乡随俗，他们也不会被视为当地人。就像明清两代在16和17世纪接纳耶稣会士在中国传播科学一样，今天，外国人被视为智力和技术资源，为“中国梦”这一伟大国家梦想添砖加瓦。

中国的人口特性远远超出其政治地理特性。在维系民族团结、保持少数民族边疆安定的同时，中国许多人口匮乏的邻国正依附供应链成为中国劳动者的新家。鉴于低出生率和不断减少的劳动力，中国很可能引入部分外籍劳工，不过，在中国男性过剩的现实之下，考虑到在历史上所谓光棍儿一直是社会不稳定的一个主要因素，中国很可能会继续将劳动力输出到国外。事实上，虽然中国5000多万华侨中绝大部分都生活在亚洲，但随着中国供应链的扩张，远至南美和非洲的中国人数也已经高达200多万，在国境之外呈现出与多国融合之势。

全球通行证

在过往的数千年岁月中，绝大多数人从未远离过自己的出生之地。直到过去的几十年，自发的国际商务或观光旅行才开始出现，但也只限于各个国家1%的精英群体。时至今日，每年有超过10亿人跨越国境。随着亚洲出行者的急剧增加，国际旅行者的人数已经升至新高。投行里昂证券预计，到2020年中国每年出境旅游人数将超过2亿。乘坐游轮的旅客人数每十年都会增加不止一倍，在2010年就达到了1700万。皇家加勒比最大的游轮海洋量子号（Quantum of the Seas）成了载着游客漂洋过海的永动机。

这种短期人员流动可谓世界经济的基石。旅游和酒店服务业在国内生产总值中占比超过10%，为超过2.5亿人口提供了就业。互联互通就是他们的生命源泉。在非洲，旅游业是增长最快的行业，且使得当地妇女受益良多。切断客流的旅行警告，其威力不啻一种无心的制裁。例如，美国针对赴肯尼亚旅行的警告导致了这一沿海经济体崩溃，上升的吸毒和犯罪率则加重了对内罗毕的恐怖主义威胁。[8]

吸引游客、商人以及会展人流的竞争已成为化解领事纷争的主要力量。在全世界的任何中国领事馆，申请人只要提交一些规范文件，然后刷一下信用卡，就可以在24小时内获得签证。在过去几十年，印度每年接待游客的数量还不如小小的新加坡，如今该国终于开放了对多数国家的在线落地签。美国花费28亿美元启用Entrypass等新的通关技术，因为他们知道更快速的签证处理程序意味着会有更多的游客入境，更多的境内收入。如果没有数据分享网络，机场入境站就无法替代全球各地的使领馆履行成本高昂的领事职务，快速通关也就成为空谈。在亚洲的许多机场，最快速的通道使用权并没有留给本国公民，而是给了来自20多个不同国家的APEC（亚太经合组织）商务旅行卡的持有者。在肯尼迪国际机场，预先通关旅行许可电子系统核准的近40个国家旅客可以从美国公民通道排队进关。在未来10年，登机办理、安检以及边境控制系统等会越来越自动化，届时，全球各地的旅客可能还没有登机，就已经把所有落地出关手续办完了。[①]

---

① 目前，美国海关及边境保卫局已经在多伦多及阿布扎比等城市设立了预先审核机构，从这些地方出发的旅客再也无须在美国机场无聊地等待入关。

云数字科技和经济原因能否使我们重返自由流动的历史形态？在第一次世界大战之前的数个世纪中，没有护照人们照样可以环球旅行。大英帝国数以百万的民众可以在统治区域内自由穿梭。从东非到东南亚，英国殖民地之间的自由流动孕育了一代又一代具有高文化理解性的人民。与此同时，为了逃离君主制或者躲避饥荒，欧洲人开始在美洲定居。实际上，护照在当时不过是将民众捆绑在乡土的封建残余。1871 年，意大利商人乔瓦尼 · 波利斯（Giovanni Bolis）写道，取消护照能够让旅行者摆脱烦扰和障碍，极大地改进商业关系。当历史进入了世界大战之后的新世纪，尽管这个世界已经出现严重的人口结构失衡，尽管发展经济已经如此深入人心，然而官僚化和恐惧却在严重影响着人的自由迁徙。到处都在欢迎资本，劳动力却没有受到同样的待遇。

无论是从长期还是短期来看，自由迁徙的好处都不言而喻。金融危机之后美国住房部门的复苏，很大程度是移民的功劳。以伊利诺伊州的库克县为例，自 20 世纪 70 年代以来已经有近百万人迁离此地，但同时又有 60 万人迁入，其中不少都是靠自己打拼的首次购房族。在欧洲，短视的移民政策已经导致IT行业出现了 100 多万的用人缺口，令本来就不堪一击的经济复苏雪上加霜。

从全球角度看，边界的进一步开放有利于缓解劳动力短缺，提高公共与私人设施的使用效率，刺激经济增长以及增加汇款。按照经合组织的预测，劳动力流动性每增加 3%,就能每年为汇款链末端的家庭新增 3000 亿美元的收入，而人均汇款额每增加 10%，就能够将 71 个国家的贫困率降低 3 个百分点。全球发展中心的迈克尔 · 克莱门斯（Michael Clemens）称，如果能够对临时工人进一步开放国界，全球的国内生产总值完全可以翻一番。[9] 进一步放开迁移的总体效益实际上难以估量。

从道德因素出发，我们也应该回归迁移的本源，将其看作一种供需体系而非国家与国界管控的低效压迫体系。迁移限制极大地固化了出生偶然性的惩罚效应。劳动力的全球分工将提升人类的文明水平，而这需要人更自由地流动。在定义自我身份这一问题上，人应该享有尽可能自由宽广的权利，只应受到其身份接纳方意愿的制约。因此，流动性应该是 21 世纪最为重要的人权之一。

过去的世代只是在迁移，如今的人们则处在循环之中。今天的迁徙不再是永久性的单方向搬迁，而是一种持续的多国流动。今天全球的迁徙劳工、海外侨民、政治与环境难民以及被贩卖人口的合计总数，在历史上是绝无仅有的。一个供给的世界，就是一个人同商品与货物一样在循环流动的世界。

多数穷国的民众并无多少有用福利，无论在国内还是国外，他们都没有可享受的固有权利。他们的护照也不是必要的身份象征，反倒是一种官僚性限制。虽然新兴市场在全球经济中赢得了更大的影响力，但其国民却仍旧要为严重的延误与额外的旅行费用埋单。如果这些人有权在自由迁徙和国家认同中二选一，多数人或许会选择前者。

最新的生物识别和数据共享技术可以把个人从国家的不良声誉或政策中解放出来。一项与国际刑警及其他数据库对接并独立管理的“全球签证”可以让来自巴西、沙特阿拉伯、俄罗斯、印度、中国、印度尼西亚和其他几十个国家的民众免签入境所有的项目参与国家。全球签证不能代替国民护照，不具有身份识别作用，也不提供公民权益（例如投票权和土地拥有权），但是可以作为国家间进出的辅助证明。对于某些人来说，将各自资料提交至项目参与国网络可能比较烦琐，但对于许多人而言这是一次获得解放的机会。

事实上，对于 1.5 亿半永久性移民劳工而言，一张全球签证可谓无价之宝。这些处于价值链底端的劳动者流动于世界各地的农田、建筑工地以及其他技术设施项目之间，他们的招募、运送、跟踪、安置以及薪酬支付都由人力资源机构和承包商负责。美国国务院 2015 年年中的签证处理延时故障导致数以万计的墨西哥季节性农业工人无法进入美国，这既耽误了这些墨西哥人的生计，也使对时间敏感的美国农业活动遭受了损失。要是这些经常性边境穿越者的签证能与其活动模式相匹配，事情岂不是会简单很多？

这种可能永不返乡的流动劳工在数量上出现了爆炸性增长，而比起对国家的依赖，这种全新人口结构更依赖供应链上的各个独立王国。全球流动劳动力的权利受到限制：他们不能使用公立的医疗设施，而在阿联酋和新加坡等国家，他们被要求住在临时宿舍，禁止与当地人群相混杂。虽然这些人的就业远非稳定，但他们的确也越来越需要包含基本功能的可转移保险产品，毕竟这好过每到一个新的地方还要重新谈判福利条件甚或再次一无所有。

国家安全是流动性必然与国籍脱钩的另一大主要因素，这一点无论对于富人还是穷人都无例外。一个人的意图很难单从其护照确定，巴基斯坦裔的英国公民加入基地组织，澳大利亚的阿拉伯人加入在叙利亚的“伊斯兰国”，都是这方面的明证。西方国家的护照曾经是信誉的保证，但如今已经不再是自由价值的保证。不用多久，所有的个人，无论持有哪国签证，只要想获准入境，就必须提供生物分析数据，并接受国际刑警组织等数据库更为严格的检测。

谁能够住在哪里或谁可以到哪里旅行将不再是一件有确定答案的事情。各个国家一边竞相吸引必需的投资和人才，一边又将那些觉得无关紧要或危险的东西阻挡在外。英国正在尝试以才能或财富作为申请者获得移民资格、居留权和国籍的标准。一方面，若英国公民有前往也门、叙利亚或者巴基斯坦参加“圣战”的嫌疑，他们的护照就会被注销；另一方面，躲避普京政策的俄罗斯亿万富翁和全额付款的中国学生则在这里受到热情欢迎。此外，2013 年英国还曾经打算向尼日利亚、印度以及巴基斯坦人征缴 3000 英镑保证金，一旦这些人出现逾期滞留，保证金将不予退还。所谓英联邦的团结友爱也不过如此。

全球公民

永久移民只是在名义上归属于其原籍、现籍或者居住地，而这三者都可能完全不尽相同。这就使得他们产生了一种崭新的全球性外籍身份认同：与强迫自己选择某个国籍相比，具有多重选择的他们更愿意保持各种不同的身份。投资银行家、管理顾问、教授、运动员以及雇佣兵等就是这样的例子。作为移动的个体，他们更关心的是自己的职业发展，而非属于哪个国家或者地域。尽管存在国家限制，但法律、医学甚至政治早已变成一种全球化的环路。虽然“知识社会”这个词常被用来定义某个国家，但它其实更适合描绘这种跨国情境。

外籍精英阶层已经成为一个庞大的新利益群体。一位在印度的咨询职位招聘者曾告诉我：“以前国际移民和学生的数量可以忽略不计，但现在他们是一个阶级。”[10] 他自己也是西方商学院的毕业生。流动服务国际是为美国人在海外就业提供人力资源服务的最大机构之一，该公司首席执行官蒂姆·罗尼恩（Timm Runnion）说，在他遇到的成千上万职业人士中，多数人以其职业路径为重，而不关心什么国籍出生地。他发现，工作目标已经取代工作地点成为员工对公司忠诚度的最重要影响因素。像埃森哲或麦肯锡的咨询人员，他们的国籍可能在这个国家，但办公地点却主要在另外一个国家，周一到周五他们可能在第三个国家出差，到了周末，他们又可能随性地找个地方——包括任何他们认为是家的地方——欢度周末。如果一个谷歌的雇员生在马来西亚，在美国受的教育，现在住在英国，但是被派到公司在内罗毕欣欣向荣的园区上班，那么这人到底是马来西亚人还是美国人？是伦敦人还是谷歌人？

自 20 世纪 90 年代开始，全球性职业人士自视为超越国家认同的“全球公民”这一现象就开始引发各界关注。有人讥讽这些精英是“达沃斯人”或者“世界领袖”，批评他们缺乏对本土的关切和对民族的热爱。这种逻辑从头到脚都是错的。实际上并非只有西方国家的精英才会被跨国身份认同所吸引，来自发展中国家的人们同样对这种西方人习以为常的观念趋之若鹜。全球性外籍阶层并非以西方人为主体，相反，它是一个由美洲人、欧洲人、亚洲人以及拉丁美洲人、非洲人及阿拉伯人所构成的平衡人口群体。非西方的外籍人士并非是无所羁绊、没有感情的唯美主义者，他们对故园残酷的生活现实了如指掌，同时也在家庭、慈善事业以及奖学金等方面给予故土人民源源不断的支持。此外还有像 2014 年诺贝尔和平奖得主凯拉什 · 萨塔亚提（Kailash Satyarthi）这样全身心致力于全球事业的本土活动家。出于对本国政府漠视人道主义的不满，印度儿童权利活动家凯拉什 · 萨塔亚提把他们自己称作“世界公民”。

当我在巴塞罗那著名的IESE商学院讲课期间，一个俄罗斯学生曾告诉我：“感谢上帝让我能够为华尔街的投资银行工作，否则我永远不可能出去旅行，做有意思的事情。”对她而言，国籍是一种拖累。她忠于的是任何能给他工作保证的企业，无论这家企业是银行、服装零售商还是石油公司。她仍然是俄罗斯人并不意味着她的天赋就应该浪费在俄罗斯。

人才发展是供应链身份认同兴起的另一原因。为了提升雇员的技术能力，一些公司的花费甚至比整个国家在基础教育上的支出还要高。年利润约 160 亿美元的媒体巨头WPP集团每年将 1 亿美元用于 17 万员工的培训，其中，新兴国家接受培训的员工比美国和英国加起来还要多。员工水平的高低是全球服务企业成败的关键，因此这些公司都有意识地打造更符合公司使命而非只为某国服务的跨国性社区。DHL 和联合利华会安排员工在各个市场频繁轮岗，以资金支持雇员在整个员工价值网中的互相学习。普华永道会不断地进行员工“再培训”，以使其员工有能力进军新的高增长客户部门。通过打造这种“专项资本”，让员工掌握更多可运用于公司或某些细分行业的新知识，银行、咨询公司以及其他企业既促进了员工个人价值的实现，同时也提高了员工留存率。

跨国企业希望雇员成为公司而不是其国家的代表。他们积极地消解国家商业文化中的限制性因素。例如，将区域总部搬离布达佩斯的咨询或软件企业，会把新招聘来的巴尔干员工放到该地区各国间轮岗。他们对中东地区的阿拉伯人也做出如此安排。这样做的结果是，尽管国籍不同，国家间也存有敌意，但通过供应链，从来没有去过克罗地亚的塞尔维亚人或者从来没去过埃及的科威特人仍能够建立起地区身份认同。

在欧洲的俄罗斯人给美国银行打工，马来西亚籍的谷歌员工在非洲工作，塞尔维亚籍顾问在巴尔干各国轮岗，这些都说明新一代对使命感的寻求早已跨越了国界，他们是供应链独立王国的忠实拥趸。

公民身份套利

和国家类似，个人在身份认同的市场上也是狡兔三窟。为了对冲本国经济的动荡，大亨们常常违规持有外国护照。随着瑞银所谓“大众富裕阶层”（可投资资金在 50 万美元以上）的崛起，更重视流动性而非国籍的人群也在增长。其结果是，公民身份市场蓬勃发展，而归属感既关乎人持有哪一种护照，也同样关乎人把钱放在何处。

国家为了争夺财富和人才而展开激烈竞争，公民身份的供给也趋于全球化，在这样的情况下，公民身份也很难成为身份认同的根基。从葡萄牙到塞浦路斯，欧洲各国的“黄金签证”项目以提供公民身份来吸引房地产投资。房地产项目保证每年可获得 5%或更高的收益，满 5 年后购房者可以卖出。这一政策有效刺激了外国人入籍欧洲。圣基茨以 40 万美元的价格向俄罗斯人、伊朗人以及中国人出售护照，获得的收入用于支持度假休闲设施的建设。作为回报，新入籍的公民可以在 100 多个国家享受旅行免签。（通常，俄罗斯人如果想要将财产转移出俄罗斯，只需要办一张“投资者签证”。）至于税收，那当然是零（或者接近零）。Henley & Partners 是一家专门为富人提供类似快速移民服务的公司，该公司首席执行官埃里克·梅杰说："现在出现了一个新的群体，他们每次在一个国家停留的时间都不会超过 4 个月。"[11]

一种自相矛盾的"无根公民"正在崛起：他们故国有根，却放弃了公民身份；在获得新公民身份的国家里，他们又是无根的一群。对于这些人而言，他们对国家的归属感与该国的税率成反比。吸引全球流动富裕阶层私人资本的竞争让护照显露出了它真正的面貌：这不过是一张提供不同方便程度的旅行证件。

即便对美国人来说这也是不言而喻的。虽然在各种民族自豪感调查中，美国人一直高居榜首，但全世界只有美国对国民的境外收入征税。财务负担及流程的烦琐导致每年大约有 4000 名美国公民放弃美国国籍，转投加拿大、英国、瑞士、新加坡，以及其他十几个国家。当全世界都在降低本土税率的时候，美国国税局却从美国人境外收入上加倍征敛。这样做的结果就是越来越多的美国人选择出走，而这也意味着交税的美国人数越来越少。

中国在这方面也有自己的问题。成千上万的中国政客和企业家携带巨额不义之财逃往加拿大、美国、澳大利亚等国。与美国派国税局出马不同，中国是动用公安部的威慑力量把这些人抓回来——当然是在这些流氓公民寻求庇护或者成为美国公民之前。

定居于某个国家不再意味着只属于某个国家。伟大的自由主义哲学家以赛亚·柏林曾经告诫我们不要将历史看作宏大的、无个人力量介入的进程，而是应该对由家庭、商业、国家、民族、财产以及其他相关之物所构建的复杂个体身份进行人本主义的审视。每一个人都由不同的方式所主导，没有什么能完全支配一个人的决策。一个供求的世界必然有更多的公民身份套利，而所谓归属感与其说是一种变化，不如说是一种算计。

第十六章　供应链与自然的博弈

撤离海岸

1815年，印尼爪哇坦博拉火山的喷发直接导致7万人死亡。火山喷发引来了海啸，厚厚的火山灰导致整个亚洲出现了干旱和农作物死亡（“金三角”的鸦片贸易也由此引发）。南亚地区因火山喷发而霍乱横行（这刺激了现代医学的发展）。美国东海岸则在夏天出现降雪，继而是“1819年大恐慌”，导致美国出现历史上第一次经济萧条。北极与格陵兰岛的冰川被火山喷发震裂，北极探险也由此启幕。这真是一次意义重大的火山喷发。

从流星撞击到冰川时代，地球物理现象深刻塑造了人类。按照板块构造学说，基础地质总是处于运动之中，其所引发的地震和海啸不断地改变海岸线。但人类也一直以科技为武器，通过复垦土地、设立海防堤以及修建抗震建筑等手段和这些变化做斗争。二氧化碳脱除以及太阳辐射管理等地质工程科技甚至可以让我们减缓气候变化。

但即便拥有强大的科技和丰富的资源，我们也不应该傲慢。人类学家贾雷德·戴蒙德就曾指出，复活节岛上拉帕努伊人惊人的森林砍伐（他们砍伐的树木用来运输被称作“摩艾”的巨石雕像）造成了严重的土壤流失，整个岛屿的农业也因此无法持续。他们的所作所为就是一次生态自杀。不尊重自然复杂性会酿成严重后果，复活节岛的命运就是一次经典警示。

亚洲的摩天大楼是不是 21 世纪的摩艾？那些高耸入云的建筑展现着对陆地的权力，而它们的地理状况却暴露出存在的脆弱。今天，40 亿亚洲人中有超过 15 亿生活在印度洋或太平洋周边 100 公里以内，而上升的海平面能够轻而易举将这些地方淹没。①同样，基于对海平面上升的预测，美国的 316 个城市和小镇会在 21 世纪末沉入海底。人类自发汇聚为一个高居住密度的沿海文明当然是高效率的体现，但却未必是聪明之举。

既然不断上升的海平面引得海潮足以吞没我们的城市栖息地，我们是否应该和当初汇聚到沿海地区一样，迅速从这里撤离？我们可以讨论地理，但我们不能和自然讨价还价。一份泄露的 2013 年政府间气候变化专门委员会研究警告说，洋流的移动以及极端天气事件的频发会导致洪水、农作物歉收以及热浪等出现，而对于那些基础设施薄弱、安全网络无法抵御生态失衡的国家，气候问题还会加剧贫困的严重性。在 2014 年的一份后续报告中，研究人员建议各国应该实施“重新安置”策略，比如为新奥尔良和达卡等城市的人口设立疏散通道，在海拔更高的内陆设立定居区，以及设立城市冷却中心以应对世界的总体变暖。旧的气候外交主要关注减少排放，新的气候行动则聚焦于移民安置和建造更具适应性的基础设施。[1]

荷兰海堤是人类对抗自然的一个生动案例。800 多年来，荷兰海堤以其复杂的防洪系统确保了荷兰的安全，并使其成为人口最密集的低地国家。20 世纪 50 年代，荷兰开始对这些中世纪的海堤进行替换，新的防洪堤长度达 3500 公里，并足以承受万年一遇的风暴袭击。此外他们还开垦土地、修建水坝、安装排水渠，并且垒起了能阻挡风暴海潮的重

① 在低海拔沿海地区拥有广阔暴露土地和人口中心的国家包括埃及、尼日利亚、泰国、孟加拉、越南、荷兰、印度、中国和美国。

型防护堤。但不断上升的海平面终究会击败荷兰，这也是为何现在荷兰人会基于海洋模型有意地按周期淹没部分区域，同时也在提前搬迁某些受影响的村庄。得益于聪明的基础设施投资，荷兰人仍可能在不断侵入的海浪中幸存下来。

专栏：跨越边境的河流

自古以来，河流就是文明延续的命脉所在。河流经常被视作“自然的”边界，但又是最首要的共享资源。对罗马人而言，莱茵河将他们和北部与东边的日耳曼危险部落相分隔。但对神圣罗马帝国来说，莱茵河又是一条重要的内部水道。在路易十四和拿破仑执政时期，法国曾试图控制莱茵河以西全部地区——尽管法语区的边界实际上离莱茵河很远。如今，莱茵河再次成为大欧洲联邦内瑞士、法国东南部、德国以及荷兰等国的共同动脉。同样，发源于德国的黑森林、在罗马尼亚黑海三角洲入海的多瑙河，也是中世纪商人深入欧洲内陆的主要线路。今天，多瑙河依然是内陆国家贸易与旅游的重要通道。归根结底河流的作用是连接，而非分隔。①

自然地理能够帮助我们跨越政治阻碍，更多转向功能逻辑。例如，肥沃的印度恒河平原把巴基斯坦、印度、尼泊尔和孟加拉国的10亿人连在了一起。底格里斯河和幼发拉底河附近的新月沃地是土耳其东南部、伊拉克、叙利亚、约旦、以色列、黎巴嫩和伊朗西部人民的生命线。世界上最长的河流尼罗河，是埃及和苏丹的主要水源，而其白色和青色支流哺育了其他的9个东非国家。在殖民化和独立之前，在出现人

---

① 河流也会定期显示出政治边界的无意义。比如，多瑙河和湄公河会淹没河岸和防洪堤，让众多国家洪水泛滥。2014年巴尔干的洪水破坏让很多波斯尼亚人想起20年前南斯拉夫内战时期的种族灭绝活动，不同的是，这一次相关邻国选择携手重建家园。

口过剩以及资源枯竭之前，这些地区多以文化为界，而非以正式国界相区隔。如果他们想在未来50年渡过难关，他们就必须重返传统的边界模式。

与自然谈判的技巧

我们可以掌控自然，却永远无法全然驯服它。30多年前，中国的沙尘暴就已经波及日本和韩国的农业。为了控制戈壁沙漠的快速蔓延，中国开始建造世界上最大的人工森林——一条绵延4500公里的“绿色长城”。同样，为了防止撒哈拉沙漠侵蚀南部少雨的萨赫勒带，非洲联盟也修建了一条类似的防护带。

但自然的复杂性远非人类可以精确测度。冰川融化形成的洪水和海平面上升引起海岸淹没是水太多造成的问题，而干旱和荒漠化却又是水太少的体现。上升的海平面威胁着海滨居住区的安全，荒漠化则毁灭了肥沃的土地，这两者共同将人口向中间地带挤压。干枯的江河和城市污染使得20多亿人的饮水出现危机。索马里和肯尼亚北部大裂谷的干旱已经导致了迁徙农业难民的“持续危机”，在接受联合国救援机构救济的同时，他们四处寻找能够耕种和放牧的地块，把边境两侧的整个区域都变成了游牧区。总的说来，他们是数量不断增长的气候难民的一部分。如今气候难民的数量已经超过了全球的政治难民数，而在达尔富尔等地，有些难民是气候变化和内战的双重受害者。

面对自然灾害和粮食危机的频繁发生，英国、菲律宾、印度、巴基斯坦和墨西哥军方在业务训练上将国内人道主义紧急救援与抵御国外军事威胁放到了同等重要的位置。有时候这两者也合二为一，不分彼此。例如2014年，巴西军队进行的最大规模军事演习就是保卫亚马孙雨林免遭入侵。各国军方也越来越仿效美国，不断增强对灾害的应急响应能力，以便在海啸、台风、地震和其他灾难事件发生时能给予民众支持。

大型国家如同大型动物，拥有更强大的生存能力，在面对类似突发状况时，可以将人口向内陆迁移。然而，沿海城市则必须更慎重地考虑自己面对这些危机时的新陈代谢问题，包括如何确保食物、饮水和能源以及废污排放问题。他们必须深入本区腹地（如果有的话）以及更遥远的地区设立资源供给地，以确保危机时的需求。例如，威尼斯或许是意大利地方分权的经济受益者，但这座城市也要注意不能与罗马过分疏远，因为随着那些闻名于世的水上建筑渐渐沉入亚得里亚海，威尼斯的居民终有一天会不得不弃船而去，回退到内陆地区。

海平面上升只是城市气候灾难的一方面，另一方面是地面的沉降：城市正在陷落。随着城市对地下水抽取的越发肆无忌惮，城市脚下的石灰岩地基也越发压缩和流沙化。在中国和中美洲，繁忙城市交通路口会经常突然出现巨大的坑洞。佛罗里达中部和南部时常出现整座房子陷入地下的情况。自 20 世纪 70 年代以来，曼谷已经下沉了约 1 米，洪水因此成了每年到来的常客，而且破坏性日益严重。除非我们像东京那样修补地下含水层，否则摩天大楼的倾覆只是时间问题。

中国已经开始将深度钻井技术用于取水。雷达卫星在北欧沿海、美国东部海岸以及中国浙江省沿海的海床下发现大型离岸淡水含水层。如今，中国准备以浙江为中心，用 10 年时间投入 2000 亿美元进行水基础设施建设，其中就包括修建海底隧道和水管地下网络，通过引水进入陆地区域的含水层来缓解地面的沉降。

在某些情况下，全球变暖实际上也更有助于人类更好地利用水资源。俄罗斯永冻土的融化意味着伏尔加河和乌拉尔河流入里海的水量会出现暴涨，里海的水平面上升，沿途的道路和海滩则会被淹没。鉴于里海水的低盐度，这一世界最大内陆海水量的增加意味着可以将更多的灌溉渠深入里海以南的干旱国家，例如土库曼斯坦以及伊朗。

建设海水淡化、运输以及循环网络极为复杂，但如同石油和天然气管道对我们今日生活的重要性一样，我们的未来将取决于这些网络的建设。今天，能源生产和矿产开采消耗了大量的水，但不久的将来，核能将为亚洲、中东以及非洲的数十亿人制造出大量的清洁水。以色列已经率先将核动力用于水循环，泰拉能源公司（比尔·盖茨投资）正在以贫铀替代浓缩铀来建设反应堆，印度正在发展钍反应堆，这些都说明我们使用的能源越来越清洁和安全。极度缺乏淡水的美国西部、撒哈拉沙漠、阿拉伯半岛以及澳大利亚是太阳能集中发电和海水淡化最积极的行动地区。[①]利用雨水灌溉，澳大利亚将降低农作物干旱的发生频率，其可以养活的人口也将比目前增加一多倍。

另外一件所有城市都能做得更好的事情是通过更强力的保护和更合理的价格机制来最大限度发挥本地资源的效用。在瑞士，水的定价考虑了从收集、处理、输送到污水处理以及再循环使用的整个过程。新加坡收集雨水，并在全国安装了洁净的“新水”供给系统，如此一来这座岛国可以无须进口任何瓶装水。要是真的禁止瓶装水进口，高碳排放的瓶装水工业（多么讽刺）恐将遭遇一场重大打击。依云，要小心啦。

分权压力也可以积极阻止城市化对资源丰富腹地的无尽掠夺。从巴西到印度再到中国，本地居民对以修建大坝和开发矿产为名目的强制拆迁和生态破坏越来越抵触。在洪都拉斯、危地马拉和萨尔瓦多等中美洲国家，数百名活动分子尽全力揭发了准军事安全部门与采矿企业的同流合污。这些共谋者征用农民的土地，最终却毒害了这些土地上的人民。智利中部和南部的马普切部落和西加拿大地区的原住民部落都正式获得了自治权，并阻止了那些在本区域土地上修建大坝和管道项目的企图。[②]

许多土著部落可能会在21世纪消亡，但他们所传递的信息却让他们站在了历史的正确一边。在过量的城市自掘坟墓之时，低密度人口地区的食物、水以及其他资源显现出了前所未有的重要性。南美最大的城

① 公用事业合伙企业沙漠技术（Desertec）寻求将北非的太阳能传输到阿拉伯和欧洲。这是将太阳能电力通过地中海海底等进行远距离传输的早期尝试之一。

② 加拿大的原住民反对安桥公司（Enbridge）通往太平洋的北方门户输油管道项目，因为这扰乱了他们南北迁移和通信的传统方式。

市圣保罗已经接近危机时刻。河川是圣保罗的主要水源，然而砍伐森林却严重破坏了水供给，如今河道仍在，供人喝的水却消失殆尽。与此同时，干旱也抑制了灌溉和水能发电，整座城市陷入了缺水缺电的困境——对于全球最具生态禀赋的国家而言，这无疑是个莫大的讽刺。

如果我们能够更好地规划冰川和雨林等日益减少的资源，我们就能对它们更充分地利用。我们应当视生态系统为一种自然基础设施，并使其与我们所建造的相关实体基础设施融为一体。中国 11 个高度城市化的省份创造了该国近一半的国内生产总值，为了实现增长目标，这些地方的用水紧张程度已经堪比中东国家。只有将耕地作为一种战略性资源，而不是继续将它们变成道路，我们才能在人与自然之间实现更好的平衡。

一个国家的城市化失误会给全球带来生态化挑战。中国早在几千年前就开始种植大豆，但如今，中国本国生产的大豆只占其需求量的 1/6，每年从美国和南美进口的大豆数量高达 7000 万吨，全球大豆价格也因为物流瓶颈水涨船高。中国和印度生产了全世界一半的原棉和大米、近 1/3 的小麦和土豆，但用水紧张给这一体系带来了供给冲击。世界资源研究所称，全球近 40 个国家已经出现严重用水紧张，但到 2050 年，随着全球人口升至 90 亿，全球用水需求量预计会增加 50%。

农业、电力、制造、纺织、电子以及矿业等所有行业都离不开水。也正是因为如此，我们在其中任何一个行业的变革都能够极大地改进水的节约与利用前景。例如，由于产煤需要的用水量是天然气的 5 倍，因此中国转向以天然气为驱动力的经济模式可以大大缓解湖南等水资源紧张省份的农业用水压力，食品的价格也会因此下降；此外在这一过程中，中国的温室气体排放也会减少。

然而，发展中国家快速的城市化以及营养改善——更不用说日益恶化的干旱和农作物歉收——会进一步增加全球跨境食品的占比。预计在 20~30 年内，跨境食品贸易占比将由现在的 16% 增加到 50% 左右。因此，维护食品供应链的稳定是一项事关文明生死存亡的大事。

实现粮食安全，既需要增进国内的生产，也要建立强劲的国际联系。美国是世界上粮食安全度最高的国家，这要归因于该国能够以合理的成本实现大规模的粮食生产。一旦在某个季节出现某种作物的歉收，美国人就可以通过外部进口弥补。尽管新加坡的食品供给几乎完全依赖于进口，但因为其对蔬菜、鱼类以及其他主食的进口非常多元化，所以该国也是世界上粮食安全度最高的国家之一。中国在恢复农田生态的同时，通过微量灌溉技术极大降低了农业的用水量。对于任何想要提高粮食安全性的国家而言，这都是最应该采取的技术和做法。①

更可持续的城市化也会开启“回馈”自然的旅程。从切萨皮克湾到纳米比亚和芬兰的村庄，当人类社会抛弃了被他们污染的栖息地，自然母亲却会将其重新拥入怀抱，并逐步恢复其生态系统的生机。尽管全球农村人口的绝对数量在下降，一些西方国家却出现了温和的去城市化。在美国，数千名具有环保意识的青年人（包括很多大学生）重返农耕（可不只是为了种大麻），给一些僵尸小镇带去了生机。实际上，从运营现金收益和资产升值角度看，农业是表现最好的资产类别之一。在日本，当这个世界上老龄化最严重国家正日薄西山之时，部分城市的年轻人开始加入老年农民的行列，并为他们带来了最新的能保持作物高产量的必要机械化技术。一项有机食品运动也显示出，小范围的多种作物种植可以带来高品质的产出。2009—2010 年间，英格兰有 58000 人因为高昂的生活成本搬离了大型城市。即便在快速城市化的中国，部分受够了恶劣空气质量的北京人也搬到了昆明南部的山麓之中。城市生活成本的上升、对自然生活的渴望，加之宽带连接已经能到达农田与城市，人们

① 洛克菲勒基金会推出了一个名为全球复原合作（Global Resilience Partnership）的合伙组织，通过使用卫星监测和大数据来判断脆弱地理区域的产能缺口。该组织会为拥挤的超级城市设计节约措施，为偏远农村社区提供小额贷款以促进其农业产出。当种子技术和气象大数据应用于农业，例如最近被孟山都收购的气候公司（Climate Corporation）的项目脚本（FieldScripts）计划，农作物的产量会出现显著提高，同时，农田的作物种植也可更有效地实现多样化。

完全可以选择在数字办公的同时住到更贴近自然的地方。不过到目前为止，与快速的城市化及其带来的经济与社会扭曲相比，这些都是微不足道的异常之举。

在快速城市化和对乡村生活的向往之间取得平衡是一项富有价值的追求目标。尽管城市和农村人口的财富差距仍可能继续拉大，但两者之间的所谓分立却很可能经不起推敲。城市依靠腹地的食物和水生存，同时也为农业出口提供了技术与物流支持。大自然不会让我们将任何宝贵的地理资源视为应得之物。

专栏：测量供应链的环境影响足迹

将水资源消耗和温室气体排放归因于国家而非工业部门，是供应链世界扭曲地理的一个主要例证。水足迹地图显示，英国75%的水都消耗在了从其他地域进口的产品上，因此，仅仅减少马桶冲水不可能让英国变得更加环保。中国由于人口数量庞大和快速的工业化而成为世界上最大的水资源消耗国和最大的温室气体排放国，当然，若按人均计算，美国的温室排放比中国大得多。此外，中国有20%的农业用水实际上是用于生产出口商品，至于在工业制造方面，中国因出口而产生的气体排放占比就更大了。由此可见，让中国更加环保不仅仅是为了造福中国，也是为了全球供应链。

尽管一条供应链并非是一个实体或者一个具体地点，但它的确有其环境影响足迹。如果把航空公司当成一个国家，那么全球主要航空公司稳居全球温室气体排放前五名。仅仅90家大型企业（其中只有1/3是国有企业）工业活动的温室气体排放量就占到每年全球排放总量的2/3，这些企业中既有雪佛龙、埃克森美孚、壳牌和英国石油公司等能源企业，也包括沃尔玛和宜家这样的零售商。中国的排放中，超过40%都是源于西方公司在中国的外包制造企业。当前的气候谈判没有考虑通过供应链来分配节能技术，却在以国家排放为前提展开，这样的谈判当然会失败。

国际组织和自由派政府正在改变政策重心，期望以其在供应链中的角色和优势地位来促进可持续发展。例如，国际金融公司的赤道原则就规定，除非没有可替代选择，否则绝不投资任何煤炭为能源的项目。作为世界上最大的主权基金，挪威主权基金剥离了所有与煤炭相关的投资。投资者、保险公司以及资产管理者都在向类似的方向转移。具有社会责任的投资基金管理着一个 4 万亿美元的主动投资组合，他们不但会考察母公司，还会深度考察这些公司数以万计的供应商是否符合环境标准。荷兰的基金管理公司 RobecoSAM 共同推出一套道琼斯可持续发展指数，该指数覆盖 20 多个产业集群，同时还会就企业领导人的实际举措以及他们在能源供应突发事件中的受影响程度出具详细报告。瑞士再保险和苏黎世保险等全球再保险巨头坚持要求客户将可持续性纳入供应链，否则这些客户就有被撤保风险。以上这些以政府制裁与金融压力提升供应链标准的主要举措，使得“监管资本主义”初露峥嵘。

位置，位置，还是位置

不久之后的世界或许将分为宜居与不宜居两个部分。即便是英国石油公司前首席执行官约翰·布朗这样的能源企业高管也说，石化能源之于地球之恶，就如同吸烟之于人体。科学家、社会活动家詹姆斯·洛夫洛克曾在 20 世纪 70 年代以“盖亚”（希腊神话中的大地女神）一词将地球描述为一个统一的生态系统，但如今他改弦更张，认为我们已经让这个星球发起了高烧。他预测伦敦将在 25 年后沉入海底，南欧将宛若撒哈拉沙漠，阿尔卑斯山顶不会再有积雪，所有的珊瑚礁都会死亡，到

2100 年全球人口会减少 80%。剩下的人则会在阿拉斯加和太平洋西北部享受到佛罗里达式的气候，或者在温暖的多伦多或底特律定居：这些内陆地区除了远离上升的海平面，同时也有充足的淡水供应。

除了积极地从政治地理集体转向功能地理之外，我们可能别无选择。整个星球或许需要重新规划，以便于安置大规模的气候难民。但这需要改变以国家为主的划分体系，转向一种资源保护区以可持续方式生产和分配农业、林业以及海洋资产，而供给消耗殆尽的世界其他地区依赖这些资源保护区的新体系。

这并非意味着现在我们不能有所作为。今日的供应链世界囊括了所有可用资源，但是我们不能任由它对这个星球开发，让自然被掠夺，让我们陷入无法回头的境地。今天，缘于政府管理不善、企业无人监管以及地缘政治竞争性囤积的资源恶意忽视和过度开发随处可见。不过与此同时，通过透明技术官僚协调合作来实现可持续供应链管理的第四种选择也正渐渐浮出水面。

如今空间已经变成所有人都需要的重要资源，但是它不应该被控制，因此我们应该设计一种机制，在实现可持续发展最大化的同时也让大家可以公平获得这些资源。世界自然保护联盟（IUCN）是世界上历史最悠久、规模最大的多方利益相关者环保组织。该联盟的保护区分类系统可以帮助各国规划自然保护区、荒野地区、国家公园、自然遗迹、物种栖息地管理区、海洋景观和可持续资源开发区域，并帮助他们从国外政府机构、非政府组织或企业中寻找合适的合作伙伴，在生态区的保护、再生以及游客吸引等方面予以培训和协助。世界自然保护联盟负责管理伯利兹的鲨鱼海洋保护区、加拿大的灰熊栖息地和哥伦比亚的鸟类保护区。此外世界自然保护联盟还管理着亚马孙中部玛瑙斯附近用于稳定渔业的 600 万公顷保护区。即使是俄罗斯也不抵触向世界自然保护联盟这样的机构咨询，后者已经就 200 亿美元萨哈林–2 天然气项目周边栖息地的保护问题向莫斯科提出了建议。

自 20 世纪 70 年代以来，欧盟也设立了数十个特别保育区（Special

Areas of Conservation）和特别保护区（Special Protection Areas）[①]，以在不禁止社会经济活动的同时加强对脆弱栖息地和物种的保护。自2002年起，巴西政府联合世界野生动物基金会、世界银行以及德国政府等共同建立了亚马孙流域保护区，通过卫星、网络跟踪以及新木材采购协议数量等来对这一块瑞士面积大小的热带雨林进行监控。自那以来，亚马孙的森林砍伐率下降了37%。这些区域都处于有效的功能监管而非政治监管之下。这些土地或河岸的主权所在政府将管理权交给了独立的机构，因为这样对这些区域本身、对国家以及对人类最为有利。如今，同样的原则也开始运用于保护北极生物多样性以及禁止太平洋非法捕鱼等项目上。[②]

对自然保持敬畏，就意味着我们应该像在地图上标注国家一样将所有的资源标注清楚。多数地图只是告诉我们海洋的名字，但是珍贵大自然的其他部分就只该用颜色标注（绿色表示森林，黄褐色表示沙漠，棕色表示山脉，白色表示冰川），不应当有名字吗？南美和非洲雨林的生物多样性、矿产丰富的海底、北极栖息地以及其他自然资源区域不应该只是单调的背景颜色。它们都是神圣的地理所在，在我们复杂的全球系统中扮演着关键的角色。如果我们能够清晰地描述和标注我们所知的所有地质特征，我们或许就能够像保护我们的政治边界一样去保护我们的自然边界。

---

① 前者和后者共同组成欧盟内的保护区网络，其中后者主要是针对鸟类的保护。——译者注

② 北极圈生物多样性监测计划是一个由科学家、政府、本土居民理事会以及环保组织构成的联盟。该联盟已划定多个生物多样性保护区，同时这些保护区也成为测量人类活动对北极地区影响的控制区域。2014年，美国总统奥巴马宣布建立太平洋边远岛屿海洋国家保护区（Pacific Remote Islands Marine National Monument），该保护区面积为格陵兰岛的两倍，并拥有丰富的深海珊瑚礁。美国对这一保护区进行监测并禁止该区域的非法捕捞。2015年，英国宣布将太平洋上约为不列颠面积两倍的皮特克恩岛周边区域划为海洋保护区。

结语

CONNECTOGRAPHY

Mapping the Future of Global Civilization

从连通性到适应力

了解人类整体是如何变得比各个部分的总和更为强大的，是一21世纪的宏伟工程，而这项工程才刚刚开始。

——尼古拉斯 · 克里斯塔基斯、詹姆斯 · 富勒，《大连接》

新的道德规范

21世纪初，无论是世界银行、国际货币基金组织还是世界经济论坛，凡是全球主要峰会和谈判会议举行之时，反全球化分子都会以成千上万之众涌现。代表着从西方工会到非洲农民等不同利益群体的示威者谴责全球化的不公，称其加剧了南北分化。今天我们知道他们以前错了，现在仍然是错的。这也是抗议为何停止的原因。

"反对"运动，无论是反资本主义、反技术还是反全球化总是会失败。他们代表的并非是普遍性的人道主义，而是狭隘的短视。与贸易不公平相比，贸易不足问题更严重。与数字分化相比，网络接入不足问题更严重。与高度贫富分化相比，财富创造不足问题更严重。与大企业农业相比，转基因作物太少的问题更严重。联合国几十年来对全球经济再分配的呼吁，永远不可能实现全球化在短短数十年就达到的成就。2014 年，当比尔·盖茨说"当今世界比以往任何时候都要好"[1]时，我们知道这其中就有全球化的功劳。

未来总是超出我们的预期。我们的祖先醒来时不知道地球是圆的；但现在，当我们醒来时我们知道自己与全球的网络保持着连接，任何两个人之间都不过只有数度空间的间隔。毫无疑问，互联互通带来了更大的复杂性和不确定性，我们常以为明日还会同于今日，但事实却经常并非如此。

如果说全球民众有一个共同目标，那就是对现代化和互联互通的追求，而后者又是通往前者的主要路径。在一个联合的世界中，互联互通毫无疑问是比任何政治意识形态都要强大的力量。邓小平在 20 世纪 70 年代，推动了中国的改革，把中国与世界经济连接在了一起，也使得中国一跃从落后国家变成了超级大国。宗教也同样如此。在多数区域，宗教和市场和平共存。宗教在印度和中国新兴中产阶级中的复兴，很重要的原因是中产阶级为了表示感恩以及祈求能够在全球经济中继续取得成功。这两个国家都知道，若没有互联互通，他们就不会有如此众多值得感谢的理由。

互联互通已经成为全球社会的基础。毕竟个体与世界其他地区的连接的路径不是政治，而是市场和媒体。供应链实际上已经（间接）体现了我们互相感知的方法：低工资的亚洲工人降低了全世界消费者手机的价格，基地组织对沙特的炼油厂的袭击会增加城市上班族的汽油支出，印度和菲律宾的呼叫中心工作人员解决了所有人的技术难题。无论是几度空间，供应链把孟加拉国服装厂的工人和美国第五大道萨克斯百货的购物者连接了起来，把刚果的矿工和在中国香港机场购买Vertu钻石手机的人连接了起来。没有任何东西可以和供应链一样，能够将穷人和富人、东方和西方，南方和北方连接起来。尽管这些联系可能比较脆弱，但相比与我们毫无关系的东西，那些与我们有关的东西或许会更受到我们的重视。从中国经太平洋飘到加利福尼亚的污染会让美国人更多地关注气候变化而不是那些正在沉没的太平洋岛屿。一个孟加拉国西方品牌代工服装厂的倒塌，比没有多少海外销售的中国鞭炮厂的爆炸更能引起关注和行动。连接引发了同情，引导了我们的伦理进化。

因此，供应链的秩序并非如自由主义者的臆想，以为市场可以统治世界，同样，它也并非普世的社会主义天堂。实际上它是一种不断进化的现实，而我们应当以务实的策略对此加以应对，而不能回退到民粹主义的神话和过时的话语之中。近一个世纪以来，马克斯·韦伯的著作让人们相信，现代国家能够为秩序的建立提供最好的经济、社会以及政治基础，但今天全世界却有超过50亿人口长期遭受他们国家政府的冷遇和忽视。

出生在西方曾经是一种其他世界所不能及的优势，但如今这种命运的相对优越性也渐渐难以保证。欧洲政府削减就业人数使得数以百万的民众不得不自谋生路，而美国千禧一代的收入水平很可能比他们父母几十年前的还要低。未来不再是一个生来就享受某种权利的时代，而是一个自给自足的时代：富有将不再是一种应得之物。

将作为一个道德有机共同体的民族社会同哈佛大学的迈克尔·桑德尔所谓忽略社区纽带的“市场社会”相对立，是一种错误的二分法。人民不会等待政府来主动提供正义、尊严以及机会，而是自发形成新的职业、商业以及虚拟联合，这不是对地方社会资本的替代，而是一种全球社会资本的必要新形式。

全球连通因此也成为一次重塑版图与提升道德的机遇。我们应该充分利用供应链，而不应该让供应链充分利用我们。一个以连接而非分化重塑的世界或许能推动“我们—他们”心态进化为更为宽广的以“我们”为特征的人性化身份认知。我们没有走回头路的充分理由。

在全球社会中，道德的检验标准就是要充分利用连接来实现功利主义目的：为最大多数人创造最大的幸福。我们必须在全球范围内运用约翰·罗尔斯的社会道德测试，以我们如何对待底层人民为标准来评价我们自身，同时以不平等能够提高最贫穷人民的生活来论证不平等的合理性。只要能够激励和引发对成就的追求，经济学家布兰科·米拉诺维奇所说的“坏”的不平等也可以变成“好”的不平等。实际上，我们正走在正确的道路上：全球化和互联互通虽然造就了不可避免的严重不平等，但也着实改善了几十亿人的生活质量。

如何利用近乎完全的连通来促进大范围的人类进步，是我们必须进一步大胆思考的问题。基础设施、市场、科技以及供应链不仅仅从物流上统一了世界，而且也在将我们推向一个更加公平与可持续的未来。但未来仍有很长的路要走。数十亿人仍然没有通上公路和电；食品仍然短缺；钱仍是一种奢侈品。糟糕的基础设施和坏的制度阻碍了供应与需求的对接。我们有克服这些问题的道义责任。

有两种至高的道德：一是允许人自由迁徙以躲避自然灾害，逃避战乱或者寻求就业，二是将世界上的淡水、食品以及能源等丰富资源送到需求者的手中。国家主权和领土完整不再是神圣不可侵犯的原则；试想当苏丹和叙利亚的人民被围困之时，当遭受干旱的气候难民不能迁徙到肥沃的土地之时，或者当迁徙工人无法凭贡献赚取报酬，反而深陷各种政治限制中时，所谓主权和领土完整是多么不道德。从政治到功能版图的转变能帮助我们克服那些既不能带来正义又无法创造效率的僵化道德，转而采取一种更为功利化的心态：与其说政府拥有这个世界，不如说他们只是在一个全球化的网络文明中管理着世界的某些部分。

建设地球新秩序的成本高达数百万亿，其带来的回报也同样可观，至少从可测度的经济角度看是如此。一种新全球社会契约也就此出现：

如果我们能够解放数十亿福利与就业不足人口的生产潜力，并将累积成本社会化（甚至消除），我们也可以共同分享一个更为富足的全球化社会。虽然我们正在建设全球化社会，但是到目前我们仍未对这种社会的形态达成正式的共识。我们应该拥抱并创造这一旅程。

互联互通也引发了认知革命，使得全球性成为一种新的思考基准线：任何事情都存在一种全球维度。主导我们的不再是西方或者东方理念，而是在西方的狭隘视野和东方的整体主义、人文主义和科学唯物主义以及民主和专家治国之间双向流动的智慧。在清华大学任教的加拿大政治理论家丹尼尔·贝尔认为，和谐是连接东西方的一种可行概念，因为按照孔子的思想，和谐寻求和平秩序但同时又尊重社会关系的多样性。它并不像通常描绘的那样是以统一性为前提的。选择和谐这样的“东方”概念来作为新的指标也无法给亚洲以荣耀，因为在和谐指数上排名靠前的基本都是挪威、瑞典、瑞士和新西兰等西方小国。随着英语和代码这两种全球语言以软件和实时通信进一步促进世界的连接，这种新兴的全球文化也随之深化。

自我运行的网络

我们正在建设的是一个没有全球领袖的全球社会。全球秩序不再是可以从上至下支配或控制的某种体系。在过去的千年中，从晚宋、蒙古帝国、阿拉伯哈里发、欧洲殖民帝国一直到美国霸主，全世界一直在进行权力的交替。但是，尽管美式和平取代不列颠治世，美国成为跨越两个世代的世界警察和最后的借款人，未来不太可能以同样的线性方式出现一个取代美国统治地位的中国时代。相反，过去10年东方超越西方、中国取代美国、大西洋让位于太平洋的炒作逐渐烟消云散，一个各大洲和地区加深内部整合、扩展全球联系的多文明、多极化世界日益成型。

拉丁美洲人、非洲人、阿拉伯人、印度人和其他亚洲人都渴望建立一个无须听美国或者中国发号施令、能够多向贸易齐头并进的世界。他们更愿意与超级大国互相竞争，而非接受单方面施压。他们都相信全球稳定的必由之路是互联互通而非霸权，而这一点显然是正确的。供需会决定地区与国家互动的形态。美国提供军事支持和技术，中国提供基础设施和出口市场，欧洲派出救援和治理顾问，企业供应链理顺连接流程，这才是地缘政治的最优明星组合。

秩序的历史模型建立在势力范围之上，但在今天，一个稳定的全球社会必须以跨文明的共同创造为基础。正如中国学者张维为所说，一个平衡的系统应该是对称性的而非层级性的，在这样的一个系统内，只有不同国家之间保持自我克制和互相信任，稳定才能得以维护。19 世纪在拿破仑战争后，欧洲协调机制之所以能取得成功，正是得益于这种美德。和两个世纪前一样，今日的世界也应走进一个以法律秩序为必要规范的大国和平时代。按照亨利·基辛格的话说，美国和中国应该“协同发展”，但它们必须将这种协同置于一个比它们两国本身更为深远的全球背景之下。历史的教训也存在局限性。1814 年的议会制度、1919 年的《巴黎和约》以及国际联盟都不是未来的最佳指南，否则第一次世界大战和第二次世界大战也就不会发生。

历史不会重演，我们不能坐等全球战略思想的新范式在事件的推动下成型，相反，我们需要制定战略以避免不良事件的发生。如果说现存大国和崛起大国必然对抗的“修昔底德陷阱”是由危险的恐惧与傲慢所驱动，那么清除这种情绪则成为转化大国敌对关系的关键。地区主义和互惠互利是紧张局势升级的最重要屏障，以竞争取代战争的全球化发展则是化解超级大国对峙的唯一对策。保证供应链的全球安全最终会让世界变得更安全。

正是因为我们无法确认任何国家或地区在 10 年之后的命运，我们才更需要抛弃地缘政治层级，转向一个相互连接的世界。随着美国利用能源财富在本土进行升级与投资，其对外部的干预会变得更少。欧洲经济的低迷则会使其陷入政治僵化和孤岛化。亚洲则可能受困于战略对抗，经济增长的靓丽风光不再。

得益于地理范围、人口和经济规模以及天赋的丰富地质资源，未来几十年美国在任何可能出现的情况下都仍将是一个超级大国。辉煌之路需要有充足的能源保障，复苏工业以刺激出口增长，增加华尔街的放贷以恢复金融体系，大规模增加对交通和数字连接的投资以翻修基础设施，以及建立以强化教育和医疗为重点的新社会契约。未来，社会流动性将增加，创新持续，你的手机也不会再每5分钟掉一次线了。

但也有出现衰败的可能：繁荣只会在硅谷等个别区域内持续；能源热潮只惠及少数行业，大部分普通人则被机器取代变成了无关紧要的一分子；华盛顿无力推进全国的基础设施建设和企业所得税再分配；低工资移民加入下层阶级大军，争相成为老龄化人口和最富有1%人群的附庸。美利坚合众国不再是一个文明的联合体，而只是不同种族的集合。

要想对未来做出正确的描绘，就需要将两方面的各种因素综合考虑：华盛顿的政治继续失灵，而随着福利支出的不断增长，财政压力也会持续存在；随着美国人口老龄化并且需要照顾，移民会出现增长；科技创新会达到新的高度；但是不平等将持续存在，地方分权则稳步推进。

全球同此凉热。伴随着分权浪潮以及国家专注于自保，各分立国家之间的模糊条约作用减弱，供给链的连接倒是更加可能推动全球的团结。只有我们在地图和叙事中更多强调连接而非政治和领土划分，各国之间才会认识到为实现世界和平而相互同情的必要。即便是伊曼纽尔·康德那常被引用的礼让原则也难在今日世界在逻辑上保持协调。康德的道德论述中将个人作为目的本身，这多少与其政治观点相悖。涂尔干虽然受到康德的影响，但是却敏锐地发现，全球社会在本质上大于其所有组成部分的总和。涂尔干相信，不断增长的复杂劳动分工会导致功能上的相互依存，同时社会也会走向个体独特性应受到赞美与珍视的有机统一。随着全球化创造了越来越多基于比较优势的互动，涂尔干所说的动态密度也日益增长。通过在穷国创造就业、降低富国产品的价格以及扩大所有人群的选择，全球劳动分工改善了每个人的生活水平。多元化连接的时代已经到来。

就像爱因斯坦的名言所说，如果我们不能以提出问题的同一种思维来解决这个问题，那么我们就应该换一种思维方式来面对这个以国家为中心的世界所产生的问题。对全球互联互通的评判不应该看它是否符合“二战”之后的制度体系，而应该看他是否满足了全球民众的需求。也正是因此，全球治理需要有一个和互联网一样的生成结构：没有中央控制的分布式协调，不断增长的参与者在网络之中相互依存。有人认为，对于保持全球的稳定性，一个熵和重新配置的世界是比多极化竞争更为严峻的风险。这种观点没有认识到互联互通是在混沌之下的黏合：评论者抱怨它正导致世界分崩离析，但恰恰相反，是它阻止了全世界的分崩离析。

建立无边界的世界

竞争性大战略会促进世界的自我稳定。美国、欧洲以及中国加强了与邻国的基础设施投资，推动了区域一体化和全球连通，这些都最终在无意间增进了对风险的集体承受力。过去，对石油的需求使纳粹侵入近东，日本人侵入马来亚，但今天我们面对的并非能源稀缺而是能源过剩问题——没有“石油峰值”，反倒是出现了“天然气过剩”。过去十多年时间，西方人一直担心中国会像19世纪和20世纪的欧洲帝国一样控制原材料，结果却是中国庞大的投资大幅刺激了拉美和非洲的资源开采，为全球市场带来了源源不断的能源供给（随着中国自身需求的下降，某些大宗商品甚至出现了供给过剩，出现价格崩溃）。新兴的炼油厂可以处理从重到轻多种类型的原油，因此石油供应也变得更加可替代，一旦某个供给源出现中断，其他供给方会迅速将其取代。感谢新发现和新技术让供应和需求替代卡特尔成为能源价格的设定者。

长期来看，在互联互通方面的竞争会降低我们的集体风险。如果资源分布更为广泛，政府就不会害怕被切断珍贵的原材料来源，也就不会因此而发动战争。这个世界再也不必进行任何“资源之战”。

其他方法也能够促进战略连接，以便于我们丰富的全球资源能够满足全世界的需求。比如在新贸易路线和转运口岸建设上的竞争。从战术上看这好像是零和游戏，但实际上，有了北极对常年航运的开放和泛欧铁路货运网的建设，苏伊士运河遭受恐怖袭击或陷入区域冲突而突然关闭这种事就不会对全系统造成任何重大影响。互联网也是如此：由于有针对性的攻击或者意外性船锚切断等原因，每年出现断裂的海底电缆至少有20条，但铺设的越来越多的电缆却保证了数据传送指数级增长的需求。分布式连接让我们远离了所有单点故障。①

得益于今日正确的投资，到2050年，地球上的90亿人会更均匀地分布于各半球，同时也会更具流动性，更适应变幻莫测的大自然力量。事实上，在未来几十年中，受海平面上升造成的海岸淹没影响，许多国家会在内陆建设新城以安置相关人口。火山爆发和电磁脉冲在可能导致飞机无法运行的同时令大西洋和印度洋的高速气垫船服务成为必需。这些投资或许无法立即获得商业上的回报，但在未来它们都必不可少。经济学家或许会称之为“产能过剩”，但是在一个不可预知的世界里，这也许更接近常识。

以沿海大城市为主体构筑的星球文明应该更关注供应链的连续性，而非争夺帝国霸权。贸易型城市需要的是海岸警卫队和反恐，而不是对外侵略和核武器。它们不想成为单一的霸权利维坦，而是更愿意保持相互依存的关系。看看桑给巴尔和阿曼、威尼斯和新加坡，一个以开放融

---

① Single point of failure，指一个系统的一个部件，如果它失效或停止运转，将会导致整个系统不能工作的情况。——译者注

合文化主导的世界肯定比奥威尔式大型帝国主导的世界和平得多。

未来的每一次重塑都会以更多的连接与更少的分立为特征。这是对我们当今现实的恰当回应：过去的两个世代没有出现任何大型全球性冲突，而在日益增长的全球贸易和投资的缓冲作用下，紧张局势升级也得到了良好管控。我们花费了大量精力来测度境内活动的价值，如今我们应该将同样的精力放在跨越边境的互联互通上。

从一个国家—边境世界转向一个流动—摩擦的世界是当前最大的赌注所在。我们需要一个更加无边界的世界，因为我们无法承受领土冲突的破坏力，因为纠正人和资源的错配能够释放无尽的人力与经济潜力，因为给国民提供足够福利的国家如此之少，因为还有几十亿人尚未充分享受到全球化的益处。边界不是风险和不确定性的解药，更加连通才是。但是，如果我们想要享受一个无边界世界所带来的好处，我们就必须首先建立这样一个世界。我们的命运仍前途未卜。

致谢

当一个人准备写一本涉及方方面面的书时，能得到全世界最博学人士的支援绝对是一件好事。对于以下人士在我研究方面所给予的时间与资源上的支持，我一如既往地深感荣幸。不用说，在得到如此众多合作与帮助的情况下，本书若存有任何错误，则毫无疑问都属于我个人的责任。

在新加坡国立大学李光耀公共政策学院的讲座和讨论是本书的重要思想源泉，尤其是包括马凯硕、坎蒂·巴杰帕伊、黄靖、陈思贤、威尔·贝恩、衡奕匡（Heng Yee Kuang）、刘浩典、奥拉–奥恩·普查荣恩、拉胡尔·萨格尔、杰弗里·斯特拉斯曼、黄奕鹏以及欧文·史达汀等在内的院长、教师以及诸多研究者都为本书提供了重要意见。

新加坡国际事务研究所同样是卓识汇聚之所。我要感谢研究所的主席戴尚志（Simon Tay），执行董事尼古拉斯·方（Nicholas Fang），感谢他们的领导和充满学养的洞察力，也感谢他们让我参与各种定期活动以及Future 50旗舰项目。

自2005年我的三部曲初酿之时，新美国基金会（New America Foundation）就成了我的家外之家。能够参与华盛顿的著名战略思想家组织是我的骄傲，安妮–玛丽·斯劳特、帕特里克·多尔蒂、巴里·林恩和皮特·辛格等朋友兼同事的洞见亦令我不胜感激。

伦敦政治经济学院仍然是地缘政治研究创新的灯塔。我十分享受在伦敦政治经济学院国际事务、外交和重大战略研究中心的日子。另外，与知名学者兼朋友米克·考克斯、乔治·劳森、艾弗·诺依曼、柯成兴（Danny Quah）以及文安立（Arne Westad）等的无所不谈也让我乐在其中。如今这一中心已成为扩张后的全球事务研究院的一部分。

在本书所涉及的无数研究者之中，我要特别感谢李光耀学院的两位博士生的工作。一位是洪彩妮（Caini Hong），和不少中国最好的学者一样，她虽然羞涩却在数据收集与分析方面细致无比。另外一位是克里斯·哈特利，他诚挚的志向与创造力，从其过往履历与发表的诸多城市经济战略论文中便可见一斑。我还要对奥马尔·巴拉基、培达·科伊尔、艾哈迈德·埃尔·哈迪、法拉兹·莫夏希、索伦·涅米宁、凡妮莎·基罗斯、达米尼·罗伊、马利尼·森、尤利娅·泰拉诺瓦、安德鲁·特拉巴尔斯、玛丽亚姆·维萨姆、希拉·沃尔纳、王廖轶男（Yinan Wang Liao）以及申克·齐舍等人深表谢意，他们经常因为时差问题而必须在各种非常时间段工作。

部分仍在世的最顶尖知识分子是本书以及我过去十几年来的智识导师。把他们放在一个段落中略显不敬，不过我对他们智慧和友谊的感激远超我笔之所及。他们是格雷厄姆·阿利森、本杰明·巴伯、埃里克·拜因霍克、丹尼尔·贝尔、伊恩·布雷默、安·弗洛里尼、汤姆·弗里德曼、罗伯特·卡普兰、普拉塔普·梅塔、潘卡杰·米什拉、查尔斯·比特尔、卡恩·罗斯、约翰·鲁杰、萨斯基亚·萨森、理查德·塞纳特、纳西姆·塔勒布以及斯科特·迈尔考姆森。过去近10年间，斯科特·迈尔考姆森一直是我文章的编辑，本书的部分章节也有幸得到了他的善意审读。

通常在我亮出记事本的那一刻，戏谑的闲聊都会变成激烈的辩论，而朋友们对此也司空见惯。言语交火的两方中当然有无辜的旁观者，但我想在这里感谢的是那些持续贡献丰富话语的辩论伙伴，他们是奥兹·阿曼特、戴维·安德森、斯科特·安东尼、马特·阿姆斯特朗、亚历克斯·伯纳德、尼尔·乔杜里、劳拉·迪尔、乔恩·法斯曼、傅好文（Howard French）、甘佳瑞（Jared Genser）、让–菲利普·格尔茨、杰里米·格兰特、尼思德·哈贾瑞、尼尔斯·哈托、塞布·肯普夫、高朗·凯姆卡、卡兰·凯姆卡、贝恩德·科尔布、马克·伦纳德、格雷格·林赛、肖恩·马丁、安·梅特勒、钱德朗·伊尔、马杜·纳拉辛汉、普拉迪普·拉玛莫西、阿比吉南·瑞吉、汤姆·桑德森、拉纳·萨卡、戴维·斯基林、尼克·斯奈德、罗伯特·斯蒂尔、多吉·孙（Dorjee Sun）、维杰·维塞斯瓦伦、柯克·沃加、克里斯·威尔逊、阿特·温特、扬·杰纶卡、泰迪·兹莫哈尔。我要特别感谢陪我在多国山地骑行的伙伴，新加坡科技设计大学（SUTD，现在哈佛大学设计学院）的安德烈斯·舍夫丘克和耶鲁–新加坡国立大学的布赖恩·麦卡杜，他们一路随时随地给了我不少启发。

情景与复杂性研究对于本书的完成起到了至关重要的作用。我在此要感谢在这一领域的著名学者给予我的启发，他们是马特·巴罗斯、杰弗里·库珀、杰克·杜尼根、班宁·加勒特、李·豪威尔、霍尔格·梅伊、王乙康（Ong Ye Kung）、保罗·萨福、彼得·舒瓦茨、戴夫·斯诺登以及克里斯·塔克。其中克里斯·塔克曾邀请我为美国地理空间情报基金会的人文地理学专著撰稿，在此我也要对其他编辑及撰稿人，例如李·舒瓦茨、罗伯特·托姆斯等表示感谢。在苏黎世保险，弗朗西斯·布沙尔、琳达·康拉德、汤姆·德·斯旺、塔恩·托森以及凯·特朗普勒等专家关于风险全球化的深入观点令我受益匪浅。

在悉尼大学的Q研讨会上，我的朋友詹姆斯·德尔·德里安以一场量子物理与世界政治相关性的独特策划再次颠覆了国际关系领域研究的基石。我非常感谢他以及研讨会的参与者，尤其是艾莉森·巴什福德、汤姆·布尔斯特克、贾拉斯·格鲁、邓肯·艾维森和戴维·里利。

在我们的世纪城市化及地方分权浪潮诸方面，有许多拥有独特专长者需要我一一致敬，他们是：米歇尔·阿库托、戴维·阿德尔曼、克里斯·阿肯伯格、山姆·亚瑟、丹尼尔·布鲁克、梅拉吉·法希姆、卡姆兰·汗、芭芭拉·库克斯、海梅·勒纳、埃迪·梅尔斯基、里奇·皮帕里内、弗朗西斯·皮萨尼、拉克希米·普拉特瑞、亚伦·雷恩、保罗·罗默、桑杰夫·桑亚尔、阿图罗·萨鲁坎、托马斯·舍夫契克、史蒂芬·辛、申克·辛汉姆、安东尼·汤森和米兰·瓦士纳夫。另外也要将诚挚的谢意送给阿夫纳·德·沙利特及耶路撒冷希伯来大学“城市精神”工作室的参与者杰里米·阿德尔曼、吉尔斯·坎帕尼奥洛、卡特里·卡莫拉以及苏珊·克拉克。

无论是天津生态城还是广州知识城，我要感谢无数在“智慧城市”和经济特区接待我的众多中国官员。我同样要感谢其他各大陆的城市发展规划者，感谢他们和我分享他们的宏伟规划。你们的很多项目虽然尚未在地图上出现，但由于你们不懈的努力，我相信它们出现在地图上不过是迟早的事。也同样要谢谢新加坡自由港的托尼·雷纳德和林肯·吴带我深入参观，与我深度交流。要谢谢巴塞罗那2014智慧城市博览会上的乌戈·瓦伦蒂、阿尔瓦罗·尼古拉斯以及福克·乐查·莫拉。谢谢马克·波尔伊特、吉尔斯·弗伦奇、阿尼塔·南迪、安德鲁·奈勒让我了解了伦敦金融城的内部运作以及其全球发展战略。还要谢谢雅典比雷埃夫斯集装箱码头的维琪·萨克拉诺和玛利亚·德斯普瑞跟我分享了她们的愿景。

新城市基金会（NCF）理事会的工作是我关于城市未来新思考的不竭源泉。我要感谢约翰·洛桑、马蒂厄·勒菲弗和整个管理团队，同时也要谢谢我的理事会同事阿尼尔·梅农、丹尼尔·利贝斯金德和法赫德·拉希德以及众多参与新城市基金会巴黎、圣保罗、达拉斯、雅加达以及吉达峰会的远见卓识的发言者和参与者。

全球著名市场与金融机构的诸多专家和从业者是我验证观点和分析经济复杂性的重要依靠。我在这里要特别感谢理查德·鲍德温、卡森·布洛克、邦迪·博拉、道格·卡迈克尔、拉维·奇丹巴拉姆、史蒂夫·德罗布尼、格里·埃利亚斯、布鲁克斯·恩特威斯尔、欧阳汉（Chris Eoyang）、潘卡吉·盖马沃特、迈克·格林、维克托·哈尔伯施塔特、贺思洽（Charles Haswell）、西蒙·霍普金斯、巴里·约翰逊、埃里克·琼斯、麦克·克劳登、帕斯卡尔·拉米、罗伯特·劳伦斯、亚当·莱文森、戴夫·林肯、安东尼奥·德·洛伦佐、蒂埃里·马勒里、莎拉·麦瑞提、伊利安·米霍夫、布伦特·摩根、托尼·纳什、克里斯·欧贝罗伊、亚当·波森、哈日·拉詹、米科拉斯·拉姆巴斯、迪利普·拉瑟、拉兹恩·莎莉、萨米尔·沙姆西、田村耕太郎、阿尔诺·文图拉、理查德·沃丁顿和安德鲁·黄（Andrew Wong）。另外还要感谢马培德（Peter Marber）多年来深刻的建设性的指导和精准的观察及修正，也感谢尼拉吉·赛斯，他对全球金融挑战的广博认知并没有限制他的创造性解决思维，更幸运的是他还把自己的思考分享给了我。

感谢众多技术及其广泛影响方面的精英思想家给我提供了诸多前瞻性思路，他们是斯科特·博格、泰勒·考恩、马克·古德曼、詹姆斯·劳、丹尼尔·拉斯穆斯、汤姆斯·丹迪奇、彼得·蒂尔和维韦克·瓦德瓦。IBM的杰夫·乔纳斯、迪潘卡·森古普塔和唐纳德·汉森，谷歌的安·拉文、贾里德·科恩和威尔·菲茨杰拉德，推特的沙乐什·饶、阿里扎·诺克斯和彼得·格林伯格，红杉资本的陈映岚（Yinglan Tan），Amasia的约翰·金，奥美的汤姆·克兰普顿、硅峡的詹姆斯·陈（James Chan）等众多信息技术行业的创新者和实干家也为我提供了广泛的见解。

新加坡面积虽小，思想和行动力却很强大。日常的诸多互动在本书中都有所体现，有太多我想要感谢的人。不过，我在这里尤其要感谢总理办公室全国研究基金会的诸位资深人士，信息通信发展管理局的傅美晶（Jacqueline Poh）及其团队，海事及港务管理局的安德鲁·陈（Andrew Tan），宜居城市中心的邱鼎财（ Khoo Teng Chye）及其团队，星桥集团的杨烈国（Philip Yeo）及其同事，腾飞公司的马诺哈尔·卡塔提和艾尔文·陈（Aylwin Tan），GIC（前身为新加坡政府投资公司）的林祥源（Lim Siong Guan）、罗伟强（Loh Wai Keong）及其他高管，世界城市峰会、公共服务学院和人力资本领导力学院的彼得·何（Peter Ho）、陈庆珠（Chan Heng Chee）、杨荣文（George Yeo）、马宣仁（BehSwan Gin）、温斯·塞拉坎努、亚伦·马尼亚姆、李楚方（Lee Chor Pharn）、谭力圣（Tan Li-San）以及活动和讨论的组织者。我将永远不会忘记马努·巴斯卡兰、何志成（Ho Seng Chee）、维克拉姆·卡纳、亚当·拉赫曼、曼拉吉·萨康、陈淑珊（Tan Su Shan）以及苏德赫·万德克斯等新加坡著名人士的体谅与关怀。

在瑞士的各种高级聚会极大地帮助了我，让我更全面了解了这个国家的成功所在。特别要感谢星光基金会的安德烈亚斯·基希施莱格、托马斯·斯密德亨尼、马克·迪特里、帕斯卡尔·伊内钦、乌尔斯·舍特利以及托尼·施南伯格。

我早前为了写书就前往过十余个国家进行调研，过去几年，我又第一次踏足了尼日利亚、缅甸、朝鲜、蒙古、爱沙尼亚，芬兰以及其他数个特色各异的互联互通崛起之地。我要谢谢马克·埃利希、塔维·科特卡、塔尔维·马腾斯、扬·普瑞萨鲁、西姆·斯卡特、琳娜·维科，是他们让我的爱沙尼亚之旅趣意盎然。我要感谢芬兰伟大的学者外交官奥普·鲁斯、佩特里·哈克兰恩、安蒂·卡斯基以及蒂莫·劳塔吉克伊。我要感谢在挪威希尔克内斯难忘之旅期间，跨境咖啡馆的安德烈亚斯·霍夫曼以及团队给予我的热情招待。还要感谢哈肯·马格努斯殿下以及投资大师克努特·凯尔在奥斯陆对我的帮助。

我要感谢劳伦·阿诺德、尼尔·钱德里亚、维玛·钱德里亚、尼克·丹福思、马丁·戴维斯、拉雅·德赛、卡塔庸·艾特达、齐亚德·菲尔斯、哈桑·法塔赫、劳伦斯·格鲁、凯文·哈里斯、亚萨尔·加拉、特德·卡拉西克、里亚德·卡瓦吉、帕迪斯·马达维、彼得·米德尔布鲁克、阿夫欣·穆拉维、亚历克斯·佩里、苏丹·阿尔卡塞米、诺亚·拉福德、马苏德·拉扎克、卡里姆·萨迪加布、纳赛尔·赛义迪、伊斯梅尔·萨拉杰丁、塔里克·沙亚和塔克·优素福，就中东及非洲的秩序与混乱问题，我和他们进行了深入对话。在我第一次访问伊朗期间，我得到了鲁兹贝·阿里阿巴迪、丹尼尔·卡泽尼拉德、露兹贝·皮鲁兹、拉明·拉比、鲁赫拉·拉赫马尼和赛勒斯·拉泽吉等人的热情接待，他们的毅力令人印象深刻，我要对他们表示衷心感谢。

麦肯锡研究部门的智囊名不虚传，他们对于关键问题的思考十分尖锐。我要特别感谢金塔·巴格特、佩妮·伯特、黛安娜·法雷尔、安德鲁·格兰特、里克·柯克兰、拉贾·皮莱、弗雷泽·汤普森和奥利弗·汤比。感谢他们在用餐时、在Skype上、在网球场以及在裕廊岛上穿着防化服与我交流。

全球地缘政治的动荡需要我们对边界冲突、能源市场以及经济和环境的角色予以精确关注、做出即时分析。我非常感谢以下人士同我在各个方面的交流：萨利姆·阿里、阿鲁夫·本、琳达·巴特勒、兰维尔·肖汉、比尔·得奇、彼得·埃格尔斯顿、埃斯彭·巴斯·艾德、亚当·埃里克、基思·菲茨杰拉德、卡尔·甘特、本·朱达、斯尔詹·克里姆、孔塔拉·拉赫瑞杜特、李永怡（Bernice Lee）、林军（Jun Lin）、J·J·王（J. J. Ong）、卡特·佩琪、马尔科·帕皮奇、阿什温·帕文、瑞克·庞西奥、郭进展（Chin Thean Quek）、阿比吉南·瑞吉、陆克文、拉维·萨吉万、恩里克·萨拉、亚当·谢明斯基、劳伦斯·史密斯、保罗·斯美克、蒙娜·斯图芬、汉斯·维如斯、谢尔盖·亚岑科和米哈伊尔·泽利多维奇。

对中国的分析也需要不断与时俱进，十分感激以下专家与我进行交流：布拉兹·巴拉库伊、何帆、王赓武、马克·哈珀、何军（Jun He）、郝福满、本杰明·乔夫、埃里克·李（Eric Li）、伦纳德·刘（Leonard

Liu）、刘佩琪、吕凯闻、罗布·麦科马克（Rob McCormack）、道恩·麦格雷戈、潘孝礼、弗朗西斯科·郗士和黛布拉·陈（Debra Tan）。

基础设施、供应链与物流是我研究中不可或缺的部分，以下人士的思想在本书中清晰可见：萨拉·阿加瓦尔、维达·安德森、诺姆·安德森、休曼·贝里、卡兰·巴蒂亚、塞尔吉奥·比塔尔、杰米·德·波旁·德帕默、胡安·查迪雅克、扬·奇普切斯、米克·德·舍普尔、伊莱恩·德泽恩斯基、蒂埃里·德里恩斯、卡斯珀·艾拉贝克、约翰·加托纳、艾莉森·肯尼迪、托马斯·克努森、玛丽·孔茨、乔治·科普里奥斯、彼得·拉齐、阿萨·拉尔森、克里斯·洛根、尼古拉斯·德·卢瓦西、帕特里克·洛、帕梅拉·马尔、比尔·马林、凯瑟琳·马修斯、珍妮弗·牛顿、奥利弗·尼德迈尔、安德烈斯·培尼亚、托尼·普罗菲特、乔丹·施瓦茨、克拉拉·沈（Clara Shen）、本·斯金纳、吉姆·斯内布、阿贝尔·范·斯塔文、陈玉文（Gee Boon Tan）和亚历克斯·黄（Alex Wong）。

本书的写作还增进了我与那些充满激情与创造力的制图界人士之间的联系。与弗兰克·雅各布斯多年来的合作和对话一直在拓展我思维与绘图的可能性。地图故事（MapStory）的雷伊·迪桑为我提供了用于描绘全球基础设施模式的早期地图，孟买Gateway House的曼吉特·克里帕拉尼和阿克沙伊·马图尔则提供了极好的详细样本。得益于Mapbox的马蒂亚斯·霍尔兹曼，这些早期内容经过Development Seed的开发变成了互联互通的地图集。Development Seed一直是大规模地理数据收集和可视化应用的领军者，如今他们将其免费开放，所有人随处都可以浏览这些数据和可视化内容。正因如此，乔·弗拉舍、伊恩·舒勒、罗宾·托洛契克以及众多辛勤工作的Development Seed成员配得上伟大之声誉。我对他们皆深表谢意，他们的创造是如此生动，本书根本无法充分表达。

我的制图智囊团由以下人物领衔：哈佛大学地理分析中心的杰夫·布洛瑟姆、威斯康星大学制图实验室的塔尼亚·白金汉及其团队成员，尤其是其中的克莱尔·特雷纳与迪伦·莫里亚蒂；为阿布扎比王储工作的莫娜·哈马米。他们都是当代的制图魔术师。

感谢所有协助我研究和采访的不知姓名的人，感谢所有那些可能被我不小心忽略的人，正是你们在宝贵的时间与思想上的慷慨，本书才得以完成。若有任何疏漏责任都在我，对你们我只有感激。

还要感谢那些从开始到现在一直陪伴着我的人。威尔·墨菲是我在企鹅兰登书屋的编辑，十多年前，他第一个考虑了我首本书的出版请求，如今他再次熟稔地打开了我厚厚的书稿。我也要感谢企鹅兰登书屋管理团队，包括出版人吉娜·森屈罗、主编苏珊·卡米尔以及高级副总裁兼代理出版人汤姆·佩里等，他们对本书的一丝不苟令人敬佩。我还要感谢助理编辑米卡·卡苏古（Mika Kasuga），她平和的气质和聪明才智影响到了本书的方方面面。感谢芭芭拉·巴赫曼和她的设计团队处理了复杂的视觉效果。感谢泰德·艾伦以及其审稿团队对文稿的精心处理，感谢我总是紧跟时代思潮、严谨细致的公关宣传格雷格·库比。对于我的经纪人、国际创造管理公司的詹妮弗·乔尔多年来对我的鞭策与厚爱，我亦感激不尽。

当家庭成为一个虚拟智库，它也总能够为雄心勃勃的写作提供支持。我的父母苏希尔·康纳和曼居拉·康纳、我的岳父岳母贾韦德·马利克和赞恩·马利克都再次为本书中的许多议题贡献了他们的真实世界的专业知识及评论。我的物理学博士兄弟高拉夫为本书中复杂性的讨论提供了宝贵建议。在整本书写作过程中，我妻子阿耶莎对城市科技的关注也对我产生了潜移默化的影响，而我们的下一代，扎拉和祖宾也成了“小康纳”团队的成员，让这本书的写作从头至尾变得异常愉悦。如今，他们已经开始按照他们自己的人生地图行进了。

关于地图的说明

1. In *The Clash of Civilizations and the Remaking of World Order,* Samuel Huntington left open the fate of whether Latin America belonged to the West or constituted a civilization unto itself.
2. Jerry Brotton, *History,* Introduction.
3. Some have called this nascent meta-discipline sociography.

第一章　从割离到连接

1. These rates were enough to lift the industrializing West to levels of growth around 2 percent through the nineteenth century.
2. See Isabelle Cohen et al., *The Economic Impact and Financing of Infrastructure Spending* (Thomas Jefferson Program in Public Policy, College of William & Mary, 2012). In the early 1980s, the Oklahoma economist Pat Choate, best known as Ross Perot's 1996 vice presidential running mate on the Reform Party ticket, wrote *America in Ruins,* which warned of the country's infrastructural decay.
3. The World Bank provides a rough typology of basic infrastructures essential for development: http://data.worldbank.org/about/world-development-indicators-data/infrastructure.
4. The Stockholm International Peace Research Institute reports that worldwide military expenditures constitute 2.4 percent of world GDP. Military spending in the United States has fallen by almost 8 percent, while China's and Russia's spending has risen by 7.4 percent and 4.8 percent, respectively; Gulf Cooperation Council countries such as Saudi Arabia have also moderately increased military expenditures. See http://www.sipri.org/research/armaments/milex/milex_database/milex_database.
5. PricewaterhouseCoopers and Oxford Economics projection of capital project and infrastructure spending. See http://www.pwc.com/gx/en/capital-projects-infrastructure/publications/cpi-outlook/assets/cpi-outlook-to-2025.pdf. Estimates of current annual infrastructure spending already range from $2 trillion to $3 trillion. According to McKinsey, just to keep the current pace of GDP growth will

require $3.5 trillion per year in infrastructure spending; Bain & Company predicts $4 trillion per year by 2017.

6. The Dutch-Belgian border passes through people's living rooms and public cafés in the town of Baarle-Nassau—or Baarle-Hertog depending on which side of the invisible line you happen to be standing on. Either way, you are in the Schengen area of the EU. Due to an anomaly stemming from the 1783 Treaty of Paris, the 120 residents of Angle Township in Minnesota actually live within Canadian territory and use a phone booth jointly run by U.S. and Canadian customs to report their comings and goings.
7. See "More Neighbours Make More Fences," *The Economist,* Sept. 15, 2015.
8. "Why Walls Don't Work," *Project Syndicate,* Nov. 13, 2014.
9. Vaclav Smil, *Making the Modern World: Materials and Dematerialization* (MIT Press, 2007), p. 157.
10. Ron Boschma and Ron Martin, "The Aims and Scope of Evolutionary Economic Geography" (Utrecht University, Jan. 2010).
11. Michio Kaku, *Physics of the Future: How Science Will Shape Human Destiny and Our Daily Lives by the Year 2100* (Anchor, 2012).
12. In the dense but influential treatise *Empire* (Harvard University Press, 2000), the American scholar Michael Hardt and the Italian dissident Antonio Negri posit globalization as an unregulated and all-consuming force that has no fixed locus.
13. Today's complex global supply chains—hybrids of public and corporate actors—embody what the pioneering scholar James Rosenau called a "sphere of authority": a trans-territorial, cross-jurisdiction entity that has low institutionalization, low visibility, multiple public and private operators and rule makers, and immense public relevance.
14. From the original Six Sigma manufacturing optimization process has grown a suite of tools such as electronic data interchange that leverage supplier and buyer data and market conditions to forecast volume and demand shifts, and sensor networks to track inventories, improve efficiency, and reduce waste.
15. Accenture's Supply Chain Academy has managers from hundreds of Fortune 1000 companies enrolled in its thousands of online case study courses dedicated to achieving such business optimization.
16. "Geography: Use It or Lose It," remarks at the U.S. Department of State, May 25, 2010.

第二章　新世界的新地图

1. John Maynard Keynes, *The Economic Consequences of the Peace.* (Harcourt, Brace and Howe, 1920), Chapter II.4.
2. Peter Nolan, *Is China Buying the World?* (Polity, 2013).
3. "Flow Dynamics," *The Economist,* Sept. 19, 2015.
4. Financial flows (such as global banking, foreign investment, and portfolio capital) surged from $470 billion (4 percent of GDP) in 1980 to $12 trillion (21 percent of a much larger GDP) in 2007. After the financial crisis, the eurozone banking crisis and higher reserve requirements pushed capital flows back below 10 percent of GDP.
5. Turkey's Ayka Tekstil and Sweden's H&M are other major apparel manufacturers and brands that have expanded operations in Ethiopia.
6. See DHL's *Global Connectedness Index 2014,* http://www.dhl.com/en/.

7. Tiny Belgium's banks serve as custodial financial institutions holding $400 billion in U.S. Treasuries (almost 70 percent of its GDP) for major foreign purchasers such as China.
8. In 2013, this amounted to about $18 trillion in goods, $5 trillion in services, and $4 trillion in finance.
9. National Intelligence Council, *Global Trends 2030: Alternative Worlds* (National Intelligence Council, 2012).
10. Manuel Castells, *The Informational City: Economic Restructuring and Urban Development* (Blackwell Publishers, 1990).
11. Michele Acuto and Steve Rayner, "City Networks: Breaking Gridlocks or Forging (New) Lock-ins?," unpublished paper, 2015.

第三章　权力大下放

1. Additionally, according to one catalog, there are at least four hundred so-called micro-nations of eccentrics trying to launch their own countries whether in the wilds of America and Australia or on abandoned oil rigs like Sealand in the North Sea.
2. Alberto Alesina and Bryony Reich, "Nation-Building" (National Bureau of Economic Research working paper 18839, Feb. 2013).
3. Alberto Alesina and Enrico Spolaore, "Conflict, Defense Spending, and the Number of Nations," *European Economic Review* 50, no. 1 (2006).
4. In 1992, almost one-third of all the world's countries were experiencing significant political violence. Even worse, ethnic wars tend to last twice or thrice as long as interstate or intrastate conflicts.
5. Edward Luttwak, "Give War a Chance," *Foreign Affairs*, July/Aug. 1999.
6. These groups are collectively members of the Unrepresented Nations and Peoples Organization.
7. Sardinia is one of five autonomous Italian regions, along with Valle d'Aosta, Venezia, Sicily, and Trentino.

第四章　从分权到聚合

1. Antoni Estevadeordal, Juan Blyde, and Kati Suominen, "Are Global Value Chains Really Global? Policies to Accelerate Countries' Access to International Production Networks" (Inter-American Development Bank, 2012).
2. Stelios Michalopoulos and Elias Papaioannou, "The Long-Run Effects of the Scramble for Africa" (NBER working paper 17620, Nov. 2011). Just one of the many examples of European treatment of African territories as family heirlooms is Queen Victoria's gifting of Mount Kilimanjaro (on the border between Kenya and Tanzania) to her nephew Kaiser Wilhelm II of Prussia.
3. Philip Mansel, *Constantinople* (Penguin, 1997).
4. Antonia Guterres, quoted in "Global Refugee Figure Passes 50m for First Time Since Second World War," *The Guardian,* June 20, 2014.
5. Norimitsu Onishi, "As Syrian Refugees Develop Roots, Jordan Grows Wary," *New York Times,* Oct. 5, 2013.
6. A comprehensive study of seven potential scenarios advises that a two-state solution remains the most cost-effective for both Israel and Palestinians. See *The Costs of the Israeli-Palestinian Conflict* (Rand, 2015).

7. Jodi Rudoren, "In West Bank Settlements, Israeli Jobs Are Double-Edged Sword," *New York Times,* Feb. 10, 2014.
8. Stanley Reed and Clifford Krauss, "Israel's Gas Offers Lifeline for Peace," *New York Times,* Dec. 14, 2014.

第五章 美利坚合众国的命运

1. Richey Piiparinen and Jim Russell, *From Balkanized Cleveland to Global Cleveland: A Theory of Change for Legacy Cities* (White Paper funded by Ohio City Inc., 2013).
2. Nearby Zhongshan is also an example of a tightly subdivided industry town: Dachong for mahogany furniture, Dongfeng for household appliances, Guzhen for lighting, Huangpu for food products, Shaxi for casual clothing, Xiaolan for door locks and acoustic products, and so on.
3. The Chinese academic Zheng Yongnian refers to the current status as "behavioral federalism."
4. Through the local government financing vehicles, Chinese municipalities are raising $1 billion per month through investment bonds—from home *and* abroad—to fund their growth projects.
5. Lydia DePillis, "This Is What a Job in the U.S.'s New Manufacturing Industry Looks Like," *Washington Post,* Mar. 9, 2014.
6. https://www.facebook.com/photo.php?fbid=506922386075591.
7. Richard C. Longworth, *Caught in the Middle: America's Heartland in the Age of Globalism* (Bloomsbury, 2009).
8. At the same time, Washington uses federal highway grants as a lever to impose on them unrelated regulations such as the drinking age and Medicare contributions. See Richard A. Epstein and Mario Loyola, "The United State of America," *Atlantic,* July 31, 2014.
9. Chris Benner and Manuel Pastor, "Buddy, Can You Spare Some Time? Social Inclusion and Sustained Prosperity in America's Metropolitan Regions/Working Paper," MacArthur Foundation Network on Building Resilient Regions, May 31, 2013.
10. Henry Zhang, "China to Build Cities and Economic Zones in Michigan and Idaho," *Policy Mic,* May 20, 2012.
11. Ben Tracy, "Lake Mead is Shrinking—and with it Las Vegas' water supply," *CBS News,* Jan. 30, 2014.

第六章 未来战争的多种形式与可能

1. In early 2015, the trading house Itochu made the largest Japanese foreign investment ever in China, buying (together with Thailand's CP Group) a 10 percent stake in CITIC, one of China's oldest and most respected conglomerates.

第七章 伟大的供应链战争

1. Interview with author, July 18, 2015.
2. Enrico Moretti, *The New Geography of Jobs* (Houghton Mifflin Harcourt, 2012).

3. Josh Tyrangiel, "Tim Cook's Freshman Year: The Apple CEO Speaks," *Bloomberg Businessweek,* Dec. 6, 2012.
4. However, additive manufacturing and the sharing economy together do cause tremendous domestic dislocation. The construction sector is not tradable, but it can increasingly be automated as entire homes are designed, printed, and assembled out of 3-D printing kits, displacing contractors and builders across America and Europe.
5. "Bits, Bytes, and Diplomacy," *Foreign Affairs,* Sept./Oct. 1997.
6. Allison Schrager, "The US Needs to Retire Daylight Savings and Just Have Two Time Zones—One Hour Apart," *Quartz,* Nov. 1, 2013.
7. Adams Nager, "Why Is America's Manufacturing Job Loss Greater Than Other Industrialized Countries?," *Industry Week,* Aug. 21, 2014.
8. "How Big Companies Can Beat the Patent Chaos of India," *Fortune,* June 17, 2013.
9. Artem Golev et al., "Rare Earths Supply Chains: Current Status, Constraints, and Opportunities," *Resources Policy* 41 (Sept. 2014): 52–59.
10. Yogesh Malik, Alex Niemeyer, and Brian Ruwadi, "Building the Supply Chain of the Future," *McKinsey Quarterly* (Jan. 2011).
11. John Authers, "US Revival Warrants EM Strategy Rethink," *Financial Times,* May 16, 2014.
12. Barry C. Lynn, *End of the Line* (Doubleday, 2005).

第八章　基础设施联盟

1. Arnold Toynbee, *A Study of History: Abridgment of Volumes VII–X.* (Oxford University Press, 1957), p. 124.
2. Samuel P. Huntington, *The Clash of Civilizations and the Remaking of World Order* (Simon & Schuster, 1996), p. 239.
3. Mariano Turzi, "The Soybean Republic," *Yale Journal of International Affairs* (Spring/Summer 2011).

第九章　新钢铁时代

1. Keith Bradsher, "Hauling New Treasure Along the Silk Road," *New York Times,* July 20, 2013.
2. As of 2015, the AIIB has fifty-eight members and two dozen on the waiting list.
3. "Why China Will Reclaim Siberia," *The New York Times,* Jan. 13, 2015.
4. "We must not buy Perrier . . . We must sell our water abroad," *Water Politics,* Oct. 28, 2010.
5. "The Round World and the Winning of the Peace," *Foreign Affairs,* July 1943.
6. See Gi-Wook Shin, David Straub, and Joyce Lee, "Tailored Engagement: Toward an Effective Inter-Korean Relations Policy" (Shorenstein Asia-Pacific Research Center, Stanford University, Sept. 2014).
7. Kristopher Rawls, quoted in, "Why China Wants North Korea's Rare Earth Minerals," CNBC.com, Feb. 21, 2014.
8. Speech delivered at the Parliament of South Africa, Feb. 3, 1960.

第十章 海洋超级版图

1. Letter to King Carlos V, quoted in Frank Jacobs, "The First Google Maps War," *The New York Times,* Feb. 28, 2012.
2. A. M. Mahan, *The Interest of America in Sea Power, Present and Future* (Tredition Classics, 2011).
3. Brian Spegele and Wayne Ma, "For China Boss, Deep-Water Rigs Are a 'Strategic Weapon,'" *Wall Street Journal,* Aug. 29, 2012.
4. Vince Beiser, "The Deadly Global War for Sand," *Wired,* Apr. 2015.
5. Joshua Comaroff, "Built on Sand: Singapore and the New State of Risk," *Harvard Design Magazine,* no. 39 (2014).
6. Quoted in C.M. Turnbull, *A History of Modern Singapore, 1819–2005* (National University Press, 2009), p. 38.
7. Thalif Deen, "China: 'Pakistan is our Israel,'" Al Jazeera, October 28, 2010.
8. Katherine Burton, "John Paulson calls Puerto Rico Singapore of Caribbean," *Bloomberg,* Apr. 25, 2014.
9. Interview with author in Kirkenes, Norway, on Oct. 24, 2014.
10. Jeremy S. Pal and Elfatih A.B. Eitahir, "Future Temperature in Southwest Asia Projected to Exceed a Threshold for Human Adaptability," *Nature Climate Change,* Oct. 26, 2015.

第十一章 你建造，他们就会来

1. McKinsey Global Institute, *Global Flows in a Digital Age,* 2014.
2. The financial dealings of Dubai's ruling family have opened it to accusations of opacity. Property developers in particular have had government investment vehicles and national banks as major shareholders and creditors, thus foreign investors before the financial crisis treated them like state-owned enterprises with an ironclad commitment from the oil-rich capital emirate of Abu Dhabi. But when the Dubai World conglomerate asked for a reprieve on interest payments in 2009, suddenly foreigners found themselves negotiating with private companies but ones whose directors were either royal family members or surrogates with close ties to the legal system—leading to a significant softening of the terms.
3. R. Koolhaas, O. Bouman, and M. Wigley, eds., "Last Chance," in *Al Manakh* (Columbia University Press, 2007), pp. 194–203.
4. Conversation at the Global Art Forum, Dubai Art Festival, Mar. 22, 2012.
5. Daniel Brook, *A History of Future Cities* (W. W. Norton, 2014).
6. Speech at Cityquest KAEC Forum, Nov. 25, 2013.
7. Gabriel Kuris, "Remaking a Neglected Megacity: A Civic Transformation in Lagos State, 1999–2012" (Princeton Project on Innovations for Successful Societies, July 2014).

第十二章 规划超级城市

1. National Intelligence Council, *Global Trends 2030 Alternative Worlds,* National Intelligence Council, 2012, p. 135.

2. The World Bank identifies nineteen different terms for such zones such as "free trade zone," "foreign trade zone," "industrial free zone," "free zone," "maquiladora," "export free zone," "duty free export processing zone," "special economic zone," "tax free zone," "tax free trade zone," "investment promotion zone," "free economic zone," "free export zone," "free export processing zone," "privileged export zone," and "industrial export processing zone." Other studies have found up to sixty-six terms.
3. World Bank, "Special Economic Zones: Progress, Emerging Challenges, and Future Directions" (World Bank, 2011).
4. John D. Kasarda and Greg Lindsay, *Aerotropolis: The Way We'll Live Next* (Farrar, Straus and Giroux, 2011).
5. Rosa Brooks, "Failed States, or the State as Failure?," *University of Chicago Law Review* (Fall 2005).
6. Andrew Tangel, "Report Connects Jobs, Transportation Web," *Wall Street Journal*, Jan. 2, 2015.
7. Interview with author, July 11, 2013.
8. These hybrid regimes are not like the internationalized governance of countries under post–World War II occupation such as Japan and Germany, or the "informal empire" that characterized Soviet influence on the foreign and domestic policies of Warsaw Pact members, or the more recent post-conflict administrative authorities imposed on Bosnia, East Timor, and Iraq. Instead, hybrid regimes are more interested in supervising production than controlling geography. They focus on commercial levers such as investor protection treaties and operational control over SEZs. According to Oisín Tansey, hybrid regimes emerge due to the persistent international pressure exerted by outside powers to set their policy agendas, veto their laws, draft their legislation, bypass domestic enforcement, and influence leadership selection. See Oisin Tansey, "Internationalized Regimes: A Second Dimension of Regime Hybridity," *Democratization* 20, no. 7 (2013).

第十三章　供应链的救赎

1. Foreign pharmaceutical companies are also crucial in cleaning up China's drug supply chain. The American medical distribution leader Cardinal Health, for example, has bought many small Chinese pharmacies and drug distribution companies to ensure reliable end-to-end, tamper-free delivery of sensitive cancer treatments and other essential drugs.
2. The United Nations has been ahead of the curve in terms of its intellectual agendas such as "human security," which sought to put individuals rather than states at the center of conflict discourse, and "sustainable urbanization," which remains the most cogent response to rapid industrialization and resource consumption. But it has little power to implement these visions absent public-private partnerships (PPPs) along the supply chain. There are many PPPs, but no definitive model that results in self-sustaining programs. However, a comprehensive Dutch government survey of the past decade of PPPs in the development arena concludes that while they are growing in number, PPPs are unlikely to succeed without the permanent involvement of public agencies, a sound regulatory framework around the recovery of costs and distribution of services, and appropriate partner selection based on com-

patibility and commitment. "Public-Private Partnerships in Developing Countries: A Systematic Literature Review" (Ministry of Foreign Affairs of the Netherlands, Apr. 2013).
3. "The Omnipresent Craft: Graft," *Straits Times,* Feb. 12, 2014.
4. Corruption, political volatility, and border frictions are considered the factors that most weaken competitiveness. See James E. Anderson and Douglas Marcouiller, "Insecurity and the Pattern of Trade: An Empirical Investigation" (NBER working paper 7000, Aug. 2000).
5. Vivek Sharma, "Give Corruption a Chance," *National Interest,* Nov. 2013.
6. Joseph E. Stiglitz, "Inequality Is a Choice," *The New York Times,* Oct. 13, 2013.
7. Jeremy Wallace, "Cities, Redistribution, and Authoritarian Regime Survival," *The Journal of Politics* 75, no. 3 (2013): 632–45. The Australian counterinsurgency expert David Kilcullen points out that as the world becomes crowded and coastal, militaries need high-resolution three-dimensional terrain maps of informal settlements.
8. The subsequent volumes of Hardt and Negri's trilogy, *Multitude* and *Commonwealth,* continue this intellectual struggle against capitalism's appropriation of property, advocating instead greater unity among dispersed communities of peoples.
9. One estimate suggests $2 trillion in emerging market pension assets allocated to other emerging markets by 2020. See Jay Pelosky, "Emerging Market Portfolio Globalization: The Next Big Thing" (New America Foundation, World Economic Roundtable policy paper, July 17, 2014).
10. Martin Neil Baily and Douglas J. Elliott, "The Role of Finance in the Economy: Implications for Structural Reform of the Financial Sector" (Brookings Institution, July 11, 2013).

第十四章 数字供应链

1. Julio Bezerra et al., *The Mobile Revolution: How Mobile Technologies Drive a Trillion-Dollar Impact* (Boston Consulting Group, Jan. 2015).
2. Neal Stephenson, "Mother Earth, Mother Board," *Wired,* Apr. 2012.
3. Mark P. Mills, "The Cloud Begins with Coal: Big Data, Big Networks, Big Infrastructure, and Big Power" (Digital Power Group, 2013).
4. Forrest Hare, "Borders in Cyberspace: Can Sovereignty Adapt to the Challenges of Cyber-Security?" (George Mason University, 2011).
5. "The Peer to Peer Manifesto: The Emergence of P2P Civilization and Political Economy," *Reality Sandwich,* 2008.
6. Alex Pentland, *Social Physics: How Good Ideas Spread* (Penguin, 2014).
7. Ricardo Hausmann, Cesar A. Hidalgo, and Sebastian Bustos, *The Atlas of Economic Complexity: Mapping Paths to Prosperity* (MIT Press, 2014).
8. Carlota Perez, "A New Age of Technological Progress," Policy Network, Aug. 22, 2014, p. 20.
9. Interview with author, Oct. 10, 2014.
10. Émile Durkheim, *The Rules of the Sociological Method,* trans. by W. D. Halls, Free Press, 1982 [1895], Chapter 5.

第十五章　文明的融合

1. European Union, *Erasmus Impact Study* (European Union, Sept. 2014).
2. Interview with the author, Jan. 13, 2014.
3. Benjamin R. Barber, *If Mayors Ruled the World: Dysfunctional Nations, Rising Cities* (Yale University Press, 2013).
4. Tommy Koh, "Seven Habits of a Singaporean," *Straits Times*, Sept. 11, 2013.
5. Interview with *Planeta Sustevenal*, Oct. 2007.
6. Daniel A. Bell and Avner de-Shalit, *The Spirit of Cities: Why the Identity of a City Matters in a Global Age* (Princeton University Press, 2013).
7. "Poor but Sexy," *The Economist*, Sept. 21, 2006.
8. Jeffrey Gettleman, "A Catch-22 in Kenya: Western Terrorism Alerts May Fuel Terrorism," *The New York Times*, Feb. 23, 2015.
9. Clemens, "Economics and Emigration."
10. Interview with author, Oct. 31, 2014.
11. Stephanie Ott, "EU Citizenship for Sale," CNN.com, Dec. 21, 2013.

第十六章　供应链与自然的博弈

1. Scenarios of enhancing the resilience to coastal flooding for New York City have been developed and are under consideration. See Jeroen C. J. H. Aerts et al., "Evaluating Flood Resilience Strategies for Coastal Megacities," *Science*, May 2, 2014, 473–75.

结语　从连通性到适应力

1. "Our Big Bet for the Future," 2015 Gates Annual Letter, available at: http://www.gatesnotes.com/2015-annual-letter

AJD Geospatial Concepts

http://gisconsultingservices.com/

AJD Geospatial Concepts 专注于城市和地区规划的地理数据组织、分析以及制图，公用事业、环境、基础设施和交通等方面的管理，商业和政治分析，3D 地形和水灾分析。

ArcGIS

https://www.arcgis.com/features/

ArcGIS 是一个制图平台，通过整合公共数据与自采数据，为各类组织定制用于地点和路线分析以及交通优化与预测的地图和仪表盘。

The Atlas of Economic Complexity

https://atlas.media.mit.edu/atlas/

The Atlas of Economic Complexity 基于各国制造和交易的产品来测度

各国拥有的产出性知识的总量。该网站允许用户将各国不断增长的经济复杂性进行可视化。经济复杂性是一个体现经济增长潜力、治理质量以及教育水平等因素的关键指标。

CAGE Comparator

http://www.ghemawat.com/cage/

CAGE Comparator 用于评估国际与地区间贸易、资本、信息以及人口的流动模式，帮助用户理解地理、经济、行政以及文化的角色差异。

Carbon Map

http://www.carbonmap.org/

Carbon Map 将专题数据应用于地理底图层，基于各个区域对气候变化的影响和易受影响程度，通过互动方式对各区域进行动态展示、扭曲以及变色处理。

Center for Geographic Analysis, Harvard University

http://worldmap.harvard.edu

WorldMap 由哈佛大学地理分析中心创建并托管，它允许自定义创建网络地图，并可以很方便地选取和下载各种开源地理空间数据集来创建定制地图。

ChronoAtlas

http://www.chronoatlas.com/MapViewer.aspx

ChronoAtlas 是一款免费的互动历史程序，用户可以用它来查看整个地球在历史任一时点的政治边界和城市。

Coastal Sea Level Rise Calculator

http://ngm.nationalgeographic.com/2013/09/rising-seas/if-icemelted-map

《国家地理》的互动地图，显示了海平面出现超过 50 米上升（如果南北两极的冰雪全部融化）导致的海岸变化，并标示出了新的海岸线和被淹没的沿海地区。

Esri

http://storymaps.arcgis.com/en/

Esri的故事地图拥有可以定制生成不同主题的可视化故事，比如城市移民如何迅速塑造了一个由超级城市组成的世界。

Esri Mapping Center

http://mappingcenter.esri.com/index.cfm?fa=resources.cartoFavorites

Esri制图中心提供各种专业测绘和制图者经常使用的资源，用户可以通过ArcGIS自己创建地图。

First Mile Geo

https://www.firstmilegeo.com/

First Mile Geo是一款商业情报软件，用户可以使用它来收集、可视化以及检测各种通过手机、短信平台、调查或者手动源获取的在线离线数据。可以用多国语言生成地图、仪表盘、指数以及预警。

FleetMon

https://www.fleetmon.com/services/live-tracking/fleetmon-explorer/

FleetMon是一个全球船只和港口的开放数据库。它利用实时AIS定位数据将近50万艘船只的所在位置和活动可视化，可用于分析航运和贸易模式。

Flight Radar 24

http://www.flightradar24.com

Flight Radar 24是一项飞行追踪服务，提供全球成千上万飞机位置的实时信息。

Gapminder

http://www.gapminder.org/

Gapminder是一家非营利企业，通过对本地、国家以及全球范围社会、经济和环境发展信息数据的更多利用和理解，致力于全球可持续发展和联合国千年发展目标的实现。

Gateway House

http://www.gatewayhouse.in/corridor_maps/corridorMaps/index.Html

Gateway House的亚洲战略走廊项目提供南亚、中亚、西亚、东非、东南亚和东亚等印度洋子区域的基础设施、能源、贸易以及其他联系的动态地图。

GDELT

http://www.gdeltproject.org/

GDELT项目是一个全球数据库，收集了自1979年以来的几乎所有国家超过百种语言的广播、印刷以及网络新闻数据。它通过对相关人口、国家或地区、主题、来源以及情绪的识别和编码，提供日常分析更新。

GeoFusion

http://www.geofusion.com/index.html

GeoFusion将虚拟现实与3D技术应用于其GeoMatrix和GeoPlayer，可以为航天、国防、空间探索、教育以及娱乐等行业提供近乎实时的可视化服务。

Globaïa

http://globaia.org

Globaïa将艺术和科学相结合，以可视化和动画唤起人类对社会与环境挑战的认识。

Global Spatial Data Infrastructure Association

http://www.gsdi.org/SDILinks

全球空间数据基础设施联合会为全球、地区以及各国空间数据基础设施建设提供相关服务。

Google Earth Plug-In

https://www.google.com/earth/explore/products/plugin.html

Google Earth Plug-In（谷歌地图插件）是一个免费的JavaScript API接口，通过此接口将谷歌地图嵌入自己的网页，用户可以在三维地球上探索地理数据，也可以创建复杂的三维地图应用。

IMF Direction of Trade Statistics

http://data.imf.org

国际货币基金组织的贸易统计指南提供按一国主要贸易伙伴分类的商业进出口额最新数据。

Immersion

https://immersion.media.mit.edu/

麻省理工学院的Immersion软件通过分析邮件元数据，为用户建立了一张私人与职业连接的个人中心化网络地图。

Instaar Data Sets，科罗拉多大学波尔得分校

http://instaar.colorado.edu/~jenkinsc/dbseabed/

dbSEABED通过对大量个体数据集的有效整合，对海床形成物质进行统一而又详细的图形绘制。

Map Projections（地图投影）

http://bl.ocks.org/mbostock/raw/3711652/

该网站的下拉菜单可以让你浏览各种不同的全球地图投影。

Maps-of-War

http://www.mapsofwar.com/

Maps-of-War（战争地图）以世纪而非年份作为历史单位，旨在帮助人们理解历史大图景。这个网站以宗教、民主以及中东帝国的历史进程等动画视频为特色。

MapStory

http://www.mapstory.org/layers/geonode:railways

MapStory（地图故事）是一个非常友好的平台，它允许使用者通过StoryLayers（可以根据时空拖拽，也能够被社区成员进行编辑和扩展）来创建视觉叙事。

McKinsey Global Cities of the Future

http://www.mckinsey.com/insights/economic_studies/global_cities_of_the_future_an_interactive_map

McKinsey Global Cities of the Future（麦肯锡未来全球城市）是一款互动地图，在这里用户可以探索那些在未来一个世代出现急剧增长和人口变化的城市既新兴城市集群。

NASA Global Change Master Directory

http://gcmd.nasa.gov/

NASA的Global Change Master Directory（全球变化总目录）有美国航空航天局所有地球科学数据集和数据服务的完整分类目录。

National Geospatial-Intelligence Agency

https://nga.maps.arcgis.com/home/

美国国家地理空间情报局提供大量卫星和其他地理数据及图像的访问，以支持科学研究、自然灾害后的重建以及灾害管理等。

Norse Attack Map

http://map.norsecorp.com/

Norse是一个网络威胁分析公司，它基于从互联网以及暗网资源中按秒收集的数据，提供全球网络战争的实时可视化数据，标绘网络攻击的起源与目标。

OpenStreetMap

https://www.openstreetmap.org/

OpenStreetMap是一个由用户社区维护的众包地图网站，该网站持续收集交通网络、商店地址以及其他众多通过航拍图像、GPS设备等工具产生与验证的数据。

Planet Labs

https://www.planet.com/

Planet Labs使用一组地轨卫星来捕捉整个地球的最新图像，并形成复合数字效果图，适用于商业及人道主义应用。

Sourcemap

http://www.sourcemap.com/

Sourcemap提供从原材料到终端消费者的终端到终端供应链数据可视化，并提供风险可视化、成本计算以及弹性规划等。

Visual Literacy

http://www.visual-literacy.org/periodic_table/periodic_table.html

Visual Literacy的可视化方法周期表以有启发性的弹出信息图表总结了数 10 种关键的数据及制图技巧。

Welcome to the Anthropocene

http://www.anthropocene.info

Welcome to the Anthropocene 是一个短视频集合，内容覆盖了自工业革命以来 250 年间人类活动对地区的影响。

World Bank PUMA Spatial Data Sets

http://puma.worldbank.org/downloads/

世界银行的PUMA，或 Platform for Urban Management and Analysis（城市管理与分析平台）是城市空间数据的知识库，也是一个地理空间工具。用户可以下载数据，直接用于可视化和分析。

Worldmapper

http://www.worldmapper.org

Worldmapper使用算法来过滤定量数据，根据财富、排放以及互联网接入等不同主题调整统计地理范围突出重点，并制作出独特的统计地图。

Worldmigration

http://www.pewglobal.org/2014/09/02/global-migrant-stocks/

皮尤研究中心以迁徙来源国与目的地国家为基础，绘制出全球在 1990 年、2000 年、2010 年和 2013 年的迁徙地图。